公安行政执法典型案例精析

主编 刘春玲 副主编 刘红岩

群众出版社

图书在版编目（CIP）数据

公安行政执法典型案例精析/刘春玲主编. --北京：群众出版社，2025. 7. -- ISBN 978-7-5014-6479-1

Ⅰ. D922. 145

中国国家版本馆 CIP 数据核字第 2025ND8311 号

公安行政执法典型案例精析

主　编　刘春玲

副主编　刘红岩

责任编辑：张　倩
责任印制：王晓博

出版发行：群众出版社
地　　址：北京市丰台区方庄芳星园三区 15 号楼
邮政编码：100078
经　　销：新华书店
印　　刷：涿州市新华印刷有限公司

版　　次：2025 年 7 月第 1 版
印　　次：2025 年 7 月第 1 次
印　　张：22
开　　本：787 毫米×1092 毫米　1/16
字　　数：395 千字

书　　号：ISBN 978-7-5014-6479-1
定　　价：70. 00 元

网　　址：www. qzcbs. com
电子邮箱：qzcbs@ sohu. com

营销中心电话：010-83903991
读者服务部电话（门市）：010-83903257
警官读者俱乐部电话（网购、邮购）：010-83901775
公安文艺分社电话：010-83904936

《公安行政执法典型案例精析》

主　编　刘春玲

副主编　刘红岩

撰写人　(以撰写案例先后为序)

刘春玲　何钰玲　樊　英　石启龙

李文姝　毕寓凡　刘　颖　边　洁

张　强　罗正宇　赵春晓　刘红岩

李文心　汪文娟

前 言

当前，社会治理形势复杂多变，新型违法形态不断出现，公安机关亟须通过提升严格规范公正文明执法水平，切实提升新质战斗力。公安行政执法覆盖治安管理、交通管理、出入境管理等多个重要领域，对维护社会秩序、保障公民权益起到至关重要的作用。如何运用法治思维破解公安行政执法难题，如何准确适用《中华人民共和国治安管理处罚法》《中华人民共和国道路交通安全法》等法律法规，如何在行政执法过程中实现实体正义与程序正义的统一，一直是公安队伍执法能力建设的核心议题。

案例是法律适用的生动教材。《公安行政执法典型案例精析》一书精心选取了公安行政执法实践中具有代表性的案例，既细致剖析了《公安机关办理行政案件程序规定》等法律文件的具体适用，又深入探讨比例原则、正当程序原则在复杂案件中的考量与权衡，为执法人员提供可复制的实战经验，帮助读者能够更好地理解法律条文的内涵与外延，掌握法律适用的方法与技巧，提高执法办案能力水平，推动法治公安建设迈向新的台阶。

本书编写聚焦公安专业人才“教学研练战”一体化培养模式，具有鲜明的实战导向。在编写过程中，本书坚持以事实为依据，以法律为准绳，对每个案例都进行了深入分析。从案件的事实认定、证据收集，到程序规范、法律适用，再到执法效果、社会影响等方面，都进行了全面系统的探讨。本书不仅关注案件的判决结果，更注重分析案件办理过程中所体现的法治思维和执法理念，力求为读者提供有益的借鉴和参考。

囿于水平与时间有限，本书难免存在不足与疏漏，期待学界与实务部门同仁批评指正。

刘春玲

2025 年 6 月

目　录

专题一　公安行政法基本原则

专题二　公安行政主体

专题三　公安行政行为基本理论

专题四　公安行政立法

专题五　公安行政执法

专题六 公安行政程序

专题七 公安行政监督与救济

专题一

公安行政法基本原则

案例 1

以依法行政原则考量公安行政强制措施的违法情形

——刘某某诉某省某市公安局交通警察支队某大队道路交通管理行政强制案

刘春玲[*]　何钰玲[**]

【内容提要】

《中华人民共和国行政强制法》等相关法律法规明确规定了行政强制措施需遵循的法定程序与权限行使框架，而依法行政原则（亦称行政合法性原则）是判断其合法性的重要准则，是保障行政法治实现的重要依托。在刘某某诉某省某市公安局交通警察支队某大队道路交通管理行政强制案中，某交警大队作出扣留行为时，未遵循法定程序，在证据不足的情况下持续扣留以及滥用职权要求当事人提供无法提供的证明材料，使得该行政强制行为与依法行政原则相背离。依法行政原则涵盖法律优先和法律保留内涵。法律优先作为消极意义上的依法行政，要求行政行为不得与现行法律相抵触，否则行为违法；法律保留强调行政权力须源于法律明确授权，超越授权范围行使权力同样违法。以依法行政原则衡量公安行政强制措施的合法性，其违法样态主要包括与法律规范抵触、权力来源瑕疵及程序违法等。若公安机关未遵循依法行政原则，不仅可能因实质破坏行政相对人对其所处行政法律关系的知情基础，导致陈述申辩权等程序性权利的虚置化，进而引发系统性行政法治风险。即因程序及实体正义的缺失削弱行政行为的正当性、合法性基础，引发公民对执法公正性的质疑，最终导致政府公信力的耗损及社会治理成本的增加。

---

* 中国人民警察大学公安法学院教授，法学博士。

** 中国人民警察大学研究生院硕士研究生。

【裁判要旨】

根据《中华人民共和国道路交通安全法》以及《道路交通安全违法行为处理程序规定》，行政机关在实施车辆扣留行为时，应当严格遵循法律规定。实施扣留等暂时性控制措施，应以制止违法行为、防止证据损毁、便于查清事实等为限，不能长期扣留而不处理，给当事人造成不必要的损失。公安机关实施行政强制行为需严格践行依法行政原则，必须严格遵循法定程序，保证每一个步骤都有法可依；在证据的收集与认定上，务必做到事实清楚、证据充分，确保行政强制行为合法有效，严格依法依规，及时、公正地解决问题，维护法律的公正权威与行政相对人的合法权益。

【相关法条】

《机动车登记规定》（2004 年）第九条　申请改变机动车车身颜色、更换车身或者车架的，应当填写《机动车变更登记申请表》，提交法定证明、凭证。

车辆管理所应当自受理之日起一日内做出准予或者不予变更的决定。对于准予变更的，机动车所有人应当在变更后十日内向车辆管理所交验机动车。

车辆管理所应当自受理之日起一日内确认机动车，收回原行驶证，重新核发行驶证。属于更换车身或者车架的，还应当核对车辆识别代号（车架号码）的拓印膜，收存车身或者车架的来历凭证。

第十条　更换发动机的，机动车所有人应当于变更后十日内向车辆管理所申请变更登记，填写《机动车变更登记申请表》，提交法定证明、凭证，并交验机动车。

车辆管理所应当自受理之日起一日内确认机动车，收回原行驶证，重新核发行驶证，收存发动机的来历凭证。

《中华人民共和国道路交通安全法》（2003 年）第九十六条　伪造、变造或者使用伪造、变造的机动车登记证书、号牌、行驶证、检验合格标志、保险标志、驾驶证或者使用其他车辆的机动车登记证书、号牌、行驶证、检验合格标志、保险标志的，由公安机关交通管理部门予以收缴，扣留该机动车，并处二百元以上二千元以下罚款；构成犯罪的，依法追究刑事责任。

当事人提供相应的合法证明或者补办相应手续的，应当及时退还机动车。

第一百一十二条　公安机关交通管理部门扣留机动车、非机动车，应当当场出具凭证，并告知当事人在规定期限内到公安机关交通管理部门接受处理。

公安机关交通管理部门对被扣留的车辆应当妥善保管，不得使用。

逾期不来接受处理，并且经公告三个月仍不来接受处理的，对扣留的车辆依法处理。

《道路交通安全违法行为处理程序规定》（2004 年）第十一条 需要采取扣留车辆、扣留机动车驾驶证、检验体内酒精、国家管制的精神药品、麻醉药品含量行政强制措施的，按照下列程序实施：（一）口头告知违法行为人或者机动车所有人、管理人违法行为的基本事实、拟作出行政强制措施的种类、依据及其依法享有的权利；（二）听取当事人的陈述和申辩，当事人提出的事实、理由或者证据成立的，应当采纳；（三）制作行政强制措施凭证；（四）行政强制措施凭证应当由当事人签名、交通警察签名或者盖章、公安机关交通管理部门盖章。当事人拒绝签名的，交通警察应当在行政强制措施凭证上注明；（五）将行政强制措施凭证当场交付当事人。当事人拒收的，交通警察应当在行政强制措施凭证上注明。

公安机关交通管理部门作出行政强制措施决定的，可以由一名交通警察实施。

交通警察应当在二十四小时内将行政强制措施凭证（一式二联）存档联交所属公安机关交通管理部门。

第十三条 有下列情形之一的，因无其他机动车驾驶人代替驾驶、违法行为尚未消除、需要调查或者证据保全等原因不能立即放行的，可以扣留车辆：（一）未悬挂机动车号牌，未放置检验合格标志、保险标志，或者未携带行驶证、机动车驾驶证的；（二）具有使用伪造、变造或者其他车辆的机动车登记证书、号牌、行驶证、检验合格标志、保险标志嫌疑的；（三）未按照规定投保机动车第三者责任强制保险的；（四）公路客运车辆或者货运机动车超载的；（五）具有被盗抢嫌疑的；（六）机动车属于拼装或者已达到报废标准的；（七）非机动车驾驶人拒绝接受罚款处罚的。

第十五条 需要对机动车来历证明进行调查核实的，扣留机动车时间不得超过十五日；需要延长的，经县级以上公安机关交通管理部门负责人批准，可以延长至三十日。但机动车驾驶人或者所有人、管理人在三十日内没有提供被扣留机动车合法来历证明、没有补办相应手续，或者不来接受处理的除外。

【案件索引】

一审：山西省太原市中级人民法院（2010）并行初字第 3 号行政判决

二审：山西省高级人民法院（2010）晋行终字第 75 号行政判决

再审：最高人民法院（2016）最高法行再 5 号行政判决

【基本案情】

2001 年 7 月，刘某某通过分期付款的方式在山西省威廉汽车租赁有限公司购买了一辆东风 EQ1208G1 型运输汽车，发动机号码 133040，车架号码 110××××2219，合格证号 0140721，最终上户车牌为晋 A×××号。刘某某依约付清车款后，车辆仍登记挂靠在该公司名下。2006 年 12 月 12 日，刘某某雇佣的司机任某某驾驶该车辆行驶至太原市和平路西峪乡路口时，某交警大队的执勤民警以该车未经年审为由将该车扣留并于当日停入存车场。2006 年 12 月 14 日，刘某某携带该车审验日期为 2006 年 12 月 13 日的行驶证去处理该起违法行为。某交警大队执勤民警在核实过程中发现该车的发动机号码和车架号码看不到，遂以该车涉嫌套牌及发动机号码和车架号码无法查对为由对该车继续扣留，并口头告知刘某某提供其他合法有效手续。刘某某虽多次托人交涉并提供相关材料，但某交警大队一直以其不能提供车辆合法来历证明为由扣留该车。刘某某不服，提起行政诉讼，请求法院撤销某交警大队的扣留行为并返还该车。在法院审理期间，双方当事人在法院组织下对该车车架号码的焊接处进行了切割查验，切割后显示该车的车架号码为 GAGJBDK0110××××2219，而刘某某提供的该车行驶证载明的车架号码为 LGAGJBDK0110××××2219。

山西省太原市中级人民法院一审认为：某交警大队口头通知刘某某提供其他合法有效手续后，刘某某一直没有提供相应的合法手续，故某交警大队扣留涉案车辆于法有据。由于扣留涉案车辆的行为属于事实行为，故某交警大队在行政执法过程中的程序瑕疵不能成为撤销扣留行为的法定事由。刘某某虽然提供了由山西吕梁东风汽车技术服务站出具的更换发动机缸体的相关证明，但未经批准擅自更换发动机、改变发动机号码的行为均为我国相关法律、法规所禁止。刘某某一直未提供该车的其他合法有效手续，故其要求撤销扣留行为，返还涉案车辆的诉讼请求不能成立。

山西省高级人民法院二审认为：刘某某对某交警大队于 2006 年 12 月 12 日因涉案车辆未经审验而予扣留并无争议，争议在于刘某某是否提供了该车的合法来历证明，某交警大队是否应及时返还车辆。对于该车的车架号码，切割查验后显示的号码与该车行驶证载明的号码不符。对于该车没有发动机号码，刘某某虽然提供了由山西吕梁东风汽车技术服务站出具的更换发动机缸体的相关证明，但未经批准擅自更换发动机、改变发动机号码的行为均为我国相关法律、法规所禁止。刘某某一直没有提供相应的合法手续，依据当时有效的《道路交通安全违法行为处理程序规定》，某交警大队扣留该车于法有据。依据《道路交通安全违法行为处理程序规定》第15条之规定，某交警大队作为行政执法机关，对认为来历不明的车辆可以自行调查，但某交警大队一直没有调查，也未及时作出处理，行为不当。

【裁判结果】

山西省太原市中级人民法院于2010年7月2日作出（2010）并行初字第3号行政判决，判决：驳回刘某某的诉讼请求。宣判后，刘某某不服，向山西省高级人民法院提起上诉。山西省高级人民法院于2010年11月10日作出（2010）晋行终字第75号行政判决，判决：一、撤销山西省太原市中级人民法院（2010）并行初字第3号行政判决。二、某交警大队在判决生效后三十日内对扣留涉案车辆依法作出处理并答复刘某某。三、驳回刘某某的其他诉讼请求。二审宣判后，刘某某向最高人民法院申请再审。最高人民法院于2016年4月29日作出（2016）最高法行再5号行政判决，判决：一、撤销山西省高级人民法院（2010）晋行终字第75号行政判决和山西省太原市中级人民法院（2010）并行初字第3号行政判决。二、确认再审被申请人某省某市公安局交通警察支队某大队扣留晋A×××号车辆的行为违法。三、再审被申请人某省某市公安局交通警察支队某大队在本判决生效后三十日内将晋A×××号车辆返还再审申请人刘某某。

【裁判理由】

法院生效裁判认为：本案的争议焦点为再审被申请人某交警大队扣留涉案车辆的行政强制措施是否合法。某交警大队决定扣留应遵循《中华人民共和国道路交通安全法》第112条第1款和《道路交通安全违法行为处理程序规定》第11条第1款规定的告知当事人违法行为的基本事实，拟作出行政强制措施的种类、依据及其依法享有的权利，听取当事人的陈述和申辩，制作行政强制措施凭证并送达当事人等行政程序。某交警大队违反上述行政程序，始终未出具任何形式的书面扣留决定，决定扣留涉案车辆违反法定程序。比对切割查验后显示的涉案车辆车架号码和涉案车辆行驶证载明的车架号码，前者共16位字符，后者共17位字符，前者缺失了代表车辆生产国家或者地区的首字母。再审申请人刘某某主张缺失的首字母“L”系在切割查验时不慎损毁所致，再审被申请人对此未发表相反意见。鉴于涉案汽车确系中国生产，且对于该型号的东风运输汽车而言，切割查验后显示的车辆车架号码和涉案车辆行驶证载明的车架号码的最后11位字符均为“110××××2219”，可以认定被扣留的车辆即为刘某某所持行驶证载明的车辆。某交警大队在刘某某先后提供购车手续、山西省威廉汽车租赁有限公司出具的说明、山西吕梁东风汽车技术服务站出具的三份证明等相关证据材料后，认定涉案车辆涉嫌套牌而持续扣留，构成涉案车辆涉嫌套牌而持续扣留主要证据不足。根据公安部于2004年4月30日发布的《机动车登记规定》第9条、第10条的规定，刘某某在车辆生产厂家指定的维修站对涉案车辆的发动机、车架进行维修，并不违法。且仅为对涉案车辆更换发动机缸体而非更换发动机。但刘某某未及时请相关单位在相应部位重新打刻号码并履行相应手续不当。在涉案车辆发动机缸体未打刻发动机号码且车架号码被钢板铆钉遮盖无法目视确认的情况下，刘某某让所雇佣的司机驾驶车辆上路具有过错，某交警大队认为涉嫌套牌依法有权扣留车辆，刘某某应承担相应责任。但扣留车辆属于暂时性的行政强制措施，不能将扣留行为作为代替实体处理的手段。某交警大队扣留车辆后，应依照《中华人民共和国道路交通安全法》第96条第2款和《道路交通安全违法行为处理程序规定》第15条的规定，分别作出相应处理：如认为刘某某已经提供相应的合法证明，则应及时返还机动车；如对刘某某所提供的机动车来历证明仍有疑问，则应尽快调查核实；如认为刘某某需要补办相应手续，也应依法明确告知补办手续的具体方式方法并依法提供必要的协助。刘某某先后提供的车辆行驶证和相关年审手续、购车手续、山西省威廉汽车租赁有限公司出具的说明、山西吕梁东风汽车技术服务站出具的三份证明，已经能够证明涉案车辆在生产厂家指定的维修站更换发动机缸体及用钢板铆钉加固车架的事实。在此情况下，某交警大队既不返还机动车，又不及时主动调查核实车辆相关来历证明，也不要求刘某某提供相应担保并解除扣留措施，以便车辆能够返回维修站整改或者返回原登记的车辆管理所在相应部位重新打刻号码并履行相应手续，而是反复要求刘某某提供客观上已无法提供的其他合法来历证明，滥用了法律法规赋予的职权。

【案例评析】

法律优先原则是行政法治的基石，要求行政机关的一切活动必须服从法律，即“政府守法”，确保行政权在法治轨道上运行，真正实现人民权益靠法律保障。行政强制措施作为行政机关直接干预公民、法人或其他组织权利义务的重要手段，兼具行政效率和公共秩序维护功能。其合法性不仅取决于实体法律的授权范围，更需严格遵循法定程序和权限框架。《中华人民共和国行政强制法》的颁布实施，标志着我国行政强制制度正式进入“法律保留+法律优先”的双重控制体系。在刘某某诉某省某市公安局交通警察支队某大队案中，最高人民法院的再审判决再次印证了依法行政原则对行政强制措施的全程约束力，并体现了依法行政原则在行政强制领域的规范内涵及其实践价值。

一、法律优先的行政合法性审查标准

法律优先的核心要义是，法律效力高于行政活动，行政不得违反现行法律。法律优先原则下的行政合法性审查标准主要围绕行政规范性文件及行政执法行为是否与上位法相抵触、是否超越权限，以及程序是否合法等方面展开，具体包括以下几个维度：

其一，是否与上位法相抵触。这是合法性审查的核心标准。根据法律优先原则，低位阶的法律规范不得与高位阶的法律规范相抵触。抵触不仅包括具体条文的实质性冲突，也包括对立法目的、精神、原则和政策要求的违反。

其二，是否超越权限。合法性审查需要判断规范性文件的制定主体和行政行为的作出主体是否具有相应权限，以及是否超越了其法定职权范围。

其三，内容合法性。内容合法性审查主要关注行政规范性文件及现在决定内容是否符合法律保留、法律优位等原则。例如，是否违法设定行政许可、行政处罚、行政强制等事项，是否与法律的立法目的、原则明显相违背等。

其四，程序合法性。程序合法性是审查的重要内容，要求规范性文件的制定过程及具体执法过程符合法定程序。例如，是否履行了公众参与、专家论证、风险评估等法定程序，是否经过合法性审查和集体讨论等必要环节。

其五，适当性与合理性。虽然适当性审查并非法律优先原则的核心内容，但在某些情况下，适当性问题也可能涉及合法性。例如，行政规范性文件与执法行为是否明显不合理或不适当，从而违反法律的基本原则。

法律优先作为依法行政原则的重要内涵，在行政法治体系中占据着基础性地位，主要体现的是消极意义上的依法行政。具体而言（如图1所示）：

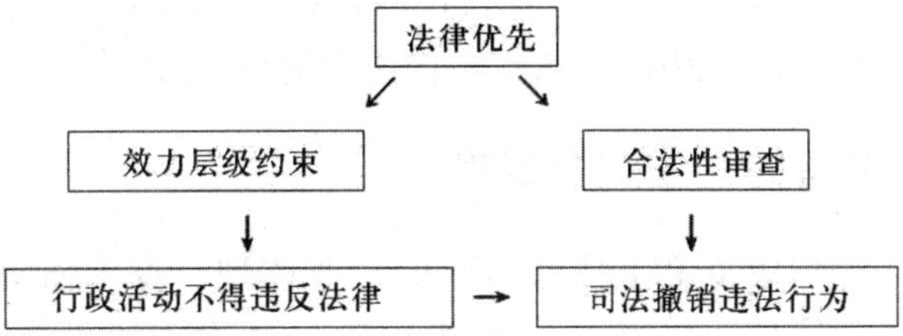

图1

首先，行政机关在日常运行中所制定的任何规定和决定，都不得与现行法律相抵触，这是对行政行为合法性的基本要求。法律作为社会秩序的基石和保障公民权利的关键，具有至高无上的权威，行政机关的行为必须在法律的框架内进行。[①] 其次，行政机关不能作出不符合现行法律的规定和决定，一旦作出此类规定和决定，从法律层面来讲，该规定和决定便不能取得法律效力，无法对行政相对人产生合法的约束力。不仅如此，行政机关还应积极执行和实施现行有效法律规定的行政义务。行政机关不能消极对待法律赋予的职责，必须主动作为，切实履行好每一项法定任务。行政机关若不积极履行法定作为义务，就将构成不作为违法，同样要承担相应的法律责任。

依法行政原则要求行政机关在开展行政管理活动时，必须严格遵循现行有效的法律、法规以及规章之规定，任何行政行为均不得与既定法律规范相抵触。其核心要义在于为行政权的行使划定明晰边界，保障行政活动在法治框架内有序运行。法律优先作为消极意义上的依法行政，在司法实践进程中，对行政行为的审查，首要环节便是依据法律优先原则判断其是否契合消极合法性标准。

本案法院在审查某市公安局交警支队某大队的扣留行为时，对公安机关实施该强制行为所依据的法律规范展开了梳理与比对，这一过程是遵循法律优先原则来判断行政行为是否合法的关键步骤。对行政行为的合法性判断则首先是消极合法性判断，消极合法性判断的核心在于审查行政行为是否在现行法律体系中有明确依据，且该依据的适用是否契合法律规范的本意。如果答案是肯定的，那么该行政行为初步符合消极合法性要求。从理论维度审视，消极合法性审查标准的确立，是对行政权的一种必要规制。行政权具有天然的扩张属性，若缺乏行之有效的制约机制，极易对公民权利造成侵害。法律优先通过将行政行为与既定法律规范进行对照，为司法机关提供了清晰的审查路径。当行政机关的行为违反法律优先原则时，司法机关可依法判定该行为违法，进而矫正行政权的违法或不当行使。[②] 这一审查标准的存在，亦促使包括公安机关在内的行政机关在作出行政行为前，必须充分考量行为的法律依据，确保行政行为的合法性，从而维护法律的权威性。

二、法律保留的立法赋权逻辑

法律保留作为积极意义上依法行政的重要体现，着重强调行政机关的权力来源必须基于法律的明确授权（如图 2 所示）。在现代法治国家的架构下，行政权力并非天然存在，而是由国家立法机关通过法律赋予行政机关的。

---

① 参见周佑勇：《行政法中的法律优先原则研究》，载《中国法学》2005 年第 3 期。

② 参见关保英.：《权力清单的行政法价值研究》，载《江汉论坛》2015 年第 1 期。

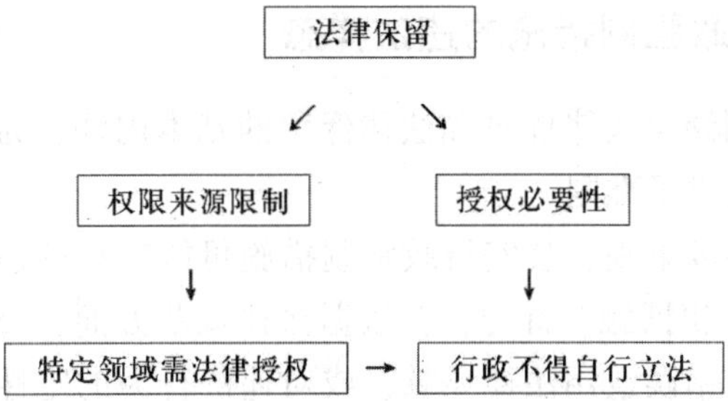

图 2

从民主政治的宏观视域审视，立法机关代表广大人民行使国家权力，通过制定法律合理分配公共权力以有效调整复杂的社会关系。依法行政原则要求行政机关必须基于体现人民意志的法律行使权力。行政机关作为法律的具体执行主体，其权力行使理应受到立法机关的严格规制。唯有经由立法机关的明确授权，行政机关方可正当、合法地行使相应权力，此过程充分彰显权力来源于人民的基本民主理念。

在本案中，当事人提供了相关证据后，某市公安局交警支队某大队既未及时返还机动车，也未对机动车来历证明尽快调查核实，而是反复要求当事人提供客观上已无法提供的其他合法来历证明，某市公安局交警支队某大队作出该行为的权力，并不具备明确、具体的法律授权依据。此乃依法行政原则的基本要求，若行政机关超越法律授权范围恣意行使权力，便背离了人民意志，该行为即彻底丧失合法性根基。①

从权力分工与制约的维度剖析，立法权与行政权的合理划分是现代国家治理的基本架构。立法机关肩负制定规则的重要职责，行政机关负责规则的具体执行，这是依法行政原则在权力运行层面的要求。法律保留通过明确行政权力的立法赋权逻辑，有效防范行政机关自行创设权力，有力规避行政权过度扩张而侵犯立法权。行政机关在获得立法授权后，必须严格在授权范围内行使权力，并接受立法机关和社会公众的全方位监督。这种科学合理的权力分工与制约机制，有助于保障权力的合理、规范运行，维护国家治理体系的平衡与稳定，亦是依法行政原则得以有效贯彻的制度保障。唯有遵循此等权力运行规则，方能确保行政行为的合法性、公正性与合理性，切实保障公民、法人和其他组织的合法权益。②

① 参见章剑生:《什么是“滥用职权”》，载《中国法律评论》2016 年第 4 期。

② 参见黄宇骁:《立法与行政的权限分配》，载《法学家》2020 年第 1 期。

三、公安行政强制措施的违法样态

依法行政原则涵盖法律优先和法律保留的基本内涵，为判断公安行政强制措施的合法性提供了准则。

从法律优先角度审视，公安行政强制措施可能出现的违法情形主要表现为与现行法律规范相抵触。首先，在依据法律规范方面，公安机关若在实施行政强制措施时，错误适用法律条款，或对违法行为的定性与所适用法律条款的构成要件不相符，错误地将某一行为纳入不应适用的行政强制范畴，便违背了法律优先原则，则将导致行为违法。其次，当行政机关制定的内部规定与现行法律相冲突时，若依据这些内部规定实施行政强制措施，同样构成违法。这种内部规定超越法律权限设定行政强制条件或程序，会使行政强制措施失去合法依据。①

基于法律保留，公安行政强制措施的违法情形常体现为权力来源瑕疵。其一，无法律授权而实施行政强制措施。公安机关的行政强制权必须源于法律的明确赋予，若在无法律授权的情况下，违法对公民、法人或其他组织实施诸如扣押财物、限制人身自由等行政强制措施，该行为显然不具备合法性。其二，超越法律授权范围实施行政强制。以本案为例，法律仅授权公安机关在特定情形下以特定方式扣留车辆，若公安机关超出该授权范围，随意扩大扣留车辆的条件或延长扣留期限，便是对法律保留的违背。②

此外，公安行政强制措施在程序上若违反依法行政原则，也属于违法情形。行政程序是保障行政行为合法性与公正性的重要环节，如在实施行政强制措施时，未依法履行告知义务，未向行政相对人说明实施行政强制的依据、理由和其享有的权利；或者在实施扣押、查封等措施时，未遵循法定的程序步骤，未制作相应的文书等，均违反了依法行政原则中的正当程序要求，导致行政强制措施违法。③

---

① 参见杨建顺：《行政强制措施的实施程序》，载《法学杂志》2011年第11期。

② 参见耿宝建、李纬华：《背离立法目的的有权扣押构成滥用职权》，载《中国法律评论》2016年第4期。

③ 参见汤三红：《行政强制法与公安行政强制法治化》，载《公安研究》2012年第1期。

四、违反依法行政原则的主要危害

（一）造成行政合法性危机

公安机关作为行政执法的重要主体，其行政强制行为必须严格遵循依法行政原则。一旦公安机关的行政强制行为偏离该原则，首先面临的便是合法性危机。违反法律优先原则，未依据现行有效的法律、法规、规章执行，或与相关法律规范相抵触，相应的行政强制行为将丧失合法性基础。同理，若超越法律授权范围，擅自创设权力，不符合法律保留原则，该行为亦将被判定为不合法。

法律优先原则要求行政机关在实施行政行为时，必须严格遵循现行有效的法律、法规及规章，不得与之相悖。某市公安局交警支队某大队在作出扣留决定时，未能以现行有效的法律规范为依据，未依照法定程序与条件执行，擅自扩大扣押范围、延长扣押期限，或者在扣押过程中对车辆造成不必要的损毁，其行政强制行为即缺乏合法性基础，均属于违反法律优先原则的典型情形。①

法律保留着重强调在特定领域的行政行为，尤其是涉及公民基本权利的事项，必须由法律予以规定，行政机关无权自行创设权力。公安机关在采取行政强制过程中，若超越法律授权范围，擅自对公民财产权、人身权等进行限制或剥夺，即构成对法律保留原则的严重违反。如未经法律明确授权，随意增设罚款种类、提高罚款额度，或者对公民实施行政拘留等限制人身自由的措施等，此类行为一旦被认定违反法律保留，必然会被判定为不合法。②

行政行为的合法性是其有效性的必要前提。行政强制行为一旦被判定为不合法，基于该行为作出的决定、采取的措施等均可能被依法撤销或宣告无效。这不仅会导致行政资源的极大浪费，降低行政效率，更会对公安机关的公信力造成损害。公安机关承担着维护社会秩序、保障公民权益的重要职责，其行为的合法性是公众信任法治的基石。若频繁作出不合法的行政强制行为，势必削弱公众对法治的信仰，破坏法治秩序的稳定性。

（二）侵害行政相对人合法权益

公安机关违反依法行政原则的行政行为，尤其是行政强制行为，极易对

---

① 参见郝炜、杨海坤：《暂时性行政行为探析》，载《江苏社会科学》2019 年第 2 期。

② 参见许春晖：《正当程序：滥用程序权的判断标准》，载《法学评论》2019 年第 2 期。

行政相对人权益造成直接或间接侵害。从财产权视角分析，对于本案中的违法扣留行为，行政相对人的财产权遭到损害。车辆被违法扣押后，车辆所有人无法正常使用车辆，对于运营车辆而言，会直接导致运营损失，这部分损失可体现为预期营运收入的减少等；同时，车辆因为扣留可能产生额外的维修费用，诸如车辆长时间停放导致的零部件损坏维修费用等。从人身自由权层面审视，行政强制行为亦可能侵犯行政相对人的人身自由权。例如，在强制传唤过程中，依据法律规定，强制传唤必须遵循法定程序，若公安机关在实施强制传唤①时，未遵循法定程序，如未完成合法传唤前置要求（书面传唤证或紧急情况下的口头传唤，并出示证件等），便极易造成违法限制行政相对人人身自由的后果。

公安行政执法过程中对行政相对人合法权益的侵害具有复合型特征，既涉及财产权、人身自由权等实体性权利，亦包含知情权、参与权、陈述申辩权及救济权等程序性权利。公安机关若偏离依法行政原则的规范要求，将导致双重权利损害：一方面直接危及公民人身与财产权益，另一方面亦会动摇国家法治秩序的根基。以行政强制措施中的告知义务为例，《中华人民共和国行政强制法》第 18 条明确规定行政机关负有法定告知义务，需明确阐释行政行为的法律依据、事实基础及可能产生的法律后果。若公安机关未依法履行此程序义务，将实质剥夺行政相对人对其所处行政法律关系的知情基础，进而导致陈述申辩权等程序性权利的虚置化。此类程序违法不仅构成对个体权利的侵害，更会引发系统性法治风险——程序正义的缺失将削弱行政行为的正当性基础，加剧公民对执法公正性的合理性质疑，最终导致政府公信力的耗损与社会治理成本的递增。

（三）破坏行政法治环境

依法行政原则是法治政府建设的核心支撑。行政机关若违背这一原则，不仅会侵害行政相对人的合法权益，更会对整个行政法治环境造成严重破坏。在本案所涉及的道路交通管理领域，这一问题的影响尤为显著。道路交通管理与人们的日常生活紧密相关，是社会秩序的重要组成部分。公安机关作为

---

① 《中华人民共和国治安管理处罚法》（2012 修正）第八十二条　需要传唤违反治安管理行为人接受调查的，经公安机关办案部门负责人批准，使用传唤证传唤。对现场发现的违反治安管理行为人，人民警察经出示工作证件，可以口头传唤，但应当在询问笔录中注明。

公安机关应当将传唤的原因和依据告知被传唤人。对无正当理由不接受传唤或者逃避传唤的人，可以强制传唤。

道路交通管理的执法主体，若作出违法的行政强制行为，将产生严重后果。

从微观层面来看，其他交通参与者若目睹这些违法执法行为，会对执法行为的公正性和合法性产生质疑。这种质疑会降低他们对交通法规的信任度和遵守意愿，进而破坏行政法治环境。若交通参与者不再愿意主动遵守交通法规，交通违法行为必然增多，进而导致道路交通拥堵加剧，交通事故频发，严重影响道路交通的正常运行，给人们的出行带来不便，甚至危及生命财产安全。

从宏观角度分析，公安机关违背依法行政原则的危害更为严重。法律作为社会公平正义和秩序的基石，其权威性和统一性是法治得以实现的关键要素。公安机关作为法律的执行者，肩负着维护法律尊严和权威的重要职责。然而，若公安机关违背法律规定，违法作出行政强制行为，法律的宗旨和目的实现将大打折扣，甚至失去价值。长此以往，行政法治体系甚至将面临瓦解的风险。因为这不仅会破坏公安机关与行政相对人之间的信任关系，导致行政相对人对公安机关的执法行为产生抵触情绪，更会对国家治理体系和治理能力现代化进程产生负面影响。国家治理体系和治理能力现代化依赖于法治的有效实施，而公安机关违法行政无疑是对法治建设的严重阻碍。因此，维护行政法治环境，确保公安机关严格遵循依法行政原则至关重要。任何违背该原则的行为，都应及时予以纠正，并依法对相关责任人员进行追责。

从法社会学视角观察，个别行政争议可能演化为社会矛盾激化的触发点，其影响已超越个案范畴而具有社会结构层面的破坏性。例如，告知、申辩等程序性权利保障的缺失将导致行政争议解决机制的梗阻，[①] 进而形成法治秩序建构的负向激励。这种执法结构性缺陷若不能得到有效规制，将导致对社会公平正义认知的扭曲，甚至可能给国家和社会的稳定运行埋下隐患。

---

① 参见谢尚果：《行政复议与行政诉讼衔接机制之反思与重构》，载《河北法学》2013 年第 2 期。

案例2

以比例原则判断行政处罚决定的合理性及合法性

——王某诉某省公安厅某公安局直属分局、某省人民政府行政处罚及行政复议案

刘春玲* 何钰玲**

【内容提要】

比例原则是公安行政执法领域的普遍方法论原则，与依法行政原则相互蕴含，不可分割。比例原则主要涵盖适当性、必要性和法益相称性等三项子原则。适当性原则要求手段与目的之间具有关联，即适当性原则要求公安行政处罚手段与维护社会治安、保障公共安全等行政目的紧密契合，公安机关应确保所采取的行政处罚手段能有效制止违法行为并达成法定行政目标。必要性原则强调在多种可实现行政目的的手段中，选择对相对人权益侵害最小的方式。例如，公安机关应依法优先采用警告、罚款等较轻处罚，以切实保护相对人合法权益。法益相称性原则强调公安行政处罚严厉程度与违法行为社会危害程度相当，实现损益均衡，避免过度处罚。另外，根据本案例，在行政处罚案件办理中还需要注意比例原则应用的以下三个方面：法律规定具有优先性，行政机关必须在法律规定范围内实施处罚措施，确保行政权力合法性；行政效率不容忽视，需在遵循比例原则的同时，合理把握时间尺度，平衡好处罚合理性与及时性，防止因程序烦琐损害当事人权益；社会公共利益保护至关重要，行政机关需审慎权衡公共利益与相对人权益，精准识别和界定公共利益，确保行政处罚决策科学合理，实现法律效果与社会效果的有机统一。

* 中国人民警察大学公安法学院教授，法学博士。

** 中国人民警察大学研究生院硕士研究生。

【裁判要旨】

本案的裁判要旨在于明确比例原则在行政处罚案件中的适用边界。一审法院认为，根据比例原则，行政机关在行使自由裁量权时应选择对行政相对人侵害最小的方式，使行政执法的成本与执法收益相一致。本案中，王某尚未通过安检进入候机隔离区，未对航空秩序及安全产生干扰，且其对携带电子点烟器乘坐航空器不具有主观恶意，情节轻微，危害程度不大，因此对其作出的罚款1000元的行政处罚具有不合理性，应予撤销。然而，二审法院则认为，在机场设置有醒目警示标识的情况下，王某存在藏匿电子点烟器的主观故意，对其处罚款1000元并收缴点烟器，认定事实清楚，适用法律、法规正确，程序合法，过罚得当，一审法院适用比例原则认定被诉行政处罚决定存在不合理性并予以撤销，系适用法律不当，应予纠正。

【相关法条】

《中华人民共和国治安管理处罚法》（2012修正）第五条　治安管理处罚必须以事实为依据，与违反治安管理行为的性质、情节以及社会危害程度相当。

实施治安管理处罚，应当公开、公正，尊重和保障人权，保护公民的人格尊严。

办理治安案件应当坚持教育与处罚相结合的原则。

《中华人民共和国民用航空安全保卫条例》第三十二条　除国务院另有规定的外，乘坐民用航空器的，禁止随身携带或者交运下列物品：……（三）易燃、易爆、有毒、腐蚀性、放射性物品；（四）国家规定的其他禁运物品。

第三十五条　违反本条例的有关规定，由民航公安机关按照下列规定予以处罚：……（三）违反本条例第三十条第二款、第三十二条的规定，尚未构成犯罪的，可以处以5000元以下罚款、没收或者扣留非法携带的物品。

【案件索引】

一审：山东省济南市历下区人民法院（2020）鲁0102行初198号行政判决

二审：山东省济南市中级人民法院（2021）鲁01行终102号行政判决

【基本案情】

2019年6月26日8时55分，王某在济南遥墙国际机场国内出发安检二区通道内，将一个黑色电子点烟器放在钱包中，将该钱包放在男士挎包中，欲通过安检乘坐飞机前往上海。安检工作人员发现后，将王某送至某省公安厅某公安局直属分局候机楼派出所。候机楼派出所受案[①]后，对报警的安检工作人员及王某进行了调查询问。2019 年 6 月 26 日 10 时 17 分，候机楼派出所向王某制作《行政处罚告知笔录》，告知其拟作出行政处罚决定的事实、理由、依据，并告知其享有的陈述、申辩权，王某签字确认其不提出陈述和申辩。同日，某省公安厅某公安局直属分局作出鲁机场直公（候派）行罚决字〔2019〕140 号《行政处罚决定书》（以下简称《行政处罚决定书》），认定王某携带、交运禁运物品的违法行为成立，决定给予王某罚款 1000 元的行政处罚，并收缴电子点烟器一个。王某不服上述《行政处罚决定书》，向某省人民政府提出行政复议申请。某省人民政府受理王某的行政复议申请后，经审查作出鲁政复决字〔2019〕465 号《行政复议决定书》（以下简称《行政复议决定书》），决定维持涉案《行政处罚决定书》。王某不服某省公安厅某公安局直属分局作出的《行政处罚决定书》及某省人民政府作出的《行政复议决定书》，诉至法院。

一审法院审理查明：2019 年 6 月 26 日被告某公安局直属分局接到报警后制作《受案登记表》，并于 2019 年 6 月 26 日 9 时 14 分向原告王某制作询问笔录一份。被告已经通过笔录形式向原告告知拟作出行政处罚决定的事实、理由及依据，同时也告知原告享有陈述和申辩的权利，原告也在笔录中作出明确意思表示，因此被告作出涉案《行政处罚决定书》的程序符合法律规定。根据笔录显示，原告王某不知晓是否可携带电子点烟器乘坐航空器，因而并不具有主观恶意，其积极配合调查并能够认识到携带电子点烟器乘坐航空器的危害性，亦未造成严重社会后果，属于情节轻微，危害程度不大。适用比例原则认定被告所作处罚与《中华人民共和国行政处罚法》规定的过罚相当原则不完全符合，具有不合理性。

上诉人某公安局直属分局（一审被告）上诉称：安检区是乘客进入候机隔离区的最后屏障，如允许或者放任乘客携带电子点烟器等火种通过安检区进入候机隔离区，将给航空秩序及安全造成巨大的安全隐患。在机场设置电子屏、展板等大量警示标识以及广播提示循环播放的情况下，王某应当注意

---

① 依据公安部 2024 年 2 月 6 日印发的《公安部关于公安机关适用行政处罚若干问题的指导意见》（公通字〔2024〕5 号）之规定，公安机关办理行政案件的受案程序调整为立案程序；公安机关办理行政案件，不再制作《受案登记表》《受案回执》《不予调查处理告知书》，代之为制作《行政案件立案登记表》《行政案件立案/不予立案告知书》。本书后文中出现的“受案”“受理”等不再另行注明。

到机场提示，且能够辨识禁止携带的打火机及点烟器等火种标识，故王某个人未尽到注意义务，交出打火机却故意藏匿点烟器，具有携带登机的主观恶意。上诉人严格执行《中华人民共和国民用航空安全保卫条例》及民航总局相关规定，对王某作出行政处罚，事实认定清楚，适用法律正确，符合比例原则。根据《中华人民共和国民用航空安全保卫条例》第 35 条第（3）项的规定，决定对被上诉人处罚款 1000 元并收缴点烟器，认定事实清楚，适用法律正确。因此请求法院判令：一、撤销一审判决，依法改判或者发回重审。二、案件受理费由被上诉人王某承担。

被上诉人王某（一审原告）二审中辩称：安检区并不等同于机场控制区。一审判决虽撤销了处罚决定，但判决书中对答辩人的行为明确表示并不支持，并未否定安检及公安执法的必要性和重要性，不会形成错误的司法导向，而严重影响机场安全检查和民航安全。王某携带电子点烟器，并非明知电子点烟器为违禁品，答辩人笔录中说“试试看”的意思就是不确定电子点烟器是否允许带上飞机，并非试试能否侥幸通过安检的意思。综上，一审判决认定事实清楚，说理充分，法律法规依据明确，应予维持。

法院经审理查明：被上诉人王某作为有乘坐航空器旅行经历的成年人，对于打火机、点烟器应具有足够的辨识能力；在机场设置有醒目警示标识的情况下，其在进入安检区后主动交出打火机，足可表明其对于打火机等火种对航空安全的危害性具有足够的认知能力。根据《中华人民共和国民用航空安全保卫条例》第 32 条及第 35 条的规定，上诉人对被上诉人处罚款 1000 元并收缴点烟器的决定，适用法律、法规正确。根据《公安机关办理行政案件程序规定》（公安部令第 149 号）第 61 条、第 69 条、第 71 条、第 167 条相关规定，上诉人作出涉案《行政处罚决定书》的程序符合法律规定，并无不当。被上诉人违法行为事实清楚，证据确凿，依法应当受到相应行政处罚。上诉人依法在处罚幅度内对其予以行政处罚，程序合法，过罚得当，并不违反比例原则。

【裁判结果】

济南市历下区人民法院于 2020 年 9 月 3 日作出（2020）鲁 0102 行初 198 号行政判决，判决：一、撤销被告某省公安厅某公安局直属分局作出的鲁机场直公（候派）行罚决字〔2019〕140 号《行政处罚决定书》。二、撤销被告某省人民政府作出的鲁政复决字〔2019〕465 号《行政复议决定书》。

宣判后，某省公安厅某公安局直属分局提出上诉。济南市中级人民法院于 2021 年 4 月 12 日作出（2021）鲁 01 行终 102 号行政判决，判决：一、撤销济南市历下区人民法院（2020）鲁 0102 行初 198 号行政判决。二、驳回被上诉人王某的诉讼请求。

【裁判理由】

山东省济南市历下区人民法院在审理本案时，主要依据比例原则对行政处罚决定的合理性进行了审查。法院认为：首先，比例原则的适用。比例原则要求行政机关在行使自由裁量权时，选择对行政相对人侵害最小的方式，使行政执法的成本与执法收益相一致。在本案中，王某尚未通过安检进入候机隔离区，未对航空秩序及安全产生实际干扰。其作为一般社会大众，对于电子点烟器能否随身携带登机并不具有辨识能力和注意义务，不具有主观恶意。其次，情节轻微。王某在安检中积极配合调查，并认识到携带电子点烟器的危害性，且其行为未造成严重社会后果，属于情节轻微，危害程度不大。最后，处罚不合理。基于上述分析，法院认为某省公安厅某公安局直属分局对王某作出罚款 1000 元的行政处罚决定不合理，不符合比例原则。因此，一审法院判决撤销涉案鲁机场直公（候派）行罚决字〔2019〕140 号《行政处罚决定书》和鲁政复决字〔2019〕465 号《行政复议决定书》。

山东省济南市中级人民法院在二审中对一审判决进行了全面审查，法院的生效裁判认为：上诉人某省公安厅某公安局直属分局的上诉理由成立，应予支持。一审判决适用法律错误，应予撤销。其中，本案的争议焦点在于上诉人某公安分局作出的鲁机场直公（候派）行罚决字〔2019〕140 号《行政处罚决定书》认定事实是否清楚，适用法律是否正确，程序是否合法，处罚幅度是否适当。第一，关于主观故意的认定。二审法院认为，王某作为有乘坐航空器旅行经历的成年人，对打火机、点烟器等火种对航空安全的危害性具有足够的认知能力。其将电子点烟器存放在较为隐蔽的黑色钱包内，且未主动出示，存在藏匿的主观故意。第二，关于法律适用的优先性。二审法院指出，在法律法规有明确规定且机场设置醒目标识提醒的情况下，违法行为人仍隐匿禁运物品欲通过安检，应当认定其具有携带禁运物品的故意。因此，民航公安机关依照法定程序作出的处罚决定具备合法性。第三，关于比例原则的适用限制。二审法院强调，比例原则虽然具有规则属性，但其适用并非不受限制。在行政行为具备合法性的前提下，适用比例原则考量行政行为的合理性时，不应局限于行政机关与行政相对人两方的利益，还应将社会公共利益纳入考量范畴。从社会公共利益的角度来看，航空安全关乎人民群众的生命财产安全，稍有疏漏即可能造成严重事故，给公共安全及社会利益带来巨大损失。第四，关于处罚的合理性。二审法院认为，即使王某未通过安检区，未对航空安全造成实际威胁，也不能以其情节轻微、危害程度不大为由，不予追究违法责任。因此，一审法院适用比例原则认定被诉行政处罚决定存在不合理性并予以撤销，系适用法律不当，应予纠正。

【案例评析】

比例原则是行政法领域中的一项重要原则，是法律领域的普遍方法论原则，[①] 其核心要义在于要求行政机关在行使行政权力时，必须在实现行政目的与保护公民权利之间寻求平衡，最大限度地保护相对人的合法权益。这一原则要求行政机关在实施行政行为时，必须在手段与目的之间寻求合理的平衡。比例原则的理论基础源于德国宪法学中的“最小侵害原则”，其核心在于限制公权力的滥用，保障公民的基本权利。[②] 具体而言，比例原则包含三个子原则：适当性原则、必要性原则和狭义比例原则（又称法益相称性或均衡性原则）。适当性原则要求行政机关所采取的措施必须有助于实现行政目的；必要性原则要求在能够实现行政目的的所有措施中，行政机关必须选择对公民权利侵害最小的措施；狭义比例原则则要求行政机关所采取的措施与其所追求的行政目的之间必须保持合理的比例关系，不能使行政手段对公民权利的侵害超出实现行政目的所必要的限度。

在公安机关办理行政处罚案件过程中，比例原则的价值主要体现在以下几个方面：首先，比例原则有助于保障公民的合法权益。通过对公安机关行使行政处罚权的限制，防止行政机关滥用职权，对公民施加过度的处罚，从而保护公民的人身权、财产权等基本权利。其次，比例原则能够促进行政目的的有效实现。公安机关在遵循比例原则的前提下，能够更加精准地选择合适的处罚措施，既达到维护社会秩序、公共利益的目的，又避免因处罚过重引发公民的抵触情绪，影响行政目的的实现。最后，比例原则的适用有助于增强行政行为的合理性和公正性。[③] 它要求公安机关在作出行政处罚决定时，不仅要考虑法律的规定，还要综合考虑案件的具体情节、社会危害程度等因素，使处罚结果更加契合社会公众的公平正义观念。在本案中，一审法院和二审法院对于比例原则的适用存在明显分歧。

---

① 参见雷磊：《比例原则的规范论基础与方法论定位》，载《政法论坛》2025年第1期。

② 参见陈景辉：《比例原则的普遍化与基本权利的性质》，载《中国法学》2017年第5期。

③ 参见张雅洁：《论比例原则在公安行政强制领域的适用》，载《公安教育》2018年第9期。

一、行政处罚合理性判断的主要维度

（一）主观恶意精准认定的关键要素

在行政处罚合理性判断中，主观恶意的认定是基础性环节。[①] 从法理层面看，主观恶意体现了行为人对法律规范及社会秩序的主观态度，是责任追究的重要依据。依据过错责任原则，主观状态的不同决定了责任承担的差异。[②] 故意实施违法行为，意味着行为人对法律的明知故犯，反映出其对法律权威的蔑视；而过失违法虽在主观恶性上相对较轻，但也体现出行为人对自身行为应有的注意义务的缺失。若要认定其主观恶意，需从行为动机、对行为后果的预见能力等多方面综合考量。行为动机是探究主观恶意的重要切入点，它反映了行为人实施违法行为的内在驱动力。若行为动机是出于获取不正当利益、恶意报复等不良目的，那么可初步判定其主观恶意较强。同时，对行为后果的预见能力也是关键因素。在实施行为时，若依据一般理性人的认知标准，能够预见其行为将对机场秩序及公共安全造成严重危害，却依然为之，这就表明其主观上存在故意，恶意程度较高。反之，若因不可预见、不可避免的原因而实施了违法行为，其主观恶意则相对较低。这种主观恶意的精准认定，不仅是行政处罚公正性的要求，更是实现法律预防功能的基础，通过对不同主观状态的违法者施以不同程度的处罚，能够有效引导社会公众遵守法律规范。

（二）行为危害性全面判断的多重视角

行为危害性的判断是行政处罚合理性的核心要素之一，它需要从多个维度进行综合考量，以确保对违法行为的评价全面、准确。行为危害性不仅仅局限于行为所造成的直接物质损害，还应包括对社会秩序、公共利益以及法律秩序的潜在影响。从法社会学角度看，任何违法行为都不仅是个体行为，而是对社会秩序和公共利益的一种冲击。[③] 本案行为发生的机场作为人员密集、功能特殊的公共场所，其安全与秩序关乎重大公共利益。行为人之行为即使未造成直接的人身伤害或重大财产损失，但其扰乱机场秩序的行为可能

---

① 参见金成波：《行政处罚中违法者主观认识论纲》，载《当代法学》2022 年第 4 期。

② 参见程琥：《论行政处罚过错推定的司法审查》，载《行政法学研究》2022 年第 3 期。

③ 参见姬亚平、申泽宇：《行政处罚归责中的主观要件研究——兼谈〈行政处罚法〉的修改》，载《上海政法学院学报》2020 年第 3 期。

引发连锁反应，如导致航班延误、旅客行程受阻，进而影响整个航空运输系统的正常运行，对社会公共秩序造成严重干扰。此外，行为的持续性和重复性也是衡量行为危害性的重要指标。持续性和重复性的违法行为表明行为人对法律的漠视和对社会秩序的公然挑战，其社会危害性远大于偶发性的违法行为。这种行为不仅破坏了当时当地的秩序，更可能削弱公众对法律的信任，影响社会的法治氛围。因此，全面判断行为危害性，需要综合考虑行为的场所、时间、持续性以及对社会秩序和公共利益的潜在影响等多方面因素，以实现对违法行为的准确评价和合理处罚。

（三）行政处罚合理性深度衡量的标准构建

在比例原则的框架下，行政处罚的合理性衡量是一个复杂且多元的过程。其合理性不仅取决于是否符合法律规定，还与社会公众的公平正义观念紧密相连，更体现在实现行政目的与保护公民权利之间能否达到合理平衡。

社会公众的公平正义观念是衡量行政处罚合理性的社会维度。公平正义是社会的基本价值追求，行政处罚作为维护社会秩序的手段，应当与公众对公平正义的认知相契合。一般来讲，若处罚结果与公众普遍认知的公平正义相悖，对情节轻微的违法行为给予过重处罚，或者对性质恶劣的行为处罚过轻，都会引发公众对处罚合理性的质疑。公众会从自身的道德观念、日常经验以及对类似案件的了解出发，评判行政处罚是否公正。公安机关在作出处罚决定时，需要充分考虑社会舆论和公众的感受，使处罚结果符合社会大众对公平正义的普遍期待，从而增强行政处罚的社会认可度和公信力。在实现行政目的与保护公民权利之间寻求合理、平衡是比例原则的核心要义。

二、公安行政处罚适用比例原则的三重框架

（一）适当性原则：手段与目的的科学考量

适当性原则要求行政机关采取的行政行为必须能够实现行政目的或至少有助于行政目的的达成。在公安行政处罚领域，适当性原则体现为处罚手段与维护社会治安、保障公共安全等行政目的之间的紧密契合。[①] 从行政法理论来看，行政行为的适当性是行政行为合法性与合理性的基础要求。行政机关在实施行政处罚时，必须首先明确行政目的，然后选择能够有效实现该目的的处罚手段。某公安局直属分局对相对人实施行政处罚的目的是维护机场的

---

① 参见岳光辉：《论比例原则在〈治安管理处罚法〉中相关强制措施的适用》，载《湖湘论坛》2007 年第 5 期。

正常秩序和公共安全。该分局所采取的处罚措施，如罚款、行政拘留等，若能有效制止违法行为，使其认识到错误并纠正行为，同时对其他潜在违法者起到警示作用，从而预防类似违法行为在机场再次发生，那么该处罚手段就符合适当性原则。

反之，如果处罚手段无法实现上述行政目的，如对轻微违法行为给予过重处罚，不仅无法达到教育和惩戒的效果，反而可能引发相对人的抵触情绪，破坏社会和谐稳定，那么该处罚手段就不具备适当性。因此，公安机关在选择处罚手段时，必须对各种处罚手段的实施效果进行充分评估和预测，确保处罚手段与行政目的的高度契合，实现行政处罚的有效性和正当性。①

（二）必要性原则：最小侵害手段的合理抉择

必要性原则强调在多种能够实现行政目的的手段中，行政机关应选择对相对人权益侵害最小的手段。在公安行政处罚中，必要性原则体现为在能够有效维护社会治安和公共安全的前提下，尽可能选择对行政相对人权益损害最小的处罚方式。从权利保障的角度来看，必要性原则是对行政相对人基本权利的尊重和保护。公安机关在行使行政处罚权时，虽然是以维护公共利益为目的，但也不能忽视对相对人合法权益的保护。假设某公安局直属分局有多种处罚方式可供选择，如警告、罚款、行政拘留等。在能够有效实现维护机场秩序和公共安全这一行政目的的前提下，应优先考虑对相对人权益侵害最小的警告或罚款方式。警告作为一种较轻的处罚方式，能够以较为温和的方式提醒其行为的不当性，同时不会对他的人身自由和财产造成实质性的损害。罚款虽然对相对人的经济利益造成一定影响，但相较于行政拘留，其侵害程度明显较轻。当警告、罚款等较轻的处罚方式不足以达到行政目的时，才应考虑采取行政拘留等较重的处罚方式。这就要求公安机关在作出行政处罚决定前，对各种处罚手段进行全面、深入的评估和权衡，不仅要考虑处罚手段对行政目的实现的有效性，还要充分考量其对行政相对人权益的损害程度。通过这种权衡，确保处罚手段既能够切实有效地实现行政目的，又能将对相对人权益的侵害降到最低限度，体现行政处罚的公正性和人性化。

（三）狭义比例原则：损益均衡的精准把控

狭义比例原则要求行政机关在实施行政行为时，必须对行政行为所追求的行政目的与其所造成的损害之间进行科学权衡，确保行政行为所带来的收

---

① 参见岳光辉：《论比例原则在〈治安管理处罚法〉中相关强制措施的适用》，载《湖湘论坛》2007年第5期。

益大于其所造成的损害，实现损益均衡。在公安行政处罚中，狭义比例原则体现为行政处罚的严厉程度应与违法行为的社会危害程度相适应，避免过度处罚。从法经济学的角度来看，狭义比例原则是对行政行为成本效益的考量。行政机关在实施行政处罚时，不仅要考虑处罚对维护公共秩序的作用，还要考虑处罚对相对人权益造成的损害以及社会成本的增加。回到本案中，如果某公安局直属分局对相对人给予较长时间的行政拘留等较重的行政处罚，那么这种处罚所带来的维护机场秩序和公共安全的收益，必须远远大于对人身自由等权益造成的损害。如果处罚所造成的损害远远超过了其所能带来的收益，对情节轻微的违法行为给予过重的处罚，导致相对人在被拘留期间失去工作机会，生活陷入困境，同时社会舆论对处罚结果也产生广泛质疑，认为处罚过重、不合理，这就表明该处罚没有实现损益均衡。因此，公安机关在作出行政处罚决定时，应全面、综合地考虑处罚的损益情况，不仅要关注处罚对维护公共秩序的作用，还要充分考虑对相对人个人权益的影响，确保处罚结果既符合法律规定，又具备合理性，实现法律效果与社会效果的有机统一。

三、比例原则在公安行政处罚中的适用边界探讨

（一）法律规定优先：比例原则合法性边界

虽然比例原则在公安行政处罚中具有重要的指导价值和实践意义，但法律规定始终具有优先性。从法治原则的角度来看，法律规定是行政行为合法性的基础，行政机关必须在法律授权的范围内行使职权。在公安行政处罚中，法律规定为比例原则的适用划定了明确的边界。在本案中，《中华人民共和国治安管理处罚法》（2012 修正）第 32 条对非法携带管制器具的行为规定了相应的处罚种类和幅度，行政机关在作出处罚决定时，必须在法律规定的范围内进行选择，不能随意减轻或加重处罚。即使从比例原则的角度来看，可能存在理论上更为合适的处罚方式，但如果该方式超出了法律规定的范围，也是绝对不被允许的。法律规定的优先性确保了行政权力的行使具有明确的依据和规范，防止行政机关以追求所谓的“最佳比例”为借口滥用自由裁量权，维护了法律的权威性和稳定性。① 只有严格遵循法律规定，才能保证行政处罚的合法性和公正性，实现法治社会的有序运行。

① 参见刘权：《目的正当性与比例原则的重构》，载《中国法学》2014 年第 4 期。

（二）行政效率考量：比例原则实施的效率平衡

在公安行政处罚的实践过程中，行政效率是一个不容忽视的重要因素。行政效率不仅关系到行政机关的工作效能，也关系到行政相对人的合法权益和社会公共利益的实现。① 虽然比例原则要求行政机关在作出处罚决定时要全面、充分地考虑各种因素，以确保处罚的合理性，但这并不意味着可以无限制地追求完美的比例关系而完全忽视行政效率。

行政效率是行政行为的重要价值目标之一。行政机关在实施行政处罚时，需要在合理的时间内对违法行为作出处理，以维护社会秩序的稳定。某公安局直属分局需要在合理的时间内对违法行为作出处理，以尽快恢复机场的正常秩序。如果分局在适用比例原则时，进行过于烦琐、冗长的调查和论证，导致处罚决定迟迟不能作出，不仅会使机场的正常运营长时间受到影响，造成航班延误、旅客滞留等一系列问题，给机场和旅客带来巨大的经济损失和不便，也会使行政相对人长期处于不确定的状态，其合法权益同样会受到损害。因此，公安机关在实施行政处罚时，应在遵循比例原则的基础上，合理把握行政效率。通过优化执法流程、提高执法人员素质、合理配置行政资源等方式，实现比例原则与行政效率的有机平衡，确保行政处罚既能保证合理性，又能及时有效地维护社会秩序。

（三）公共利益保护：比例原则的社会价值权衡

社会公共利益保护在公安行政处罚领域是一个核心议题，与比例原则紧密交织，共同影响着行政处罚决策的合理性与正当性。从法理学的基本原理出发，社会公共利益是法律所追求的重要价值目标之一，它体现了社会全体成员的共同需求和整体福祉，是维持社会秩序稳定、促进社会发展进步的基石。② 在公安行政处罚情境下，行政机关的执法行为本质上是为了维护社会公共利益，确保公共安全、社会秩序等重要价值得以实现。比例原则作为行政法的基本原则，在社会公共利益保护中发挥着关键的调节作用。它要求行政机关在实施行政处罚时，必须对行政行为所追求的社会公共利益与对行政相对人权益造成的损害进行审慎权衡，力求实现两者之间的动态平衡。这种权衡并非简单的利益比较，而是涉及复杂的价值判断和利益衡量过程。

在实务中，当面临具体的行政处罚案件时，公安机关首先需要精准识别

① 参见王成栋：《论行政法的效率原则》，载《行政法学研究》2006 年第 2 期。

② 参见陈莉：《法律上的公共利益判断标准简论》，载《黑龙江省政法管理干部学院学报》2009 年第 4 期。

和界定所涉及的社会公共利益。这需要综合考虑多种因素，包括但不限于违法行为发生的场所、时间、行为性质以及可能引发的社会影响等。公共场所发生的扰乱秩序行为，相较于在私人场所发生的类似行为，对社会公共利益的影响更为直接和广泛，因为公共场所承载着众多不特定公众的共同活动和利益诉求。在对社会公共利益与行政相对人权益的权衡过程中，还需要考虑到社会的整体价值取向和长远发展。某些情况下，虽然对行政相对人权益造成一定损害，但从社会整体利益和长远发展来看，这种损害是必要且可接受的。社会公共利益保护与比例原则的价值权衡贯穿于公安行政处罚的全过程。行政机关在执法实践中，必须不断提升自身的法律素养和价值判断能力，准确把握社会公共利益的内涵和外延，严格遵循比例原则的要求，审慎作出行政处罚决策。只有这样，才能在有效维护社会公共利益的同时，充分保障行政相对人的合法权益，实现法律效果与社会效果的有机统一，推动社会的和谐稳定发展。

四、结语

比例原则在行政处罚案件中具有重要的适用价值，它有助于保障公民的合法权益，促进行政目的的有效实现，增强行政行为的合理性和公正性。比例原则在本案中的适用体现了其在平衡行政目的与公民权利方面的重要作用。虽然一审法院和二审法院对于比例原则的适用存在分歧，但这一分歧也反映了在实践中对比例原则理解的复杂性。在适用比例原则时，需要考虑法律规定的优先性、行政效率的考量以及社会公共利益的保护等因素，以确保行政处罚的合法性和合理性，以及综合考虑适当性原则、必要性原则和狭义比例原则的要求。只有在这些因素之间寻求平衡，才能确保行政处罚的合法性和合理性，实现行政目的与公民权利的协调统一。

案例3

程序正当原则在公安行政执法中的理解与应用

——初某诉某市公安局某分局不予行政处罚决定案

何钰玲* 刘春玲**

【内容提要】

《中华人民共和国治安管理处罚法》及《公安机关办理行政案件程序规定》中明确规定了公安机关办理治安案件的期限，旨在实现行政效率与相对人权益保护，此为程序正当原则的具体体现。在初某诉某市公安局某分局不予行政处罚决定案中，某公安分局作出的行政处罚决定远远超出法定期限，且无正当法定事由。办案期限属于程序正当原则下保障行政效率与当事人权益的重要内容。程序正当原则要求行政权力行使遵循公平、公正、公开准则，保障行政相对人合法权益。行政处罚时效制度明确行政行为时间界限，目的在于提升行政效率、保护相对人权益，且时效设定需合理、执行需严格。程序正当原则在行政处罚实务中具有重要价值，能保障相对人合法权益、提升处罚决定公正性与合法性、维护公安机关公信力与行政法治权威。而程序瑕疵会削弱行政处罚决定合法性基础、损害相对人合法权益、破坏行政法治秩序与社会信任关系。

【裁判要旨】

《中华人民共和国治安管理处罚法》及《公安机关办理行政案件程序规定》中明确规定了公安机关办理治安案件的期限，旨在确保行政效率与相对人权益保护的平衡，此为程序正当原则在行政程序中的具体体现。其中，办案期限的规定属于程序正当原则下保障行政效率与当事人权益的重要内容。

* 中国人民警察大学研究生院硕士研究生。

** 中国人民警察大学公安法学院教授，法学博士。

在本案中，某公安分局办理治安案件的时长远远超出法定期限，且无正当法定事由。在判定此类行政行为是否违反程序正当原则时，应严格依据上述法律及程序规定进行审查。若公安机关超出办案期限，又无法定正当事由，即构成对程序正当原则的违反，即便案件实体处理结果无误，该行政行为仍可能因程序不当而被认定违法。公安机关作出行政决定时，必须严格遵循法定程序，切实保障行政相对人的合法权益，维护行政行为的合法性与公信力。

【相关法条】

《中华人民共和国治安管理处罚法》（2012 修正）第九十九条　公安机关办理治安案件的期限，自受理之日起不得超过三十日；案情重大、复杂的，经上一级公安机关批准，可以延长三十日。

为了查明案情进行鉴定的期间，不计入办理治安案件的期限。

《中华人民共和国行政诉讼法》第七十四条　行政行为有下列情形之一的，人民法院判决确认违法，但不撤销行政行为：……（二）行政行为程序轻微违法，但对原告权利不产生实际影响的。

行政行为有下列情形之一，不需要撤销或者判决履行的，人民法院判决确认违法：（一）行政行为违法，但不具有可撤销内容的；（二）被告改变原违法行政行为，原告仍要求确认原行政行为违法的；（三）被告不履行或者拖延履行法定职责，判决履行没有意义的。

《最高人民法院关于适用〈中华人民共和国行政诉讼法〉的解释》第九十六条　有下列情形之一，且对原告依法享有的听证、陈述、申辩等重要程序性权利不产生实质损害的，属于行政诉讼法第七十四条第一款第二项规定的“程序轻微违法”：（一）处理期限轻微违法；（二）通知、送达等程序轻微违法；（三）其他程序轻微违法的情形。

【案件索引】

二审：黑龙江省哈尔滨市中级人民法院（2018）黑 01 行终 300 号行政判决

再审：黑龙江省高级人民法院（2020）黑行再 8 号行政判决

【基本案情】

某公安分局作出哈里公（新阳路）不罚决字〔2017〕6 号《不予行政处罚决定书》：现查明，2014 年 1 月 9 日 14 时许，初某在道里区安化街 86 号 3 单元 403 室门口，被从 503 室出来的马某打伤，当时现场还有于某某、薛某二人。经民警调查取证，于某某、薛某未参与殴打初某，于某某、薛某无违法犯罪事实。以上事实有违法嫌疑人马某陈述、被害人初某陈述、证人证言、鉴定意见等证据证实。根据《中华人民共和国治安管理处罚》第95条第（2）项之规定，现决定（对薛某）不予行政处罚。

哈尔滨市中级人民法院（2018）黑01行终300号行政判决认为：《中华人民共和国治安管理处罚法》（2012修正）（以下简称《治安管理处罚法》）第95条第（2）项规定，依法不予处罚的，或者违法事实不能成立的，作出不予处罚决定。初某指控薛某对其实施了殴打，某公安分局接到报警后，依法进行了全面的调查取证，其调查的证据能够证明薛某未对初某实施殴打行为。某公安分局作出《不予行政处罚决定书》，证据确实、充分，适用法律正确，符合法定程序。

黑龙江省人民检察院黑检民（行）监〔2019〕23000000436号行政抗诉书认为：某公安分局于2014年1月9日受理初某控告马某、于某某、薛某三人将其打伤的治安案件。2014年1月24日，某市公安局刑事技术支队作出（哈）公（刑技）鉴（法临）字〔2014〕98号鉴定书，被鉴定人初某右耳鼓膜紧张部穿孔系陈旧××变，与本次外伤无因果关系。被鉴定人初某头部损伤构成轻微伤，右眼损伤构成轻微伤，右耳部损伤构成轻微伤。某公安分局于2014年2月6日作出哈里公（新阳路）处罚决字〔2014〕第173号《行政处罚决定书》，对马某行政拘留7日并处罚款200元。初某不服，提起行政诉讼。哈尔滨市中级人民法院作出（2014）哈行终字第75号行政判决，撤销了哈里公（新阳路）处罚决字〔2014〕第173号《行政处罚决定书》。某公安分局于2014年12月25日作出哈里公（新阳路）行罚决字〔2014〕2213号《行政处罚决定书》，对马某行政拘留7日并处罚款200元。2017年7月20日，某公安分局对薛某作出《不予行政处罚决定书》。因为初某明确控告的是被马某、于某某、薛某三人共同打伤，根据上述法律规定，公安机关调查结束后应根据案件事实对三人分别作出处理。某公安分局对马某作出行政处罚决定后一直未对于某某、薛某作出处理，其后初某不断就此问题进行申诉并提起多个行政诉讼。从2014年1月9日某公安分局受理该案到2017年7月20日对薛某作出不予处罚决定历时两年零六个月，去除一个月的鉴定时间也远远超过了《治安管理处罚法》第99条规定的30日的办案期限，程序违法导致当事人不断进行上访、诉讼。

【裁判结果】

黑龙江省哈尔滨市中级人民法院于2018年5月22日作出（2018）黑01

行终300号行政判决，判决：驳回上诉，维持原判（驳回初某的诉讼请求）。宣判后，初某不服，向哈尔滨市人民检察院申请监督，该院向黑龙江省人民检察院提请抗诉。黑龙江省人民检察院于2020年5月27日以黑检民（行）监〔2019〕23000000436号《行政抗诉书》提起抗诉。黑龙江省高级人民法院于2020年11月6日作出（2020）黑行再8号行政判决，判决：一、撤销本院（2018）黑行申389号行政裁定、哈尔滨市中级人民法院（2018）黑01行终300号行政判决及哈尔滨市道里区人民法院（2017）黑0102行初124号行政判决。二、确认某市公安局某分局哈里公（新阳路）不罚决字〔2017〕6号不予行政处罚决定程序违法。

【裁判理由】

法院生效裁判认为：根据马某、初某、于某某及薛某等人的询问笔录，鉴定意见等证据，以及《治安管理处罚法》第95条规定："治安案件调查结束后，公安机关应当根据不同情况，分别作出以下处理：（一）确有依法应当给予治安管理处罚的违法行为的，根据情节轻重及具体情况，作出处罚决定；（二）依法不予处罚的，或者违法事实不能成立的，作出不予处罚决定；……"某公安分局对薛某作出《不予行政处罚决定书》认定事实清楚、证据确凿，适用法律正确。关于某公安分局对薛某作出《不予行政处罚决定书》处罚程序是否合法问题。《治安管理处罚法》第99条规定："公安机关办理治安案件的期限，自受理之日起不得超过三十日；案情重大、复杂的，经上一级公安机关批准，可以延长三十日。为了查明案情进行鉴定的期间，不计入办理治安案件的期限。"《公安机关办理行政案件程序规定》第141条规定："公安机关办理治安案件的期限，自受理之日起不得超过三十日；案情重大、复杂的，经上一级公安机关批准，可以延长三十日。办理其他行政案件，有法定办案期限的，按照相关法律规定办理。为了查明案情进行鉴定的期间，不计入办案期限。对因违反治安管理行为人逃跑等客观原因造成案件在法定期限内无法作出行政处理决定的，公安机关应当继续进行调查取证，并向被侵害人说明情况，及时依法作出处理决定。"某公安分局于2014年1月9日受理该行政案件至2017年7月20日对薛某作出《不予行政处罚决定书》，历时两年零六个月，扣除鉴定时间亦远远超过了上述法律规定的最长办案期限，且无正当法定事由。故应认定某公安分局对薛某作出的《不予行政处罚决定书》程序违法。《中华人民共和国行政诉讼法》第74条第1款规定："行政行为有下列情形之一的，人民法院判决确认违法，但不撤销行政行为：……（二）行政行为程序轻微违法，但对原告权利不产生实际影响的。"《最高人民法院关于适用〈中华人民共和国行政诉讼法〉的解释》第96条规定："有下列情形之一，且对原告依法享有的听证、陈述、申辩等重要程序性权利不产生实质损害的，属于行政诉讼法第七十四条第一款第二项规定的'程序轻微违法'：（一）处理期限轻微违法；……"就本案而言，某公安分局逾期作出《不予行政处罚决定书》及决定中引用的《中华人民共和国治安管理处罚法》中缺少"法"字，均属于处罚程序轻微违法的情形，依法应当确认违法，但保留该《不予行政处罚决定书》的效力。其目的在于有效化解行政争议，防止撤销被诉行政行为，判令重新作出行政行为所造成的程序空转。

【案例评析】

程序正当原则作为现代行政法的基石性理论，其理论渊源可回溯至英国的自然正义原则以及美国的正当法律程序理念。在英国行政法体系中，自然正义原则着重强调"任何人不得担任自己案件的法官"，并且行政机关在作出影响行政相对人权益的决定时，必须充分听取相对人的意见。而美国的正当法律程序理念，则从宪法维度对公民权利予以保障，防止其遭受政府的非法剥夺。①

这一原则的核心要义在于，行政权力的行使必须严格遵循公平、公正、公开的准则，切实确保行政相对人的合法权益在行政活动进程中免受不当侵害。于行政程序时效的范畴内，程序正当原则承载着规范行政行为时间限制、协调行政效率与相对人权益保护关系的重要使命。从本质属性来看，程序正当原则着重凸显行政行为的过程性与参与性特征。其要求行政主体在实施行政行为时，必须严格依照法定程序步骤有序推进，不得随意简化或逾越法定程序。与此同时，应当赋予行政相对人充分的参与机会，使其能够在行政程序中充分表达观点、提供证据，进而对行政行为的最终结果产生实质性影响。在行政程序时效层面，这一原则具体体现为对行政行为时间进程的合理规制，以确保行政行为既能高效推进，又不致损害相对人的程序权利。在本案中，行政处罚决定的作出违反了程序正当原则，无正当理由超出法定期限办案，进而导致相应的行政处罚决定被认定为违法。

一、行政处罚时效制度的理论阐释

（一）时效制度的规范意涵

在行政法学理论体系中，行政程序时效作为一项重要制度，指的是在行

① 参见张梦雪：《程序正义在国外的实践及启示》，载《法制博览》2015年第5期。

政程序这一特定范畴内，行政法律关系主体若在法定期间内未行使相应权利或者履行应尽义务，便会引发不利法律后果。其核心要义在于明确限定行政行为从起始到终结的全过程以及各个具体阶段的时间界限，这一界限对行政主体与行政相对人均具有同等的规范约束效力。

对于行政主体而言，时效规定具体细化于对相对人许可申请的审查、决定以及送达时限，作出处罚决定、送达处罚决定书以及执行处罚决定的时限等关键环节。以公安机关为例，在处理治安案件时，对相对人相关申请的回应以及处罚决定的作出都必须严格遵循法定时间要求。而从行政相对人的角度来看，时效则体现为申请补正、提出听证、执行行政决定等行为的时间限制。这种双向的时间规制机制，本质上是为了保障行政程序能够高效、有序运行，避免因时间的无限制拖延致使行政法律关系长期处于不稳定状态，进而损害行政效率与相对人权益。①

（二）时效制度的立法目的

我国行政处罚时效规定有着明确且多元的法律渊源，主要涵盖《治安管理处罚法》《公安机关办理行政案件程序规定》等法律法规。《治安管理处罚法》第99条以条文形式明确规定："公安机关办理治安案件的期限，自受理之日起不得超过三十日；案情重大、复杂的，经上一级公安机关批准，可以延长三十日。为了查明案情进行鉴定的期间，不计入办理治安案件的期限。"这一规定为公安机关办理治安案件提供了明确的时间指引。《公安机关办理行政案件程序规定》第141条也有类似规定，并进一步对因违反治安管理行为人逃跑等客观原因造成案件在法定期限内无法作出行政处理决定的情况处理方式予以强调，补充完善了时效规定的适用情形。

从立法目的层面剖析，这些时效规定主要体现为两个维度。其一，从行政效率维度考量，其旨在保障公安机关及时处理各类案件，避免案件陷入久拖不决的困境，进而提升行政管理的整体效能。及时处理行政事务能够使社会秩序迅速恢复稳定，使行政资源得到科学合理的配置与高效利用，有效避免行政成本的过度消耗。② 本案中的某公安分局历时两年零六个月才作出决定，远远超出法定最长办案期限，这期间不仅消耗了大量的行政资源，也使得社会治安秩序未能及时得到有效维护，行政效率大打折扣。其二，从相对

① 参见胡梦瑶：《行政处罚期间制度的规范检视与体系建构》，载《政法论坛》2023年第1期。

② 参见石佑启、黄新波：《论我国行政处罚时效制度的完善——一个比较法的视角》，载《上海市政法管理干部学院学报》（法治论丛）2004年第1期。

人权益保护维度审视，明确的时效规定能够有效防止公安机关因拖延时间而侵犯相对人的合法利益。通过明确的时间限制，相对人能够及时知晓行政处理结果，从而基于此对自身行为作出合理规划与安排，切实维护自身合法权益。若公安机关无限期拖延案件处理，相对人可能会因不确定的法律状态而遭受经济损失、心理压力等诸多不利影响，这与行政法保障公民权益的基本理念相悖。

（三）行政时效的合理性与严格性要求

行政程序时效的设定并非随意为之，而是需依据程序正当原则进行全面且深入的考量，以确保时效设定的合理性。时效期限的长短应与行政行为的性质、复杂程度紧密契合。对于涉及重大公共利益或复杂法律关系的行政处罚案件，适当延长时效期限尤为必要。这不仅有助于行政主体全面、细致地调查取证，准确无误地适用法律，同时也给予相对人充足的时间准备应对措施。时效设定还必须充分考虑相对人的权益保障，避免因时效过短而致使相对人无法有效行使陈述、申辩等关键权利。此外，程序正当原则时刻督促行政主体在行政程序时效的执行过程中，务必严格遵守法定的时间界限。行政主体应当构建完善的内部管理机制，对行政行为的各个环节进行严密的时间监控，确保从案件受理、调查、审查到决定作出、送达等一系列流程均能在规定时间内顺利完成。① 在初某诉某市公安局某分局不予行政处罚决定案中，某公安分局未严格遵守法定时间界限，超期办案，导致行政处罚决定被认定为程序违法。故公安机关在实施行政处罚时，只有在法定时限内充分调查取证，并给予相对人足够的时间进行陈述和申辩，以及作出合法合理的处罚决定，才能实现既维护了公共利益，也保障了相对人的合法权益，并充分体现了程序正当原则在时效制度执行中的重要指导作用。若行政主体忽视程序正当原则，违反时效规定，不仅会损害行政相对人的合法权益，也会削弱行政行为的合法性和权威性，破坏行政法治秩序。

二、程序正当原则在行政处罚实务中的价值

（一）维护行政相对人的合法权益

在行政处罚这一特定行政行为领域，程序正当原则全方位保障着行政相对人的合法权益。从知情权这一关键权利维度深入分析，依据该原则，公安

① 参见夏金莱：《论行政处罚追责时效——〈行政处罚法〉第36条的解释论》，载《学术界》2022年第10期。

机关在作出行政处罚决定前，负有向行政相对人全面、精准且详尽告知拟作出的处罚内容、所依据的事实、推理逻辑以及明确法律条文依据的义务。此告知义务绝非形式之举，而是保障相对人知情权的核心所在，亦是相对人有效参与后续程序、维护自身权益的根本前提。① 以初某诉某市公安局某分局不予行政处罚决定案为例，某公安分局在处理该案件时，违背程序正当原则，超出法律规定的办案期限，对薛某作出的不予行政处罚决定超期，致使行政处罚决定违法，在此期间，无疑对当事人的权益造成了侵害。若某公安分局严格遵循程序正当原则，在法定办案期限内，理应及时、主动地向当事人通报案件进展，涵盖调查获取的证据、对案件事实的初步认定以及法律适用的初步方向等关键信息。如此，当事人便能基于充分且准确的信息，明晰自身在法律框架下的处境，提前预判可能面临的法律后果，从而有条不紊地规划维权策略。则当事人或可在后续的法律程序中占据有利地位。②

从参与权视角审视，行政相对人在行政处罚程序中依法享有充分的陈述和申辩权利，这一权利赋予机制为相对人深度参与处罚决定的形成过程提供了制度化路径。在本案中，由于公安机关超期办案，当事人的陈述和申辩权在程序运行中难以得到充分尊重与有效行使。若案件在法定办案期限内有序推进，当事人便能够围绕案件事实认定的准确性、法律适用的恰当性等核心问题，充分表达自己的真实观点、意见与诉求。公安机关应以严谨、审慎的态度对待当事人的陈述和申辩内容，全面、细致地考量其中的事实依据与法律逻辑。这种参与机制本质上是赋予相对人在行政处罚决定形成过程中的话语权，有助于打破信息不对称，避免公安机关因信息片面、认知局限或法律理解偏差而作出不合理、不公正的处罚决定。③ 在众多行政处罚实践案例中，不乏相对人通过合理、有效的陈述和申辩，向公安机关提供新的证据线索或事实角度，促使公安机关重新全面、深入审查案件，最终纠正错误认知，作出更契合公平正义原则的处罚决定，切实维护相对人的合法权益。

（二）保证行政处罚决定的公正性和合法性

严格遵循程序正当原则是确保行政处罚决定具备公正性和合法性的核心要素。在程序正当原则的规范框架下，公安机关实施行政处罚时，必须严格

---

① 参见吴彩丽、顾建兵：《行政处罚事先告知制度的理解与适用》，载《人民司法》2023 年第 8 期。

② 参见王林方：《浅析行政处罚中告知程序的法定性》，载《公安学刊（浙江警察学院学报）》2009 年第 3 期。

③ 参见关保英：《行政相对人申辩权研究》，载《东方法学》2015 年第 1 期。

依照法定程序，有序开展调查取证、认定事实、适用法律等一系列关键活动。在调查取证环节，公安机关应秉持全面、客观、公正的原则，广泛收集各类证据，杜绝偏听偏信、选择性取证等不当行为。然而，超期办案引发的时间拖延，极有可能致使证据收集的时效性和全面性遭受打击。随着时间推移，现场证人的记忆可能逐渐模糊，关键的物证、书证可能因各种原因灭失或损毁，电子数据可能因存储介质故障或技术更新而难以获取或解读，这些因素将导致所认定的案件事实准确性大幅降低，无法为后续处罚决定提供坚实的事实基础。①

在法律适用方面，公安机关必须依据明确、具体、有效的法律规定作出处罚决定，并在向相对人告知处罚决定时，运用严谨的法律推理和逻辑论证，详细阐释法律依据的适用理由，增强处罚决定在法律层面的说服力和公信力。在本案中，由于超期办案导致案件处理周期被拉长，公安机关在法律适用过程中可能面临诸多困境。一方面，随着时间变化，法律法规可能出现修订、废止或新的司法解释出台，公安机关可能因未能及时跟进和准确把握这些法律动态，导致在作出不予行政处罚决定时，对法律依据的引用和解释出现偏差、错误或滞后，难以契合现行法律的精神和立法目的；另一方面，长时间的案件处理过程可能使办案人员对法律的理解和把握出现混淆或遗忘，无法做到准确、恰当地适用法律，从而难以让当事人信服，严重损害了处罚决定的公正性和合法性。

听证程序作为程序正当原则的重要组成部分，在重大行政处罚案件中发挥着不可替代的关键作用。若严格遵循程序正当原则，在法定办案期限内，对于涉及当事人重大权益的事项，公安机关应依法依规组织听证。通过听证这一公开、透明的程序平台，广泛听取各方意见，包括双方当事人的陈述、申辩和意见表达等。从多元视角、多个层次对案件进行全面审视和深度剖析，能够使处罚决定更加精准地契合案件实际情况，充分体现法律的公平正义精神和立法目的，进而显著提升行政处罚决定的公正性和合法性。但某公安分局的超期办案行为使得这一重要的程序机制无法有效实施，损害了行政处罚决定的质量和权威性。

（三）维护公安机关公信力与行政法治权威

程序正当原则对于增强公安机关公信力和维护行政法治权威具有重要价值。当公安机关严格遵循程序正当原则，在法定办案期限内规范、高效地实

① 参见陈斐薤：《食品药品行政处罚案件中的证据及其审查》，载《中国食品药品监管》2014 年第 11 期。

施行政处罚时，这一行为向社会公众传递出依法办事的强烈信号，彰显出对行政相对人合法权益的尊重与保障。在日常执法实践中，若公安机关始终保持公正、透明、高效的工作作风和执法形象，公众会基于对其执法行为的高度认可，自然而然地对公安机关产生信任，坚信其能够公正、公平、合理地处理各类行政事务，从而不断增强对公安机关的信任程度，稳步提升公安机关的公信力。①

反之，若公安机关无正当法定事由超期办案，背离程序正当原则，这一行为必然会在公众心中引发对公安机关执法行为的质疑。公众会对公安机关能否公正、公平地处理案件产生怀疑，进而降低对公权力的信任度。这种信任危机一旦产生，其负面影响不仅局限于个案，还可能引发连锁反应，严重影响公安机关后续执法工作的顺利开展，甚至可能引发公众对整个法治体系的信任崩塌，破坏社会的和谐稳定与有序发展。② 从更深层次的法治理论视角来看，公安机关严格遵循程序正当原则，在法定时限内进行行政处罚，是对行政法治权威的有力捍卫。这表明法律规定的程序和原则在行政实践中得到切实贯彻执行，法律的尊严和权威得以充分彰显。而超期办案的行为则破坏了行政法治的和谐秩序，使法律的约束力和权威性受到严峻挑战。这种负面示范效应可能在社会中引发不良连锁反应，削弱公众对法律的尊重和遵守意识，对行政法治建设的持续推进产生严重阻碍。

三、程序瑕疵对行政处罚决定的负面效应

（一）削弱行政处罚决定的合法性基础

行政处罚决定的合法性建构于严格遵循法定程序的基础之上。在初某诉某市公安局某分局不予行政处罚决定案中，某公安分局超期办案这一程序瑕疵，对其作出的不予行政处罚决定的合法性基础造成了严重削弱。从法律规定层面来看，《治安管理处罚法》和《公安机关办理行政案件程序规定》中明确规定了公安机关办理治安案件的期限，这一规定的立法目的在于确保公安机关能够及时、高效地处理案件，维护法律秩序的稳定。某公安分局历时两年零六个月才作出决定，远远超出法定最长办案期限，且不存在正当法定事由，这一行为直接违反了上述法律法规中关于办案期限的强制性规定。

① 参见方世荣、王春业：《简论〈治安管理处罚法〉的正当程序理念》，载《山东警察学院学报》2005 年第 6 期。

② 参见李宝记：《公安行政执法与人权保障》，载《武汉公安干部学院学报》2004 年第 2 期。

从行政法理论的视角深入剖析，程序合法是行政行为合法的重要组成部分，这是行政法学的基本原理。违反法定程序的行政行为通常会被认定为违法，这是基于行政法治原则的必然要求。超期办案使得行政行为在程序上存在重大瑕疵，从根本上动摇了行政处罚决定的合法性根基。这种程序违法不仅破坏了法律所追求的程序正义价值，也使行政处罚决定的权威性受到广泛质疑。即便该处罚决定在实体上可能基于事实和法律有一定依据，即其所作出的不予行政处罚决定可能在实体认定上并无差错，但超期办案的程序瑕疵足以使整个处罚决定的合法性受到挑战，难以得到法律的完全认可和支持，因为程序正义是实体正义的前提和保障。

（二）损害相对人的合法权益

在实体权益方面，长时间的案件拖延使得当事人的权益长期处于不确定状态。在案件未决的漫长期间，当事人可能因无法确切知晓自身权益是否受到侵害以及是否能够获得合理的赔偿与救济，在日常生活和工作中遭受诸多严重干扰。在程序权益方面，超期办案侵犯了行政相对人享有的及时获得公正处理的基本程序权利。行政相对人在行政程序中有权要求公安机关在法定时间内对案件作出公正、合理的处理，这是其作为行政相对人的基本程序权利，也是行政程序公正、效率价值的内在要求。本案中违反法定期间超期作出行政处罚决定，使得当事人无法在合理时间范围内获得案件的处理结果，无法及时行使自己依法享有的救济权利，如申请行政复议或提起行政诉讼的时效可能因案件的不合理拖延而受到严重影响，甚至可能因时效过期而丧失救济途径。这种程序上的不公正对待，会导致当事人在整个行政处罚程序中处于不利的地位，其合法权益受到了损害，这不仅违背了行政法保障公民合法权益的基本原则，也与行政程序所追求的公正、效率价值相悖。

（三）破坏行政法治秩序与社会信任关系

公安机关作为国家重要的执法主体，严格遵守法定程序是维护行政法治秩序的关键。法律规定的办案期限是行政程序的重要组成部分，其目的在于保障行政行为的规范性和时效性，确保法律的权威性和严肃性得以有效维护。公安机关必须严格遵守这一规定，以确保法律的尊严和权威不受侵犯。① 超期办案使法律规定的时效制度形同虚设，削弱了法律的约束力和威慑力，破坏了公安机关依法办事的良好形象，导致公众对公安机关的执法行为产生广泛

① 参见张丽颖：《行政程序违法的法律后果探究》，载《山东青年政治学院学报》2015 年第 3 期。

质疑和不信任，进而影响整个行政法治秩序的稳定。这种破坏效应不仅体现在个案中，还可能引发连锁反应，影响公众对其他行政行为的信任和尊重，使整个行政法治体系的公信力受到严重损害。从社会信任关系角度分析，公安机关的执法行为代表着公权力的形象和公信力。当公安机关违反法定程序，出现超期办案等程序瑕疵时，会严重损害社会公众对公安机关的信任。公众会对公安机关能否公正、公平地处理案件产生怀疑，降低对政府的信任度，这种信任危机一旦产生，将不仅影响公安机关后续执法工作的顺利开展，还可能引发公众对整个法治体系的信任危机，破坏社会的和谐稳定与有序发展。长此以往，将对社会的法治建设和社会秩序的维护产生深远负面影响，不利于构建一个公平、公正、有序的法治社会，因为社会信任是法治社会运行的重要基础，没有社会信任的支撑，法治社会将难以有效运转。

专题二

公安行政主体

案例 4

公安行政主体认定应满足“权名责相统一”

——权某某诉某公安局某分局等治安行政处罚及行政复议纠纷案

樊 英*

【内容提要】

行政主体是行政法中的重要概念，依法行政的实现，要求对复杂的行政组织进行主体资格的确定。确定行政机关是否具有行政主体资格，亦是确定行政机关能否成为行政诉讼的被告主体资格的关键。《中华人民共和国行政诉讼法》第 75 条、《中华人民共和国行政复议法》第 67 条以及《中华人民共和国行政处罚法》第 38 条等对行政主体资格作了明确的规定，司法实践中，法官依据法律规定认定公安行政执法组织是否具有行政主体资格，是案件审理的关键环节之一。

【裁判要旨】

依据《中华人民共和国治安管理处罚法》第 91 条规定：“治安管理处罚由县级以上人民政府公安机关决定；其中警告、五百元以下的罚款可以由公安派出所决定。”该规定中明确了县级以上人民政府公安机关及其公安派出所的治安管理处罚权，应当根据公安机关组织设置、权力配置、治安管理处罚种类以及是否超越职权等对公安行政处罚主体是否适格进行具体判断。

【相关法条】

《中华人民共和国治安管理处罚法》（2012 修正）第四十九条 盗窃、诈骗、哄抢、抢夺、敲诈勒索或者故意损毁公私财物的，处五日以上十日以下

* 重庆大学法学院弘深青年教师，助理研究员，法学博士。

拘留，可以并处五百元以下罚款；情节较重的，处十日以上十五日以下拘留，可以并处一千元以下罚款。

第九十一条　治安管理处罚由县级以上人民政府公安机关决定；其中警告、五百元以下的罚款可以由公安派出所决定。

【案件索引】

一审：陕西省西安铁路运输法院（2019）陕7102行初839号行政判决

【基本案情】

原告权某某起诉称：原告是陕西省西咸新区××城××镇××村村民，在资村有4.5亩承包地。陕西省西咸新区沣西新城管理委员会（以下简称管委会）对××镇××村、王道村土地进行征收，但是管委会没有公布征地公告、征地补偿、安置方案公告，也没有对原告进行补偿安置。在这种情况下，2018年1月3日，沣西新城国土资源与房屋管理局、钓台街道办和沣西新城城市管理局就派人对原告承包地上的大棚进行了强制拆除，并且强制占用。2018年10月12日，在没有经过原告同意的情况下，中建一局派装载机强行清除原告承包地的地面，其行为侵犯了原告的财产权，原告有权以力所能及的方式阻止其侵害行为以维护自己的合法权益。但被告某公安分局却认为原告行为违法，给予原告行政拘留五日的行政处罚。原告不服，向被告某公安局申请复议，某公安局错误地维持了某公安分局的处罚决定。原告认为某公安分局不具有处罚主体资格，认定事实错误，执法程序违法，某公安局认定事实错误，根据《中华人民共和国行政诉讼法》规定提起诉讼，请求法院判令：1. 确认被告某公安局某分局作出的《行政处罚决定书》违法；2. 撤销被告某公安局作出的《行政复议决定书》。

被告某公安局某分局辩称：一、陕西省西咸新区××城××村土地有相关审批文件，不存在违法征地拆迁。红光路项目及丝绸之路风情城项目是西咸新区重点项目，沣西新城管委会根据陕西省人民政府《陕政土批〔2013〕1199号》《陕政土批〔2015〕84号》《陕政土批〔2016〕387号》土地审批件，对项目占用的××街××村、王道村39.1742公顷的集体土地依法进行征收。陕西省旅游集团根据陕西省××委《陕发改社会〔2017〕1537号》关于丝绸之路风情城项目核准的批复、西咸新区管委会《西咸国土字〔2018〕第26号》建设用地使用权的批复，取得了相关建设用地规划许可证。××路××乡符合规划要求，属于合法施工。二、征迁部门履行了相关告知义务，公告期间，原告没有书面提出意见，亦未要求举行听证。2017年9月底，项目征迁安置指挥部工作人员多次和原告进行沟通协调，原告仍拒绝签订补偿协议。2018 年 6 月 19 日，沣西新城国土资源与房屋管理局向原告送达《责令限期办理房屋补偿登记并交出土地使用权的决定书》，原告仍拒绝签收。原告对政府拆迁行为是知晓的，只是因为不满补偿内容而拒绝搬迁。基于上述调查情况，被告作出的《行政处罚决定书》，认定事实清楚，程序合法，适用法律准确。三、本案中原告多次以阻挡工地施工的方式进行“维权”，均造成了一定危害后果，但因原告未有过激行为，被告均以告知、劝离等方式积极协调施工方和原告妥善化解矛盾，并未对原告进行相应处罚。2018 年 10 月 12 日，××路××园××工地施工，原告用石块将施工装载机前挡风玻璃砸碎，险些造成人员受伤，其行为已经违反《中华人民共和国治安管理处罚法》（2012 修正）（以下简称《治安管理处罚法》）第 49 条之规定，故被告依法对原告作出行政拘留五日的处罚决定。四、2017 年 4 月 24 日，陕西省机构编制委员会下发了《关于成立西咸新区公安局的通知》，同意成立西咸新区公安局。明确西咸新区公安局为省公安厅派出机构，机构规格参照副省级城市的副局级机构设置。下设沣东新城分局、秦汉新城分局、空港新城分局、沣西新城分局、泾河新城分局 5 个正处级机构。沣西新城××街××村、王道村属于某公安分局管辖范围，因此被告不存在处罚主体资格存疑的情况。被告作出的行政处罚决定，认定事实清楚，程序合法，适用法律准确，请求人民法院依法驳回起诉。

被告某公安局辩称：某公安局作出的西咸公复决字〔2019〕004 号《行政复议决定书》认定事实清楚，适用法律准确妥当，程序合法规范。某公安局是市一级公安机关，某公安分局是某公安局的下属正县级公安机关。被告认为，被申请人某公安分局作出的具体行政行为认定事实清楚，证据确凿，适用依据正确，程序合法，处理恰当。被告按照法定程序，根据《中华人民共和国行政复议法》第 28 条第 1 款第（1）项规定，于 2019 年 1 月 17 日作出 004 号《行政复议决定书》，维持某公安分局作出的行政处罚决定。综上所述，本案中被告某公安局作出的行政复议决定认定事实清楚，适用法律准确妥当，程序合法规范。

【裁判结果】

西安铁路运输法院于 2020 年 3 月 26 日作出（2019）陕 7102 行初 839 号行政判决，判决：驳回原告权某某的诉讼请求。

【裁判理由】

法院生效裁判认为：《治安管理处罚法》第 49 条规定：“盗窃、诈骗、哄抢、抢夺、敲诈勒索或者故意损毁公私财物的，处五日以上十日以下拘留，可以并处五百元以下罚款；情节较重的，处十日以上十五日以下拘留，可以并处一千元以下罚款。”本案中，根据权某某本人询问笔录，证人权某某、葛某某、赵某某、尹某某、荆某某等人询问笔录，行政处罚告知笔录、辨认笔录及照片、相关物证、现场照片等，能够证实权某某在××路××园××工地，砸毁了正在施工的装载机挡风玻璃，造成工程停工及一定的车辆损失的事实。上诉人权某某虽主张砸毁装载机玻璃系为了阻止中建一局清除其承包地上的地面，但权某某采取案涉行为处理该纠纷，其该行为应当受到治安行政处罚。2017 年 4 月 24 日，陕西省机构编制委员会下发了《关于成立西咸新区公安局的通知》（陕编发〔2017〕20 号），同意成立西咸新区公安局。明确西咸新区公安局为省公安厅派出机构，机构规格参照副省级城市的副局级机构设置。下设沣东新城分局、秦汉新城分局、空港新城分局、沣西新城分局、泾河新城分局 5 个正处级机构。故某公安分局具有根据《治安管理处罚法》作出案涉行政处罚决定的权力。在本案行政处罚过程中，某公安分局依法履行了受案、询问、调查取证、权利告知、处罚告知、作出处罚、送达、执行等办案程序，故被上诉人某公安分局对上诉人权某某作出行政拘留 5 日的处罚决定，符合法律规定。

某公安局依法受理权某某的行政复议申请后，于当日作出西咸公复答字〔2018〕011 号《行政复议提交答复通知书》，并于 2018 年 11 月 22 日向某公安分局送达该通知书。后经复议审查，某公安局于 2019 年 1 月 17 日作出西咸公复决字〔2019〕004 号《行政复议决定书》，维持某公安分局作出的 133 号《行政处罚决定书》，并于 2019 年 1 月 22 日通过邮寄方式向权某某送达。某公安局作出的行政复议决定认定事实清楚、适用法律法规正确、程序合法。

【案例评析】

行政主体是行政法学上的基础概念之一，是指“依法享有行政权力，能以自己的名义行使行政权，并能独立承担由此产生的法律责任的组织”。[①] 我国的行政主体理论属于“机关主体模式”，[②] “行政主体”这一概念所涉及的都是“国家-行政主体-行政机关”三者之间的关系，[③] 其核心功能之一是确

① 应松年主编：《行政法与行政诉讼法》，中国政法大学出版社 2011 年版，第 55 页。
② 参见余凌云：《行政主体理论之变革》，载《法学杂志》2010 年第 8 期。
③ 参见王贵松：《行政主体论的中国变迁》，载《法学评论》2023 年第 2 期。

定行政诉讼的被告，因此，这种行政主体理论也被称为“诉讼主体模式”。[①] 司法实践当中，法院通常会结合具体的法律规定和案件信息，通过“权名责相统一原则”对于行政主体是否具有适格的被告资格进行认定。回到本案，《治安管理处罚法》第 91 条规定：“治安管理处罚由县级以上人民政府公安机关决定；其中警告、五百元以下的罚款可以由公安派出所决定。”明确了公安主体的行政执法资格，某公安局某分局是否属于适格被告，需要在个案中对其予以具体化。

一、行政主体资格认定应满足“权名责相统一原则”

行政主体理论是行政法中重要的理论，行政主体理论的内在结构既是一个理论命题，又指向法官如何认定行政主体适格资格的司法实践。根据应松年教授对行政主体概念的表述，行政主体应当“依法享有行政权力”“能以自己的名义行使行政权”“能独立承担由此产生的法律责任”，不同学者对行政主体概念的表述虽有差异，但都强调行政权归属、以自己的名义行使行政职权、独立承担法律责任三个方面，[②] 这三个方面的内容共同构成我国行政主体理论内在结构的三个必备构成要素，即“权”（行政职权）—“名”（名义）—“责”（责任）。

（一）行政主体理论的第一个要素——权

“权”是行政主体理论中的第一必备要素，“依法享有行政权力”是行政主体理论的核心命题，强调行政权力的来源、行使及约束均需以法律为根本依据。

行政组织成为行政主体必须具备相应的行政职权。在公法领域，公权力与私权利相对应，公权力应当以保障私权利为边界，为了禁止公权力滥用造成对私权利的侵害，“法无授权即禁止”是对公权力的基本要求。从行政权力的来源来看，行政权力必须有法律的明确授权，而非“行政权的自我定义”[③]。行政权来源具体包括三种情形：第一，由宪法原则设定行政主体的性质、地位及其职权。《宪法》第 3 条第 3 款规定：“国家行政机关、监察机关、

---

① 参见喻少如、刘文凯：《党政机构合署合设与行政主体理论的发展》，载《南京社会科学》2019 年第 4 期。

② 参见韩春晖：《我国行政主体的内在结构及其协调——以权、名、责三者关系为中心》，载《行政法学研究》2008 年第 2 期。

③ 张明杰、莫纪宏：《行政法的新理念：市场经济条件下行政立法的走向》，中国人民公安大学出版社 1997 年版，第 45 页。

审判机关、检察机关都由人民代表大会产生，对它负责，受它监督。”这一条是我国国家权力横向配置的“帝王条款”,[①] 同时在《宪法》第三章中对国务院、地方各级人民政府的职权范围作了明确的规定。第二，由单行的法律、法规具体构型行政主体及其职权。如《中华人民共和国行政处罚法》《治安管理处罚法》等法律中都明确规定了有关主体的行政处罚权。第三，经有权机关依法授权获得行政主体资格及其职权。[②]

（二）行政主体理论的第二个要素——名

“名”在行政主体理论中是指“行政机关能够以自己的名义作出行政行为”，这里所强调的是行政主体的法律人格要素，独立的法律人格是认定行政主体的第二个要素。首先，行政机关应当能够独立地作出意思表示。在法律关系的构建中，意思表示是一个重要的法律概念，是确定法律关系的产生及相关法律主体权利义务关系的核心要素。在行政法律关系中，行政机关作出明确的意思表示是行政关系得以确立的核心要素，在公安行政执法过程中，行政处罚等均需要公安机关作出明确的意思表示，且意思表示的作出应当符合法定的程序。其次，行政机关的意思表示应当是以自己的名义作出。最后，行政机关以自己的名义作出意思表示，应当以自身享有的行政权为限。综合满足以上三个要素，可以认定为行政机关能够以自己的名义作出行政行为。

（三）行政主体理论的第三个要素——责

“责”在行政主体理论中是指“能够独立承担法律责任”，这里所强调的是行政主体的责任能力要素。首先，行政机关必须能够以自己的名义承担行政行为的法律后果，权力与责任相当是行政法对行政主体的基本要求，如果仅仅实施行政行为，却不负担由此产生的法律后果，那么这个社会组织就不具备行政主体资格。其次，行政主体应当“能够独立承担法律责任”外部表现为，行政主体必须能够充当适格的行政复议的被申请人、行政诉讼的被告人及国家赔偿的义务机关，并独立承担相关的法律后果。

综上，“权名责相统一原则”是行政法对行政主体结构的规范构造，而这一原则的确立也贯通了“行政主体—行政行为—行政救济”，最终面向行政救济，为行政复议、行政诉讼和国家赔偿中行政主体资格的认定，提供了一个相对明确的衡量标准。

---

① 参见林彦：《国家权力的横向配置结构》，载《法学家》2018 年第 5 期。

② 张志勇主编：《行政法学概论》，浙江人民出版社 2000 年版，第 47 页。

二、行政主体“权名责相统一”认定的司法衡量标准

在明确了行政主体资格认定的基础理论之后，这一部分将回到案件本身观察司法实践中法官如何将“权名责相统一原则”与具体案例相结合进行判断。回到本案中，一个争议焦点就是被告某公安局某分局是否具有行政主体资格，是否属于适格被告。

（一）寻找关于行政主体权力的规范内容

行政主体的权力应当有明确的法律授权，法官在认定行政主体是否适格时，首先应当在现行有效的法律中检索是否存在相关的规定对特定主体行政职权予以明确。

在本案中，被告某公安局某分局以原告权某某违反《治安管理处罚法》第 49 条规定为由，对其作出处罚决定。《治安管理处罚法》第 1 条、第 2 条都明确了公安机关及其人民警察依法履行治安管理职责，由公安机关依法给予治安管理处罚。《治安管理处罚法》第 91 条规定：“治安管理处罚由县级以上人民政府公安机关决定；其中警告、五百元以下的罚款可以由公安派出所决定。”本案中，权某某收到了行政拘留 5 日的处罚决定，该处罚决定只能由县级以上人民政府公安机关作出，公安派出所无权作出该处罚决定。某公安局某分局是否属于县级以上人民政府公安机关，应当结合当地的机构设置进行识别。陕西省机构编制委员会下发了《关于成立西咸新区公安局的通知》（陕编发〔2019〕20 号），同意成立西咸新区公安局，西咸新区公安局的机构规格参照副省级城市的副局级机构设置，其下设的某分局应当属于正处级（县级）机构。由此，应当认定某分局属于县级以上人民政府公安机关，其有权依据《治安管理处罚法》作出行政处罚决定。

（二）“以自己的名义作出行政行为”的外在表现

在明确了行政主体的行政职权之后，第二个步骤就是判断行政主体是否以自己的名义行使行政行为。由于行政职权的来源与行使是两个相互关联、递进的环节，因此，在司法实践中，关于行政主体“以自己的名义作出行政行为”的认定，一般都是与行政职权行使的认定关联在一起的。

第一，具体行政行为的作出。要认定行政机关“以自己的名义行使行政职权”，首先应当有一个行政行为存在。“名”这一要素要求行政机关首先应当能够独立地作出意思表示，意思表示主要通过具体的外在行为表现出来，在本案中，即为对权某某作出的行政处罚决定，处罚决定的作出可以认定某分局已经作出了意思表示。

第二，“以自己的名义”的外在表现。在行政法中，关于“名义”的认定通常是通过相关公文的抬头、落款以及盖章等内容来呈现的。在本案中，虽并未对这一内容进行专门的论述，但通过具体案件事实的梳理与论证可知，作出治安管理处罚决定的机关是某分局，在处罚决定书中的落款以及盖章应当属于某分局。

第三，行政权力的行使以行政机关的权力为限。在认定行政机关“以自己的名义作出行政行为”的过程中，还应当遵循“越权无效”的原则，行政机关以自己的名义作出了超越自己职权范围的行为，也不符合行政权行使的基本要求。在本案中，法院通过法律条文的检索第一步已经明确了某分局的行政职权，其有权依据《治安管理处罚法》作出行政处罚决定，具体种类包括警告、罚款、行政拘留、吊销公安机关发放的许可证。某分局作出行政拘留 5 日的处罚决定并未超越其职权范围。

（三）“能够独立承担法律责任”的认定

“能够独立承担法律责任”是最为重要也最为关键的环节，因为如果不能承担责任，则行政权对公民权利的侵害就没办法得到救济。但实践中，“能够独立承担法律责任”即表现为作出行政行为的行政机关充当适格的行政复议的被申请人、行政诉讼的被告人及国家赔偿的义务机关。同时，《最高人民法院关于适用〈中华人民共和国行政诉讼法〉的解释》第 20 条第 1 款规定：“行政机关组建并赋予行政管理职能但不具有独立承担法律责任能力的机构，以自己的名义作出行政行为，当事人不服提起诉讼的，应当以组建该机构的行政机关为被告。”关于责任能力的认定与行政机构密切相关，需要结合具体的机构设置情况进行判断。县级以上人民政府公安机关是一个独立的部门，具有独立承担法律责任的能力。

三、结语

在我国行政法发展初期，只有“行政机关”这一概念，由于“行政机关”这一概念不能穷尽行使行政职权的组织，容易混淆民事法律关系与行政法律关系中主体地位的区分，且概念更倾向于组织意义，而非法律人格意义，[①]“行政主体理论”在 1988 年王名扬先生出版的《法国行政法》中提出后引入我国，[②]由于行政主体理论不仅弥补了“行政机关”概念的不足，“并

---

① 马怀德主编：《行政法学精论》，中国检察出版社 2022 年版，第 23~24 页。
② 王名扬：《法国行政法》，中国政法大学出版社 1988 年版，第 40 页。

与执法资格、行政行为效力、行政诉讼报告、法律责任归属等发生内在的勾连”。[①] “行政主体理论” 为我国行政法理论及实践中识别行政复议的被申请人、行政诉讼的被告等提供了技术和标准。虽然这一理论也受到了争论与反思,[②] 但从提出至今，依然是我国行政法学基础理论的原点之一。

① 余凌云:《行政法讲义》，清华大学出版社 2010 年版，第 107 页。

② 参见王敬波:《面向整体政府的改革与行政主体理论的重塑》，载《中国社会科学》2020 年第 7 期。

案例 5

内设机构是否具有行政主体资格

——许某某诉某市公安局某分局交通巡逻警察支队案

樊　英*

【内容提要】

内设机构的设置情形非常复杂，其依据、来源、公章、编制、人员、经费等都各不相同，在行政诉讼中，对这类机构被告资格的认定非常困难。实践中，部分内设机构不具有独立承担法律责任的能力，部分内设机构履行职能又属于行政委托或行政授权，委托和授权在实践中经常具有相似的表现形式，但实际的法律效果却存在较大的差异，需要以法律规定为依据，结合机构设置的实际情况，对是否属于内设机构进行仔细甄别。

【裁判要旨】

根据《最高人民法院关于适用〈中华人民共和国行政诉讼法〉的解释》第 20 条第 1 款规定："行政机关组建并赋予行政管理职能但不具有独立承担法律责任能力的机构，以自己的名义作出行政行为，当事人不服提起诉讼的，应当以组建该机构的行政机关为被告。"公安交通管理部门内设机构负责具体交通执法，虽然以自己的名义作出具体行政行为，但不具有独立的诉讼主体资格，不能独立承担法律责任，只能作为行政机关委托的组织，其法律后果应当由组建该机构的行政机关承担。

【相关法条】

《中华人民共和国道路交通安全法》第二条　中华人民共和国境内的车辆驾驶人、行人、乘车人以及与道路交通活动有关的单位和个人，都应当遵守

* 重庆大学法学院弘深青年教师，助理研究员，法学博士。

本法。

第十九条第二款　申请机动车驾驶证，应当符合国务院公安部门规定的驾驶许可条件；经考试合格后，由公安机关交通管理部门发给相应类别的机动车驾驶证。

《机动车驾驶证申领和使用规定》（2016 年）第二条　本规定由公安机关交通管理部门负责实施。

省级公安机关交通管理部门负责本省（自治区、直辖市）机动车驾驶证业务工作的指导、检查和监督。直辖市公安机关交通管理部门车辆管理所、设区的市或者相当于同级的公安机关交通管理部门车辆管理所负责办理本行政区域内机动车驾驶证业务。

县级公安机关交通管理部门车辆管理所可以办理本行政区域内除大型客车、重型牵引挂车、城市公交车、中型客车、大型货车场地驾驶技能、道路驾驶技能考试以外的其他机动车驾驶证业务。具体业务范围和办理条件由省级公安机关交通管理部门确定。

《最高人民法院关于适用〈中华人民共和国行政诉讼法〉的解释》第二十条第一款　行政机关组建并赋予行政管理职能但不具有独立承担法律责任能力的机构，以自己的名义作出行政行为，当事人不服提起诉讼的，应当以组建该机构的行政机关为被告。

【案件索引】

一审：重庆市北碚区人民法院（2017）渝 0109 行初 46 号行政判决

【基本案情】

原告起诉称：原告经过考核于 2015 年 11 月 4 日领取《中华人民共和国机动车驾驶证》，准驾车型为 D，该驾驶证有效期为 2015 年 11 月 4 日至 2021 年 11 月 4 日。2016 年 8 月，原告去审车时发现被告于 2016 年 3 月 21 日在原告不知情的情况下已将原告的驾驶证注销，注销的原因是原告身体不适合驾驶机动车，适用法律为《机动车驾驶证申领和使用规定》第 67 条第 1 款第 2 项。原告从未向任何机关提出过注销申请，被告也从来没有对原告做过任何身体检查，就私自将原告驾驶证注销，该行政行为错误。请求人民法院依法判决撤销被告作出的注销机动车驾驶证行为。

被告辩称：被告某交巡警支队内设机构某市公安局某分局交通巡逻警察支队车辆管理所（以下简称某车管所）于 2016 年 3 月 21 日作出《机动车驾驶证注销证明》，主要内容为：许某某，准驾车型代号：D，因驾驶人身体条件不适合驾驶机动车，符合《机动车驾驶证申领和使用规定》第 67 条第 1 款第 2 项规定的条件，予以注销机动车驾驶证。被诉注销行为事实清楚、证据充足、程序合法，请求依法驳回原告的诉讼请求。

法院查明：2015 年 11 月 12 日，重庆市公安局警令部发布《关于限制和注销精神病人申领持有机动车驾驶证的通知》，要求辖区各地公安局于 11 月 25 日前通过“全国重型精神病人信息管理系统”和“公安交通管理综合应用平台”对在库精神病人持有机动车驾驶证信息进行核查，对确属在库精神病人且所持机动车驾驶证住所登记地在本辖区的，按照属地管理原则，由所属车管所将核查情况采取截屏等方式留存后，注销机动车驾驶证，并通过电话、信函、手机短信等方式告知在库精神病患者及其监护人，该患者持有的机动车驾驶证已被注销，不能驾驶机动车上路行驶的事实；对未收回的机动车驾驶证公告作废。某车管所经查询“最后更新日期为 20160114”的全国重型精神病人信息管理系统，了解到许某某已婚，法定监护人为蔡某某，于 2011 年 11 月 27 日在二院就诊，患精神分裂症，风险性评估 3 级。

许某某与蔡某某于 2004 年 4 月登记结婚，于 2015 年 6 月离婚。许某某于 2015 年 11 月 4 日领取准驾车型为 D（普通三轮摩托车）的机动车驾驶证。2016 年 3 月 21 日，某车管所以“驾驶人身体条件不适合驾驶机动车”依据《机动车驾驶证申领和使用规定》第 67 条第 1 款第 2 项规定的条件为由向许某某出具《机动车驾驶证注销证明》，并在车管所办事大厅张贴注销公告。

据北碚区第二人民医院出院记录（以下简称二院）（病案号：××）记载，许某某入院日期：2011. 11. 27，出院日期：2011. 12. 19。主诉及病情简述：因“感被控制、被害 2+年、行为异常 1 天”入院。最后诊断：精神分裂。2015 年 10 月 20 日，北碚区第二人民医院（区精卫中心）门诊病历记载，许某某现病史：患者患“精神分裂症”多年，曾经多次住院治疗，今由父母代诊，反映患者在家拒服药，由家人将利培酮口服液放在开水里间断服用，患者在家自己把门反锁，栓了铁链和 10 把锁，有时不让孩子去读书。暂未见冲动伤人、自伤、自杀行为。2016 年 7 月 19 日，许某某在重庆医科大学附属第一医院精神科门诊就诊，患者自诉：心情平静，无烦躁不安，语速中等，表情自然，可参加社会活动，社会功能可。患者 2009 年因心情低落，话少，于我院门诊就诊，被诊断为情感障碍（抑郁发作），服药后（具体药物不详）患者未再上班，在外地打工。后于九院复查，神经症状消失，后患者自行停药，未出现复发。本次门诊为复查患者病情是否好转，是否能胜任社会功能活动。该院诊断为“目前处于抑郁症（稳定期），无情绪障碍表现”。2017 年 4 月 25 日，经重庆市法庭科学司法鉴定所鉴定，许某某目前的精神状态为：

心境障碍，有精神病性症状的抑郁症（缓解期）。许某某目前有完全民事行为能力。

另查明，为弄清许某某是否患有精神病、许某某目前精神状态是否属于会影响肢体活动的神经系统疾病、是否会妨碍其从事安全驾驶，法院向重庆市法庭科学司法鉴定所发函询问。该所称：目前许某某的病情属于“缓解期”，“缓解期”不是指他的“心境障碍，有精神病性症状的抑郁症”彻底治好了，而是指缓解了。因这种精神疾病的特点之一就是容易复发，很难根治。许某某目前精神状态不是属于专业术语的神经系统疾病，一般专业术语的神经系统疾病是指神经系统器质性病变引起的疾病，如脑变性疾病、脑血管疾病等。许某某所患的精神疾病属于大脑功能异常引起的疾病，当然从广义上讲，也可以说是大脑的疾病或神经系统的疾病。至于驾驶这种较危险的执业，不能肯定地说许某某目前的精神状态会妨碍或不会妨碍其从事安全驾驶。因他毕竟患过精神病，可能会比没有患过精神病的人安全风险要大。最好能由有关部门明确规定，对确诊患过某些精神病的人，就不能从事某些行业的工作，比如驾驶这种较危险的执业之类。

许某某曾于 2017 年 3 月以相同事实与理由起诉某市公安局某分局交通巡逻警察支队车辆管理所，因被告不适格且拒绝变更，本院于 2017 年 8 月 3 日以（2017）渝 0109 行初 46 号行政裁定驳回其起诉。

【裁判结果】

重庆市北碚区人民法院于 2017 年 9 月 12 日作出（2017）渝 0109 行初 46 号行政判决，判决：撤销被告某市公安局某分局交通巡逻警察支队于 2016 年 3 月 21 日对原告作出的注销机动车驾驶证行为。案件受理费 50 元，司法鉴定费 2100 元，由被告某市公安局某分局交通巡逻警察支队负担。

【裁判理由】

法院生效裁判认为：关于被告的主体资格。行政许可的注销是指在出现特定事实时，行政机关依据法定程序收回行政许可证件或向社会公告行政许可失去效力的事实。注销机动车驾驶证即属于行政许可的注销。故本案适用行政许可法的相关规定。《中华人民共和国立法法》第 71 条规定，国务院各部、委员会可以依据法律和国务院行政法规、决定、命令在本部门的权限范围内，制定规章。《中华人民共和国行政许可法》第 16 条规定，规章可以在上位法设定的行政许可事项范围内，对实施行政许可作出具体规定。《中华人民共和国道路交通安全法》第 2 条规定，中华人民共和国境内的车辆驾驶人、行人、乘车人以及与道路交通活动有关的单位和个人，都应当遵守本法。第19条第2款规定，申请机动车驾驶证，应当符合国务院公安部门规定的驾驶许可条件；经考试合格后，由公安机关交通管理部门发给相应类别的机动车驾驶证。公安部发布的2013年1月1日起施行的《机动车驾驶证申领和使用规定》（公安部令第123号）第2条明确规定“本规定由公安机关交通管理部门负责实施”“设区的市或者相当于同级的公安机关交通管理部门车辆管理所负责办理本行政辖区内机动车驾驶证业务”，该规定赋予了被告下辖车管所对辖区内机动车驾驶证的申领和使用具有行政管理职能。按照《重庆市公安局北碚区分局关于调整交巡警勤务机制的通知》（渝公碚政〔2013〕26号）文件精神，交巡警支队内设综合大队、秩序大队、事故处理及预防大队、车辆管理所、机动大队和勤务一大队至四大队4个勤务大队，机构级别均为正科级。车辆管理所负责辖区机动车和驾驶人管理，会同有关部门监督机动车安全检验、报废阶梯和驾驶人培训工作。《最高人民法院关于执行〈中华人民共和国行政诉讼法〉若干问题的解释》（已失效）第20条第1款规定：“行政机关组建并赋予行政管理职能但不具有独立承担法律责任能力的机构，以自己的名义作出具体行政行为，当事人不服提起诉讼的，应当以组建该机构的行政机关为被告。”因某车管所为北碚交巡警支队的内设机构，虽然以自己的名义作出具体行政行为，但不具有独立的诉讼主体资格，不能独立承担法律责任，只能作为行政机关委托的组织，其法律后果应当由组建该机构的行政机关承担，故组建该机构的行政机关是适格被告。本案适格被告应为某交巡警支队。

法院在裁判中就原告的主体资格、被诉行为是否事实清楚、被诉行为法律适用问题以及被诉行为的程序等几个方面的问题进行了细致的分析，但在此着重关注行政诉讼被告适格的问题，对于其他的内容予以省略。

【案例评析】

行政机关内设机构的设置情形非常复杂，其依据、来源、公章、编制、人员、经费等都各不相同，[①] 关于内设机构是否具有行政诉讼被告资格亦是一个非常复杂的问题。一般情况下，内设机构不能对外承担责任，不具有行政主体资格；但有法律、法规、规章授权的情况下，在法定授权范围内就具有了行政主体资格。回到本案，《机动车驾驶证申领和使用规定》第2条第2款

① 参见王青斌：《行政诉讼被告认定标准的反思与重构》，载《法商研究》2018年第5期。

明确规定："省级公安机关交通管理部门负责本省（自治区、直辖市）机动车驾驶证业务工作的指导、检查和监督。直辖市公安机关交通管理部门车辆管理所、设区的市或者相当于同级的公安机关交通管理部门车辆管理所负责办理本行政辖区内机动车驾驶证业务。"明确了公安机关交通管理部门车辆管理所的行政执法资格，某车管所是否属于适格被告，需要在个案中对其予以具体化。

一、内设机构的法律特征及其表现

内设机构是与行政主体相对的一个概念，行政主体是符合"权名责相统一原则"的机构，相对应而言，内设机构指没有独立的法律人格，不能以自己的名义对外行使职权，且不能够对自己的行为独立承担法律责任的机构。

（一）内设机构是否有"独立人格"

在行政法基础理论中，行政机构是否具有法律人格是判断机构是否独立的重要标志。一般情况下，具有独立法律人格的机构会进行独立登记、注册，并拥有独立的组织机构代码。对于行政机关而言，一般内设机构的设置会有专门的机构编制文件予以明确。公安机关交通管理部门负责交通秩序管理，车辆管理所是公安机关交通管理部门的内设机构。如湖南省人民政府办公厅印发《湖南省公安厅交通警察总队（湖南省公安厅交通管理局）职能配置、内设机构和人员编制规定》明确，车辆管理所是其内设机构。[①] 在行政法中，国家与公务员之间的法律关系本质上是一种委托代理关系，[②] 国家享有的国家权力，必须通过其所设立的行政机关去执行[③]，而行政机关的法定职责又是通过公务员的公职行为来实现的。[④] 同理，行政机关是一个庞大的机构，其有不同的职权，需要由不同的内设机构来实施，因此，内设机构履行行政职能的行为，应当归属设立或组建它的行政机关。

---

① 湖南省人民政府：《湖南省公安厅交通警察总队（湖南省公安厅交通管理局）职能配置、内设机构和人员编制规定》（湘政办发〔2001〕3 号），http://110.com/fagui/law_203546.html。

② 参见刘莘、陈悦：《行政委托中被委托主体范围的反思与重构——基于国家与公务员间法律关系的思考》，载《行政法学研究》2018 年第 2 期。

③ ［奥］凯尔森：《法与国家的一般理论》，沈宗灵译，商务印书馆 2013 年版，第 284~285 页。

④ 参见邝少明、周映华：《论公务员与政府的法律关系》，载《法学评论》2004 年第 4 期。

（二）内设机构以谁的“名义”行使行政行为

内设机构履行职能的第二个特征是“不能以自己的名义”行使行政行为，一般情况下，内设机构以组建并赋予行政管理职能的机构的名义行使职权。以机动车驾驶证的颁发为例，根据《机动车驾驶证申领和使用规定》的规定，由直辖市公安机关交通管理部门车辆管理所、设区的市或者相当于同级的公安机关以及县级公安机关交通管理部门车辆管理所办理相关范围的机动车驾驶证业务，但机动车驾驶证的颁发机关一般落款为当地的交通管理局或交警支队，落款、盖章是“名义”认定的一个重要的外在表现和识别标识。

（三）内设机构无法独立承担法律责任

内设机构第三个典型的特征是“无法独立承担法律责任”。能否独立承担法律责任是内设机构区别于行政主体的重要内容。内设机构实施行政行为通常是根据各机关的职能配置和机构设置所施行的履行职能行为，但实际责任应当由有独立责任能力的主体承担。与权力相匹配的责任是法治政府的重要内容，是在公民权利受到公权力侵害时的权利救济的重要保障。内设机构受到机构编制、职权配置以及财政等情况的影响，缺乏对外独立承担法律责任的能力。

二、内设机构的行政诉讼被告资格探讨

从行政主体的“权名责相统一原则”来看，内设机构是不具备行政主体资格的，当然也无法成为行政诉讼的适格被告。实践中，行政机关的内设机构实际履行了很多的行政职能。《最高人民法院关于适用〈中华人民共和国行政诉讼法〉的解释》对于内设机构的行政授权、行政委托等情况作了规定，对内设机构是否能够作为行政诉讼主体作了明确的区分，让司法实践中行政诉讼被告认定变得十分复杂。在此，我们将结合本案对于内设机构的行政诉讼被告资格认定问题进行剖析。

（一）一般情况下内设机构不具有行政诉讼被告资格

在行政法基础理论来看国家与公务员之间的法律关系，国家享有的国家权力，必须通过其所设立的行政机关去执行[1]，而行政机关的法定职责又是通

---

① ［奥］凯尔森：《法与国家的一般理论》，沈宗灵译，商务印书馆 2013 年版，第 284~285 页。

过公务员的公职行为来实现的。[①] 同理，行政机关是一个庞大的机构，其有不同的职权，需要由不同的内设机构来实施。因此，《最高人民法院关于适用〈中华人民共和国行政诉讼法〉的解释》第20条第1款规定："行政机关组建并赋予行政管理职能但不具有独立承担法律责任能力的机构，以自己的名义作出行政行为，当事人不服提起诉讼的，应当以组建该机构的行政机关为被告。"内设机构根据职责分工，履行行政职能的行为，既没有构成授权也没有构成委托，理应由所在行政机关负责。[②] 因此，车辆管理所属于交通管理部门的内设机构，按照《重庆市公安局北碚区分局关于调整交巡警勤务机制的通知》（渝公碚政〔2013〕26号）文件精神，交巡警支队内设综合大队、秩序大队、事故处理及预防大队、车辆管理所、机动大队和勤务一大队至四大队4个勤务大队。某车管所是属于某交巡警支队的内设机构，一般情况下应当以某交巡警支队的名义行使有关职权，不具有行政诉讼被告资格。

（二）法定授权下内设机构可以作为行政诉讼适格被告

在法定授权的情况下，内设机构在授权范围内可以作为行政诉讼的被告。在有法律、法规、规章授权的情况下，内设机构在客观上就具备了一定的稳定性和独立性，根据《最高人民法院关于适用〈中华人民共和国行政诉讼法〉的解释》第20条第2款的规定："法律、法规或者规章授权行使行政职权的行政机关内设机构、派出机构或者其他组织，超出法定授权范围实施行政行为，当事人不服提起诉讼的，应当以实施该行为的机构或者组织为被告。"这种情形要求法律、法规、规章中对于内设机构的职权有明确的授权。当前，《机动车登记规定》第2条规定，直辖市、设区的市车辆管理所负责办理本行政区内的机动车登记业务，县级车管所可以办理部分机动车的登记业务。《机动车驾驶证申领和使用规定》第2条规定，直辖市、设区的市车辆管理所负责办理本行政区域内机动车驾驶证业务，县级车管所办理本行政区域内部分的机动车驾驶证业务。

车辆管理所成为行政诉讼的适格被告，需要符合一定的职级要求，即直辖市、设区的市或同级车辆管理所、县级车辆管理所，如在李某诉北京市公安局公安交通管理局车辆管理所京北分所案中，北京市车管所负责办理北京市行政辖区内机动车登记和机动车驾驶员等业务，下设六个地区分所，京北

---

① 参见邝少明、周映华：《论公务员与政府的法律关系》，载《法学评论》2004年第4期。

② 参见叶必丰：《行政机关间的事务委托和职权委托》，载《中国法学》2022年第3期。

车管分所为六个分所之一，属于内设机构，原告应诉京北车管分所上级单位。[①] 在本案中，某车管所并非直辖市、设区的市或同级车辆管理所、县级车辆管理所，属于正科级单位，某车管所属于某交巡警支队的内设机构，原告应诉某交巡警支队。因此，许某某起诉某市公安局某分局交通巡逻警察支队车辆管理所时，法院因被告不适格，裁定驳回其起诉。

车辆管理所成为行政诉讼的适格被告，不仅仅要求车管所的职级符合相关的规定，还要求其行使职权应当在授权范围内。在“法无授权即禁止”的行政法基本理论下，对内设机构的行政授权有更为严苛的要求，法律授权需要明确主体和职权，主体和职权任何一个方面超出授权的范围都不属于行政授权，在这种情况下，内设机构不属于行政诉讼的适格被告，应当以其上级单位为被告。

（三）行政委托下内设机构不具有行政诉讼被告资格

行政授权与行政委托，是行政权配置与行使的特殊方式，也是“职权法定”原则的特殊表现形态。[②] 行政授权和行政委托是一对相对的概念，行政授权需要有明确的规范依据，行政委托则是在没有法律、法规或者规章规定，行政机关授权其内设机构、派出机构或者其他组织行使行政职权的情形。[③] 根据《最高人民法院关于适用〈中华人民共和国行政诉讼法〉的解释》第20条第3款规定：“没有法律、法规或者规章规定，行政机关授权其内设机构、派出机构或者其他组织行使行政职权的，属于行政诉讼法第二十六条规定的委托。当事人不服提起诉讼的，应当以该行政机关为被告。”权力转移而责任归属不变是行政委托的制度内核，[④] 在这种情形下，内设机构不具有行政诉讼被告资格。如王某诉嵊泗县公安局交通警察大队中，被告嵊泗县公安局交通警察大队受舟山市公安交通警察支队委托办理机动车注册登记业务，舟山市公安交通警察支队对委托办理的机动车登记行为的后果承担法律责任，被告为受委托单位，不属于适格的被告，故法院依法驳回了原告的起诉。[⑤]

---

① 参见北京市昌平区人民法院（2024）京0114行初271号行政裁定。

② 参见谭波：《行政授权与行政委托：衍生性权力的法律规制》，载《当代法学》2022年第6期。

③ 参见刘莘、陈悦：《行政委托中被委托主体范围的反思与重构——基于国家与公务员间法律关系的思考》，载《行政法学研究》2018年第2期。

④ 参见黄娟：《行政委托内涵之重述》，载《政治与法律》2016年第10期。

⑤ 参见浙江省嵊泗县人民法院（2016）浙0922行初2号行政裁定。

三、结语

内设机构的设置具有高度复杂性，是行政主体理论研究的关键内容，内设机构的行为也构成了重要的理论探讨焦点和司法实践对象。由于行政权行使过程的多样性以及行政组织系统内部关系的复杂性，准确理解行政主体、行政机关以及行政机关与其内设机构的关系，并依法确定行政诉讼的被告必须严格依照法律规定，并辅之以作出行政行为时的名义，是理解和破解内设机构是否具有行政主体资格、行政诉讼被告资格的现实路径。

案例 6

派出机构的行政主体资格认定

——王某诉某市公安局某分局某派出所案

樊　英*

【内容提要】

派出机构是我国行政机关为更好地实现其对国家事务和社会事务的管理而设立的一种行政组织，它遍布国家行政管理的各个领域，派出所是日常生活中最典型的派出机构。实践中，派出机构不具有独立承担法律责任的能力，但根据《最高人民法院关于适用〈中华人民共和国行政诉讼法〉的解释》第20 条第 2 款的规定："法律、法规或者规章授权行使行政职权的行政机关内设机构、派出机构或者其他组织，超出法定授权范围实施行政行为，当事人不服提起诉讼的，应当以实施该行为的机构或者组织为被告。"派出机构对外履行职能，应当由派出所还是公安局作为被告，需要根据规定进行仔细甄别。

【裁判要旨】

依据《中华人民共和国治安管理处罚法》第 91 条规定："治安管理处罚由县级以上人民政府公安机关决定；其中警告、五百元以下的罚款可以由公安派出所决定。"该规定中明确了县级以上人民政府公安机关及其公安派出所的治安管理处罚权，应当根据机关组织设置和权力配置及处罚种类以及是否超越职权等对于行政处罚主体是否适格进行具体判断。

【相关法条】

《中华人民共和国治安管理处罚法》（2012 修正）第七条　国务院公安部门负责全国的治安管理工作。县级以上地方各级人民政府公安机关负责本行

* 重庆大学法学院弘深青年教师，助理研究员，法学博士。

政区域内的治安管理工作。

治安案件的管辖由国务院公安部门规定。

第九十一条 治安管理处罚由县级以上人民政府公安机关决定；其中警告、五百元以下的罚款可以由公安派出所决定。

第九十五条 治安案件调查结束后，公安机关应当根据不同情况，分别作出以下处理：

（一）确有依法应当给予治安管理处罚的违法行为的，根据情节轻重及具体情况，作出处罚决定；（二）依法不予处罚的，或者违法事实不能成立的，作出不予处罚决定；（三）违法行为已涉嫌犯罪的，移送主管机关依法追究刑事责任；（四）发现违反治安管理行为人有其他违法行为的，在对违反治安管理行为作出处罚决定的同时，通知有关行政主管部门处理。

【案件索引】

一审：北京市门头沟区人民法院（2020）京0109行初110号行政判决

二审：北京市第一中级人民法院（2021）京01行终245号行政判决

【基本案情】

原告（上诉人）王某起诉称：2019年2月2日，原告到自己所在单位四层找书记解决个人问题时，在书记本人没有作出任何意思表示的情况下，遭到违法行为人郭某、陈某、郑某等人的无故阻拦、推搡、搂抱、踢踹等，并用上述暴力行为强行将原告由单位四层会议室拖至四层楼道口。违法行为人郭某、陈某、郑某的违法行为给原告的声誉造成巨大损害，其人身侵害行为，经鉴定已构成轻微伤，依法属于应当追究治安责任的范围。此事经被告出警，被告不但不对违法行为人郭某、陈某、郑某进行相关处罚，反而还在第一时间对原告进行口头传唤，在车内限制原告人身自由近6小时，最终不了了之。释放原告后，原告就违法行为人郭某、陈某、郑某给原告身体造成伤害的行为多次要求被告进行处理，被告在推托多次后于2019年3月25日作出京公门（台）行不罚字〔2019〕第003号《不予处罚决定书》。原告认为被告的上述决定书，严重偏袒违法行为人，对违法行为人不予制裁，对守法的人不予保护，甚至对守法的人企图以“莫须有”的事实进行拘留的行为已构成严重违法。诉讼请求：1. 撤销被告于2019年3月25日作出的京公门（台）行不罚字〔2019〕第003号《不予处罚决定书》。2. 判令被告依法追究违法行为人郭某的违法责任，重新作出行政处罚决定。3. 本案诉讼费用由被告承担。

被告某派出所（被上诉人）辩称：一、被告认定事实清楚。经审理查明：

2019年2月2日，王某因与大台办事处存在矛盾，在门头沟区大台办事处会议室内与办事处工作人员发生争执，后大台办事处工作人员报警称王某扰乱单位秩序，民警出警处置。处置过程中，王某报警称被打，被告对两案合并办理。后经调查，现场不存在殴打他人的违法事实发生。二、被告作出不予处罚的证据确实、充分。经调查，不予处罚决定有本人陈述与申辩、证人证言、鉴定意见、视听资料等证据支持。三、被告的不予行政处罚决定适用法律正确。根据《中华人民共和国治安管理处罚法》（2012修正）（以下简称《治安管理处罚法》）第95条第（2）项之规定，治安案件调查结束后，公安机关应当根据不同情况，分别作出以下处理：（二）依法不予处罚的，或者违法事实不能成立的，作出不予处罚决定。四、被告办案程序合法。办案过程中，被告依法履行了受理、询问、鉴定、调查等法定程序，办案程序合法、正确。综上，请求依法判决驳回原告的诉讼请求。

法院查明：2019年2月2日9时45分许，被告某派出所接到大台办事处工作人员郭某报警称，有人在大台街道办事处会议室闹事。某派出所于同日作出受案登记表并向报案人郭某出具受案回执。某派出所民警出警后，王某现场报案称被打，某派出所将两案合并受理，并向王某出具受案回执。该受案回执上记载："该人对案件记录名称不认可，不签字。"后某派出所对王某、郭某、陈某、郑某进行了调查询问，并向案发现场办事处工作人员关某、刘某进行了调查询问，依法调取了案发现场录像，委托北京中衡司法鉴定所对王某伤情进行鉴定，鉴定意见分别送达王某、郭某、陈某、郑某。其间，某派出所报请延长办案时间一次。2019年3月25日，某派出所作出京公门（台）行不罚字〔2019〕第003号《不予处罚决定书》，并于同日送达王某。

另查，2019年8月20日，王某以某市公安局某分局为被告提起诉讼，要求撤销某派出所作出的京公门（台）行不罚字〔2019〕第003号《不予处罚决定书》。本院于2019年10月12日作出（2019）京0109行初182号行政裁定，以王某提起诉讼被告主体不适格为由，驳回王某起诉。王某不服提起上诉，北京市第一中级人民法院于2019年12月13日作出（2019）京01行终1217号行政裁定，驳回上诉，维持一审裁定。2020年1月3日，王某以某派出所为被告向本院提起诉讼，要求撤销京公门（台）行不罚字〔2019〕第003号《不予处罚决定书》，确认某派出所于2019年2月3日对其进行拘禁的行为违法。本院于2020年6月8日作出（2020）京0109行初3号行政裁定，以王某诉讼请求不明确为由，驳回王某起诉。王某不服提起上诉，北京市第一中级人民法院于2020年8月17日作出（2020）京01行终440号行政裁定，驳回上诉，维持一审裁定。

【裁判结果】

北京市门头沟区人民法院于2020年12月25日作出（2020）京0109行初110号行政判决，判决：驳回原告王某的诉讼请求。案件受理费人民币50元，由原告王某负担（已交纳）。宣判后，原告王某不服提起上诉。北京市第一中级人民法院于2021年4月23日作出（2021）京01行终245号行政判决，判决：驳回上诉，维持原判。

【裁判理由】

《治安管理处罚法》第7条规定，国务院公安部门负责全国的治安管理工作。县级以上地方各级人民政府公安机关负责本行政区域内的治安管理工作。第91条规定，治安管理处罚由县级以上人民政府公安机关决定；其中警告、五百元以下的罚款可以由公安派出所决定。本案中，某派出所对发生在辖区范围内的违反治安管理法律、法规的行为有作出行政处罚的法定职责。

《治安管理处罚法》第95条第（2）项规定，治安案件调查结束后，公安机关依法不予处罚的，或者违法事实不能成立的，作出不予处罚决定。本案中，某派出所接到报警后，在法定期限内，依法进行受理、送达、询问、调查、鉴定等程序，并综合本人陈述申辩、证人证言、视听资料、鉴定意见等，作出本案被诉的《不予处罚决定书》，认定事实清楚，适用法律正确，程序合法。对于王某要求撤销某派出所作出的京公门（台）行不罚字〔2019〕第003号《不予处罚决定书》及对第三人郭某作出行政处罚的诉讼请求，本院不予支持。

【案例评析】

派出机构是由政府的工作部门根据行政管理的需要在一定地域内设置管理某项行政事务的机构。① 派出机构遍布国家行政管理的各个领域，行政机关及其职能部门设立了各种各样的、大量的派出机构，如工商所、税务所、司法所等，派出所是公安机关的派出机构，也是与公民生活最为密切相关的派出机构之一。派出机构实际管理某项或某类行政事务，一般不具有独立承担责任的能力，但其行为会直接对公民的权利义务产生影响，因此有关规定授予派出机构特定的职权，在法定授权范围内其可以作为行政诉讼的被告。回

① 张尚鷟主编：《走出低谷的中国行政法学——中国行政法学综述与评价》，中国政法大学出版社1991年版，第107页。

到本案，《治安管理处罚法》第 91 条规定："治安管理处罚由县级以上人民政府公安机关决定；其中警告、五百元以下的罚款可以由公安派出所决定。"明确了派出所的行政执法资格，某市公安局某分局某派出所是否属于适格被告，需要在个案中对其予以具体化。

一、派出所的法律属性：派出机构

派出所的法律定位属于派出机构。派出机关与派出机构在我国行政法体系中是相近的概念，起初我国法律体系中对这两个概念并未作出明确的区分。1954 年的《公安派出所组织条例》（已废止）是我国第一部针对派出所的规定，其中明确规定"派出所是市、县公安局管理治安工作的派出机关"。1990 年，《行政复议条例》第 14 条明确区分了"县级以上的地方人民政府的派出机关"和"人民政府的工作部门设立的派出机构"，这标志着我国行政法领域将派出机关与派出机构作了正式的区分。[①] 2002 年，全国公安派出所工作会议上进一步明确，"公安派出所是市、县公安机关直接领导和管理的派出机构，是集防范、管理、打击、服务于一体的基层综合性战斗实体"。2006 年，《公安机关组织管理条例》正式确认了派出所作为公安机关的派出机构的定位。

派出所是公安机关维护社会秩序的"神经末梢"。1829 年英国通过了《大都市警察法》，标志着现代警察制度的产生和确立。警察的职务源于英国古代的巡捕和更夫。高级巡捕负责一邑的治安职责，低级巡捕负责乡镇的治安职责。[②] 在我国古籍中也出现了"警"的概念，《左传·直公二十年》中提到"且随诸侯相见，守卫不彻，警也"，这里的"警"就有防卫戒备之意。1957 年，《中华人民共和国人民警察条例》颁布实施，1995 年《中华人民共和国人民警察法》出台，《中华人民共和国人民警察条例》正式废止。《中华人民共和国人民警察法》第 2 条第 1 款规定："人民警察的任务是维护国家安全，维护社会治安秩序，保护公民的人身安全、人身自由和合法财产，保护公共财产，预防、制止和惩治违法犯罪活动。"派出所作为公安机关的派出机构，在《公安部关于纠正下放公安派出所管理权做法的通知》中明确，"公安派出所应接受所在乡镇党委、政府的领导，并在党委、政府领导下加强公安

① 参见苏艺、徐伟：《行政法派出机关与派出机构理论的检视与反思》，载《江苏警官学院学报》2024 年第 3 期。

② ［美］约翰·列维斯·齐林：《犯罪学及刑罚学》，查良鉴译，中国政法大学出版社 2003 年版，第 751~753 页。

派出所的思想建设、组织建设和基础设施建设，提高维护辖区治安秩序的能力”。从设置来看，派出所无疑是公安机关在基层的“神经末梢”，负责维护基层的治安秩序。在当前基层治理下沉的过程中，派出所在维护社会治安秩序的过程中发挥了不可替代的作用。

二、派出所的行政主体资格认定

从行政主体的“权名责相统一原则”来看，派出机构是不具备行政主体资格的，当然也无法成为行政诉讼的适格被告。实践中，行政机关的派出机构实际履行了很多的行政职能，《最高人民法院关于适用〈中华人民共和国行政诉讼法〉的解释》第 20 条规定，在有法律、法规、规章明确授权的情况下，派出机构在法定授权范围内作出行政行为，应当作为行政诉讼的被告。在此，我们将结合本案对于派出机构的行政诉讼被告资格认定问题进行剖析。

（一）一般的派出机构不具有行政主体资格

派出机构与派出机关是行政法上一对相近的概念，但二者的法律属性具有本质性的差异。《中华人民共和国地方各级人民代表大会和地方各级人民政府组织法》第 85 条规定：“省、自治区的人民政府在必要的时候，经国务院批准，可以设立若干派出机关。县、自治县的人民政府在必要的时候，经省、自治区、直辖市的人民政府批准，可以设立若干区公所，作为它的派出机关。市辖区、不设区的市的人民政府，经上一级人民政府批准，可以设立若干街道办事处，作为它的派出机关。”这一规定是派出机关的直接规范依据。相对比，派出机构则主要根据国家机构组织法以外的地方性法规或行政规章设立。从“职权法定”的角度出发，派出机关属于行政主体，而派出机构则属于不具有行政主体资格。[①] 派出机关是能够以自己的名义独立作出行政行为，并能够独立承担法律责任的主体。派出机构通常以设立机关的名义实施具体的行政管理行为为主，也没有独立承担法律责任的能力。因此，通常派出机构并不会作为行政诉讼的被告。

（二）行政授权使派出机构获得行政诉讼被告资格

派出机构不具有行政主体资格与行政主体理论中的“权名责相统一原则”是相契合的。但在法律、法规、规章有明确授权的情况下，派出机构就会成为行政诉讼的被告。回到本案中，某市公安局某分局某派出所是涉案的派出

---

① 参见李昕：《中外行政主体理论之比较分析》，载《行政法学研究》1999 年第 1 期。

机构，根据《治安管理处罚法》第91条的规定："治安管理处罚由县级以上人民政府公安机关决定；其中警告、五百元以下的罚款可以由公安派出所决定。"这一条是《治安管理处罚法》中对公安派出所的明确授权。某市公安局某分局某派出所依职权进行了调查，最终作出了不予处罚的决定，是符合法律程序的。原告王某在第一次起诉时，以某市公安局某分局为被告提起诉讼。根据《最高人民法院关于适用〈中华人民共和国行政诉讼法〉的解释》第20条第2款规定："法律、法规或者规章授权行使行政职权的行政机关内设机构、派出机构或者其他组织，超出法定授权范围实施行政行为，当事人不服提起诉讼的，应当以实施该行为的机构或者组织为被告。"该案属于某市公安局某分局某派出所的职权范围，某市公安局某分局属于被告不适格，因此，法院作出裁定驳回起诉。

（三）超出授权职权范围的行为由派出机构作为被告

公安派出所应当严格在授权范围内行使职权，但如果其超出授权范围作出行政行为时，应当由谁作为被告呢？最高人民法院对这个问题作出了回应。最高人民法院立案庭于2023年出版了《诉讼指南1500问》一书，其在书中明确指出，"法律、法规或者规章授权行使行政职权的行政机关内设机构、派出机构或者其他组织，超出法定授权范围实施行政行为，当事人不服提起诉讼的，应当以实施该行为的机构或组织为被告。"[①] 之所以作出这样的规定，是因为如果以有权的机关为被告，则不存在越权的问题；以越权对该机关作出裁判，逻辑上也存在障碍。[②] 以本案为例，根据《治安管理处罚法》第91条的规定，某市公安局某分局某派出所的职权范围是警告和500元以下的罚款，假设其作出1000元罚款的处罚，就属于明显的超出授权职权范围，若以某市公安局某分局为被告，其有作出1000元处罚的权力，而1000元处罚又是某派出所作出的，撤销或维持都存在问题。因此，在派出机构作出超出授权职权范围的行政行为时，以派出机构为被告更为恰当。

三、结语

派出机构是行政主体理论研究的重要内容，派出机构的行为是一个重要的研究对象和司法对象。由于行政权行使过程的多样性以及行政组织系统内

① 最高人民法院立案庭：《诉讼指南1500问》，人民法院出版社2023年版，第328页。

② 江必新、梁凤云：《行政诉讼法司法解释实务指南与疑难解答》，中国法制出版社2018年版，第62页。

部关系的复杂性，通常行政机关会根据行政管理的需要在一定地域内设置管理某项行政事务的派出机构，这些机构是行政机关职权的“末梢神经”，触须到了社会治理的“细枝末节”当中，是国家和社会治理不可忽视的环节。准确理解行政机关与其派出机构的关系，识别法律、法规或者规章的授权是理解派出机构的行政主体资格的核心，亦是破解派出机构行政诉讼被告资格的关键。

专题三

公安行政行为基本理论

案例 7

公安行政行为概念的理解与适用

——徐某某等诉某市某区交通局交通管理及行政赔偿案

石启龙*

【内容提要】

现代社会中公共治理活动的复杂性和变动性导致行政行为的概念逐渐衍生为一个多元体系，其中，具有规制功能的行政法意义上的行政行为概念与具有救济功能的行政诉讼意义上的行政行为概念相互疏离，要求行政主体实施的行为需要借助必要的概念构成要素来判断其是否属于行政诉讼意义上的行政行为范畴。在此基础上，还要进一步借助识别标准以及行为表现形式来区分具体行政行为和抽象行政行为，以判定被诉行政行为是否具有司法审查的可能性，即所谓的可诉性。

【裁判要旨】

1. 行政诉讼意义上的行政行为是指行政主体根据法律所赋予的职权，作出的能够对公民、法人或者其他组织的权利义务产生影响的行为。原则上，行政行为都属于行政诉讼的受案范围，除非法律明确规定应当排除的情形。交通信号灯一旦设立并投入使用，在特定的时间、空间内就对道路通行者的通行行为产生法律效果，影响道路通行者的权利义务，符合狭义行政行为的特征。

2. 我国行政诉讼法并未将全部行政行为纳入行政诉讼的受案范围，而是将抽象行政行为排除在行政诉讼受案范围之外，即抽象行政行为不可诉。行政诉讼法将抽象行政行为限定为“行政法规、规章或者行政机关制定、发布的具有普遍约束力的决定、命令”，司法实践更是进一步将其限定为“行政机

* 中国刑事警察学院法律教研部副教授，法学博士。

关针对不特定对象发布的能反复适用的规范性文件”。

【相关法条】

《中华人民共和国行政诉讼法》第二条第一款　公民、法人或者其他组织认为行政机关和行政机关工作人员的行政行为侵犯其合法权益，有权依照本法向人民法院提起诉讼。

第十三条　人民法院不受理公民、法人或者其他组织对下列事项提起的诉讼：……（二）行政法规、规章或者行政机关制定、发布的具有普遍约束力的决定、命令；……

《最高人民法院关于适用〈中华人民共和国行政诉讼法〉的解释》第二条第二款　行政诉讼法第十三条第二项规定的“具有普遍约束力的决定、命令”，是指行政机关针对不特定对象发布的能反复适用的规范性文件。

【案件索引】

一审：江苏省南通市经济技术开发区人民法院（2020）苏0691行初31号行政裁定

二审：江苏省南通市中级人民法院（2020）苏06行终139号行政裁定

【基本案情】

一审法院查明：2017年3月19日21时左右，上诉人（原告）徐某某的配偶张某某驾驶苏FYD02×小型面包车由北向南行驶至苏225线42km+875m处南通市通州区石港镇通港大桥路段时，车前部左侧与由北向南依次排队停在左侧车道等候绿灯放行的刘某某驾驶的鲁JD502×重型半挂牵引车牵引的鲁JL89×重型普通半挂车后部右侧发生碰撞，造成张某某当日死亡。某市某区公安局交通警察大队出具了《道路交通事故认定书》（通公交认字〔2017〕第040号），认定张某某夜间驾驶机动车对路面情况观察不够，未能降低行驶速度，未能按照操作规范确保安全通行，应承担本次事故的全部责任。后徐某某等三人向南京市中级人民法院提起行政赔偿诉讼，认为江苏省交通运输厅公路局审查批准苏225线42km+875m处南通市通州区石港镇通港大桥南侧桥口处设置红绿灯的行为违法并要求赔偿。南京市中级人民法院于2018年6月6日作出（2017）苏01行赔初12号行政裁定，裁定驳回徐某某等三人的起诉。徐某某等三人不服上述裁定，向江苏省高级人民法院提起上诉。江苏省高级人民法院于2019年6月27日作出（2018）苏行赔终12号行政赔偿裁定，裁定驳回上诉，维持原裁定。另，（2018）苏行赔终12号《行政赔偿裁定书》中载明，事发地段最终是否设置道路交通信号以及设置何种道路交通信号系交通管理部门的职责范围。徐某某等三人认为某市某区交通运输局在事发路段设置红绿灯，与徐某某配偶张某某死亡事故之间存在因果关系，故提起本案诉讼，请求确认某市某区交通运输局在苏 S225 线 42km+875m 处南通市通州区石港镇通港大桥南侧桥口处设置红绿灯的行为违法并赔偿损失 998464.5 元。

一审法院审理后裁定驳回徐某某等三人的起诉。徐某某等三人不服一审裁定，向本院提起上诉称，某市某区交通运输局设置交通信号灯的行为是产生外部影响力的行政行为，且对上诉人的合法权益产生了实际影响，不是针对不特定对象发布的能反复适用的规范性文件，属于行政诉讼法规定的受案范围，一审无限扩大法律适用，于法相悖。请求二审法院撤销一审裁定，指令一审法院继续审理。被上诉人某市某区交通运输局辩称本案被诉行为不属于行政行为，请求二审法院驳回上诉，维持原裁定。

【裁判结果】

江苏省南通市经济技术开发区人民法院作出（2020）苏 0691 行初 31 号行政裁定，依照《中华人民共和国行政诉讼法》第 49 条第（4）项、《最高人民法院关于适用〈中华人民共和国行政诉讼法〉若干问题的解释》第 3 条第 1 款第（1）项、第 2 款之规定，裁定驳回徐某某等三人的起诉。

江苏省南通市中级人民法院作出（2020）苏 06 行终 139 号行政裁定，认为一审法院裁定驳回徐某某等三人的起诉错误，依法应予纠正。依照《中华人民共和国行政诉讼法》第 89 条第 1 款第（2）项、《最高人民法院关于适用〈中华人民共和国行政诉讼法〉的解释》第 109 条第 1 款之规定，裁定：一、撤销南通经济技术开发区人民法院（2020）苏 0691 行初 31 号行政裁定。二、指令南通经济技术开发区人民法院继续审理。

【裁判理由】

一审法院认为，《中华人民共和国行政诉讼法》第 13 条第（2）项规定，人民法院不受理公民、法人或者其他组织对行政法规、规章或者行政机关制定、发布的具有普遍约束力的决定、命令的事项提起的诉讼。而设置交通信号灯，是交通管理部门的管理职责，是交通管理部门维护公共交通秩序的具体工作之一，旨在合理组织交通流量引导规范行人车辆有序安全通行，即可视为行政机关制定、发布的具有普遍约束力的决定和命令。本案中，被诉的设置交通信号灯的行为是行政机关针对不特定交通参与人的交通行为，不是行政机关针对特定的公民、法人或者其他组织以及特定的具体事项作出的有关公民、法人或者其他组织的权利义务关系的行为，该行为不属于行政诉讼的受案范围。因此，对徐某某等三人的起诉，应当不予立案，已经立案的，应当裁定驳回起诉。

二审法院认为，本案各方当事人对一审裁定认定事实均不持异议，本案争议焦点之一即设置交通信号灯行为是否属于行政诉讼的受案范围。《中华人民共和国行政诉讼法》第 2 条第 1 款规定，公民、法人或者其他组织认为行政机关和行政机关工作人员的行政行为侵犯其合法权益，有权依照本法向人民法院提起诉讼。行政诉讼法意义上的行政行为，通常是指行政主体根据法律所赋予的职权，作出的能够对公民、法人或者其他组织的权利义务产生影响的行为。原则上，行政行为都属于行政诉讼的受案范围，除非法律明确规定应当排除的情形。交通信号灯是道路交通安全管理的基础设施，在道路上设置交通信号灯，既是行政机关为保障道路交通安全与秩序所提供的一种公共服务，也是道路交通管理的手段之一，是行政机关行使道路交通管理职权的行为。交通信号灯一旦设立，与所在道路一并投入使用，在特定的时间、空间内就可以对道路通行者的通行行为产生法律效果，影响到道路通行者的权利义务，符合可诉行政行为的特征。因此，设置道路交通信号灯的行为属于人民法院行政诉讼的受案范围。

《中华人民共和国道路交通安全法》第 25 条第 3 款规定："交通信号灯、交通标志、交通标线的设置应当符合道路交通安全、畅通的要求和国家标准，并保持清晰、醒目、准确、完好。"合法合理设置的交通信号灯，在维护交通秩序、保障交通安全方面发挥着重要作用，反之，则极有可能侵犯道路通行者的权利。"无救济则无权利"，任何有可能对相对人的权利造成不利影响的行政行为都应当接受监督。依法行政的原则是最大程度保障相对人的诉权，随着行政管理实践和行政诉讼理论的发展，可诉的行政行为范围不断扩大。允许当事人在因不当设置交通信号灯而遭受或可能遭受侵犯的情形下，启动行政诉讼程序，获得有效的救济，不仅符合行政诉讼制度设计的初衷，也有利于促使行政机关在作出此类行为时严格遵守法律规定和技术规范。

《中华人民共和国行政诉讼法》第 13 条第（2）项规定："人民法院不受理公民、法人或者其他组织对下列事项提起的诉讼：（二）行政法规、规章或者行政机关制定、发布的具有普遍约束力的决定、命令。"《最高人民法院关于适用〈中华人民共和国行政诉讼法〉的解释》第 2 条第 2 款规定："行政诉讼法第十三条第二项规定的'具有普遍约束力的决定、命令'，是指行政机关针对不特定对象发布的能反复适用的规范性文件。"设置交通信号灯的行为与规范性文件明显有别，一审法院将设置交通信号灯的行为视作规范性文件，显然是对规范性文件的扩大理解，限缩了行政诉讼受案范围，适用法律错误。

【案例评析】

自行政法确立了行政法治理念以及依法行政原则后，行政行为就凭借其“法治国家的目的性创设”[①] 特性而成为行政法的核心概念，占据着核心地位。[②] 行政行为的核心地位表现为其能够有效串联、衔接行政法体系的各项基本要素，一是横向串联衔接行政行为的类型区分、合法要件、法律效果、瑕疵理论等要素，二是纵向串联衔接行政主体、类型化的行政行为、行政诉讼等监督救济机制的受案范围、审查步骤、检验标准等要素。借助行政行为的串联衔接功能，行政法体系成为兼具“线性结构和网状结构”的环环相扣、相互勾连的结构整体。[③]

《中华人民共和国行政诉讼法》（以下简称《行政诉讼法》）于 2014 年修订时将 1989 年《行政诉讼法》条款中的“具体行政行为”替换为“行政行为”，此后，行政行为不仅成为行政法学的基础概念，更成为我国制定法的核心概念，成为我国行政诉讼制度的中心，[④] 承担着将政府管理行为引入行政诉讼机制，通过司法审查监督和制约行政权，保障和救济公民权利的重要功能。随着现代社会的民主和法治理念推动社会公共治理不断改良，行政行为的内容与方式日益复杂多元，挑战传统行政行为概念的内涵和外延。本案中，交通管理机关设置交通信号灯的行为是现代公共交通领域中一种有效的治理手段，属于行政法意义上的行政行为，但其是否属于行政诉讼意义上的行政行为，是否具有可诉性，成为本案的争议焦点。

一、行政行为的多元概念体系

行政行为最初被界定为行政主体运用公共权力，对具体行政事务适用法律，决定个人权利义务的单方行为。[⑤] 其后，现代社会中公共治理活动的复杂性和变动性致使行政行为概念的内涵不断丰富，外延持续扩展，行政行为的

---

① 赵宏：《法治国下的目的性创设——德国行政行为理论与制度实践研究》，法律出版社 2012 年版，第 48 页。

② 余凌云：《行政法讲义（第三版）》，清华大学出版社 2021 年版，第 268 页。

③ 参见赵宏：《行政法学的体系化建构与均衡》，载《法学家》2013 年第 5 期。

④ 参见郭修江：《以行政行为为中心的行政诉讼制度——人民法院审理行政案件的基本思路》，载《法律适用》2020 年第 17 期。

⑤ 叶必丰：《行政行为原理》，商务印书馆 2019 年版，第 3 页。

概念逐渐多元化。在最初的最狭义概念基础上，狭义的行政行为概念纳入行政协议等双方行政法律行为，将行政行为拓展为行政主体实施的所有外部行政法律行为，包括单方行政法律行为和双方行政法律行为；在狭义的概念基础上，较狭义的行政行为概念纳入内部行政法律行为，将行政行为拓展为行政主体实施的所有行政法律行为，包括外部行政法律行为和内部行政法律行为；在较狭义的概念基础上，广义的行政行为概念纳入行政主体实施的民事法律行为，将行政行为拓展为行政主体实施的所有法律行为，包括行政法律行为（公法行为）和民事法律行为（私法行为）；在广义的概念基础上，最广义的行政行为概念认为行政行为是指行政主体实施的所有行为，包括法律行为和事实行为。①

在上述行政行为的多元概念体系中，概念的取舍实际上取决于行政行为功能的选择。行政行为首先具有规制功能，即借助行政行为概念工具，将社会公共治理实践中错综复杂、形态各异的行政措施和手段抽象、提炼、概括并固定出共同的构成要件，进而制定法律规范对其予以规制、引导，以完成法秩序的构建，实现依法行政和法治政府。为实现依法行政之目标，行政行为的规制功能倾向于扩张行政行为概念的外延，尽可能将行政主体实施的行为纳入行政行为范畴，以实现规制行政权之目标，这就是所谓行政法意义上的行政行为概念；同时，行政行为还具有救济功能，即通过行政行为概念将行政主体实施的高权管理行为引入行政诉讼机制，借助司法权优势，通过司法审查为权利受行政行为侵害或威胁的行政相对人提供救济，以此恢复法秩序，这就是所谓行政诉讼意义上的行政行为概念。由于行政行为的救济功能要求行政行为应具有权利救济的必要性和司法审查的可能性，而行政主体实施的行政事实行为②、民事法律行为、内部行政行为等已经被纳入行政赔偿诉讼、民事诉讼、行政申诉等权利救济机制和渠道，没有再借助行政行为概念进入行政诉讼救济机制的必要。此外，基于司法审查的局限性，还有部分行政行为不适宜纳入行政诉讼的受案范围。故而相对行政法意义上的行政行为概念，行政诉讼意义上的行政行为的内涵更为纯粹，外延更为狭窄，仅指行

① 姜明安：《行政法》，北京大学出版社 2017 年版，第 234 页。

② 有学者以行政事实行为可以适用于行政赔偿诉讼程序为由将行政事实行为归于《行政诉讼法》第 2 条所规定的行政行为范畴。参见胡建淼主编：《行政诉讼法学》，高等教育出版社 2003 年版，第 27 页。然而行政赔偿诉讼程序不是行政诉讼程序，仅以行政事实行为可以适用于行政赔偿诉讼程序而将其归于行政诉讼意义上的行政行为缺乏相应的理论支持。参见《行政法与行政诉讼法学》编写组：《行政法与行政诉讼法学（第二版）》，高等教育出版社 2018 年版，第 334 页。

政主体行使行政职权所实施的产生行政法律效果的行为，即传统上最狭义的行政行为概念。

二、行政诉讼意义上行政行为概念的构成要素

行政行为功能的差异致使具有规制功能的行政法意义的行政行为概念与具有救济功能的行政诉讼意义的行政行为概念相互疏离，且后者指向的范围小于前者，故而行政主体所实施的行政行为并不当然具有可诉性，需借助行政诉讼意义上行政行为的概念构成要素，判断该行政行为是否属于行政诉讼意义上的行政行为范畴。当行政主体实施的行政行为，即行政法意义上的行政行为，具备了行政诉讼意义上的行政行为概念的构成要素时，方能肯定该行政行为具有可诉性，属于《行政诉讼法》规定的受案范围，能够进入行政诉讼程序接受司法审查。行政诉讼意义上行政行为概念的构成要素如下。

（一）行政主体要素

行政主体要素意指行政行为是行政主体实施的行为。根据《行政诉讼法》第 2 条的规定，行政行为的实施主体包括两类：一是由宪法和组织法授权的职权性行政主体，如我国各级各类行政机关；二是由具体的法律、法规、规章授权的授权性行政主体，如被行政立法授权的行政机关的内设机构或派出机构。

（二）行政职权要素

行政职权要素意指行政行为是行政主体行使行政职权的行为。行政主体是一个功能性概念，实践中其既可以实施行政法律行为，也可以实施民事法律行为。行政职权是行政行为的内核，是行政行为的权力渊源，行政行为是行政职权的具体运用方式和方法，[①] 正是基于行政职权，行政行为呈现出明显的单方性和强制性。

（三）具体规制要素

具体规制要素意指行政行为是行政主体行使行政职权进而产生行政法律效果的行为。行政主体通过实施行政行为，或是赋予或剥夺相对人权利，或是科以或免除相对人义务，通过设定、变更、解除行政相对人的权利义务，产生改变特定行政相对人权利义务结构的行政法律效果，呈现出明显的规制

---

① 张正钊、胡锦光主编：《行政法与行政诉讼法（第八版）》，中国人民大学出版社 2023 年版，第 86 页。

性和具体性。

（四）外部直接要素

外部直接要素意指行政行为是行政主体行使行政职权而对外直接产生行政法律效果的行为。行政行为设定、变更、解除行政相对人权利义务的目的是直接、迅速构建社会治理秩序，为此，一是要求行政行为直接指向行政主体之外的行政相对人，以便实现构建社会治理秩序之目的；二是要求行政行为与设定、变更、解除行政相对人权利义务的法律效果具有直接因果关联性。行政行为由此呈现出外部性和直接性。

本案中，被诉的设置交通信号灯行为由当地交通管理机关实施，当然属于行政法意义上的行政行为范畴，应当根据其从属法律性特征遵循依法行政原则，但不能就此断定该行政行为具有可诉性，对其能否进行司法审查，关键在于判定该行为是否具备行政诉讼意义上行政行为概念的构成要素，是否属于《行政诉讼法》规定的行政行为。首先，设置交通信号灯行为是由交通管理机关实施，符合行政主体要素要求；其次，设置交通信号灯行为是由交通管理机关根据道路交通法赋予的行政职权实施，具有单方性和强制性，符合行政职权要素要求；再次，设置交通信号灯行为在特定的时间、空间内对道路通行者的权利义务产生影响，具有规制性和具体性，符合具体规制要素要求；最后，设置交通信号灯行为在特定的时间、空间内对道路通行者的权利义务直接产生影响，具有外部性和直接性，符合外部直接要素要求。综上，本案被诉的设置交通信号灯行为具备行政诉讼意义上行政行为概念的构成要素，属于行政诉讼意义上的行政行为范畴。

三、具体行政行为与抽象行政行为的区分

自法治国家原则确立后，随着形式法治理念逐渐转向实质法治理念，要求行政机关不应消极地避免侵害公民权利，而应积极地增进社会福利，促使政府职能不断扩张。为完成繁重复杂的社会治理任务，各类迥异于传统行政行为的新型行政行为类型不断涌现，针对传统行政行为设置的行政诉讼救济制度和机制未必契合新型的行政行为，需要将其纳入与之特质相适应的法律框架和治理机制，这是导致行政法意义的行政行为概念与行政诉讼意义的行政行为概念相互疏离的底层逻辑。基于此，判断被诉行政行为是否属于行政诉讼意义上的可诉行政行为，除审查被诉的行政行为是否具备行政诉讼意义上行政行为概念的构成要素外，还应判断被诉的行政行为是否具有司法审查

的可能性，包括事实上的可能性和法律上的可能性。[①] 其中，事实上的可能性是指制定法未提供实质上与行政诉讼互斥的救济途径，如对于立法规定通过检察监督程序和国家赔偿程序提供救济的刑事侦查行为，就不具有对其司法审查的事实可能性；法律上的可能性是指制定法并未明确排除或禁止对被诉行政行为予以司法审查，存在司法审查被诉行政行为的法律空间。

区分具体行政行为和抽象行政行为的意义就是判定被诉的行政行为是否具有司法审查的可能性，即所谓的可诉性。传统的行政行为具有针对特定对象实施并直接影响其权利义务的具体规制性，故而被称为“具体”行政行为，如行政处罚、行政许可、行政强制、行政奖励等。随着现代社会公共事务日趋纷繁复杂，传统行政行为针对特定对象作出个案处置的具体规制性逐渐难以满足整体性构建社会秩序的需要，促使行政主体突破行政行为的具体性限制，开始针对不特定对象制定普遍适用的规则，并逐渐成为一种普遍性的社会治理实践，学界将此类行为与具体行政行为并列称为“抽象”行政行为。对于抽象行政行为的可诉性，一方面，由于行政诉讼制度机制是针对传统的具体行政行为设置构建的，司法机关缺乏审查抽象行政行为的权威和经验；另一方面，我国立法已经在行政诉讼制度之外构建了备案审查等针对抽象行政行为的监督纠正机制。[②] 因此，虽然2014年《行政诉讼法》修正时以“行政行为”替换“具体行政行为”，但抽象行政行为不具有可诉性仍然是我国立法对行政诉讼受案范围的一个重要限制。

在审判实践中，一般以两种方式来区分具体行政行为与抽象行政行为。

一是通过识别标准来区分，主要是行为指向的对象标准。具体行政行为是针对特定的对象作出的，包括特定的人或特定的事；抽象行政行为是针对不特定的对象作出的。这里需要注意的是，不应将行政行为指向对象的多寡等同于对象是否特定，而是应以行为指向对象的数量是否可以统计为标准来确定，[③] 行政指向对象的人数具有可统计性则属于具体行政行为，否则就归入抽象行政行为范畴。

二是通过行为的表现形式来区分。虽然我国立法否定抽象行政行为的可诉性，但同时也严格限定抽象行政行为的范围。具体而言，《行政诉讼法》第13条第（2）项将抽象行政行为限定为“行政法规、规章或者行政机关制定、

---

① 姜明安主编：《行政法与行政诉讼法（第八版）》，北京大学出版社、高等教育出版社2024年版，第435页。

② 何海波：《行政诉讼法（第三版）》，法律出版社2022年版，第152页。

③ 姜明安主编：《行政法与行政诉讼法（第八版）》，北京大学出版社、高等教育出版社2024年版，第167页。

发布的具有普遍约束力的决定、命令”，2018年《最高人民法院关于适用〈中华人民共和国行政诉讼法〉的解释》第2条第2款进而将《行政诉讼法》第13条第（2）项规定的“具有普遍约束力的决定、命令”限定为“行政机关针对不特定对象发布的能反复适用的规范性文件”。据此，实践中抽象行政行为被严格限定为两种形式：一是行政立法行为，包括国务院制定行政法规的行为、国务院所属部委和各省级及设区的市级人民政府制定行政规章的行为；二是各行政机关制定、发布具有普遍约束力的行政规范性文件的行为。在将抽象行政行为形式限定为制定普遍适用的规则后，其与具体行政行为就呈现出以下差异：一是抽象行政行为制定具有普遍约束力规则可以反复适用，而具体行政行为对特定对象仅具有一次效力，遵循“一事不二理”原则；二是抽象行政行为制定的普遍约束力规则一般只能“往后约束”，不具有溯及力，而具体行政行为是对已经发生或出现的事项产生“向前约束”的溯及力；三是抽象行政行为制定普遍约束力规则时应遵循编制计划、起草、征求听取意见、草案审查、决定与公布等程序，表现为书面的规定、实施细则等，而具体行政行为用遵循立案、调查、告知、听取陈述申辩、决定、送达、执行等程序，行为既可以表现为行政机关的书面决定，也可以表现为行政机关工作人员的口头告知或肢体动作以及如本案中信号灯的指示信号等。

本案中，被诉的设置交通信号灯行为属于行政法意义上的行政行为，对此并无异议，但该行为是否属于行政诉讼意义上的行政行为，是否具有可诉性，则出现争议。一审法院认为设置交通信号灯行为是行政机关针对不特定的交通参与人作出的公共交通管理行为，不是行政机关针对特定的公民、法人或者其他组织以及特定的具体事项作出的有关公民、法人或者其他组织的权利义务关系的行为，属于抽象行政行为，不属于行政诉讼的受案范围。但二审法院对此观点截然相反，首先，就具体行政行为与抽象行政行为的区分标准而言，交通信号灯一旦设立，与所在道路一并投入使用，在特定的时间、空间内就可以对道路通行者的通行行为产生法律效果，影响到道路通行者的权利义务，行为指向的对象是特定的。其次，就抽象行政行为的表现形式而言，设立交通信号灯的行为显然不属于能够反复适用的规范性文件，行为作出的程序亦明显有别，一审法院将设置交通信号灯的行为视作制定普遍适用的规范性文件，显然是对规范性文件的扩大理解，限缩了行政诉讼的受案范围，属于适用法律错误。

四、结语

在现代社会治理实践中，一方面，行政机关，尤其是公安机关具有多重法律身份，可以实施民事法律行为、刑事执法行为、行政执法行为等多种不同类型属性的法律行为，行为之间的实施方式、强制程度、合法要件、救济途径等差异巨大，故而应准确识别公安机关所实施的行为是否为行政法意义上的行政行为，是否应纳入行政法律体系规制；另一方面，在公安机关的行政执法领域中，公安机关可实施的行政行为类型繁多，形态各异，合法性要求亦不相同。因此，需要借助行政主体性、单方职权性、具体规制性、外部直接性等概念构成要素，正确区分行政法意义上的公安行政行为与行政诉讼意义上的公安行政行为。此外，在判断公安行政行为可诉性的问题上，还需通过行为指向对象等标准和行为表现形式来区分具体公安行政行为与抽象公安行政行为，在准确判断公安行政行为可诉性的基础上，将不同类型的公安行政行为分别纳入各自的法律体系框架，接受法律规制，这是实现依法行政和法治公安的基本要求。

案例 8

公安行政行为的合法要件

——许某某诉某市某公安分局行政拘留案

石启龙*

【内容提要】

只有具备合法要件的公安行政行为方才产生实质性的稳定的法律效力，确保公安行政行为满足合法性要件是实现依法行政和法治公安的基本路径。审判实践中，根据公安行政执法逻辑将《中华人民共和国行政诉讼法》确定的合法审查标准归纳整合，首先是审查公安行政行为是否具备主体合法要件，包括对职能管辖、地域管辖以及级别管辖的审查；其次是审查公安行政行为是否具备内容合法要件，包括对公安行政行为的事实根据、法律依据以及合目的性的审查；最后还要审查公安行政行为是否具备程序合法要件，包括对公安行政行为法定方式、法定步骤和法定时限的审查。

【裁判要旨】

1. 猥亵的认定。依照中国传统的行为规范，陌生异性之间应以常人可以接受的方式进行沟通交流。在异性面前故意暴露身体、使用色情言语进行骚扰等非接触行为即可构成猥亵，亲吻面部、触摸异性腰臀等敏感部位的行为，当然构成猥亵。

2. 饮酒不是减轻责任的理由。人的行为，只有经过长期的自我约束，形成内化于心的修养，方可在社会活动中外化于行。酒精麻醉人的神经，但饮酒是行为人自己的选择，不能成为一个人酒后行为失控的借口，更不是减轻责任的理由。

3. 程序的主要功能在于保障实体正义的实现，而不是相反。行政法的基

* 中国刑事警察学院法律教研部副教授，法学博士。

本精神是，维护社会秩序与公平正义，制裁违法侵权，监督强势权力，救济弱势权利。对于公安机关特别是基层公安机关，在紧急案件的办理中，即使出现瑕疵，如果对当事人的权利不造成影响，则不构成行政行为被撤销的事由。因为，程序的主要功能在于保障实体正义的实现，而不是相反，更不应被当作违法行为人逃避责任的依据和借口。

【相关法条】

《中华人民共和国行政诉讼法》第七十条　行政行为有下列情形之一的，人民法院判决撤销或者部分撤销，并可以判决被告重新作出行政行为：（一）主要证据不足的；（二）适用法律、法规错误的；（三）违反法定程序的；（四）超越职权的；（五）滥用职权的；（六）明显不当的。

《中华人民共和国治安管理处罚法》（2012修正）第四十四条　猥亵他人的，或者在公共场所故意裸露身体，情节恶劣的，处五日以上十日以下拘留；猥亵智力残疾人、精神病人、不满十四周岁的人或者有其他严重情节的，处十日以上十五日以下拘留。

《中华人民共和国治安管理处罚法》第七十七条、第八十二条、第八十四条以及第九十五条、第九十七条所规定之治安案件执法程序条款。

【案件索引】

一审：山东省济南市天桥区人民法院（2020）鲁0105行初30号行政判决

二审：山东省济南市中级人民法院（2020）鲁01行终1034号行政判决①

【基本案情】

一审法院查明，2019年10月6日15时55分许，许某某酒后在济南市历下区环山路某某饭店二楼大厅，趁张某某趴在15号桌子上看手机时亲了张某某左脸一下；16时13分许，在二楼走廊趁孔某某开酒之际摸了孔某某左侧屁股一下。16时23分，被告某市公安局某分局（以下简称某公安分局）接到110指令，称当日16时15分许，在济南市历下区环山路某某饭店二楼大厅被一陌生中年男子摸了左侧屁股一下。被告某公安分局出警后于同日对案件予以立案受理，并对当事人进行了询问。原告在询问笔录中陈述，原告是从后面用右手手背拍了一下，大约是拍的对方的屁股。第三人孔某某在询问笔录

① 二审裁判文书获得第四届全国“百篇优秀裁判文书”

中陈述，其还没来得及开酒，那名陌生男子就把右手伸到孔某某身后摸了孔某某左侧屁股一下。第三人张某某在询问笔录中陈述，一个在饭店喝酒吃饭的男客人打着电话从西边走过来，走到她身边时直接亲了她的左脸一下。

2019 年 10 月 6 日，某公安分局对原告进行了处罚前告知，并于同日作出历公（科）行罚决字〔2019〕585 号《行政处罚决定书》，对原告给予行政拘留 10 日的行政处罚。原告不服，于 2019 年 12 月 2 日向被告济南市历下区人民政府（以下简称历下区政府）申请行政复议。2020 年 1 月 21 日，被告历下区政府作出了济历下政复决字〔2019〕52 号《行政复议决定书》，维持了某公安分局作出的历公（科）行罚决字〔2019〕585 号《行政处罚决定书》。原告诉至法院，请求依法撤销被告某公安分局作出的历公（科）行罚决字〔2019〕585 号《行政处罚决定书》；依法撤销被告历下区政府作出的济历下政复决字〔2019〕52 号《行政复议决定书》。

另查明，根据监控显示原告对第三人孔某某、张某某实施了猥亵行为。

一审法院审理判决后，原告许某某不服一审判决，上诉称一审法院认定的事实不清，证据不足，适用法律错误，办案程序明显违法。

【裁判结果】

一审法院山东省济南市天桥区人民法院作出（2020）鲁 0105 行初 30 号行政判决，认为被告某公安分局作出的历公（科）行罚决字〔2019〕585 号《行政处罚决定书》认定事实清楚，适用法律、法规正确，符合法定程序。依照《中华人民共和国行政诉讼法》（以下简称《行政诉讼法》）第 69 条、《最高人民法院关于适用〈中华人民共和国行政诉讼法〉的解释》第 136 条第 1 款之规定判决驳回原告许某某的诉讼请求。

二审法院山东省济南市中级人民法院作出（2020）鲁 01 行终 1034 号行政判决，认为被上诉人某公安分局作出的涉案行政处罚决定，认定事实清楚，作出程序、适用法律正确，过罚相当，并无不妥。一审判决认定事实清楚，适用法律正确，判决结果正确，应予维持。上诉人许某某的上诉理由不能成立，本院不予支持。依照《行政诉讼法》第 86 条、第 89 条第 1 款第（1）项之规定，判决驳回上诉，维持原判。

【裁判理由】

一审法院认为，根据《中华人民共和国治安管理处罚法》（2012 修正）（以下简称《治安管理处罚法》）第 7 条第 1 款规定："国务院公安部门负责全国的治安管理工作。县级以上地方各级人民政府公安机关负责本行政区域内的治安管理工作。”第 91 条规定：“治安管理处罚由县级以上人民政府公安机关决定；其中警告、五百元以下的罚款可以由公安派出所决定。”因此，被告某公安分局具有作出本案具体行政行为的执法主体资格和权限。被告某公安分局所适用的行政执法程序符合《治安管理处罚法》第 77 条、第 82 条、第 84 条以及第 95 条、第 97 条之规定，故被告某公安分局作出历公（科）行罚决字〔2019〕585 号《行政处罚决定书》，认定事实清楚，证据确凿。被告某公安分局依据《治安管理处罚法》第 44 条之规定对原告处以行政拘留 10 日的行政处罚适用法律正确，处罚幅度适当。

二审法院认为，行政处罚决定是否正确，取决于事实认定是否正确、法律适用及处罚程序是否合法等要件。

一、关于本案行政处罚认定的事实

被上诉人某公安分局作出处罚决定所依据的事实是上诉人有猥亵他人之行为。就此事实，被上诉人某公安分局向法庭提供了视频录像、询问笔录、证人证言等证据予以证实。经法庭调查并结合上诉状，上诉人对事实认定及行为定性的上诉理由可归结为三点：其一，自己没有实际接触到第三人，公安机关未提供其他视角的录像和证据以确认自己是否实际接触到了第三人；其二，被上诉人某公安分局仅以录像及口供认定事实，证据不够充分；其三，上诉人的行为系醉酒后催促第三人上菜、开酒的行为，并非猥亵行为。

本院认为，上诉人的上述理由均不能成立。关于事实认定，其一，视频录像清楚显示上诉人亲了第三人张某某左脸一下、摸了第三人孔某某左侧屁股的事实，该事实眼见可知，毋庸置疑；其二，两名第三人陈述事实与录像显示相一致，不存在虚假；其三，上诉人在笔录中陈述“我就从后面用右手手背拍了她一下，大约是拍的她的屁股”“我认错，我不应该对女服务员用语和行为上有任何的不尊重，我想跟对方道歉”，该陈述与视频录像及受害人指控相一致；其四，书证、物证、视频录像、当事人陈述、证人证言等均为行政诉讼法所规定的认定案件事实的证据，证人证言系认定事实的证据之一，但非必不可少，执法机关和人民法院可以综合各种证据对事实进行认定。

综上，视频录像与当事人陈述均为直接证据，可以排除合理怀疑，形成完整的证据链条，被上诉人某公安分局对涉案事实的认定，证据充分。关于行为定性，上诉人与两名第三人之间并无任何亲密关系，依照中国传统的行为规范，陌生异性之间应以常人可以接受的方式进行沟通交流。在异性面前故意暴露身体、使用色情言语进行骚扰等非接触行为即可构成猥亵，亲吻面部、触摸异性腰臀等敏感部位的行为，当然构成猥亵。上诉人对自己对第三人张某某实施亲吻的行为所作的辩解，不具有合理性，不予采纳；上诉人主张其用手拍第三人孔某某屁股系提醒其开酒，即使该理由为真，该方式显然超过常人接受范围，不能成为否定其实施了猥亵行为的理由。故被上诉人某公安分局对上诉人所实施行为定性为猥亵，证据确实充分，并无不当。

二、关于本案的法律适用、处罚程序

依法行政要求行政机关必须依照法律、法规、规章的规定，作出行政行为。公安机关在办理治安案件过程中，应该严格依照法定职责、法定程序作出行政行为，确保权力的规范使用。行政行为适用法律错误或程序严重违法的，将会面临被撤销或被确认违法的后果。具体到行政处罚，公安机关应当依照《中华人民共和国行政处罚法》《治安管理处罚法》《公安机关办理行政案件程序规定》等法律、法规、规章作出处罚。《治安管理处罚法》第 44 条之规定："猥亵他人的，或者在公共场所故意裸露身体，情节恶劣的，处五日以上十日以下拘留；猥亵智力残疾人、精神病人、不满十四周岁的人或者有其他严重情节的，处十日以上十五日以下拘留。"上诉人猥亵他人，情节恶劣，被上诉人某公安分局依照上述规定条款，对上诉人作出行政拘留 10 日的处罚决定，适用法律正确。行政法的基本精神是，维护社会秩序与公平正义，制裁违法侵权，监督强势权力，救济弱势权利。对于公安机关特别是基层公安机关，在紧急案件的办理中，即使出现瑕疵，如果对当事人的权利不造成影响，则不构成行政行为被撤销的事由。因为，程序的主要功能在于保障实体正义的实现，而不是相反，更不应被当作违法行为人逃避责任的依据和借口。

经本院审查，被上诉人某公安分局依法履行了受案、传唤、询问、告知陈述申辩权及处罚的事实、理由和依据等职责，并依法通过网络办公系统完成审批，不存在上诉人所指出的或足以导致涉案行政处罚被撤销的程序违法情形。司法资源有限，本院不再对上诉人明显不成立的上诉理由逐一回应。

三、关于行政处罚的目的及其他

人的行为，只有经过长期的自我约束，形成内化于心的修养，方可在社会活动中外化于行。酒精麻醉人的神经，但饮酒是行为人自己的选择，不能成为一个人酒后行为失控的借口，更不是减轻责任的理由。师者，传道授业解惑也，所谓学高为人师，身正为人范。师德是高于一般社会公众道德水准的道德准则。为人师者，不仅需要有渊博的学识作为指引学生登攀知识高峰的旗帜，更需要有高尚的修为作为引领学生提升道德境界的灯塔。一个修为不够且缺乏自省意识的人，何以为人师表？如若上诉人在事发之初即已认识错误、赔礼道歉，取得受害人的谅解，或许已为自己争取到宽大处理的机会。但是，上诉人咄咄逼人的气势，意图以矢口否认、寻找执法瑕疵等方式为自己开脱的思路，模糊了善恶美丑之标准，误解了公平正义，误读了行政审判，缺乏对法律的基本敬畏之心。法，无外乎天理国法人情。法律制裁只是手段而非目的，对违法者施以处罚，主要在于实现法律教育和救赎的目的。在释法说理之余，本院之所以强调师德作风和人情事理，是希望本次事件能够敲响警钟，提醒身为大学教师的上诉人深刻反思、引以为戒。人民法院在审理个案的同时，肩负针对案件中暴露出的问题向涉案单位、有关部门进行司法建议的职责。本院将视情决定，是否就本案与涉案单位进行沟通或向有关部门提出司法建议。

【案例评析】

行政行为的合法要件是指评价、判断和认定行政行为合法性的条件或标准，[①] 具备合法要件的行政行为就具有了实质性的稳定法律效力，在行政复议或行政诉讼等监督救济程序中不致被撤销或确认违法、无效；不具备合法要件的行政行为仅具有形式上的暂时法律效力，行政相对人可以通过行政复议或行政诉讼等监督救济途径请求有权国家机关确认该行政行为违法、无效或撤销该违法行为。由于我国目前尚未制定统一的行政法典，行政行为的合法要件尚未统一，分散地规定于不同法律、法规、规章等立法文件中，难以把握，不便适用，学界将分散的行政行为合法要件规定梳理、归纳为能普遍适用的统一的理论标准模型。目前，行政行为合法性要件的理论模型大致有两类：一是依据行政诉讼法的规定和行政执法逻辑，将行政行为的合法性要件抽象归纳为主体合格、条件符合、事实有据、程序正当和处理得当等；[②] 二是依照相关行政法的规定和平面拼图逻辑，将行政行为的合法性要件抽象归纳为主体合法要件、权限合法要件、内容合法要件和形式合法要件。[③]

在审判实践中，《行政诉讼法》第 70 条规定了法院撤销行政行为的审查标准，包括：（1）主要证据不足；（2）适用法律、法规错误；（3）违反法定

① 姜明安：《行政法》，北京大学出版社 2017 年版，第 242 页。

② 参见何海波：《行政行为的合法性要件——兼议行政行为司法审查根据的重构》，载《中国法学》2009 年第 4 期。

③ 《行政法与行政诉讼法学》编写组：《行政法与行政诉讼法学（第二版）》，高等教育出版社 2018 年版，第 90 页。

程序；（4）超越职权；（5）滥用职权；（6）明显不当等。[①] 无论被诉的行政行为所依据的具体法律如何规定，实际推理过程如何复杂，法院确认被诉行政行为违法并予以撤销的理由都必须归入上述六项标准之中。通过对《行政诉讼法》第70条所规定内容的反向解释，可推知司法审查行政行为是否合法的标准包括：主要证据充分、适用法律法规正确、遵循法定程序、符合法定职权以及不存在滥用职权和明显不当等要件，这就确立了行政行为合法性的基本准绳，也是审判实践的最终根据。[②] 对于公安行政行为而言，以更加契合公安行政执法实战的“执法法学”理念，[③] 遵循“谁来做”“做什么”“如何做”的行为逻辑，[④] 将《行政诉讼法》确立的行政行为合法要件归纳整合为主体合法要件、内容合法要件和程序合法要件，本案中，法院便据此对被诉的治安处罚行为展开合法性审查。

一、主体合法要件审查

主体合法是公安行政行为的首要合法要件，解决的是“谁来做”的问题，实质是公安行政行为的实施权限问题。权限指向的是行政主体的行为能力，其功能在于说明行政主体被授予职权的限度和范围。主体合法要求公安行政行为在行为主体的行政职权限度和范围内，否则便构成“超越职权”的违法情形。在审判实践中，审查公安行政行为主体合法要件的具体内容包括职能管辖审查、地域管辖审查以及级别管辖审查。

（一）职能管辖审查

职能管辖审查针对的是公安行政主体的职能职权问题。职能权限是指行政职权的具体职能分工，确定职能权限的依据首先是法律、法规的授权规定，其次是国务院“三定方案”中的职权规定，最后是地方各级政府在一定范围内对所辖部门职权职能的分工决定。在职能管辖审查中，要求公安行政行为应在行政机关的职能权限范围内实施，超出公安机关的职能权限实施的公安行政行为就构成“职能越权”情形。“职能越权”的具体情形包括：（1）公

① 《行政诉讼法》第70条是针对常规的行政机关实施行政行为的合法性审查标准，与其他特殊类型的行政行为的合法性审查标准有所不同，如对于行政机关不作为行为的合法性审查标准就不存在遵循法定程序的问题。

② 何海波：《行政诉讼法（第三版）》，法律出版社2022年版，第280页。

③ 参见石启龙、李强：《“执法法学”理念指引下的公安执法情境模拟教学研究》，载《云南警官学院学报》2019年第1期。

④ 章剑生：《现代行政法基本理论（第二版）》，法律出版社2014年版，第280页。

安机关越权行使宪法和法律赋予各级人民代表大会行使的立法权；(2) 公安机关越权行使宪法和法律赋予各级人民法院、人民检察院行使的司法权；(3) 公安机关越权行使法律授权其他行政机关行使的行政职权；(4) 地方公安机关与铁路、港航、民航、林业、海关缉私等行业公安机关相互之间越位行使对方职能权限。

(二) 地域管辖审查

地域管辖审查针对的是公安行政主体的地域权限问题。地域权限指向的是行政职权的横向分工。主体合法要求公安行政行为在公安机关的地域权限范围内实施，超越地域权限实施的公安行政行为就构成“横向越权”情形。地域管辖审查的具体要求包括：(1) 以属地原则作为确定地域权限分工的首要原则，即公安行政行为处理的行为和事项所在地位于实施该行为的公安机关的辖区内；(2) 以属人原则作为确定地域权限分工的补充原则，即如果由行政相对人居住地公安机关实施公安行政行为更为适宜的，则由行政相对人居住地公安机关实施相应行政行为予以处置，但法律明确禁止的除外。

(三) 级别管辖审查

级别管辖审查针对的是公安行政主体的级别权限问题。级别权限指向的是行政职权的纵向权限分工，在级别管辖审查中，要求公安行政行为在公安机关的级别职权范围内实施，超越级别权限实施公安行政行为就构成“纵向越权”情形。就形式逻辑而言，“纵向越权”包括“上越下”和“下越上”两种越权情形，但基于公安机关的科层设置，上级公安机关对下级公安机关具有命令、监督、指导等权限，因此，除非立法明确规定特定的公安行政行为只能由特定级别的公安机关实施，否则上级公安机关可以行使下级公安机关的行政职权，也就是说，“上越下”情形原则上并不违反级别权限规定。实践中，“纵向越权”情形基本表现为下级公安机关越权行使上级公安机关行政权限的“下越上”情形。

本案中，一审法院率先对某市某公安分局作出的治安处罚行为展开主体合法审查。根据《治安管理处罚法》第 7 条第 1 款“国务院公安部门负责全国的治安管理工作。县级以上地方各级人民政府公安机关负责本行政区域内的治安管理工作”之规定，以及第 91 条“治安管理处罚由县级以上人民政府公安机关决定”之规定，一审法院审理认为：首先，猥亵行为属于《治安管理处罚法》规定的治安违法行为，地方公安机关对其具有职能管辖权；其次，许某某实施猥亵行为的地点位于某公安分局辖区内，某公安分局对原告的猥亵行为具有地域管辖权；最后，某公安分局属于县级公安机关，具有作出治安处罚的级别管辖权。综上，法院认为某公安分局具有对案涉猥亵行为予以治安处罚的主体资格和权限，被诉的治安处罚行为具备主体合法要件。

二、内容合法要件审查

内容合法是对公安行政行为内容的基本要求，解决的是“做什么”的问题。公安行政行为具有设定、变更、解除行政相对人权利义务的规制性，为实现依法行政、公正执法，要求公安行政行为的内容应当以事实为根据、以法律为准绳，并符合相关立法目的。在审判实践中，法院依据《行政诉讼法》第5条“人民法院审理行政案件，以事实为根据，以法律为准绳”之规定，对公安行政行为展开内容合法要件审查，具体包括事实根据审查、法律依据审查以及合目的性审查。

（一）事实根据审查

内容合法首先要求公安行政行为的作出应当有法定事实根据，即合法的公安行政行为应具有法定事实支持。对公安行政行为事实根据审查的具体要求包括：（1）公安行政行为实施情形符合其所依据法律规范设置的构成要件；（2）公安行政行为所根据的事实是已被证据证实的法律事实，[①] 证据只有满足真实性、合法性和关联性要求，并记载于行政案卷之中方才具有证明效力；（3）事实根据需要公安机关通过所收集证据证明达到“充分”的程度，[②] 否则，公安行政行为就会因缺乏事实根据而欠缺合法性。

（二）法律依据审查

内容合法还要求公安行政行为正确适用法律依据，即公安行政行为应具有相应的法律规范支持，其中的关键问题是准确理解行为法律依据的效力位阶。对公安行政行为法律依据审查的具体要求包括：（1）对于法律、法规和规章，公安机关应遵循“上位法优于下位法”原则先适用高位阶的立法规范，后适用低位阶的立法规范，若出现规范冲突，则只适用高位阶的立法规范，否则构成“适用法律、法规错误”；（2）对于行政规范性文件，公安机关需先判定文件的合法性后再决定是否适用该文件，判定的标准包括文件的制定机关是否越权、文件的内容是否抵触上位法、文件的制定程序是否合法等。

---

① 关于法律事实与客观事实的关联与区分，参见孔祥俊：《论法律事实与客观事实》，载《政法论坛》2002年第5期。

② 参见蒋玉：《论治安处罚证明标准——以125份裁判文书为分析样本》，载《中国人民公安大学学报（社会科学版）》2023年第6期。

若判定规范性文件不合法，则不应将其作为公安行政行为的依据，否则同样构成“适用法律、法规错误”。

（三）合目的性审查

具有事实根据和正确适用法律依据仅仅是公安行政行为内容合法的客观性或形式要求，公安行政行为的裁量性对行为内容合法提出了主观性或实质合法的要求，即要求公安机关的行政执法主观动机应当符合立法目的，实现公安行政裁量的合法性。对公安行政行为合目的性审查的要求就是评判执法的动机意图是否符合所依据法律设定的目的，如果发现公安行政行为存在以权谋私、假公济私、打击报复、反复无常等不良动机，违背了相关立法目的，则构成“滥用职权”。

本案中，两审法院先后对某市某公安分局作出的治安处罚行为展开内容合法审查。首先，在事实根据审查中，法院经过法庭举证和质证，认为公安机关提供的原告陈述、被侵害人陈述、证人证言、监控录像等证据，达到排除合理怀疑标准，所形成的完整证据链条足以证明许某某实施了猥亵孔某某、张某某的事实，某公安分局对案涉许某某实施猥亵行为的认定，事实清楚，证据充分；其次，在法律依据审查中，法院认为某公安分局根据许某某猥亵他人且情节恶劣之事实，依据《治安管理处罚法》第44条“猥亵他人的，或者在公共场所故意裸露身体，情节恶劣的，处五日以上十日以下拘留”之规定，作出行政拘留10日的处罚决定，适用法律正确；最后，在合目的性审查中，法院通过释法说理，充分肯定公安机关对许某某予以治安处罚的必要性、正当性和适当性，认为对违法者施以治安处罚予以惩戒，符合《中华人民共和国行政处罚法》和《治安管理处罚法》规定的教育与处罚相结合原则，符合实现法律教育与救赎的立法目的。

三、程序合法要件审查

程序合法是公安行政行为另一个重要合法要件，解决的是“如何做”的问题。行政程序是指行政主体实施行政行为必须遵守的方式、步骤、时限等要求，[①] 其不仅具有保障行政行为实体合法的工具价值，同时也具有吸收行政相对人不满情绪、弥补行政主体遗漏等独立价值。随着现代社会公共事务越发复杂多变，立法对行政行为的规制逐渐由规定“做什么”转向“如何做”，行政程序逐渐成为现代行政法的重要内容，程序合法成为对公安行政行为合

① 罗豪才、湛中乐主编：《行政法学》，北京大学出版社2006年版，第302页。

法的基本要求，否则便构成“违法法定程序”的情形。在审判实践中，法院对公安行政行为程序合法要件审查的具体内容包括法定方式审查、法定步骤审查和法定时限审查。

（一）法定方式审查

实施方式是规制公安行政行为的重要程序工具，是对行政行为程序合法的横向要求。① 由于我国目前尚未制定统一的行政程序法典，在审判实践中，法院对公安行政行为法定方式的审查要求是，既要满足一般行政行为的程序规则要求，也要符合公安领域行政法规的特别规定，否则便构成“违法法定程序”情形。

（二）法定步骤审查

步骤也是规制公安行政行为的重要程序工具，是对行政行为程序合法的纵向要求。在审判实践中，审查公安行政行为法定步骤的具体内容包括：（1）环节审查，即实施公安行政行为应当经过的过程、阶段、手续等不存在缺失情形，如行政处罚是否缺少告知环节等；（2）顺序审查，即公安行政行为各环节的实施符合法定的先后次序，不存在次序颠倒的情形，如行政处罚中是否存在作出处罚决定后再实施告知环节的情况。

（三）法定时限审查

实施时限是规制行政行为的另一种重要程序工具，其目的在于保障行政效率，通过必要的时限规定确保公安行政执法中“正义不会迟到”。

本案中，针对许某某提出的某公安分局在治安处罚过程中存在程序违法情形的上诉理由，二审法院审理后认为，某公安分局在作出治安处罚过程中，依法履行了受案、传唤、询问、告知陈述申辩权及处罚的事实、理由和依据等职责，并依法通过网络办公系统完成审批，不存在许某某指出的足以导致被诉治安处罚被撤销的程序违法情形。同时强调，行政法的基本精神是维护社会秩序与公平正义，制裁违法侵权，程序的主要功能在于保障实体正义的实现，而不是相反，更不应被当作违法行为人逃避责任的依据和借口。对于公安机关特别是基层公安机关，在紧急案件的办理中，即使办案程序出现轻微违法的瑕疵，如果对当事人的权利不造成影响，则不构成行政行为被撤销的事由。

① 《行政法与行政诉讼法学》编写组：《行政法与行政诉讼法学（第二版）》，高等教育出版社 2018 年版，第 95 页。

四、结语

通过设定行为的合法性要件，并规定公安行政行为只有具备合法性要件方产生实质性的稳定法律效力，不具备合法要件的公安行政行为不仅不产生实质性法律效力，还要追究相关公安机关和执法民警的法律责任，这是实现依法行政和法治公安的基本路径。合法公安行政行为所具有的实质性的稳定法律效力，不仅展现为对公安机关、行政相对人以及其他第三人的拘束力和执行力，更表现为合法公安行政行为更能够获得社会公众的内心认同和支持，赋予公安执法以公信力和权威性，实现公安行政执法的法律效果、政治效果和社会效果的统一，让人民群众在每一起案件办理、每一件事情处理中都能感受到公平正义。

案例 9

公安行政行为的成立、生效与公定力

——高某某与某市公安局某分局治安行政处罚纠纷上诉案

石启龙*

【内容提要】

作为现代社会法秩序的重要构成要素之一，行政行为被赋予了一经作出便成立生效的特殊效力，这是法的安定性与法的实质正义妥协平衡的结果。具体在公安行政领域，公安行政行为的成立是指其客观存在的状态，其构成要件包括主体要件、意思要件和表示要件。公安行政行为成立后只要不存在重大、明显的违法情形，就具有获得社会普遍认可、尊重、服从的公定力。公安行政行为的公定力一方面要求行政相对人即便认为公安行政行为存在违法情形，也只能依据法定程序向法定机关寻求救济，而不能在行为实施过程中恣意阻碍、对抗，确保公安行政执法的稳定性和连续性；另一方面则要求公安机关必须依法行政，确保公安行政行为的合法性，实现公安行政执法的预期效果。这两方面要求合力推进法治公安建设，共同致力于法治公安目标的实现。

【裁判要旨】

在行政执法过程中，只有行政执法部门的行为存在重大、明显瑕疵并足以导致行政行为无效时，行政相对人方可行使相应的抵抗权。除此之外，对于一般的行政争议，行政相对人应当通过法律赋予的陈述申辩、行政复议、行政诉讼等途径进行救济，而不得恣意以法外的方式对抗之。否则，行政执法及社会管理的基础将因此荡然无存。

---

* 中国刑事警察学院法律教研部副教授，法学博士。

【相关法条】

《中华人民共和国治安管理处罚法》（2012 修正）第五十条第一款　有下列行为之一的，处警告或者二百元以下罚款；情节严重的，处五日以上十日以下拘留，可以并处五百元以下罚款：……（二）阻碍国家机关工作人员依法执行职务的；……

《中华人民共和国人民警察法》第二十三条　人民警察必须按照规定着装，佩带人民警察标志或者持有人民警察证件，保持警容严整，举止端庄。

《中华人民共和国道路交通安全法》第八十条　交通警察执行职务时，应当按照规定着装，佩带人民警察标志，持有人民警察证件，保持警容严整，举止端庄，指挥规范。

【案件索引】

一审：浙江省杭州市下城区人民法院（2013）杭下行初字第 71 号行政判决

二审：浙江省杭州市中级人民法院（2013）浙杭行终字第 370 号行政判决

【基本案情】

一审法院根据各方当事人举证并经庭审质证认定，2013 年 6 月 20 日 15 时左右，高某某因涉嫌违法停车被某市公安局交通警察支队某交警大队二中队交警卢某拦停。经卢某要求，高某某出示其驾驶证。在随后的处理过程中，高某某对违停认定有异议，向卢某求情未果，从卢某手中抢回驾驶证并回到车中。之后，该中队交警魏某赶到增援，多次要求高某某下车并出示驾驶证及行驶证，高某某未下车，亦拒绝出示证件。在魏某明确告知不出示证件将视作未携带证件扣留拖移车辆时，高某某极不情愿地将驾驶证扔出车窗外，但仍拒绝出示行驶证。故此，交警叫来拖车准备拖移车辆。当拖车将拖车架移至高某某驾驶的车辆前轮下时，高某某拒绝车辆被拖走，故发动车子倒车后向左打方向欲驾车离开，在此过程中，车辆右轮骑上拖车架后掉落，将站在高某某车辆左侧阻止高某某驶离的交警卢某撞倒，造成卢某左膝部挫伤及左胫前皮肤破损。

当日，某市公安局交通警察支队机动大队对高某某涉嫌阻碍人民警察依法执行职务的违法行为予以受案登记，经调查取证，认为高某某的行为已构成阻碍交警正常执行公务，拟对高某某进行处罚。在作出行政处罚决定前，告知了高某某拟作出行政处罚决定的事实、理由及依据和依法享有的陈述、申辩权。高某某提出陈述和申辩后，某市公安局某分局作出杭公（下）行决字（2013）第8220号公安行政处罚决定，给予高某某行政拘留6日的行政处罚。

一审法院审理判决后，原告高某某不服一审判决，提起上诉称：一、执勤交警是在未出示证件的情况下，对上诉人实施行政处罚，并非对道路秩序进行维护和管理。二、上诉人从交警手中抢夺驾驶证，并拒绝出示驾驶证及行驶证，是因为交警未出示警察证，使其产生恐慌和防备。

【裁判结果】

一审浙江省杭州市下城区人民法院审理认为被告某市公安局某分局对高某某作出行政拘留6日的行政处罚决定，认定事实清楚，适用法律正确，程序合法。高某某要求撤销该处罚决定的理由不能成立，不予支持。依照《最高人民法院关于执行〈中华人民共和国行政诉讼法〉若干问题的解释》第56条第（4）项之规定，判决驳回高某某的诉讼请求。

二审浙江省杭州市中级人民法院审理认为，被上诉人某市公安局某分局认定上诉人高某某存在阻碍人民警察依法执行职务的行为的证据充分，其作出行政处罚决定适用的法律正确，量罚亦无显失公正之处。行政程序存在援引法律的瑕疵，但尚不足以导致被诉具体行政行为被撤销。原审认定事实清楚，其判决驳回高某某的诉讼请求适用的法律正确，审判程序合法。依照《中华人民共和国行政诉讼法》（以下简称《行政诉讼法》）第61条第（1）项的规定，判决驳回上诉，维持原判。

【裁判理由】

二审法院审理认为，被诉具体行政行为是否合法，上诉人主要的抗辩理由有：一、案涉纠纷的起因是执勤交警认为上诉人存在道路交通安全违法行为并进行处理，而上诉人对该认定及处理过程均有异议。二、执勤交警在处理案涉纠纷过程中未主动出示执法证件。

对于理由一，本院认为，在行政执法过程中，只有行政执法部门的行为存在重大、明显瑕疵并足以导致行政行为无效时，行政相对人方可行使相应的抵抗权。除此之外，对于一般的行政争议，行政相对人应当通过法律赋予的陈述申辩、行政复议、行政诉讼等途径进行救济，而不得恣意以法外的方式对抗之。否则，行政执法及社会管理的基础将因此荡然无存。正因如此，《中华人民共和国治安管理处罚法》（2012修正）（以下简称《治安管理处罚法》）第 50 条第 1 款第（2）项及第 2 款未将“合法执行职务”作为判断相关行为是否构成违法的标准。故上诉人以对其道路交通安全违法行为的认定及处理均有不当为由，认为其此后的对抗行为即不构成“阻碍人民警察依法执行职务”的意见不能成立。

对于是否属于《治安管理处罚法》第 50 条规定的“依法执行职务”，应以当时交警的行为是否符合法律对交通警察执法的基本要求进行判断。首先，交通警察在调查违法行为时，应当表明执法身份。对此，根据《中华人民共和国人民警察法》第 23 条“人民警察必须按照规定着装，佩带人民警察标志或者持有人民警察证件，保持警容严整，举止端庄”的规定，民警表明执法身份的方式有：一、按照规定着装，佩带民警标志。二、持有（出示）人民警察证件。在此基础上，《中华人民共和国道路交通安全法》（以下简称《道路交通安全法》）第 80 条规定：“交通警察执行职务时，应当按照规定着装，佩带人民警察标志，持有人民警察证件……”据此，交通警察按照规定着装，佩带人民警察标志，可以认为其已依法表明执法身份。当然，从合理性角度而言，如遇被调查人要求执勤交警出示执法证件的情况，执勤交警也应应要求出示。但上诉人关于在调查交通安全违法行为之初，交通警察均有主动出示证件义务的意见不能成立。本案中，执勤交警认为上诉人有道路交通安全违法行为，并要求上诉人接受处理之时，按规定着装，并佩带人民警察标志及警号，警号对应着相应的警察，足以使行政相对人据此行使相应的权利，且对上诉人所作的调查笔录及现场录音资料反映，上诉人当时未要求执勤交警出示执法证件，亦未质疑执勤交警的身份，因此，本案交通警察表明执法身份的情况符合法律规定。其次，公安部《道路交通安全违法行为处理程序规定》第 9 条规定：“交通警察调查违法行为时，应当查验机动车驾驶证、行驶证……等牌证……”据此，交通警察在查处机动车驾驶人的道路交通安全违法行为时，有权检查机动车驾驶证和机动车行驶证。最后，《道路交通安全法》第 95 条第 1 款规定：“上道路行驶的机动车……未随车携带行驶证、驾驶证的，公安机关交通管理部门应当扣留机动车……”据此，在交通警察要求上诉人出示机动车行驶证而上诉人未出示的情况下，公安机关交通管理部门有权将上诉人驾驶的车辆予以扣留并拖移至适当的场所进行保管。综合上述意见，案涉公安机关交通管理部门及其交通警察在案涉纠纷中所实施的行为，符合法律对公安交管部门和交通警察执法的基本要求，其行为属于依法执行职务的行为。

在本案交通警察依法执行职务的过程中，上诉人实施了从交警卢某手中抢夺驾驶证、拒绝向交警魏某出示行驶证、经多次要求再次出示驾驶证后将驾驶证扔出车窗外，以及拒绝拖车拖移欲自行驾车离开并在此过程中撞伤交警卢某等行为，这些行为已构成阻碍国家机关工作人员依法执行职务，且情节严重。被诉具体行政行为适用《治安管理处罚法》中阻碍民警依法执行公务的规定，对上诉人予以处罚正确。

【案例评析】

作为现代社会法秩序的重要构成要素之一，行政行为被赋予了一经作出便产生法律拘束力的特殊效力，这种拘束力并不因行政行为存在违法瑕疵而受到影响。[①] 这一制度安排的理论依据包括：一是“自我确认说”，认为行政行为是行政机关凭借其自身的权威性去自我确认其行政行为的合法性；二是“法的安定说”，认为这一制度安排是基于维护社会法秩序的安定性的需要；三是“信赖保护说”，认为行政行为作为执行法律的行为，其权威性源自法律，随意否定行政行为的效力将减损公众对行政行为背后的法律以及法秩序的信赖；四是“合法推定说”，认为行政行为一经作出便产生拘束效力是一种程序性的暂时合法推定，并非实质意义上的合法确认，只有当行政行为具备合法要件后方才产生实质性的稳定法律效力。[②]

目前，除了“自我确认说”已经难以契合现代行政法治理念外，其他理论学说均从不同视角为行政行为一经作出便成立有效这一制度安排提供理论支持。同时，为平衡法的安定性与法的实质正义理念之间的冲突，立法又确立了行政行为的无效制度，即行政行为成立后若存在重大、明显的违法情形，则行为自始不发生任何法律拘束力，这一制度安排反映了法的安定性与法的实质正义之间的平衡与弥合，共同致力于实质法治国的目标追求。[③] 基于上述行政行为成立与生效制度，在公安执法实践中判定公安行政行为是否成立生效并具有重大意义，一方面，只有成立并生效的公安行政行为方能产生要求行政相对人尊重、服从的法律拘束力，行政相对人若不履行尊重、服从之义务则将构成妨害公务，视情节追究其行政责任或刑事责任；另一方面，如果公安行政行为成立后存在重大、明显的违法情形，则该行为对行政相对人自始不发生任何法律拘束力，行政相对人不承担尊重服从义务，其阻碍、抗拒

① 赵宏：《法治国下的目的性创设——德国行政行为理论与制度实践研究》，法律出版社 2012 年版，第 154 页。

② 胡建淼、江利红：《行政法学（第五版）》，中国人民大学出版社 2022 年版，第 143 页。

③ 赵宏：《法治国下的目的性创设——德国行政行为理论与制度实践研究》，法律出版社 2012 年版，第 156 页。

行为不构成违法，不承担法律责任。本案中，追究高某某妨害公务法律责任的前提条件是判定高某某是否有服从配合民警执法行为之义务，即执勤民警的交通执法行为是否成立生效，这是本案争议的焦点。

一、公安行政行为的成立

基于行政行为一经作出成立后即产生法律拘束力的制度安排，公安行政行为的成立是行为生效的前提条件。① 公安行政行为的成立是指公安机关行使行政职权的意思表示已经确定并对外向行政相对人表示的一种客观状态，即公安行政行为在客观上已经存在的状态，具体而言，公安行政行为成立的构成要件包括主体要件、意思要件和表示要件。

（一）主体要件

主体要件要求作出公安行政行为的主体具有相应的公安行政权能。权能指向的是主体的权利能力或资格，只有具备行政权能的组织才能作出行政行为，不具有行政权能的组织实施的行为不可能是行政行为。② 据此，公安行政权能即实施公安行政行为的主体资格，公安行政权能的获取方式有两种：一是依组织法授权获得公安行政权能的公安机关，二是依其他立法授权取得公安行政权能的公安机关内设机构和派出机构。

（二）意思要件

意思要件是公安行政行为成立的主观要件，是公安行政行为成立的基础，构成公安行政行为的基本内容。意思要件要求公安机关通过行使公安行政职权以设定、变更、解除行政相对人权利义务的意图已经明确，并基于该意图确定追求这一效果的意思。

（三）表示要件

表示要件是公安行政行为成立的客观要件，是公安行政行为的展现方式。表示要件要求在公安行政行为的意思要件确定后，必须在客观上以法定方式、步骤、顺序和时限将该意思向外对行政相对人展示出来，即将公安行政行为的内容告知行政相对人。由于公安行政行为直接或间接影响行政相对人的权利义务，故而公安行政行为的表示要件应遵循“到达主义”原则，必须以法

① 张正钊、胡锦光主编：《行政法与行政诉讼法（第八版）》，中国人民大学出版社2023年版，第93页。

② 姜明安主编：《行政法与行政诉讼法（第八版）》，北京大学出版社、高等教育出版社2024年版，第198页。

定方式送达行政相对人，使其知悉行为的内容，宣示公安行政行为已经作出成立。

本案中，某市某交警大队的执勤民警因高某某涉嫌违法停车而将其拦停处理的执法行为是否对高某某产生服从配合的法律拘束力，前提条件就是民警执法行为是否符合公安行政行为成立的构成要件，是否成立。首先，在主体要件方面，《道路交通安全法》第 5 条第 1 款规定："国务院公安部门负责全国道路交通安全管理工作。县级以上地方各级人民政府公安机关交通管理部门负责本行政区域内的道路交通安全管理工作。"某市公安局交通警察支队某交警大队属于县级人民政府公安机关交通管理部门，具有负责本辖区道路交通安全管理工作行政权能，满足行政主体要件要求。其次，在意思要件方面，基于公务代理关系，执法民警因高某某涉嫌违法停车而要求其停车接受处理，其设定高某某权利义务的执法意图已经明确，满足意思要件要求。最后，在表示要件方面，执法民警已经依据法定程序，将要求高某某停车配合接受处理的执法意图明确传达给高某某，高某某亦知晓民警的执法意图，满足表示要件要求。综上，可以判定本案中某交警大队执勤民警的执法行为符合公安行政行为成立的构成要件。

二、公安行政行为的生效

公安行政行为的生效是指公安行政行为成立后产生法律拘束力的状态。虽然公安行政行为的生效是以行为的成立为前提，但仅凭行为成立并不足以判定行为生效，为平衡法的安定性与法的实质正义之间的冲突，还需进一步判断公安行政行为是否存在重大、明显的违法情形，只有公安行政行为成立且不存在重大、明显的违法情形，才能确定公安行政行为生效。

就文义解释而言，所谓"重大、明显的违法情形"，重大是指行政行为违法情形已经对行政相对人的人身、财产等重要权益造成直接影响，明显是指行政行为的违法情形已达到了非专业善意第三人亦能识别的严重程度。在审判实践中，法院依据《中华人民共和国行政处罚法》（以下简称《行政处罚法》）第 38 条"行政处罚没有依据或者实施主体不具有行政主体资格的，行政处罚无效。违反法定程序构成重大且明显违法的，行政处罚无效"之规定，以及《行政诉讼法》第 75 条"行政行为有实施主体不具有行政主体资格或者没有依据等重大且明显违法情形，原告申请确认行政行为无效的，人民法院判决确认无效"之规定，将"重大、明显的违法情形"确定为行为不具有公安行政主体资格、行为没有依据以及行政处罚严重违反法定程序等情形。

（一）行为不具有公安行政主体资格

行为不具有公安行政主体资格是指公安行政行为的实施主体不具有相应的公安行政权能或权限却实施公安行政行为的情形，属于“超越职权”的违法情形。但是一般的“超越职权”违法并不会导致公安行政行为无效，只有超越职权的违法情形严重到重大、明显的程度，才会导致已经成立的公安行政行为不发生效力。

（二）行为没有依据

公安行政行为没有依据包括行为欠缺事实根据和行为欠缺法律依据两种情形。具体而言，行为欠缺事实根据是指公安行政行为没有相应的事实或证据支持，或是公安行政行为的内容在事实上不可能实现；行为欠缺法律依据是指公安行政行为作出没有相应的法律法规依据，或是公安行政行为的内容在法律上无法实现。公安行政行为没有依据同样只有严重到重大、明显的程度才会导致已经成立的公安行政行为不发生效力。

（三）行政处罚严重违反法定程序

公安行政行为违反法定程序是否会导致行为不生效，对此，目前只有《行政处罚法》第38条第2款规定行政处罚严重违反法定程序时，即行政处罚违反法定程序严重侵害了行政相对人的实体性权利，其违法情形明显到非专业善意第三人亦能识别的程度，将导致已经成立的处罚行为不发生效力，这表明：（1）行政处罚违反法定程序的情形只要未达到严重程度就不会导致行为不生效；（2）行政处罚外的其他行政行为，即便违反法定程序的情形达到严重程度也不会导致行为不生效。

本案中，某市某交警大队民警因高某某涉嫌违法停车将其拦停处理的执法行为已经符合公安行政行为成立的构成要件，但尚不足以据此判定民警的执法行为必然生效，还需进一步确定民警的执法行为是否存在“重大、明显违法情形”。具体而言，首先，某市某交警大队民警的执法行为有《道路交通安全法》第5条的授权，不存在行为不具有公安行政主体资格的情形；其次，依据公安部《道路交通安全违法行为处理程序规定》第9条“交通警察调查违法行为时，应当查验机动车驾驶证、行驶证……等牌证……”之规定，以及《道路交通安全法》第95条第1款“上道路行驶的机动车……未随车携带行驶证、驾驶证的，公安机关交通管理部门应当扣留机动车”之规定，民警针对高某某违停行为有权检查其机动车驾驶证和机动车行驶证，执法行为不存在没有依据的情形；最后，本案中民警执法行为是依法对高某某的违停事实予以处罚的前期准备行为，其作为行政处罚的过程性行为从属于行政处罚整体。如此则民警执法行为是否严重违反法定程序是判定高某某是否妨碍公务的关键，成为本案争议的核心问题。

案涉民警执法行为是否严重违反法定程序，诉讼双方争议焦点是民警执法过程中未主动出示执法证件是否属于严重违反法定程序。高某某提出，现场民警在执法过程中未主动出示执法证件，其无法仅通过制服、标志辨认对方警察身份，执法程序严重违法，对其不产生服从、配合的法律拘束力，其阻碍、抗拒行为属于自救行为，不应构成妨害公务行为。某市公安局某分局则认为现场民警在案涉执法纠纷发生时按照规定着装，佩带人民警察标志，已通过着装表明了执法身份，且高某某也未要求民警出示执法证件，民警未出示执法证件并不违反法定程序。

对此，二审法院审理认为，警察执法时应当表明公务身份，这是执法行为作为行政行为成立的重要环节。对于警察表明公务身份的方式，《中华人民共和国人民警察法》规定，一是按照规定着装，佩带民警标志；二是持有（出示）人民警察证件。但《道路交通安全法》则规定“交通警察执行职务时，应当按照规定着装，佩带人民警察标志，持有人民警察证件”，按照规定着装，佩带民警标志与持有人民警察证件是共同必备条件还是选择条件并不明确。对此，遵循法秩序统一原则，通过体系解释，应当认定民警执法时只要按照规定着装，佩带人民警察标志，就已依法表明了身份，如果执法对象要求民警出示执法证件，则民警应当出示。本案中，执法民警已按规定着装并佩带人民警察标志及对应警号，足以使高某某认识到民警正在执行公务，现场调查笔录及执法录音资料表明，高某某当时并未要求执勤民警出示执法证件，高某某认为已经按照规定着装、佩带人民警察标志的执法民警负有主动出示警察证件义务的主张并不成立。综上，被诉民警执法行为成立后并不存在重大、明显的违法情形，行为成立后即生效。

三、公安行政行为的公定力

公安行政行为成立生效后便产生法律拘束力，包括公定力、确定力、拘束力和执行力等。[①] 其中公定力是指公安行政行为成立后就应受到合法推定，在未经依法变更或经有权机关撤销外，任何人不得否定其效力，都必须服从、

① 《行政法与行政诉讼法学》编写组：《行政法与行政诉讼法学（第二版）》，高等教育出版社 2018 年版，第 94~97 页。

忍受或执行该行为。[①] 具体而言：

首先，公定力是一种对世的法律效力。公定力不仅及于作出公安行政行为的公安机关和行为指向的行政相对人，还及于其他国家机关、组织和个人，除法律特别规定外，任何国家机关、组织和个人对公安行政行为均负有尊重、容忍、配合、协助的消极或积极义务，不能随意阻碍、抗拒、抵触。

其次，公定力是一种推定的法律效力。公定力并非意味着公安行政行为因实质性合法而有效，只是规定在公安行政行为未被有权国家机关经法定程序确定违法前应推定其暂时性合法，并产生相应的法律拘束力。公安行政行为实施后，上级公安机关通过内部监督程序、行政复议机关通过行政复议程序、法院通过行政诉讼程序有权监督并撤销违法的公安行政行为，但上述机关不得否认未依法定程序撤销的公安行政行为的效力。

最后，公定力是一种有限的法律效力。在现代法治理念下，为满足公众对法的实质正义要求，公安行政行为公定力的适用范围受到必要的限制，一是限定公定力的存在范围，如上文所述，具有重大、明显违法情形的公安行政行为不产生法律拘束力，当然不具有公定力；二是限定公定力的存在时限，即行政行为公定力并非实体性的确定，而是暂时性的推定。

本案中，二审法院根据行政行为公定力理论，认为民警执法行为在成立后只有存在重大、明显的违法情形导致行为无效时，对行为不负尊重服从义务之行政相对人方可行使抵抗权。除此之外，行政相对人应当通过法律赋予的陈述申辩、行政复议、行政诉讼等途径进行救济，而不得恣意以法外的方式对抗之。否则，行政执法及社会管理的基础将因此荡然无存。也正因如此，《治安管理处罚法》未将“合法执行职务”作为判断妨碍公务是否成立的标准，只要阻碍、抗拒已经成立生效的“依法执行职务”，就构成妨害公务行为。本案中，被诉民警执法行为符合公安行政行为成立构成要件，且不存在重大、明显的违法情形，属于依法执行职务行为，一经作出便成立生效，产生公定力，高某某应对其负有尊重、容忍、配合、协助之义务。然而高某某却拒不履行义务，实施了从民警手中抢夺驾驶证、拒绝向民警出示行驶证、经多次要求再次出示驾驶证后将驾驶证扔出车窗外，以及拒绝拖车拖移欲自行驾车离开并在此过程中撞伤民警等阻碍、抗拒民警执法之行为，已经构成妨害公务，应当追究法律责任，高某某以执法民警对其道路违法行为的认定及处理不当为由，认为其对抗行为不构成“阻碍人民警察依法执行职务”的意见不能成立。

---

① 余凌云：《行政法讲义（第三版）》，清华大学出版社 2021 年版，第 283 页。

四、结语

公安行政行为一经作出即成立生效，具有获得社会普遍认可、尊重、服从的公定力，这一理论和制度安排，一是基于公安行政行为的执法属性，法律权威赋予公安执法行为以权威；二是基于公安行政行为的公共属性，公安行政行为以维护公共利益为己任，应得到优先的保护和尊重；三是基于公安行政行为的效率属性，在实施过程中随意否定公安行政行为的效力，难以维系社会共同体的基本秩序。同时，为了平衡法的安定性与法的实质正义间的张力，公安行政行为公定力具有相对性和有限性，即存在重大、明显违法情形的公安行政行为即便成立亦不生效，不具有公定力，行政相对人以及第三人不承担服从、配合、协助之义务；但对于不存在重大、明显违法情形的公安行政行为一经作出即成立生效，产生公定力，行政相对人即便认为该行为存在违法情形，也只能依据法定程序请求法定机关救济，而不能在公安行政执法中恣意阻碍、对抗。公安行政行为的公定力一方面确保了公安行政执法的稳定性和连续性，避免了因效力争议导致的执法效率下降，彰显了公安执法的权威性和公信力；另一方面也要求公安机关必须依法行政，确保执法行为的合法性，有力推动法治公安建设。

案例 10

公安行政行为的确定力及撤销规则

——焦某某诉某市某公安分局治安管理处罚决定行政纠纷案

石启龙*

【内容提要】

公安行政行为成立生效后具有不受任意改变的确定力，即便是作出公安行政行为的公安机关，非依法定事由，非经法定程序亦不得随意撤销公安行政行为，这是法的安定性原则与法的实质正义原则平衡与弥合的结果。就公安机关的行政处罚行为而言，基于依法行政原则，可将撤销行政处罚的理由限定为“行政处罚违法”，包括处罚主体、处罚内容以及处罚程序存在违法情形。即便公安机关依据法定理由可以撤销行政处罚决定，公安机关的撤销权仍是一种受限制的权力。

【裁判要旨】

1. 依法作出的行政处罚决定一旦生效，其法律效力不仅及于行政相对人，也及于行政机关，不能随意被撤销。已经生效的行政处罚决定如果随意被撤销，不利于社会秩序的恢复和稳定。

2. 错误的治安管理行政处罚决定只能依照法定程序纠正。《公安机关内部执法监督工作规定》是公安部为保障公安机关及其人民警察依法正确履行职责，防止和纠正违法和不当的执法行为，保护公民、法人和其他组织的合法权益而制定的内部规章，不能成为制作治安管理行政处罚决定的法律依据。

3. 在行政处罚程序中始终贯彻允许当事人陈述和申辩的原则，只能有利于事实的查明和法律的正确适用，不会混淆是非，更不会因此而使违法行为人逃脱应有的惩罚。

* 中国刑事警察学院法律教研部副教授，法学博士。

【相关法条】

《中华人民共和国治安管理处罚条例》（1986年）第十九条　有下列扰乱公共秩序行为之一，尚不够刑事处罚的，处十五日以下拘留、二百元以下罚款或者警告：……（七）拒绝、阻碍国家工作人员依法执行职务，未使用暴力、威胁方法的。

第三十九条　被裁决受治安管理处罚的人或者被侵害人不服公安机关或者乡（镇）人民政府裁决的，在接到通知后五日内，可以向上一级公安机关提出申诉，由上一级公安机关在接到申诉后五日内作出裁决；不服上一级公安机关裁决的，可以在接到通知后五日内向当地人民法院提起诉讼。

【案件索引】

最高人民法院公报案例，载《最高人民法院公报》2006年第10期

【基本案情】

一审天津市和平区人民法院查明：2004年3月30日23时许，原告焦某某驾驶一辆报废的夏利牌汽车途经天津市卫津路与鞍山道交叉路口时，被正在这里执行查车任务的交通民警王某魁、方某某、王某静等人查获。交通民警决定暂扣焦某某驾驶的汽车，但焦某某拒绝交出汽车钥匙，交通民警遂调来拖车将暂扣汽车拖走。汽车被拖走后，焦某某向交通民警索要被滞留的驾驶证，未果，便拨打110报警，称交通民警王某魁酒后执法。接报警后，某市公安局督察处立即赶到现场询问了情况，并带王某魁、焦某某一起到某市公安局刑事科学技术鉴定部门，当场委托该部门化验王某魁的尿液。经化验鉴定，结论为：在王某魁的尿液中未检测出酒精成分。据此，某市公安局督察处向交通民警王某魁本人及其所在单位发出《公安警务督察正名通知书》，确认焦某某举报交通民警王某魁酒后执法一事不实，并按管辖分工，将不实举报人焦某某移交给被告某公安分局处理。某公安分局认为，焦某某的不实举报阻碍了国家工作人员依法执行职务，属于《中华人民共和国治安管理处罚条例》（以下简称《治安管理处罚条例》）第19条第（7）项规定的扰乱公共秩序行为，遂根据该条规定，于同年3月31日作出公（和）决字（2004）第056号《行政处罚决定书》（以下简称056号《处罚决定书》），决定给予焦某某治安罚款200元的行政处罚。在056号《处罚决定书》已经发生法律效力后，同年7月4日，某公安分局告知焦某某，由于某市公安局公安交通管理局反映处罚过轻，所以要撤销056号《处罚决定书》，重新查

处，重新裁决。同年7月13日，某公安分局作出公（和）决字（2004）第047号《行政处罚决定书》（以下简称047号《处罚决定书》），决定给予焦某某治安拘留10日的行政处罚。焦某某不服申请复议，某市公安局以事实不清为由撤销了047号《处罚决定书》，要求某公安分局重新作出具体行政行为。同年11月19日，某公安分局作出870号《处罚决定书》，决定给予焦某某治安拘留15日的行政处罚。焦某某再次申请复议，某市公安局维持了870号《处罚决定书》，焦某某为此提起行政诉讼。

一审法院审理判决后，被告某公安分局不服一审判决，向天津市第一中级人民法院提起上诉称：公安部《公安机关内部执法监督工作规定》第13条规定："在执法监督过程中，发现本级或者下级公安机关已经办结的案件或者执法活动确有错误、不适当的，主管部门报经主管领导批准后，直接作出纠正的决定，或者责成有关部门或者下级公安机关在规定的时限内依法予以纠正。"第19条第（1）项规定，对错误的处理或者决定予以撤销或者变更。依照上述规定，上诉人在接到上级机关要求重新裁决的指令后，撤销了对被上诉人焦某某罚款200元的056号《处罚决定书》，责令办案单位重新查处，才又作出给予被上诉人治安拘留的行政处罚决定。这个行政处罚决定的作出符合法律规定，程序不违法。

【裁判结果】

一审天津市和平区人民法院审理认为，某公安分局作出的056号《处罚决定书》认定事实清楚、证据确凿，处罚在法律规定的幅度内，且执法程序合法，在已经生效的情况下非经复议机关复议和人民法院审判，任何机关和个人都不得改变已经发生法律效力的处罚决定，仅因某市公安局公安交通管理局认为处罚过轻，即随意地自行变更处罚决定，程序明显违法。依照《中华人民共和国行政诉讼法》第54条第（2）项第3目规定，判决撤销被告某公安分局所作的870号《处罚决定书》。

二审天津市第一中级人民法院审理认为，上诉人某公安分局的上诉理由不能成立，不予支持。一审判决撤销870号《处罚决定书》，并无不当。依照《中华人民共和国行政诉讼法》第61条第（1）项规定，判决驳回上诉，维持原判。

【裁判理由】

天津市第一中级人民法院经审理认为，本案争议焦点是：1.056号《处罚决定书》生效后，能否被撤销。2.上诉人根据《公安机关内部执法监督工作规定》，以047号《处罚决定书》取代056号《处罚决定书》，其行为是否合法。

一、056号《处罚决定书》生效后能否被撤销

《治安管理处罚条例》第19条第（7）项规定，对未使用暴力、威胁方法的拒绝、阻碍国家工作人员依法执行职务行为，尚不够刑事处罚的，处15日以下拘留、200元以下罚款或者警告。被上诉人焦某某驾驶报废汽车，被执行查车任务的交通民警查获。交通民警暂扣焦某某驾驶的汽车和滞留其驾驶证，是依法执行职务。对交通民警依法执行职务的行为，公民有义务配合。而焦某某不仅不配合，还拨打110报警，无中生有地举报交通民警王某魁酒后执法，使交通民警正在依法执行的公务不得不中断。经某市公安局督察处查证，确认焦某某的举报不实。上诉人某公安分局据此认定焦某某的行为触犯了《治安管理处罚条例》第19条第（7）项规定，并根据该条规定作出056号《处罚决定书》，给予焦某某治安罚款200元的处罚。这个处罚决定事实清楚、证据确凿，处罚在法律规定的幅度内，且执法程序合法，是合法的行政处罚决定，并已发生法律效力。依法作出的行政处罚决定一旦生效，其法律效力不仅及于行政相对人，也及于行政机关，不能随意被撤销。已经生效的行政处罚决定如果随意被撤销，也就意味着行政处罚行为本身带有随意性，不利于社会秩序的恢复和稳定。

二、以047号《处罚决定书》取代056号《处罚决定书》是否合法

错误的行政处罚决定，只能依照法定程序纠正。《治安管理处罚条例》第39条规定，有权对治安管理处罚决定提出申诉的，只能是被处罚人和因民间纠纷引起的打架斗殴等违反治安管理事件中的被侵害人。交通民警是国家工作人员，交通民警是根据法律的授权才能在路上执行查车任务。交通民警依法执行职务期间，是国家公权力的化身，其一举一动都象征着国家公权力的行使，不是其个人行为的表现。交通民警依法执行职务期间产生的责任，依法由国家承担，与交通民警个人无关。交通民警依法执行职务的行为受法律特别保护，行政相对人如果对依法执行职务的交通民警实施人身攻击，应当依法予以处罚。被上诉人焦某某因实施了阻碍国家工作人员依法执行职务的行为被处罚。虽然焦某某的不实举报直接指向了交通民警王某魁，但王某魁与焦某某之间事先不存在民事纠纷，焦某某实施违反治安管理行为所侵害的直接客体，不是王某魁的民事权益，而是公共秩序和执法秩序。因此，无论

是交通民警王某魁还是王某魁所供职的某市公安局公安交通管理局，都与焦某某不存在个人恩怨，都不是《治安管理处罚条例》所指的被侵害人，都无权以被侵害人身份对上诉人某公安分局所作的056号《处罚决定书》提出申诉。

《公安机关内部执法监督工作规定》第13条、第19条第（1）项，要求公安机关纠正在执法活动过程中形成的错误的处理或者决定。纠正的目的，该规定第一条已经明示，是为保障公安机关及其人民警察依法正确履行职责，防止和纠正违法和不当的执法行为，保护公民、法人和其他组织的合法权益。这样做的结果，必然有利于树立人民警察公正执法的良好形象。前已述及，056号《处罚决定书》依照法定程序作出，事实清楚、证据确凿，处罚在法律规定的幅度内，是合法且已经发生法律效力的处罚决定，不在《公安机关内部执法监督工作规定》所指的“错误的处理或者决定”之列，不能仅因交警部门认为处罚过轻即随意撤销。这样做，只能是与《公安机关内部执法监督工作规定》的制定目的背道而驰。再者，《公安机关内部执法监督工作规定》是公安部为保障公安机关及其人民警察依法正确履行职责，防止和纠正违法和不当的执法行为，保护公民、法人和其他组织的合法权益而制定的内部规章，只在公安机关内部发挥作用，不能成为制作治安管理行政处罚决定的法律依据。

【案例评析】

公安行政行为的确定力是指公安行政行为成立生效后所具有的不受任意改变的法律效力，[①] 即便是作出行政行为的公安机关，非经法定程序亦不得随意撤销行政行为。公安行政行为的确定力是公定力的自然延伸，[②] 是法的安定性原则与法的实质正义原则平衡与弥合的结果。[③] 违法的公安行政行为应当予以撤销，这是法的实质正义原则的当然要求；但同时，公安行政行为具有设定、变更或解除行政相对人权利义务的法秩序构建功能，如果放任公安机关反复无常、任性随意地撤销其作出生效的公安行政行为，则行政相对人会因权利、义务处于不确定状态而丧失对社会的基本预期和安全感，进而难以维系社会生活共同体的基本秩序，故而公安行政行为不应被随意撤销是法的安

① 姜明安：《行政法》，北京大学出版社2017年版，第247页。

② 章志远：《行政行为效力论》，中国人事出版社2003年版，第84页。

③ 赵宏：《法治国下的目的性创设——德国行政行为理论与制度实践研究》，法律出版社2012年版，第160~162页。

定性原则的当然要求。在对公安行政行为虽然可以撤销但不能被随意撤销的基础上，公安行政行为应当由谁撤销？在何种情况下被撤销？经由何种途径撤销？对上述问题的回答就构成公安行政行为确定力的基本理论框架。[①] 本案中，某市公安局某分局作出056号治安处罚决定后，能否自行撤销056号治安处罚决定再作出047号治安处罚决定，就是本案争议的焦点问题。

一、公安行政行为的撤销与行政行为的确定力

行政行为的撤销是指行政主体在行政行为存续期间发现该行政行为存在违法情形后依照法定程序作出的旨在消灭其法律效力的行政行为。[②] 行政行为的撤销受行政行为确定力的制约，赋予行政行为以确定力的目的就是通过禁止随意撤销行政行为，尽快让行政法律关系得到确定和稳定，不致再起纠纷和争端，破坏法的安定性。为此，一方面要求行政相对人在耗尽所有救济手段或者法定救济期限届满后，行政行为将获得稳定的、确定的法律拘束力；另一方面对于行政主体而言，必须遵循“一事不再理”原则，不得随意变更、撤销其已经成立生效的行政行为。[③] 基于此，行政行为的确定力分为形式确定力和实质确定力。其中，形式确定力又称行政相对人的不可争力，是指除非具有法定理由并依法定程序，行政相对人不得随意要求撤销已经生效的行政行为，若救济时效届满或在救济过程中被驳回，则行政相对人原则上不得再次诉请撤销行政行为；实质确定力又称行政主体的不可变更力，是指行政主体除非具有法定理由并依法定程序，否则不得对同一问题重启实质性审查，随意撤销已经成立生效的行政行为。公安行政行为同样适用上述行政行为确定力的理论。

本案中，某市公安局某分局基于焦某某阻碍、抗拒交警执法的违法事实，先后作出3个治安处罚决定：一是在2004年3月31日，某公安分局作出056号处罚决定，给予焦某某罚款200元的治安处罚；二是在2004年7月13日，某公安分局撤销056号处罚决定，作出047号处罚决定，给予焦某某治安拘留10日处罚；三是在047号处罚决定被某市公安局撤销后，某公安分局重新作出870号处罚决定，给予焦某某治安拘留15日的处罚。本案争议的焦点问题之一就是，056号治安处罚作出后已经成立生效，焦某某在法定期限内亦未

① 章剑生、胡敏洁、查云飞主编：《行政法判例百选》，法律出版社2020年版，第45页。

② 参见王青斌：《行政撤销权的理论证成及其法律规制》，载《法学》2021年第10期。

③ 余凌云：《行政法讲义（第三版）》，清华大学出版社2021年版，第285页。

对 056 号治安处罚提起行政救济，056 号治安处罚已经具有形式确定力，① 焦某某不可再申请行政复议机关通过行政复议程序或诉请法院通过行政诉讼程序撤销该公安行政行为。故而本案争议的焦点其实是公安行政行为的实质确定力问题，即 056 号治安处罚是否具有实质确定力，某公安分局能否随意撤销 056 号治安处罚决定。

如上文所述，基于法的安定性原则与法的实质正义原则之间的平衡和弥合，在现代法治国家中，行政行为的确定力并不具有绝对意义，虽然行政行为成立生效后即具有不受任意改变的确定力，但这种效力只是基于对行政行为暂时性的合法推断，是能够根据法定事实予以反驳和推翻的。申言之，就形式确定力而言，即便行政行为的救济时效已经届满或在救济程序中被驳回，也不能阻却行政相对人通过行政复议和行政诉讼以外的途径，如行政监督机制，请求撤销行政行为；就实质确定力而言，行政行为成立生效后便具有实质确定力，约束行政主体原则上不得撤销该行政行为，即便发现行政行为确有违法情形，且存在撤销该违法行政行为的必要，也必须依法定程序而不得随意撤销。本案中，056 号治安处罚决定符合公安行政行为成立的构成要件，且不存在重大、明显违法情形，因此具有实质确定力。二审法院审理认为，依法作出的行政处罚决定一旦生效，其法律效力不仅及于行政相对人，也及于行政机关，不能随意被撤销。已经生效的行政处罚决定如果随意被撤销，也就意味着行政处罚行为本身带有随意性，不利于社会秩序的恢复和稳定。基于公安行政行为的实质确定力理论，某公安分局要撤销 056 号行政处罚，就必须依据法定理由，并通过法定程序。

二、公安行政行为撤销的理由

公安行政行为的实质确定力要求公安机关对已生效的公安行政行为不可随意撤销，即公安行政行为的撤销受行政行为确定力的制约，但在实践中，公安机关只能依据实定性的明文规定对所实施的行政行为予以改变，而不能基于确定力的一般原理予以改变或主张争辩。② 对此，根据《中华人民共和国行政处罚法》（以下简称《行政处罚法》）第 75 条第 2 款“……行政机关应当认真审查，发现有错误的，应当主动改正”之规定，公安机关撤销行政处罚的法定依据便是“发现行政处罚有错误”，否则不得撤销行政处罚决定。

① 张正钊、胡锦光主编：《行政法与行政诉讼法（第八版）》，中国人民大学出版社 2023 年版，第 96 页。

② 叶必丰：《行政行为的效力研究》，中国人民大学出版社 2002 年版，第 111 页。

根据依法行政原则以及基于法的安定性考虑，可将《行政处罚法》规定的“行政处罚有错误”限定为“行政处罚有违法”，违法的具体情形包括：(1) 行政处罚主体有违法情形，存在“超越职权”的违法情形，如行政处罚主体不具有职能管辖权、地域管辖权或级别管辖权等；(2) 行政处罚内容有违法情形，如行政处罚缺乏事实根据，即行政处罚决定“主要证据不足”，行政处罚适用法律法规错误，以及行政处罚中的裁量决定存在明显不当或滥用职权情形；(3) 行政处罚程序有违法情形，如行政处罚实施的方式、步骤、顺序、时限违反了法律规定。

本案中，焦某某在交警执法过程中拒不配合，故意不实举报执法交警酒后执法，致使交警执法程序中断，其行为已经构成妨碍公务，某公安分局根据这一违法事实，依据《治安管理处罚条例》第 19 条第（7）项规定，作出 056 号治安处罚决定，给予其治安罚款 200 元的处罚。对于 056 号治安处罚决定，主体具有法定职权，内容具有事实根据和法律依据，且符合法定程序要求，故而一审法院审理后认为该处罚决定事实清楚、证据确凿，处罚在法律规定的幅度内，执法程序合法，是合法的行政处罚决定，在已经生效的情况下非经复议机关复议和人民法院审判，任何机关和个人都不得改变已经发生法律效力的处罚决定。

三、公安行政行为撤销的限制

基于对行政相对人权益的保护和法的安定性考虑，公安行政行为的撤销受到必要的限制，即便公安行政行为存在上述可撤销的法定理由，也并不意味着公安机关可以不加约束地随意撤销行政行为。对于授益性公安行政行为，其撤销行为除受行政行为确定力约束外，还要受信赖利益保护原则的限制。信赖利益保护是指公民基于对国家公权力行使结果的合理信赖而有所举措，由此产生的信赖利益应受法律保护，[①] 当公民所信赖的授益性公安行政行为存在违法情形，公安机关原则上可以撤销该行为，但如果信赖利益显然大于撤销该行为所欲维护之公益，则公安机关不得撤销该行为。[②]

目前学界主流观点认为信赖利益保护原则并不适用于行政处罚等负担性行政行为，因为负担性行政行为对行政相对人没有授予利益，故而不存在信赖利益保护问题。但这并不意味着公安机关对行政处罚的撤销就可以不受限

---

① 《行政法与行政诉讼法学》编写组：《行政法与行政诉讼法学（第二版）》，高等教育出版社 2018 年版，第 37 页。

② 参见余凌云：《行政法上合法预期之保护》，载《中国社会科学》2003 年第 3 期。

制。基于行政行为的公定力，只要行政行为的违法情形不是重大、明显程度，即便是违法的行政处罚亦能够产生、变更或消灭相应的行政法律关系，而随着时间推移，相关个人和组织在这种违法性行政法律关系上形成的社会关系逐渐趋于稳定。在这种情况下，如果公安机关行使撤销权去纠正违法的行政处罚，使社会关系回归最初的“合法”状态，则基于该违法行政处罚所产生的生产、生活合理预期，将因此中断，这必然会破坏法的安定性，给社会基本秩序造成更大的不稳定和不确定，显然不利于社会的安定与发展。因此，虽然公安机关依据法定理由可以撤销违法的行政处罚决定，但并不意味着公安机关的“违法纠正”可以不加约束。①

本案中，某公安分局主张其撤销056号治安处罚的理由是某市公安局公安交通管理局认为056号处罚决定过轻而提出申诉，其重新审查后，根据《公安机关内部执法监督工作规定》撤销了056号治安处罚，其撤销行为符合法律规定，程序合法。对此，法院审理认为，错误的行政处罚决定，只能依照法定程序予以纠正。首先，《治安管理处罚条例》规定有权对治安处罚决定提出申诉的只能是被处罚人和因民间纠纷引起的打架斗殴等治安案件中的被侵害人。本案中，执法交警是国家工作人员，根据现代公务代理关系，其依法履职并非个人行为，基于履职行为产生的法律责任由国家承担，与民警个人无关。焦某某实施了阻碍交警履职执法行为，虽然其不实举报直接指向执法交警个人，但其违法行为侵害的直接客体不是执法民警个人权益，而是社会公共秩序和执法秩序。因此，无论是交警本人还是其所属的某市公安交通管理局，均非案涉违法行为的被侵害人，无权以被侵害人身份对056号治安处罚决定提出申诉。

其次，《公安机关内部执法监督工作规定》虽然要求公安机关纠正执法中错误的处理或者决定，但法院审查认为056号治安处罚决定依法定程序作出，事实清楚、证据确凿，处罚在法律规定的幅度内，是已经发生效力的合法处罚决定，并非该规定所指的“错误的处理或者决定”，不能仅因某市公安局公安交通管理局认为处罚过轻即将其随意撤销；同时，《公安机关内部执法监督工作规定》是公安部基于执法规范化建设而制定的内部规章，并未公开发布，只是在公安机关内部适用，不能成为撤销治安处罚决定的法律依据。

四、结语

公安机关在公安行政行为存续期间发现行为存在违法情形，依照法定程

① 参见章剑生：《“有错必纠”的界限》，载《中国法学》2013年第2期。

序撤销该行为，消灭其法律效力，这是一种自我纠错的方式。但是，公安机关对公安行政行为的撤销受行政行为实质确定力的制约，撤销决定要充分考虑到法的安定性、行政相对人利益的保护以及公共秩序的维护等因素，背后实质是法的实质正义原则与法的安定性原则的拉锯以及公共利益维护和个人权利保护的冲突，这在赋予公安机关通过适当利益衡量以实现实质法治机遇的同时，也隐含不当运用撤销权致使破坏行政法治的风险。因此，必须在行政行为确定力理论框架的基础上，通过撤销权行使的主体、理由及程序等限制撤销权运用，防止公安行政权失范的危险。

专题四

公安行政立法

案例 11

公安行政立法与行政规范性文件的效力与适用规则

——冯某某诉某市某公安局撤销行政行为案

李文姝*

【内容提要】

公安行政立法、公安行政规范性文件的效力包括效力等级和效力范围，其冲突应当遵循上位法优于下位法、特别规定优于一般规定、新法优于旧法等法律适用规则。冯某某诉某市某公安局撤销行政行为案中，《公安机关对部分违反治安管理行为实施处罚的裁量指导意见》系公安部于 2018 年 6 月 5 日颁布的行政规范性文件，《重庆市公安机关治安管理行政处罚裁量基准（修订版）》是重庆市公安局于 2013 年 11 月 21 日颁布的行政规范性文件，应遵循上位法优于下位法、新法优于旧法的法律适用原则。《公安机关对部分违反治安管理行为实施处罚的裁量指导意见》第 40 条明确规定了“情节较轻”的情形，人民法院在审理行政案件、制作裁判文书时，应援引适用。

【裁判要旨】

《公安机关对部分违反治安管理行为实施处罚的裁量指导意见》系公安部于 2018 年 6 月 5 日颁布的行政规范性文件，《重庆市公安机关治安管理行政处罚裁量基准（修订版）》是重庆市公安局于 2013 年 11 月 21 日颁布的行政规范性文件。公安部作为国务院公安部门，是全国公安工作的最高领导机关和指挥机关，负责全国的治安管理工作，其制定的行政规范性文件的效力高于省、自治区、直辖市公安机关制定的行政规范性文件的效力。根据上位法优于下位法、新法优于旧法的法律适用原则，在《公安机关对部分违反治安管理行为实施处罚的裁量指导意见》第 40 条已对属于“情节较轻”的情形作

---

* 中国刑事警察学院禁毒与治安学院治安基础教研室副教授，法学博士。

出明确规定的情况下，原审法院应适用《公安机关对部分违反治安管理行为实施处罚的裁量指导意见》第40条关于“情节较轻”的规定，而不能再适用与《公安机关对部分违反治安管理行为实施处罚的裁量指导意见》第40条规定相冲突或超出规定内容的其他地方性行政规范性文件的规定。

【相关法条】

《中华人民共和国治安管理处罚法》（2012修正）第四十三条　殴打他人的，或者故意伤害他人身体的，处五日以上十日以下拘留，并处二百元以上五百元以下罚款；情节较轻的，处五日以下拘留或者五百元以下罚款。

有下列情形之一的，处十日以上十五日以下拘留，并处五百元以上一千元以下罚款：（一）结伙殴打、伤害他人的；（二）殴打、伤害残疾人、孕妇、不满十四周岁的人或者六十周岁以上的人的；（三）多次殴打、伤害他人或者一次殴打、伤害多人的。

《公安机关对部分违反治安管理行为实施处罚的裁量指导意见》第四十条　有下列情形之一的，属于“情节较轻”：（一）被侵害方有过错，且伤害后果较轻的；（二）亲友、邻里或者同事之间因琐事发生纠纷，双方均有过错，且伤害后果较轻的；（三）已满十四周岁未成年在校学生初次殴打他人、故意伤害他人身体，悔过态度较好且伤害后果较轻的；（四）因民间纠纷引发且行为人主动赔偿合理费用，伤害后果较轻的；（五）其他情节较轻的情形。

《重庆市公安机关治安管理行政处罚裁量基准（修订版）》第二十二条　《治安管理处罚法》第四十三条规定的“殴打他人”、“故意伤害”行为，“情节较轻”按以下标准掌握，给予五日以下拘留或者五百元以下罚款：（一）亲友、邻里、同事、熟人之间因纠纷引起，双方均有过错；（二）取得被侵害人谅解的；（三）在校学生、未成年人之间发生殴打行为尚未造成严重后果的；（四）行为人的侵害行为由被侵害人的过错引起且后果较轻的；（五）尚未造成轻微伤的；（六）其他情节较轻的情形。

【案件索引】

一审：彭水苗族土家族自治县人民法院（2020）渝0243行初37号行政判决

二审：重庆市第四中级人民法院（2020）渝04行终152号行政判决

【基本案情】

2018年2月，冯某某通过中铁快运公司托运一批水桶、塑料盆、衣架至黔江，提货后以其托运的物品部分损坏、丢失为由，多次找中铁快运黔江营业部员工罗某某协商理赔事宜，但双方未能达成一致意见。2018 年 7 月 18 日上午，冯某某到黔江正阳火车站准备乘火车前往杭州打工，顺便再次到中铁快运部找到罗某某交涉理赔事宜。冯某某拿走罗某某的手机，双方就理赔事宜发生争执。在争执过程中，冯某某用拳头朝罗某某胸口打了两下，又向罗某某胯部、大腿部踢了两脚，后经黔江区正阳街道社区卫生服务中心诊断，罗某某所受伤害为软组织伤。某市某公安局某派出所民警出警，后某公安局作出黔江公（治）行罚决字〔2018〕62 号《行政处罚决定书》，根据《中华人民共和国治安管理处罚法》（2012 修正）（以下简称《治安管理处罚法》）第 43 条第 1 款、第 16 条之规定，作出行政拘留处罚。冯某某申请行政复议，重庆市黔江区人民政府在行政复议时指出，根据《治安管理处罚法》第 43 条第 1 款规定，“殴打他人”的违法情形存在“一般情形”和“情节较轻”两种处罚幅度。《重庆市公安机关治安管理行政处罚裁量基准（修订版）》第 22 条规定了《治安管理处罚法》第 43 条规定的“殴打他人”“故意伤害”行为的“情节较轻”情形，某公安局在作出行政处罚决定时，并未对冯某某的行为是否属于“情节较轻”进行判别，而是直接选取“一般情形”处罚幅度进行处罚，属于案件事实未查清，处罚证据不充分。黔江区人民政府撤销黔江公（治）行罚决字〔2018〕62 号《行政处罚决定书》，并责令某公安局重新作出处理决定。2018 年 10 月 10 日，某公安局作出黔江公（治）行罚决字〔2018〕94 号《行政处罚决定书》，该处罚决定书事实与处罚部分均与 62 号《行政处罚决定书》一致。

一审法院认为，《重庆市公安机关治安管理行政处罚裁量基准（修订版）》第 22 条规定与《公安机关对部分违反治安管理行为实施处罚的裁量指导意见》第 40 条规定并不冲突，前者规定更为详细，对行政相对人的权益保护更为充分、有利，也未减损行政相对人权利或者增加其义务，某公安局在作出处罚时应当优先适用，故对某公安局的辩称理由不予采信。另外，根据《中华人民共和国行政复议法》第 28 条第 2 款规定，某公安局作出的黔江公（治）行罚决字〔2018〕94 号《行政处罚决定书》与被撤销的《行政处罚决定书》事实相同、理由相同且处罚结果相同，且行政处罚事实认定不清，应当依法予以撤销。综上，一审法院判决：撤销某公安局作出黔江公（治）行罚决字〔2018〕94 号《行政处罚决定书》的行政行为。

某公安局提出上诉，主张本案应当适用《公安机关对部分违反治安管理行为实施处罚的裁量指导意见》，而非《重庆市公安机关治安管理行政处罚裁量基准（修订版）》。原审法院错误适用《重庆市公安机关治安管理行政处罚裁量基准（修订版）》，导致错误认定被诉《行政处罚决定书》没有查清冯某某的行为是否属于“情节较轻”。某公安局已查明冯某某的行为不属于“情节较轻”的情形。请求撤销原审判决，依法改判。

【裁判结果】

彭水苗族土家族自治县人民法院于2020年7月9日作出（2020）渝0243行初37号行政判决，判决：撤销某公安局作出黔江公（治）行罚决字〔2018〕94号《行政处罚决定书》。

重庆市第四中级人民法院于2020年12月1日作出（2020）渝04行终152号行政判决，认定某公安局的上诉请求不成立，驳回上诉，维持原判。

【裁判理由】

法院生效判决认为，关于某公安局提出原审法院适用《重庆市公安机关治安管理行政处罚裁量基准（修订版）》第22条规定错误，应当适用《公安机关对部分违反治安管理行为实施处罚的裁量指导意见》第40条规定的上诉理由，《公安机关对部分违反治安管理行为实施处罚的裁量指导意见》系公安部于2018年6月5日颁布的行政规范性文件，《重庆市公安机关治安管理行政处罚裁量基准（修订版）》是重庆市公安局于2013年11月21日颁布的行政规范性文件。公安部作为国务院公安部门，是全国公安工作的最高领导机关和指挥机关，负责全国的治安管理工作，其制定的行政规范性文件的效力高于省、自治区、直辖市公安机关制定的行政规范性文件的效力。根据上位法优于下位法、新法优于旧法的法律适用原则，在《公安机关对部分违反治安管理行为实施处罚的裁量指导意见》第40条已对属于“情节较轻”的情形作出明确规定的情况下，原审法院应适用《公安机关对部分违反治安管理行为实施处罚的裁量指导意见》第40条关于“情节较轻”的规定，而不能再适用与《公安机关对部分违反治安管理行为实施处罚的裁量指导意见》第40条规定相冲突或超出规定内容的其他地方性行政规范性文件的规定。故原审法院适用《重庆市公安机关治安管理行政处罚裁量基准（修订版）》第22条规定，认为某公安局在《行政处罚决定书》中未对冯某某的行为是否属于该条规定的“情节较轻”的情形进行认定，直接对冯某某按照殴打他人的“一般情形”进行行政处罚属于案件事实未查清的评判理由，属适用法律错误，某公安局的该项上诉理由成立。虽然原审法院未适用《公安机关对部分违反治安管理行为实施处罚的裁量指导意见》第40条规定错误，但其判决撤销黔江公（治）行罚决字〔2018〕94号《行政处罚决定书》的结果正确，为监督行政机关依法行政，减轻当事人诉累，实无改判或发回重审的必要，二审法院在指正后维持原审判决。

【案例评析】

一、公安行政立法的效力与适用规则

冯某某诉某市某公安局撤销行政行为案的争议焦点是某公安局作出的黔江公（治）行罚决字〔2018〕94号《行政处罚决定书》是否合法，而认定合法与否的重要分析路径是作出处罚决定所依据的法律规范是否妥当。因而，本案的实质争议之一是公安部《公安机关对部分违反治安管理行为实施处罚的裁量指导意见》与重庆市公安局《重庆市公安机关治安管理行政处罚裁量基准（修订版）》的适用，涉及法的效力与适用规则。公安行政立法的效力是指行政法规、规章对行政主体、行政相对人的约束力，以及在司法活动中的适用力。法的效力，包括效力等级和效力范围。效力等级，又称法的效力层次，是指在法律体系的各种法律规范之间，由于其制定主体、程序、时间、适用范围等不同，导致法的效力存在差异。法的效力等级的一般原则是与制定机关地位一致，且在特殊情形下需要考虑立法权的性质标准来衡量。[①] 效力范围，是指法规范的生效范围，包括其空间效力、时间效力，以及约束力的作用对象范围。《中华人民共和国立法法》（以下简称《立法法》）明确规定了各位阶的法律规范的效力等级和法律适用规则，上位法优于下位法、特别规定优于一般规定、新法优于旧法、法不溯及既往，同位阶的法律规范具有同等效力，并在制定机关各自权限范围内实施。宪法具有最高的法律效力，一切法律、行政法规、地方性法规、自治条例和单行条例、规章都不得同宪法相抵触。法律的效力高于行政法规、地方性法规、规章。行政法规的效力高于地方性法规、规章。地方性法规的效力高于本级和下级地方政府规章。省、自治区的人民政府制定的规章的效力高于本行政区域内的设区的市、自治州的人民政府制定的规章。公安部的部门规章与地方政府规章之间具有同等效力，在各自的权限范围内施行。同一机关制定的法律、行政法规、地方性法规、自治条例和单行条例、规章，特别规定与一般规定不一致的，适用特别规定；新的规定与旧的规定不一致的，适用新的规定。法不溯及既往，但为了更好地保护公民、法人和其他组织的权利和利益而作出的特别规定除外。

① 参见杨忠文、杨兆岩：《法的效力等级辨析》，载《求是学刊》2003年第6期。

二、公安行政规范性文件的效力与适用规则

行政规范性文件是指各级各类国家行政机关为执行法律、法规和规章，依照法定权限和法定程序发布的规范公民、法人和其他组织的，具有普遍约束力的政令。作为行政法规、规章以外的由行政机关制定、发布的规范性文件，在我国行政规范体系中具有非常重要的地位。公安行政规范性文件数量众多，效力等级与制定主体相对应，亦呈现多层次特征。按照本案裁判文书的说理逻辑，其效力等级与适用规则同样遵循前述关于效力等级、效力范围及冲突适用规则。

关于公安行政规范性文件的效力与适用是冯某某诉某市某公安局撤销行政行为案的实质争议焦点之一。《重庆市公安机关治安管理行政处罚裁量基准（修订版）》第22条规定："《治安管理处罚法》第四十三条规定的'殴打他人'、'故意伤害'行为，'情节较轻'按以下标准掌握，给予五日以下拘留或者五百元以下罚款：（一）亲友、邻里、同事、熟人之间因纠纷引起，双方均有过错；（二）取得被侵害人谅解的；（三）在校学生、未成年人之间发生殴打行为尚未造成严重后果的；（四）行为人的侵害行为由被侵害人的过错引起且后果较轻的；（五）尚未造成轻微伤的；（六）其他情节较轻的情形。"公安部印发的《公安机关对部分违反治安管理行为实施处罚的裁量指导意见》第40条规定了《治安管理处罚法》第43条第1款的"情节较轻"情形："（一）被侵害方有过错，且伤害后果较轻的；（二）亲友、邻里或者同事之间因琐事发生纠纷，双方均有过错，且伤害后果较轻的；（三）已满十四周岁未成年在校学生初次殴打他人、故意伤害他人身体，悔过态度较好且伤害后果较轻的；（四）因民间纠纷引发且行为人主动赔偿合理费用，伤害后果较轻的；（五）其他情节较轻的情形。"

某公安局提出关于行政规范性文件的适用主张，应当适用《公安机关对部分违反治安管理行为实施处罚的裁量指导意见》的规定判别冯某某的行为应适用何种处罚幅度，不能适用《重庆市公安机关治安管理行政处罚裁量基准（修订版）》。首先，《公安机关对部分违反治安管理行为实施处罚的裁量指导意见》由公安部于2018年6月5日公布施行，公布时间晚于重庆市公安局印发的《重庆市公安机关治安管理行政处罚裁量基准（修订版）》，属于更新的规范性文件，且效力层级更高，故公安机关在办理案件过程中应适用更新及效力层级更高的《公安机关对部分违反治安管理行为实施处罚的裁量指导意见》。其次，《公安部关于实施公安行政处罚裁量基准制度的指导意见》第3条规定："上级公安机关已经制定裁量基准的，下级公安机关可以根据实

际对相关内容予以补充或者细化，但不得与之相冲突”。《公安机关对部分违反治安管理行为实施处罚的裁量指导意见》公布施行后，《重庆市公安机关治安管理行政处罚裁量基准（修订版）》已在2020年5月6日废止。再次，《重庆市公安机关治安管理行政处罚裁量基准（修订版）》第22条规定的几种情形，除“其他”外，仅有第5项规定按照伤害后果进行判别，其余4项均未规定依据伤害后果进行判别。但《公安机关对部分违反治安管理行为实施处罚的裁量指导意见》第40条规定的几种情形中，除“其他”外，均规定将其他情况结合伤害后果进行判别，故《重庆市公安机关治安管理行政处罚裁量基准（修订版）》第22条与《公安机关对部分违反治安管理行为实施处罚的裁量指导意见》第40条存在抵触。最后，《重庆市公安机关治安管理行政处罚裁量基准（修订版）》印发在先，且和《公安机关对部分违反治安管理行为实施处罚的裁量指导意见》内容相抵触，认定《重庆市公安机关治安管理行政处罚裁量基准（修订版）》的有关规定是比《公安机关对部分违反治安管理行为实施处罚的裁量指导意见》更详细的规定是错误的。

基于前述法的效力等级原理及冲突适用规则，本案应当遵循上位法优于下位法、新法优于旧法的法律适用原则。《公安机关对部分违反治安管理行为实施处罚的裁量指导意见》第40条已经明确规定了属于“情节较轻”的情形，人民法院在审理行政案件、制作裁判文书时，应援引适用《公安机关对部分违反治安管理行为实施处罚的裁量指导意见》第40条关于“情节较轻”的规定。

三、规范适用实务的逻辑要点

本案的实质争议焦点恰恰体现了公安行政执法业务的多样性与综合性特征，该属性决定了公安行政法规、规章、行政规范性文件内容的复杂性与综合性，其内容的多样性、复杂性也决定了公安行政立法、行政规范性文件制定主体的多元性、广泛性，同时，规章、行政规范性文件的制定与修订具有时效性、灵活性，对新问题、新情况创制性立法与修订频次较高。因此，公安行政法律规范体系具有多层次性，内容冗杂，同一事项由多个公安行政立法主体制定规范或由多项规范进行规定，同时，也存在因价值不统一、立法技术不完备、立法活动本身的局限性与社会的多元变迁不相匹配等因素。因而，公安机关在行政管理与执法过程中，上下位法、新旧法、特别法与一般法重复、交叉、冲突并不鲜见，需要精准认知其效力等级与效力范围，并结合具体案情与冲突适用规则进行规则适用。例如，廖某不服被告某市局某分局公安户口行政审批案[1]、朱某诉某市公安局交通警察总队不履行准予其购买新燃气助动车并登记上牌的法定职责案[2]所涉行政规范性文件效力范围问题，高某某与某公安局某分局治安行政处罚纠纷案[3]所涉及的《治安管理处罚法》与《中华人民共和国反恐怖主义法》的法规范竞合适用问题。一方面，需要加强关联规范库建设，加强一线执法人员、审判人员业务素养，精准全面把握行政管理与执法事项可能涉及的各项法律规范；另一方面，需要精细化把握《立法法》及相关法律适用规则，从行政法基础理论研究的角度加强对公安行政法律规范适用规则的体系性解释[4]，精确把握冲突解决规则的综合运用思维，加强法律冲突相关制度设计，以便在复杂场景中精准适用和援引公安

① "上海市人民政府于2009年8月21日印发的《上海市人民政府关于解决本市投靠类户口迁移若干实施意见的批复》〔沪府（2009）70号〕，载明《上海市人民政府关于同意市公安局〈关于解决本市当前户口管理工作中几个突出问题的实施意见〉的批复》〔沪府（1999）38号〕同时停止执行。上海市公安局于2009年11月13日发布《关于转发〈关于解决本市投靠类户口迁移若干实施意见〉的通知》〔沪公发（2009）346号〕，明确该《通知》自下发之日起执行。本院认为，被告某市局某分局具有在权限范围内对本辖区户口进行管理的职权。针对原告廖某的申请，被告依据已于2009年8月21日停止执行的《关于解决本市当前户口管理工作中几个突出问题的实施意见》作出的不批准原告户口迁入的决定，适用法律错误。被告以作出具体行政行为时新的规定尚未收到作为其适用法律正确的答辩理由不能成立。"参见上海市静安区人民法院（2009）静行初字第70号《行政判决书》。

② "被告在书面答复中涉及的《通告》（上海市人民政府于2014年5月27日印发的《关于燃气助动车限期报废事项的通告》），系市政府于2014年5月27日针对本市燃气助动车限期报废事项作出的行政规范性文件。根据《上海市行政规范性文件制定和备案规定》第26条的规定，制定机关应当规定规范性文件的有效期；有效期届满，规范性文件自动失效。规范性文件的名称为'通告'的，有效期自施行之日起一般不超过1年；未明确有效期的，其有效期为1年。《通告》规定自2014年6月1日起实施，未明确有效期，故《通告》依法已于2015年6月1日自动失效。被告在解释不予办理原告申请事项的理由时，引用已失效的《通告》的部分内容，引发原告的质疑。本院认为，被告的做法有所不妥，应当在今后的工作中避免类似问题再次发生。"参见上海市闸北区人民法院（2015）闸行初字第232号《行政判决书》。

③ "《中华人民共和国治安管理处罚法》第56条第1款、《反恐怖主义法》第86条第2款均对住宿业务经营者、服务提供者未按规定对客户身份进行查验，并提供服务的行为作出相应的处罚规定。本院认为，《中华人民共和国治安管理处罚法》自2006年3月1日起施行，《反恐怖主义法》自2016年1月1日起施行，根据新法优于旧法、特殊法优于一般法的原则，本案适用《反恐怖主义法》的相关规定并无不当。"参见新疆生产建设兵团第八师中级人民法院（2018）兵08行终4号《行政判决书》。

④ 参见章剑生：《行政罚款适用规则的体系性解释——基于〈行政处罚法〉第29条展开的分析》，载《政法论坛》2022年第4期。

行政法律规范。

需要特别注意的是，在把握公安行政立法、公安行政规范性文件适用规则时，除了《立法法》的规定之外，还涉及两项重要依据或参考：一是2021年修改的《中华人民共和国行政处罚法》第29条增加“同一个违法行为违反多个法律规范应当给予罚款处罚的，按照罚款数额高的规定处罚”的规定。二是其他单行法律、公安行政立法、行政规范性文件对适用规则的明确规定。例如，公安部印发的修订版《违反公安行政管理行为的名称及其适用意见》(公通字〔2020〕8号)，规定了诸多法律适用指引。例如，非法制造、买卖、储存、运输、邮寄、携带、使用、提供、处置危险物质行为，涉及《民用爆炸物品安全管理条例》第44条第4款与《治安管理处罚法》第30条竞合。又如，非法携带枪支、弹药、管制器具行为涉及《中华人民共和国枪支管理法》第44条第1款第（2）项与《治安管理处罚法》第32条竞合。对《中华人民共和国枪支管理法》第44条第1款第（2）项规定的在禁止携带枪支的区域、场所携带枪支的，违法行为名称表述为“非法携带枪支”，法律依据适用《治安管理处罚法》第32条。再如，保安员非法限制他人人身自由行为涉及《保安服务管理条例》第45条第1款第（1）项与《治安管理处罚法》第40条第（3）项竞合。对保安员限制他人人身自由的，违法行为名称表述为“非法限制人身自由”。如果其行为依法应当予以治安管理处罚的，法律依据适用《治安管理处罚法》第40条第（3）项。如果其行为情节严重，依法应当吊销保安员证，并应当依法予以治安管理处罚的，法律依据适用《治安管理处罚法》第40条第（3）项和《保安服务管理条例》第45条第1款第（1）项。如果其行为情节轻微，不构成违反治安管理行为，仅应当予以训诫的，法律依据适用《保安服务管理条例》第45条第1款第（1）项。

案例 12

公安行政立法条款适用的解释技术

——季某不服某市公安局某派出所治安其他行政行为案

李文姝*

【内容提要】

规范、科学的公安行政立法条款适用解释标准具有两个面向，既是灵活适用规则的裁量技术，也是规范规制裁量的重要路径，应用于对法规范条款调整范围的分析、不确定性法律概念的解释、兜底条款（空白要件）适用条件的裁量等诸多规范适用场景中。价值、性质、影响程度、立法目的可以构成公安行政立法条款适用解释技术的考量要素和解释标准，也可以依托法治、民主、权利保障、效益、科学等诸多行政立法原则作为逻辑支撑。季某不服某市公安局某派出所治安其他行政行为案中，行政机关适用兜底条款时，应与同条款中已经明确列举的情形相联系，参照同条款已经明确列举的情形所设置的标准，确定兜底条款能否适用。适用兜底条款的情形，应与同条款中已经明确列举的情形具有相同或相似的价值，在性质、影响程度等方面具有一致性，且符合该条款的立法目的。

【裁判要旨】

行政机关适用兜底条款时，应与同条款中已经明确列举的情形相联系，参照同条款已经明确列举的情形所设置的标准，确定兜底条款能否适用。适用兜底条款的情形，应与同条款中已经明确列举的情形具有相同或相似的价值，在性质、影响程度等方面具有一致性，且符合该条款的立法目的。

“证据不足”情况下，无法排除未来重新作出行政处罚决定的可能性，与修改前的《公安机关办理行政案件程序规定》第 233 条第 1 款前 3 项列举的

---

* 中国刑事警察学院禁毒与治安学院治安基础教研室副教授，法学博士。

终止调查情形不具有相同或相似的性质，不属于“其他需要终止调查的情形”。

【相关法条】

《公安机关办理行政案件程序规定》（案发时适用原《规定》第二百三十三条，现已修订为第二百五十九条）　经过调查，发现行政案件具有下列情形之一的，经公安派出所、县级公安机关办案部门或者出入境边防检查机关以上负责人批准，终止调查：（一）没有违法事实的；（二）违法行为已过追究时效的；（三）违法嫌疑人死亡的；（四）其他需要终止调查的情形。

【案例索引】①

一审：江苏省江阴市人民法院（2018）苏0281行初62号行政判决

二审：江苏省无锡市中级人民法院（2019）苏02行终105号行政判决

【基本案情】

2017年1月11日上午9时左右，沈某良、沈某及徐某到季某家找其父亲索要债务（保证金），双方发生争吵，季某及其母亲闵某、妹妹季某某听到争吵声后进入该房间，后双方发生肢体冲突，季某受伤被送往医院治疗。某派出所民警出警，并传唤季某父亲、沈某良、沈某，1月15日、22日对季某父亲、季某进行询问。1月17日，某市公安局物证鉴定室对季某身体损伤程度进行法医鉴定，结论为轻微伤。1月27日，予以受案登记。2月2日，某派出所向徐某进行询问调查。6月30日、7月1日，某派出所对沈某良、沈某分别进行询问。7月4日，某派出所延长案件办理期限。7月5日，某派出所对案外人史某进行询问。2017年7月，某派出所传唤季某及其母亲到派出所接受询问调查，送达传唤证时，季某父亲提出某派出所以前电话通知他们去，但派出所民警未作笔录，认为该案承办人员执法不公，季某及其母亲未再到派出所接受询问。8月4日，某派出所作出宜公（城）行终止决字〔2017〕1号《终止案件调查决定书》。

季某认为：一是某派出所作出的终止调查决定事实不清，证据不足。某派出所作出终止调查决定的理由是“证据不足”即事实不清，但依据的是当时有效的《公安机关办理行政案件程序规定》（2013年1月1日起施行，以

① 见《中华人民共和国最高人民法院公报》，http：//gongbao. court. gov. cn/Details/6cf1023e1e98f35a7021a0ca42ad48. html？sw=。

下简称《程序规定》）第 233 条第 1 款第（4）项中的“其他需要终止调查的情形”，本身否定了其在该决定书中所依据的“事实不清、证据不足”。二是某派出所提交的证据无法证明其执法程序的合法性以及对事实调查的客观性。某派出所作出的调查决定程序违法，应当予以撤销。

某派出所认为：终止调查决定的形成，是鉴于本案部分涉案人员拒绝到所接受调查询问，导致某派出所在法定办案期限内根据收集的所有证据尚不足以对相关涉案人员进行行政处罚，即暂不构成处罚条件，某派出所根据法律规定对在办程序进行阶段性终结。某派出所作出的该决定程序合法。因现有证据无法证明案发当日到底有几名涉案人员存在殴打行为，也无法证明季某的轻微伤是他人殴打所致；第三人沈某自述其伤情是由季某母亲造成，但季某及其母亲拒绝配合调查等各种情形，导致期限届满且无法继续调查，故适用 2013 年 1 月 1 日起施行的《程序规定》第 233 条第 1 款第（4）项作出终止调查决定，适用法律准确。某派出所同时提出了关于受案时间、不存在超期办案、鉴定报告的送达问题的抗辩。

一审法院认为：某派出所以证据不足、办案期限届满为由，依据《程序规定》第 233 条第 1 款第（4）项规定作出被诉终止调查决定，理由明显不当，适用法律法规错误，判决撤销宜公（城）行终止决字〔2017〕1 号终止案件调查决定，并责令某市公安局某派出所重新作出处理决定。一审判决后，某派出所上诉。

某派出所上诉时主张：第一，“证据不足、办案期限届满”作为终止调查的理由并无不当。“证据不足、办案期限届满”的真实含义是在法定办案期限即将届满时，由于季某方面不配合调查的客观障碍，导致现有证据对涉案人员进行处罚或者不予处罚均证据不充分，该终止理由即使书写表达欠妥，也不影响证据不足这一实际终止原因。第二，其作出的终止调查决定不存在适用法律错误。2013 年 1 月 1 日起施行的《程序规定》第 232 条和第 233 条规定了案件终结的两种形式，即结案和终止调查。第 232 条规定的是能够对行为人作出处理、处罚而结案的案件终结，第 233 条规定的是对行为人不能作出处理、处罚的情形下的案件终结。法律赋予行政机关根据实际情况适用兜底条款的自由裁量权，该案终止调查的原因在于“证据不足”，而非没有违法事实，即结合案情不能完全排除涉案人员存在违法事实的可能性。所以，其适用 2013 年 1 月 1 日起施行的《程序规定》第 233 条第 1 款第（4）项规定终止调查，与同一法条之内的确定性的规定具有相同或者相似的价值，适用法律正确。请求撤销原判，发回重审或者依法改判驳回季某的诉讼请求。

【裁判结果】

江苏省江阴市人民法院于2019年2月11日作出（2018）苏0281行初62号行政判决，判决：一、撤销被告某市公安局某派出所作出的宜公（城）行终止决字〔2017〕1号终止案件调查决定。二、责令某市公安局某派出所于本判决发生法律效力之日起60日内重新作出处理决定。

江苏省无锡市中级人民法院于2019年6月26日作出（2019）苏02行终105号行政判决，判决：原审法院以适用法律错误为由，判决撤销某派出所作出的终止调查决定，并责令其限期重新作出处理决定，认定事实清楚，适用法律正确，程序合法，结论恰当，应予维持。某派出所的上诉请求没有事实和法律依据，依法不应支持。驳回上诉，维持原判。

【裁判理由】

法院生效判决认为，2013年1月1日起施行的《程序规定》第233条第1款规定设置兜底条款，作为一种立法技术，固然是为了避免法律的不周延性，以适应社会情势的变迁。但是，行政机关通过自由裁量适用兜底条款时，应与同条款中已经明确列举的情形相联系，参照同条款已经明确列举的情形所设置的标准，来确定能否适用兜底条款。适用兜底条款的情形，应与同条款中已经明确列举的情形具有相同或相似的价值，在性质、影响程度等方面具有一致性。另外，适用兜底条款应符合该条款的立法目的，不得任意适用。

《程序规定》第233条第1款明确列举的“没有违法事实”“违法行为已过追究时效”“违法嫌疑人死亡”这三种情形都是确定性的事实，该事实的出现使得公安机关无法或没有必要再针对该案件采取任何调查措施，即该事实的出现足以产生终局性的、不可逆的终止案件调查的效果。某派出所以“证据不足、办案期限届满”为由终止调查，显然该情形与上述条款明确列举的情形在性质、影响程度上并不具有相同或者相似的价值。

“办案期限届满”并非终止案件调查的合理理由，而“证据不足”也不应产生终止案件调查的效果。即使确如某派出所在上诉状及二审询问中所称的“证据不足、办案期限届满”这一终止案件调查的理由存在书写表达欠妥，实际终止原因是“证据不足”，即结合案情不能完全排除涉案人员存在违法事实的可能性。但是，根据依法行政原则，在没有充分的证据证明涉案人员违法事实成立的情况下，某派出所应当按照2013年1月1日起施行的《程序规定》第147条第1款第（3）项的规定，对涉案人员作出不予处罚决定。其后公安机关又发现新的证据，使违法行为能够认定时，可以根据2019年1月1

日起施行的《程序规定》第 172 条第 2 款关于“对已经依照前款第三项作出不予行政处罚决定的案件，又发现新的证据的，应当依法及时调查；违法行为能够认定的，依法重新作出处理决定，并撤销原不予行政处罚决定”的规定，依法重新作出处理决定，并撤销原不予行政处罚决定。所以，即使确如某派出所所言，实际终止调查的原因是“证据不足”的情况下，某派出所作出终止调查决定也是缺乏依据的。作为司法机关，也应当依法撤销某派出所所作的终止调查决定，并责令某派出所限期依法重新作出处理决定。

【案例评析】

一、公安行政立法条款适用与行政裁量

季某不服某市公安局某派出所治安其他行政行为案的争议焦点之一是对《程序规定》第 233 条第 1 款规定的解释适用。《程序规定》第 233 条第 1 款规定：“经过调查，发现行政案件具有下列情形之一的，经公安派出所、县级公安机关办案部门或者出入境边防检查机关以上负责人批准，终止调查：（一）没有违法事实的；（二）违法行为已过追究时效的；（三）违法嫌疑人死亡的；（四）其他需要终止调查的情形。”本案中，办案单位提出的“证据不足、办案期限届满”能否解释为“（四）其他需要终止调查的情形”予以适用？

公安行政立法条款适用解释技术的逻辑起点，是裁量无处不在，裁量及其规制问题不可避免，裁量是法律本身的复杂性和不确定性的必然结果。只有通过裁量，才能实现行政过程的生命，即裁量是法治的一部分①，也需要加以规制。正如本案一审判决书所述，“根据《程序规定》第 233 条第 1 款规定，公安机关在办理治安行政案件过程中，在出现调查工作已经没有必要或者无法继续进行下去的情形时，应当及时终止案件调查工作，终止调查为案件终结的一种方式。法律条文采用列举式规定，行政机关进行自由裁量适用兜底条款时，应与同条之内确定性的规定具有相同或相似的价值，与同条已明确列举的行为性质、影响程度具有一致性，符合立法目的，而不得任意适用。”裁量背后潜藏着规范与事实之间的互补关系，这种互补关系源于法律自身的局限、执法者对个案的专业思考、行政成本优化以及职业伦理建构。精细的制度供给和标准物建是规则规制方案的核心，也是公安行政立法、公安行政规范性文件制定的逻辑支点。新制度主义的分析范式不仅关注程序与规则，更注重建制内非形式因素对个体的影响，即形式与非形式的规则都被纳

---

① See H. L. A. Hart, “Discretion”, 127 *HARV. L. REV* (2013) 652.

入分析框架。在此基础上，理性选择论认为，制度的规则会影响个体最大化自己利益的行为选择。这个逻辑可以作为解释裁量与法治关系的分析工具。制度是一种意义系统，制度内的组织行为及个体行为依赖于意义的注入和符号的运用。[①] 警察任务具有即时性与复杂性，需要公安行政立法条款张力的存在，机械地适用规则意味着非正义。"在没有裁量调和的情况下，规则本身无法应对现代政府和现代正义的复杂问题""不要反对通过裁量实现个别化的正义，要反对应当由规则支配时的个别化"[②]。

二、规范适用的解释技术与考量要素

公安行政立法适用过程中，裁量空间存在但不限于对法规范调整范围的分析、不确定性法律概念的解释、兜底条款（空白要件）适用条件的裁量，规范、科学的法规范适用解释技术是裁量规制的重要路径。这种规制功能表现在，通过解释技术实现条款适用的规范性，印证其合理性。例如，季某不服某市公安局某派出所治安其他行政行为案行政判决书所述的"只有在例示情形被全部排除时，才能考虑适用兜底条款"，以及最高人民法院裁判要旨所提及的"适用兜底条款的情形，应与同条款中已经明确列举的情形具有相同或相似的价值，在性质、影响程度等方面具有一致性，且符合该条款的立法目的"。有学者用"同类解释规则"加以概括，提出"同类解释规则在解释兜底条款时是为我们提供判断兜底条款适用所指向的情形与例示情形是否属于同类事项的一种逻辑指引。这种逻辑指引既能确保解释内容的体系性，又能提供类型化的思维方式。"[③] 本案中，《程序规定》第 233 条第 1 款明确列举 4 项情形，除"其他需要终止调查的情形"之外，明确列举了 3 项"没有违法事实""违法行为已过追究时效""违法嫌疑人死亡"情形，前 3 项明确列举情形的共同点为该事实的出现使得公安机关无法或没有必要再针对该案件采取任何调查措施，即该事实的出现足以产生终局性的、不可逆的终止案件调查的效果。因而，依据"同类解释规则"，对"其他需要终止调查的情形"的解释适用需要与前 3 项明确列举情形具有相同或相似的价值，在性质、影响程度等方面具有一致性，且符合该条款的立法目的。办案单位将"（四）其

---

① See Peter A. Hall and Rosemary C. R. Taylor, "Political Science and the Three New Institutionalism", XLIV *Political studies* (1996) 936.

② ［美］肯尼斯·卡尔普·戴维斯：《裁量正义》，毕洪海译，商务印书馆 2009 年版，第 26~27 页。

③ 参见章剑生：《兜底条款适用的法解释技术——季某诉某市某公安派出所治安处罚案评析》，载《法治研究》2021 年第 6 期。

他需要终止调查的情形”的裁量适用逻辑解释为“部分涉案人员拒绝到所接受调查询问，导致在法定办案期限内根据收集的所有证据尚不足以对相关涉案人员进行行政处罚，可以进入阶段性终结程序”，与上述条款明确列举的情形在性质、影响程度上并不具有相同或者相似的价值。

裁判要旨中所述“价值”“性质”“影响程度”“立法目的”可以构成同类解释规则的考量要素和解释标准，且前述 4 项要素同样适用于对公安行政立法不确定法律概念、规范调整范围等诸多条款适用的复杂场景，应当作为公安行政立法条款适用的普适性解释技术。而在分析“价值”“性质”“影响程度”“立法目的”时，可以依托法治、民主、权利保障、效益、科学等诸多行政立法原则作为逻辑支撑。

三、公安行政立法原则作为解释逻辑支撑

对公安行政立法的解释应当回归公安行政立法的立法原则加以分析，即结合具体法规范适用的对象、事实、场景，以公安行政立法原则作为价值、性质、影响程度、立法目的论证的逻辑支撑。公安行政立法的原则，是贯穿于公安行政立法的始终，指导公安行政立法活动的基本原则或原理，通过各种行政法律规范所体现的一种基本准则。公安行政立法遵循科学立法、民主立法、依法立法，体现法的基本价值，符合行政法目的，实现行政效益，保障行政立法的科学性、针对性、及时性、系统性、可操作性。

以行政立法效益原则为例，效益原则是多元行政任务功能主义背景下行政法发展的需要，即实现社会资源的高效、合理配置，也是规范适用解释技术中重要的考量要素。行政理性与民主背景下的行政执法需要考量合法性与管理绩效的多元目标实现。绩效目标及协商规制是作为新控权模式的基本预设，“高效实现行政目标和任务”，以符合“合目的性原则”“行政效能原则”。[①] 具体行政制度的建立和完善应当进行必要的成本效益分析，条款适用的解释亦是如此，从多个方案中选择最佳方案，以确保行政资源的有效合理配置。

又如，科学立法原则体现为“一个法律制度，从其总体来看，是一个由一般性规范适用于执行规范的特殊性行为构成的综合体。它既有规范的一面，又有事实的一面。”[②] 科学立法原则要求公安行政立法应当从客观实际出发，

① 参见沈岿：《监控者与管理者可否合一：行政法学体系转型的基础问题》，载《中国法学》2016 年第 1 期。

② ［美］博登海默：《法理学：法律哲学与法律方法》，邓正来译，中国政法大学出版社 2004 年版，第 254 页。

尊重和体现公安行政管理工作的客观规律，适应经济社会发展和全面深化改革的要求，科学合理地规定公民、法人和其他组织的权利与义务、国家机关的权力与责任。第一，法律、行政立法、规范性文件具有针对性、可执行性、可接受性，且与法律体系中的其他规范形成整体系统性。以韩某某不服某市公安局行政复议决定案为例，围绕对教师体罚致学生伤害的行为是否适用《中华人民共和国治安管理处罚法》这一争议焦点，人民法院结合《中华人民共和国教师法》《中华人民共和国劳动法》《中华人民共和国未成年人保护法》等诸多法律规范，体系性分析《中华人民共和国治安管理处罚法》的调整对象。① 第二，科学立法应当坚持新发展理念，适应改革需要，在改革中完善法治，引导、推动、规范、保障相关改革，发挥法治在国家治理体系和治理能力现代化中的重要作用，实现良法善治。第三，科学立法应当正确处理好维护行政权力和保障公民权益的关系，科学合理地规定公民、法人和其他组织的权利与义务、国家机关的权力与责任。例如，胡某1等与某市公安局某分局不服治安管理案中②，人民法院在认定事实、适用法律时，精准解释并适用《公安机关执行〈中华人民共和国治安管理处罚法〉有关问题的解释（二）》中“一、关于制止违反治安管理行为的法律责任问题　为了免受正在进行的违反治安管理行为的侵害而采取的制止违法侵害行为，不属于违反治安管理行为”条款，正是基于对示范效应、可接受性、科学规定公民权利与义务、设定国家机关权力与责任等立法原则与目的的考量。

---

① “职务行为是否适用治安管理处罚，由特别法指引适用，如《中华人民共和国劳动法》第96条对用人单位限制劳动者人身自由、体罚劳动者指引适用治安处罚。同样，特别法也限制治安处罚的适用，如《中华人民共和国治安管理处罚法》（2012修正）第116条对人民警察办案过程中的违规行为的处理，仅规定给予行政处分，构成犯罪的，追究刑事责任，即排除治安处罚的适用。《中华人民共和国教师法》第37条对教师体罚学生的行为仅规定行政处分和刑事责任，未规定治安处罚；《中华人民共和国未成年人保护法》第63条第2款对教师体罚学生的行为仅规定行政处分。对比《中华人民共和国治安管理处罚法》（2012修正）第116条规定，履行职务过程中违反职业法律规定的尚不构成犯罪的行为，在职业法律规范作为指引性规定的情形下，排除治安处罚的适用。本案中，韩某某对学生赵某1实施体罚的行为尚未构成犯罪，应当适用《中华人民共和国教师法》《中华人民共和国未成年人保护法》的规定受到行政处分，不属于《中华人民共和国治安管理处罚法》的调整范畴。”参见贵州省遵义市播州区人民法院（2020）黔0321行初193号《行政判决书》。

② 参见北京市第一中级人民法院（2021）京01行终96号二审《行政判决书》。

案例 13

对公安行政规范性文件的监督

——方某某诉某省某县公安局治安管理行政处罚案

李文姝*

【内容提要】

对公安行政规范性文件的司法监督，是指人民法院在行政诉讼中对行政机关的行政行为进行审查时，对行政行为所依据的公安行政规范性文件进行合法性审查。公民、法人和其他组织对行政行为提起诉讼，认为所依据的规范性文件不合法时，可附带请求法院审查该文件的合法性，人民法院围绕该规范性文件与法律法规的规定是否存在冲突，制定主体、制定目的、制定程序是否符合规范，是否明显违法等进行审查。方某某诉某省某县公安局治安管理行政处罚案是最高人民法院于 2018 年 10 月 30 日公布的行政诉讼附带审查规范性文件典型案例，争议焦点在于，当事人申请附带审查的浙江省公安厅《浙江省居住出租房屋消防安全要求》《关于解决消防监督执法工作若干问题的批复》和杭州市公安局《关于居住出租房屋消防安全整治中若干问题的法律适用意见（试行）》是否对《中华人民共和国治安管理处罚法》（2012 修正）第 39 条规定的“其他供社会公众活动的场所”作了扩大解释。出租房与一般居住房屋有质的区别，构成了与旅馆类似的具有开放性的公共活动场所，其经营管理人员应承担更高的消防安全管理责任。因此附带审查的规范性文件不与《中华人民共和国治安管理处罚法》（2012 修正）第 39 条相抵触。

【裁判要旨】

本案争议的焦点在于，当事人申请附带审查的《浙江省居住出租房屋消防安全要求》《关于解决消防监督执法工作若干问题的批复》和《关于居住

* 中国刑事警察学院禁毒与治安学院治安基础教研室副教授，法学博士。

出租房屋消防安全整治中若干问题的法律适用意见（试行）》是否对《中华人民共和国治安管理处罚法》（2012修正）第39条规定的“其他供社会公众活动的场所”进行了扩大解释。《中华人民共和国治安管理处罚法》（2012修正）第39条适用的对象是“旅馆、饭店、影剧院、娱乐场、运动场、展览馆或者其他供社会公众活动的场所的经营管理人员”。本案中，人民法院通过对案涉规范性文件条文的审查，明确了对居住的出租房屋能否视为“其他供社会公众活动的场所”这一法律适用问题。由于“其他供社会公众活动的场所”为不确定法律概念，其内容与范围并不固定。本案中，居住的出租房物理上将毗邻的多幢、多间（套）房屋集中用于向不特定多数人出租，并且承租人具有较高的流动性，已与一般的居住房屋只关涉公民私人领域有质的区别，已经构成了与旅馆类似的具有一定开放性的公共活动场所。对于此类场所的经营管理人员，在出租获利的同时理应承担更高的消防安全管理责任。因此，《浙江省居住出租房屋消防安全要求》《关于解决消防监督执法工作若干问题的批复》和《关于居住出租房屋消防安全整治中若干问题的法律适用意见（试行）》所规定的内容并不与《中华人民共和国治安管理处罚法》（2012修正）第39条之规定相抵触。

【相关法条】

《中华人民共和国治安管理处罚法》（2012修正）第三十九条　旅馆、饭店、影剧院、娱乐场、运动场、展览馆或者其他供社会公众活动的场所的经营管理人员，违反安全规定，致使该场所有发生安全事故危险，经公安机关责令改正，拒不改正的，处五日以下拘留。

《浙江省居住出租房屋消防安全要求》第七条　居住出租房屋的疏散通道和安全出口应当保持畅通，严禁堆放物品影响人员疏散。外窗不得设置防盗网等影响逃生和灭火救援的障碍物，确需设置的，应当能从内部易于开启。

严禁在疏散通道、安全出口、楼梯间内存放电动车或者为电动车充电。出租人发现违规存放电动车或者为电动车充电的，应当督促存放人、充电人立即搬离。

第十四条　居住出租房屋的出租人应当对居住出租房屋进行经常性的消防安全检查，发现并及时消除火灾隐患。

浙江省公安厅《关于解决消防监督执法工作若干问题的批复》第五条　居住的出租房屋同时设置10个以上（含）出租床位用于出租，且租赁期限在3个月以内的，或者集中设置出租床位出租的，该居住出租房屋可以视为《治安管理处罚法》第三十九条规定的“其他供社会公众活动的场所”，该房屋出租人（含转租人）可以视为第 39 条规定的“供社会公众活动的场所的经营管理人员”。

【案例索引】

一审：浙江省淳安县人民法院（2015）杭淳行初字第 18 号行政判决

二审：杭州市中级人民法院（2015）浙杭行终字第 254 号行政判决

【基本案情】

2015 年 1 月，某县公安局城区派出所和某县公安消防大队曾多次对方某某经营的坐落于淳安县千岛湖镇龙门路 53 弄×号出租房进行消防检查。方某某根据检查时口头提出的整改意见，于 1 月 31 日在各承租户的门外张贴通知，要求承租户另寻房源。同年 2 月 11 日，某县公安局城区派出所和某县公安消防大队再次对方某某出租房进行消防检查后，城区派出所于 2 月 13 日向方某某发出（2015）第 28 号《责令限期改正通知书》，责令其改正下列消防安全违法行为：缺少室内消防栓、灭火器、疏散指示标志，应急照明未保持完好有效；四、五、六、七层缺少一部疏散楼梯；未按要求配置逃生用口罩、报警哨、手电筒、逃生绳等，要求整改。同日，某县公安消防大队向方某某发出淳公消限字（2015）第 24 号《责令限期改正通知书》，其中认定的消防安全违法行为与某县公安局认定的基本相同，并责令方某某于 2015 年 3 月 11 日前改正“未按要求配置逃生绳、手电筒、消防哨”的行为。检查民警因方某某拒绝签收而将 2 份改正通知书张贴于出租房的一楼楼梯口。3 月 13 日，派出所和消防大队民警对涉案出租房进行复查，发现方某某对其提出的“四、五、六、七层缺少一部疏散楼梯，未按要求配置逃生用口罩、报警哨、手电筒、逃生绳等”违法行为未予改正。某县公安局作出淳公行罚决字（2015）第 1-0001 号《行政处罚决定书》，认定方某某的出租房不符合《浙江省居住出租房屋消防安全要求》（以下简称《消防安全要求》），经责令限期改正仍不能及时消除消防安全隐患。某县公安局认为方某某的行为构成违反安全规定致使场所有发生安全事故危险，根据《中华人民共和国治安管理处罚法》（2012 修正）（以下简称《治安管理处罚法》）第 39 条，决定给予其行政拘留三日的处罚。另经查明，方某某从 2010 年始从事涉案房屋的出租活动。自 2015 年 1 月 31 日始，已对四楼以上的承租户进行通知腾退。2013 年 4 月，方某某的出租房屋因撤村建居的需要已被确定为征迁范围。方某某诉至法院请求撤销被诉处罚决定，并对被诉处罚决定作出所依据的规范性文件，即《消防安全要求》《关于解决消防监督执法工作若干问题的批复》（以下简称《消防执法问题批复》）和《关于居住出租房屋消防安全整治中若干问题的法律适用意见（试行）》（以下简称《消防安全法律适用意见》）合法性进行一并审查。

方某某在一审后上诉时进一步主张：《治安管理处罚法》第 39 条适用的对象是“旅馆、饭店、影剧院、娱乐场、运动场、展览馆或者其他供社会公众活动的场所的经营管理人员”，上诉人用于出租的房屋并非供社会公众活动的场所，且已经按照某县公安消防大队和城区派出所的整改意见着手实施整改，故导致该场所内有安全事故危险的情形也已经不存在，因此，不应当适用前述法律规定。浙江省公安厅《消防安全要求》《消防执法问题批复》和杭州市公安局《消防安全法律适用意见》无权对《治安管理处罚法》第 39 条进行扩大解释。同时，原审法院并没有按照法律规定对上诉人代理人提出的规范性文件合法性一并进行审查。原审法院并没有按照《规章制定程序条例》规定的标准对上诉人代理人提出的《消防安全要求》《消防执法问题批复》《消防安全法律适用意见》三份规范性文件进行合法性审查。上诉人同时对被诉行政处罚决定有失公正、行政处罚程序违法提出主张。

【裁判结果】

浙江省淳安县人民法院于 2015 年 5 月 20 日作出（2015）杭淳行初字第 18 号行政判决，判决：驳回原告方某某要求撤销被告某县公安局于 2015 年 3 月 17 日作出的淳公行罚决字（2015）第 1-0001 号《行政处罚决定书》的诉讼请求。

杭州市中级人民法院于 2015 年 8 月 28 日作出（2015）浙杭行终字第 254 号行政判决，认为原判认定事实清楚，适用法律正确，审判程序合法。判决：驳回上诉，维持原判。

【裁判理由】

对于方某某请求对被诉处罚决定依据的相关规范性文件一并进行合法性审查问题。为明确审查的范围，二审法院在征求双方当事人意见的基础上，确定本案所审查的规范性文件范围是浙江省公安厅制定的《消防安全要求》第 7 条、第 14 条，《消防执法问题批复》第 5 条；杭州市公安局制定的《消防安全法律适用意见》第 8 条。由于杭州市公安局制定的《消防安全法律适用意见》第 8 条系重复《消防执法问题批复》第 5 条之内容，因此本院向浙江省公安厅发出通知，要求其对制定的上述两份规范性文件相应条款的合法性作出说明。收到该通知后，浙江省公安厅及时予以回应，并作出书面说明。

综合各方意见，二审法院对上述条款的合法性评判如下：

一、关于《消防安全要求》第7条、第14条的合法性。2010年9月1日起施行的《浙江省消防条例》（省级地方性法规）第17条第1款规定，“用于出租的居住房屋，应当符合消防安全要求。消防安全的具体要求由省公安机关会同有关部门制定，报省人民政府批准后施行。”根据该授权，浙江省公安厅制定了《消防安全要求》，并报经浙江省人民政府批准同意后施行。该第7条、第14条是浙江省公安厅根据消防管理的基本要求，并结合浙江省出租房屋的特点和火灾防范工作的需要，对用于出租的房屋的消防设计、消防设施等作出的细化规定，该两条之内容符合上位法之授权，内容合法。

二、《消防执法问题批复》第5条的合法性。从内容来看，该条是对居住的出租房屋能否视为《治安管理处罚法》第39条规定的“其他供社会公众活动的场所”的解释。由于“其他供社会公众活动的场所”为不确定法律概念，其内容与范围并不固定。居住的出租房物理上将毗邻的多幢、多间（套）房屋集中用于向不特定多数人出租，并且承租人具有较高的流动性，已与一般的居住房屋只关涉公民私人领域有质的区别，已经构成了与旅馆类似的具有一定开放性的公共活动场所。对于此类场所的经营管理人员，在出租谋利的同时理应承担更高的消防安全管理责任。因此，该第5条规定之内容与《治安管理处罚法》第39条规定并不抵触。

三、《消防安全法律适用意见》第8条的合法性。该条内容系重复《消防执法问题批复》第5条之内容，对其合法性已作评判。法院生效裁判认为，被上诉人认定案涉居住出租房屋为《治安管理处罚法》第39条规定的“其他供社会公众活动的场所”定性准确。方某某向原审法院提供的证据以及询问笔录均显示其负责案涉出租房屋日常管理，系案涉出租房屋的经营管理人员，依法应对案涉出租经营的房屋消防安全承担责任。上诉人在庭审中称其接到责令限期改正通知后，已在案涉房屋每层设置消防灭火器，张贴通告，告知三层以上的住户予以搬离，四楼以上房间已经腾空，不存在“拒不改正”的情形，但在被上诉人进行复查时，案涉房屋仍有租户，且未按照要求配置逃生用口罩、报警哨、手电筒等消防安全设施，因此，被上诉人认定上诉人“拒不改正”具有事实依据。综上，被诉处罚决定认定事实清楚，适用法律正确，程序合法，量罚适当。

【案例评析】

方某某诉某省某县公安局治安管理行政处罚案是最高人民法院于2018年10月30日公布的行政诉讼附带审查规范性文件典型案例。公安行政规范性文件的效力主要有三方面内容。第一，公安行政规范性文件具有拘束力和执行力。第二，公安行政规范性文件具有公定力和确定力，经制定程序发布、生效后，行政机关非经法定程序不得任意改变、撤销、废止。第三，公安行政规范性文件具有适用力，是行政复议机关审理复议案件的依据；人民法院在审理行政案件时，经审查认为行政行为所依据的行政规范性文件合法，可以在裁判文书中援引。对公安行政规范性文件的监督路径包括行政监督与司法监督。

对公安行政规范性文件的行政监督，是指各级人民政府发现其所属部门制定的公安行政规范性文件与行政法规、规章及上级规范性文件相抵触时，有权予以撤销或改变。行政监督亦可以通过行政复议附带审查制度实现。根据《中华人民共和国行政复议法》第 56 条、第 57 条、第 59 条规定，公民、法人或者其他组织认为行政机关的行政行为所依据的规范性文件不合法，在对行政行为申请行政复议时，可以一并向行政复议机关提出对该行政规范性文件的附带审查申请。行政复议机关在对被申请人作出的行政行为进行审查时，认为其依据不合法，或行政复议申请人提出对规范性文件的附带审查申请时，行政复议机关有权处理的，应当在 30 日内依法处理；无权处理的，应当在 7 日内转送有权处理的行政机关依法处理。行政复议机关认为相关条款合法的，在行政复议决定书中一并告知；认为相关条款超越权限或者违反上位法的，决定停止该条款的执行，并责令制定机关予以纠正。

对公安行政规范性文件的司法监督，是指人民法院在行政诉讼中对行政机关的行政行为进行审查时，对行政行为所依据的公安行政规范性文件进行合法性审查。公民、法人和其他组织在对行政行为提起诉讼时，认为所依据的规范性文件不合法时，可附带请求法院审查该文件合法性。行政相对人对该规范性文件提起附带审查的，法院应围绕该规范性文件与法律法规的规定是否存在冲突，制定主体、制定目的、制定程序是否符合规范，是否明显违法等情形进行审查。例如，本案法院从上位法授权、内容合法性等角度对《消防安全要求》第 7 条、第 14 条的合法性进行附带审查。规范性文件不存在违法情形的，应当在判决理由中予以认可，并在该案中进行适用。必要时可以征求制定机关的意见。由人民法院对行政规范性文件进行附带审查，被“视为社会进步的标志”[①]，也是中国行政法律实践运行背后的政治—社会机

① 信春鹰：《中华人民共和国行政诉讼法释义》，法律出版社 2014 年版，第 139 页。

理[①]的展示。

根据《最高人民法院关于适用〈中华人民共和国行政诉讼法〉的解释》第145条规定，公民、法人或者其他组织在对行政行为提起诉讼时一并请求对所依据的规范性文件审查的，由行政行为案件管辖法院一并审查。请求人民法院审查相关规范性文件的，必须在对行政行为提起诉讼时一并提出，即附属诉讼，对行政规范性文件的合法性审查不能独立成诉。人民法院对公安行政规范性文件进行一并审查时，可以从公安行政规范性文件制定机关是否超越权限、违反法定程序等方面进行。人民法院对公安行政规范性文件审查过程中，发现规范性文件可能不合法的，应当听取制定机关的意见。根据《最高人民法院关于适用〈中华人民共和国行政诉讼法〉的解释》第148条、第149条、第150条规定，有下列情形之一的，规范性文件不合法：第一，超越制定机关的法定职权或者超越法律、法规、规章的授权范围的；第二，与法律、法规、规章等上位法的规定相抵触的；第三，没有法律、法规、规章依据，违法增加公民、法人和其他组织义务或者减损公民、法人和其他组织合法权益的；第四，未履行法定批准程序、公开发布程序，严重违反制定程序的；第五，其他违反法律、法规以及规章规定的情形。人民法院经审查认为规范性文件不合法的，不作为人民法院认定行政行为合法的依据，并在裁判理由中阐明。作出生效裁判的人民法院应当向制定机关提出处理建议，并可以抄送制定机关的同级人民政府、上一级行政机关、监察机关以及规范性文件的备案机关。人民法院认为规范性文件不合法的，应当在裁判生效后报送上一级人民法院备案。涉及国务院部门、省级行政机关制定的规范性文件，司法建议应当分别层报最高人民法院、高级人民法院备案。

方某某诉某省某县公安局治安管理行政处罚案中，方某某不服公安机关消防行政处罚提出诉讼，一并提出对《消防安全要求》《消防执法问题批复》《消防安全法律适用意见》三份规范性文件进行合法性审查，是公安行政规范性文件司法监督的典型适用。三份规范性文件分别由浙江省公安厅和杭州市公安局发布。其中，《消防安全要求》的内容主要是规范出租房屋的消防安全要求。其制定依据是2010年9月1日起施行的《浙江省消防条例》第17条第1款“用于出租的居住房屋，应当符合消防安全要求。消防安全的具体要求由省公安机关会同有关部门制定，报省人民政府批准后施行”的规定。《消防执法问题批复》是浙江省公安厅对温州市公安局所报请示作出的批复，其

① 参见卢超：《规范性文件附带审查的司法困境及其枢纽功能》，载《比较法研究》2020年第3期。

中第5条规定“居住的出租房屋同时设置10个以上（含）出租床位用于出租，且租赁期限在3个月以内的，或者集中设置出租床位出租的，该居住出租房屋可以视为《治安管理处罚法》第39条规定的‘其他供社会公众活动的场所’，该房屋出租人（含转租人）可以视为第39条规定的‘供社会公众活动的场所的经营管理人员’”。从内容看，该批复是对《治安管理处罚法》第39条“其他供社会公众活动的场所的经营管理人员”的规定而作出的应用解释，符合公安部《消防监督检查规定》（公安部令120号）第3条第3款“公安派出所日常消防监督检查的单位范围由省级公安机关消防机构、公安派出所工作主管部门共同研究拟定，报省级公安机关确定”的规定。公安机关的应用解释有地方性法规和规章依据，属合法的规范性文件。杭州市公安局法制支队下发的《消防安全法律适用意见》第8条重申省公安厅的前述批复，是对辖区内消防执法统一适用法律的指导意见，且符合省厅的批复内容，当属合法。某县公安局在行政处罚程序中应参照适用前述公安行政规范性文件。

需要明确的是，行政诉讼附带审查的对象仅限于行政规范性文件，人民法院在行政诉讼中对行政行为进行审查时，对行政行为所依据的公安行政立法（行政法规及规章）无权进行合法性审查。① 对公安行政法规、规章的监

① “上诉人陈某某不服一审判决向本院提出以下上诉请求：1. 撤销原判；2. 对交警一大队行政行为合法性做出审查；3. 对交警一大队行政行为执法权源即《昆明市城市道路车辆通行规定》违反《中华人民共和国行政许可法》《中华人民共和国立法法》《中华人民共和国宪法》予以评判。2007年7月31日昆明市人民政府以政府令形式发布，自2007年9月1日起施行的《昆明市城市道路车辆通行规定》，法律效力位阶为‘州（市）政府规章’，违反了《中华人民共和国立法法》第4章第2节第93条规定的‘规章实施满两年需要继续实施规章所规定的行政措施的，应当提请本级人民代表大会或者其常务委员会制定地方性法规。没有法律、行政法规、地方性法规的依据，地方政府规章不得设定减损公民、法人和其他组织权利或者增加其义务的规范。’《昆明市城市道路车辆通行规定》作为州（市）政府规章至今已施行十七年，为何没有依法开展立法工作，为何还在执行已明显不符当前社会发展现实的规章制度，此地方政府规章明显减损了公民驾驶合法合规摩托车通行的权利。交警一大队以此违法违规的通行规定作为执法权源开展的行政处罚行为何谈合法，是否存在倚仗‘通行规定’开展创收性罚款情况。人民法院认为，就规范性文件的附带审查问题。《中华人民共和国行政诉讼法》第53条规定，‘公民、法人或者其他组织认为行政行为所依据的国务院部门和地方人民政府及其部门制定的规范性文件不合法，在对行政行为提起诉讼时，可以一并请求对该规范性文件进行审查。前款规定的规范性文件不含规章。’上诉人陈某某在本案中申请附带审查的文件为地方政府规章，依法不属于人民法院附带审查规范性文件的范围。”参见陈某某与某省某市公安局交通警察支队一大队道路交通管理案，云南省昆明市中级人民法院（2024）云01行终199号《行政判决书》。

督，具体方式包括备案、审查要求或建议，由《中华人民共和国立法法》第110条、第111条、第112条规定对行政立法的监督审查建议主体及程序。国务院、中央军事委员会、国家监察委员会、最高人民法院、最高人民检察院和各省、自治区、直辖市的人民代表大会常务委员会认为行政法规同宪法或者法律相抵触，或者存在合宪性、合法性问题，可以向全国人民代表大会常务委员会书面提出进行审查的要求，由全国人民代表大会有关的专门委员会和常务委员会工作机构进行审查、提出意见。其他国家机关和社会团体、企业事业组织以及公民认为行政法规同宪法或者法律相抵触的，可以向全国人民代表大会常务委员会书面提出审查的建议，由常务委员会工作机构进行审查；必要时，送专门委员会进行审查、提出意见。全国人民代表大会专门委员会、常务委员会工作机构可以对报送备案的行政法规进行主动审查，并可以根据需要进行专项审查。国务院备案审查工作机构可以对报送备案的部门规章和省、自治区、直辖市的人民政府制定的规章进行主动审查，并根据需要进行专项审查。全国人民代表大会专门委员会、常务委员会工作机构在审查中认为行政法规同宪法或者法律相抵触，或者存在合宪性、合法性问题，可以向制定机关提出书面审查意见。全国人民代表大会宪法和法律委员会、有关的专门委员会、常务委员会工作机构向制定机关提出审查意见，制定机关进行修改或者废止的，审查终止；制定机关不予修改或者废止的，向委员长会议提出予以撤销的议案、建议。

党的二十届三中全会提出“加强政府立法审查”“完善重大决策、规范性文件合法性审查机制”。2014年修正的《中华人民共和国行政诉讼法》将人民法院对行政规范性文件的隐性审查显性化，其立法目的是“规范性文件是行政行为的依据和源头，要纠正违法和不当的行政行为，有必要正本清源，从源头开始审查和纠正”。从近年司法实践来看，人民法院对行政规范性文件的审查呈现谦抑姿态，从法定职权、制定程序、立法目的方面进行浅层审查，且在审查监督实践中存在重复审查、关联性争议、合法性评价观点模糊等问题①，一些案件中，作为行政行为依据的行政规范性文件存在“隐性”现象。行政规范性文件附带审查的公开评价法定义务倒逼人民法院提升司法审查能力，以增强监督行政权运行的治理机制效能。

① 参见王青斌：《行政规范性文件直接审查模式的证立与建构》，载《法学研究》2024年第6期。

专题五

公安行政执法

案例 14

行政处罚上的责任主义

——翁某某诉某市公安局交通警察支队某大队行政处罚案

毕寓凡*

【内容提要】

2021 年修订的《中华人民共和国行政处罚法》第 33 条第 2 款规定："当事人有证据足以证明没有主观过错的，不予行政处罚。法律、行政法规另有规定的，从其规定。"由此将"主观过错"明确为实施行政处罚的先决条件，标志着我国行政处罚体系的责任主义转向。为了有效贯彻责任主义，必须首先明确区分"违法性"与"有责性"的概念：前者侧重于对行为本身的客观评估，而后者则聚焦于相对人的主观动机与心理状态。此外，对于具备相关心理状态的行为人，还需深入考量"责任阻却"因素，即法秩序对其在具体情境下实施合法行为的期待可能性。在证明责任方面，新法引入了"过错推定"原则，即由相对人承担证明自身无过错的举证责任，此举虽旨在提升行政效率，却也引发了关于举证责任分配公平性的广泛讨论。当前，如何在执法与司法实践中落实责任主义，构建合理的责任评价体系，精准判断行为人的主观过错，并在维护行政效率的同时充分保障个人权益，成为亟待解决的重要课题。

【裁判要旨】

礼让行人是文明安全驾驶的基本要求。机动车驾驶人驾驶车辆行经人行横道，其有证据足以证明已经审慎地尽到合理必要的礼让行人注意义务，应认定没有主观过错，不予行政处罚。

---

* 中国人民警察大学公安法学院讲师，法学博士。

【相关法条】

《中华人民共和国行政处罚法》（2021 修订）第五条、第六条、第三十二条、第三十三条（本案适用的是 2018 年 1 月 1 日施行的《中华人民共和国行政处罚法》第四条、第五条、第二十七条）

第五条　行政处罚遵循公正、公开的原则。

设定和实施行政处罚必须以事实为依据，与违法行为的事实、性质、情节以及社会危害程度相当。

对违法行为给予行政处罚的规定必须公布；未经公布的，不得作为行政处罚的依据。

第六条　实施行政处罚，纠正违法行为，应当坚持处罚与教育相结合，教育公民、法人或者其他组织自觉守法。

第三十二条　当事人有下列情形之一，应当从轻或者减轻行政处罚：（一）主动消除或者减轻违法行为危害后果的；（二）受他人胁迫或者诱骗实施违法行为的；（三）主动供述行政机关尚未掌握的违法行为的；（四）配合行政机关查处违法行为有立功表现的；（五）法律、法规、规章规定其他应当从轻或者减轻行政处罚的。

第三十三条　违法行为轻微并及时改正，没有造成危害后果的，不予行政处罚。初次违法且危害后果轻微并及时改正的，可以不予行政处罚。

当事人有证据足以证明没有主观过错的，不予行政处罚。法律、行政法规另有规定的，从其规定。

对当事人的违法行为依法不予行政处罚的，行政机关应当对当事人进行教育。

【案件索引】

一审：浙江省舟山市普陀区人民法院（2019）浙 0903 行初 8 号行政判决

二审：浙江省舟山市中级人民法院（2019）浙 09 行终 76 号行政判决

再审：浙江省高级人民法院（2021）浙行再 33 号行政裁定

本案已归入《人民法院案例库》，编号 2023-12-3-001-019。

【基本案情】

原告翁某某于 2019 年 3 月 20 日驾驶小型普通客车，由西向南右转弯行经案发路口人行横道时，礼让了一名行人。在该行人通过后，涉案车辆缓慢行经斑马线时，有对向行驶车辆左转，另一行人于机动车道下车后出现在斑马线另一端时，涉案车辆已经整体驶入斑马线，并驶离。另查明，再审申请人在此次被处罚前的三年间，无交通违法记录。

某市公安局交通警察支队某大队（以下简称某交警大队）认为，翁某某违反了《中华人民共和国道路交通安全法》（以下简称《道路交通安全法》）第 47 条第 1 款“机动车行经人行横道时，应当减速行驶；遇行人正在通过人行横道，应当停车让行”的规定，当场对翁某某处以罚款 100 元，并依据《机动车驾驶证申领和使用规定》对当次违法行为记 3 分。翁某某诉至法院，请求撤销上述行政处罚决定。

【裁判结果】

浙江省舟山市普陀区人民法院于 2019 年 9 月 12 日作出（2019）浙 0903 行初 8 号行政判决，驳回翁某某的诉讼请求。宣判后，翁某某提出上诉。浙江省舟山市中级人民法院于 2020 年 1 月 13 日作出（2019）浙 09 行终 76 号行政判决，驳回上诉，维持原判。翁某某不服，申请再审。浙江省高级人民法院于 2021 年 12 月 8 日作出（2021）浙行申 262 号行政裁定，提审本案。综合考虑在案事实、性质、情节、危害程度等因素后，再审法院建议被申请人依法自行纠正被诉行政处罚决定，被申请人最终接纳建议并及时撤销了被诉行政处罚决定。浙江省高级人民法院于 2022 年 3 月 8 日作出（2021）浙行再 33 号行政裁定：准许再审申请人翁某某撤回起诉、上诉及再审申请；原一、二审判决视为撤销。

【裁判理由】

法院生效裁判认为：依照《中华人民共和国行政处罚法》（2017 修正）第 4 条、第 5 条及第 27 条等规定，实施行政处罚应遵循公正、公开的原则；必须以事实为依据，与违法行为的事实、性质、情节以及社会危害程度相当；应当坚持处罚与教育相结合。对违法行为轻微并及时纠正，没有造成危害后果的，不予行政处罚。《道路交通安全法》第 3 条规定，道路交通安全工作，应当遵循依法管理、方便群众的原则，保障道路交通有序、安全、畅通。第 47 条规定，机动车行经人行横道时，应当减速行驶；遇行人正在通过人行横道，应当停车让行。机动车行经没有交通信号的道路时，遇行人横过道路，应当避让。

本案中，被申请人在被诉行政处罚决定中认定，再审申请人驾驶机动车未礼让行人，当场决定对其罚款 100 元并记 3 分。被申请人为保障道路有序、安全、畅通，依照《道路交通安全法》规定，有法定职权及职责对道路交通违法行为加强管理，但同时应坚持严格规范公正文明执法。被申请人在原审期间提供的监控视频显示，再审申请人驾驶涉案车辆由西向南右转弯行经案发路口人行横道时，礼让了一名行人，在该行人通过后，涉案车辆缓慢行经斑马线时，有对向行驶车辆左转，待再审申请人发现另一行人出现在斑马线另一端时，车辆已经整体驶入斑马线。若即时停车，将导致车辆横停在斑马线上，反而阻碍行人通行，故难以认定再审申请人存在未礼让行人的主观过错。鉴于被申请人在始终处于动态变化中的路况现场执法的有限性，难以连贯地观察到整个过程，作出被诉处罚决定有所不当。另查明，再审申请人在此次被处罚前的三年间，无交通违法记录。

人民法院综合考虑在案事实、性质、情节、危害程度等因素后，建议被申请人依法自行纠正被诉行政处罚决定，以提升人性化执法水平、传递执法温度，被申请人最终接纳建议并及时撤销被诉行政处罚决定，殊值肯定。再审申请人为维护自身权益、促进当地交警部门更加公正文明执法，在依法理性维权过程中，展示出的勇气与坚定，最终能理解民警在动态现场执法中遇到的客观困难并体谅其执法中出现的不当，难能可贵。案涉争议金额虽小，但各方均秉持共同的法治信仰，作为法治社会的公民，选择花时间较真，作为法治政府的缩影，选择下功夫改进，最终共同努力迈向争议实质化解，用点滴实践不断推进法治国家建设。

综上，被诉行政处罚决定已被撤销，再审申请人翁某某撤回起诉、上诉及再审申请系其真实意思表示，且不损害国家利益、社会公共利益及他人合法权益，本院对该申请依法予以准许。

【案例评析】

一、争议焦点："主观过错"

根据再审裁定和人民法院案例库对裁判要旨的概括，本案争议焦点在于认定翁某某是否存在未礼让行为人的"主观过错"。法院在再审过程中，通过审查监控视频等证据材料，认为翁某某在礼让第一名行人后，由于有对向行驶车辆左转，待其发现还存在另一行人时，已无法即时停车，否则可能阻碍行人通行。因此，裁定指出难以认定再审申请人存在未礼让行人的主观过错。收入人民法院案例库时，裁判要旨则概括为"有证据足以证明已经审慎地尽到合理必要的礼让行人注意义务，应认定没有主观过错，不予行政处罚"。

二、"过错"条款：《行政处罚法》对责任主义的明确

我们可能认为，上述再审裁定和裁判要旨的分析有模糊之处。翁某某是

否客观上由于未履行礼让行人的义务而实施了违法行为，及其主观上对此是否有过错，是两个不同的问题。这种模糊性，一定程度上反映了《中华人民共和国行政处罚法》（以下简称《行政处罚法》）关于责任主义的流变。该案发生于 2019 年，一审、二审判决分别在 2019 年和 2020 年作出，故适用 2018 年施行的《行政处罚法》，而再审和收入案例库，则发生在 2021 年《行政处罚法》修订后，将“主观过错”吸纳为行政可罚性的成立条件之后。显然，后一阶段法院立场的转变，与法律的修订有密切的联系。

在 2021 年《行政处罚法》修订之前，关于主观过错是否构成对行为人实施行政处罚的必要条件，进而对行政法领域在一般意义上是否贯彻责任主义，存在广泛的分歧。责任主义主张法律的制裁以主体负有责任为前提，与制裁的正当性密切相关。① 该原则的重要性是毋庸置疑的。有学者指出，它是现代国家实施制裁性行为的基本原理，对于刑事制裁和行政处罚同样适用。② 有学者甚至认为它对于国家的制裁性行为而言是一条宪法原理。③ 责任主义的制度实现包含双重要件：其一，主体须具备法律意义上的责任能力，即主体适格，这是责任归属的前提性条件；其二，主体须满足一定的责任条件。④ 这种“无责不罚”的逻辑，不仅彰显了人的自由意志与尊严，⑤ 也构建了公权力与私权利之间的一种平衡机制，为公权力的行使划定了边界。⑥

我国《刑法》在制度上明确坚持责任主义。如第 17、18 条规定了责任年龄与能力，第 14~16 条规定了犯罪的构成以故意或过失的存在为必要条件，缺乏这些主观要素的行为人，不承担刑事责任。而修订前的《行政处罚法》，则没有明确提及应受行政处罚行为人的主观状态。尽管第 27 条第 2 款规定了轻微且及时纠正、未造成危害后果的违法行为可免予处罚，但这一规定与主观过错并无直接关联。由于《行政处罚法》与《刑法》在这方面的显著差异，主流看法一直是否认行政处罚需要遵循责任原则，否认主观过错是认定行为人应受行政处罚的必要条件。如孙百昌指出：“这些特点导致对行政违法

---

① 参见熊樟林：《行政处罚责任主义立场证立》，载《比较法研究》2020 年第 3 期。

② 参见成协中：《明确主观归责原则　提升行政处罚的法治维度》，载《中国司法》2021 年第 4 期。

③ 参见杨利敏：《论我国行政处罚中的责任原则——兼论应受行政处罚的过失违法行为》，载《华东政法大学学报》2020 年第 2 期。

④ 参见王贵松：《论行政处罚的责任主义》，载《政治与法律》2020 年第 6 期。

⑤ 参见熊樟林：《行政处罚责任主义立场证立》，载《比较法研究》2020 年第 3 期。

⑥ 参见黄先雄、孙学凯：《过错内外：论行政处罚的主观责任与客观责任》，载《中南大学学报（社会科学版）》2022 年第 4 期。

行为以不考虑行为人的主观状态（故意与过失）为基本原则，除非法律另有规定。要求违法行为人只有主观故意或过失才能定为违法，把刑法的原则套用到行政处罚，并不符合行政管理的特点。”① 孙秋楠也认为，在行政处罚领域，为了减少认定上的困难，通常不考虑相对人主观上的过错。② 另外，也有学者强调主观有责的重要性，如杨利敏认为，对于国家的任何制裁性行为而言，实行责任主义都是一条宪法原理，行政法的制裁行为也不例外；且行政处罚法与刑法一样发挥着预防功能，而处罚没有主观过错的行为人是无法实现这一功能的。③

2021年修订的《行政处罚法》，从草案阶段即被视为在行政处罚领域引入了责任主义。④ 尽管本法第2条对行政处罚的定义（“行政处罚是指行政机关依法对违反行政管理秩序的公民、法人或者其他组织，以减损权益或者增加义务的方式予以惩戒的行为”），仍然仅仅指出了应受行政处罚的行为具有“违反行政管理秩序”这一要件，亦即违法性要件，但结合本法第30条（对未成年人实施违法行为的处理）、第31条（对精神病人、智力残疾人实施违法行为的处理）、第32条（对受胁迫或诱骗实施违法行为等情形的处理）及第33条（对“当事人有证据足以证明没有主观过错”的处理），进行体系化解释，一般认为主观有责已构成认定相对人应受行政处罚的必要条件之一。

其中，新法增设的第33条第2款，即“当事人有证据足以证明没有主观过错的，不予行政处罚。法律、行政法规另有规定的，从其规定”，尤其受到关注。这一“过错”条款，被认为在行政处罚的归责中确立了主客观相结合的责任原则，一般性地否定了纯粹客观归责的合法性。⑤ 在新版《行政处罚法》的意见征集阶段，很多学者就积极主张增设此类条款，明确无主观过错的行为不具有行政可罚性。而“过错”条款即可被视为采纳相关建议的结果。自此，否定相对人的行为具备应受行政处罚性，不仅可以通过否定其客观的

① 参见孙百昌：《再论行政处罚适用“不问主观状态”原则》，载《工商行政管理》2006年第8期。

② 参见孙秋楠：《受行政处罚行为的构成要件》，载《中国法学》1992年第6期。

③ 参见杨利敏：《论我国行政处罚中的责任原则——兼论应受行政处罚的过失违法行为》，载《华东政法大学学报》2020年第2期。

④ 参见熊樟林：《行政处罚法引入责任主义彰显法治进步》，转引自《文摘报》2020年10月20日06版（载光明网：https://epaper.gmw.cn/wzb/html/2020-10/20/nw.D110000wzb_20201020_1-06.htm.）。

⑤ 参见黄先雄、孙学凯：《过错内外：论行政处罚的主观责任与客观责任》，载《中南大学学报（社会科学版）》2022年第4期。

违法性，还可以通过否定其主观的有责性。同时，该条款也表示《行政处罚法》中的责任原则以过错推定为主要形式，行政机关无须举证证明当事人的主观过错，而是将证明自身无过错的责任置于相对人一方，只有在相对人成功证明其不存在主观过错时，方能免予行政处罚。由此，该条款不仅强调了主观过错作为处罚依据的重要性，也将证明无过错的负担转移给相对人，要求其在面对可能的行政处罚时主动提供证据进行自证，从而在贯彻责任主义、增强行政处罚公平性的同时，兼顾了行政执法的效率。

相较于旧《行政处罚法》，"过错"条款不仅在制度上明确了行政处罚上的责任主义，也对行政执法有显著的规范作用。尽管有学者认为"旧法"中已隐含责任主义的理念，[①] 然而，由于立法上并未明确表述，加之对行政效率的重视，实际操作中普遍遵循结果主义或纯粹的客观归责原则。这意味着，行政处罚的判定往往仅依据客观存在的违法行为，而忽略了行为人主观上是否存在过错。[②] 有研究指出，在《行政处罚法》先前的修订过程中，也曾考虑过主观责任的问题，并提出行政处罚的适当性应基于违法行为的主客观要件及其对社会关系的影响进行综合分析，但最终因客观条件限制，未能直接解决行政处罚中的主观责任这一争议性议题。[③] 新修订的《行政处罚法》通过明确的责任条款，对这一空白进行了填补，不仅完善了既有规范，也有效回应了执法实践中的现实问题。

在此背景下，将翁某某案及类似判例纳入案例库，其重要性不言而喻。这些判例所展现的法院立场转变，与"过错"条款的颁布及行政处罚领域向责任主义立场的迈进紧密相连。对于那些质疑该条款仅为处罚裁量规定，不涉及行政处罚性有无的认定，从而否定其作为责任主义条款的观点，此类判例提供了有力的反驳。[④] 然而，翁某某案也揭示了，该条款的规定本身不足以有效解决责任判断在操作层面上的问题。首先，在我国行政处罚领域的司法实践中，违法与责任的界限尚不明晰，导致本案中诸如是否履行"礼让义务"与是否对此有过错的混淆。其次，如何准确判断责任的有无，认定何时成立

① 参见杨利敏：《论我国行政处罚中的责任原则——兼论应受行政处罚的过失违法行为》，载《华东政法大学学报》2020 年第 2 期。

② 章剑生、胡敏洁、查云飞主编：《行政法判例百选（第二版）》，法律出版社 2024 年版，第 75 页。

③ 参见黄先雄、孙学凯：《过错内外：论行政处罚的主观责任与客观责任》，载《中南大学学报（社会科学版）》2022 年第 4 期。

④ 参见熊樟林：《〈行政处罚法〉主观过错条款适用展开》，载《中国法学》2023 年第 2 期。

责任阻却，确认行为人对特定违法行为的过错，仍是争议焦点。这些理论上的分歧，最终会转化为执法实践中的挑战，影响过错条款的有效适用和责任主义的深入贯彻。

三、违法与有责的区分

目前，在判断一个行为是否应受行政处罚方面，尚未形成一个普遍认可的统一模型。学术界普遍认为，在构建这一模型的过程中，刑法的犯罪论体系为我们提供了一个重要的参考框架。一方面，行政处罚体系的构建借鉴刑罚体系，不仅彰显了对人格尊严等宪法价值以及比例原则等宪法原则的尊重，也体现了法秩序对责任主义精神的全面接纳和规范化表达。[①] 另一方面，鉴于刑罚与行政处罚在历史渊源、保护利益及规范模式上的高度相似性，[②] 这种借鉴具有充分的合理性和可行性。因此，我们可以参考刑法教义学的相关理论，来构建应受行政处罚性的判断结构。

在刑法领域，犯罪构成要件的阶层性研究已经达到了相当成熟的水平。通说将犯罪构成区分为违法和有责两个层次。事实上，德国的《违反秩序法》也参照了刑法的结构进行设计。违法层次探究行为是否具有客观的违法性，并进一步分为形式和实质两重判断。形式上的违法性判断，即“构成要件该当性”，是一种纯粹的事实评价，其核心在于将相对人的行为、产生的结果及其因果关系，与行政处罚制度中针对特定违法行为的构成要件进行比对，确保处罚不超出制度载明的范围。当相对人的行为特征与行政法描述的特定违法行为相吻合时，即可认定其行为具有形式违法性。构成要件符合性的判断过程通常不涉及价值判断，它主要发挥两个作用：一是通过宣示特定行为的违法性，向公众传达对此类行为的否定态度，起到警示和预防作用；二是通过明确违法行为的特征，为行政机关的裁量权设定界限，从而保障法治和人权。

当确定行为符合构成要件，初步具备形式上的违法性之后，还需进一步进行实质性的违法性判断。构成要件符合性仅是违法性的初步指示，而非最终判定，行为是否真正违法还需在后续阶段进行确认。行为即便具备特定的禁止性条款描述的全部特征，也仅表明其具备违法的可能性，并不等同于必

---

① 参见张怡静：《论行政处罚中的阻却责任事由——以无期待可能性为中心的体系分析》，载《行政法学研究》2025 年第 1 期。

② 参见熊樟林：《应受行政处罚行为模型论》，载《法律科学（西北政法大学学报）》2021 年第 5 期。

然具有违法性。通常认为，对于实质违法性的认定，关键在于评估是否存在违法阻却事由，如正当防卫、紧急避险等特殊情况。有学者指出，在我国的行政处罚实践中，这种实质性的违法性判断常被忽视。这既有行政机关追求效率的因素，也与我国行政处罚制度中违法性阻却事由的缺失紧密相关，这种缺失导致紧急避险、正当防卫等合理抗辩难以在违法性评价体系中得到充分考虑。①

应当指出，违法性的实质判断并不仅仅限于正当防卫、紧急避险等特定情形的认定。该判断的核心任务，是在构成要件符合性的基础上，将那些在法律精神框架内被允许或容忍的行为排除在违法范畴之外。这种排除的根本依据，在于利益权衡。从这一角度出发，否定行为实质违法性的情形有两种：一种情形是，行为虽然在形式上符合禁止性规范对特定违法行为的描述，但实际上并未侵害该规范旨在保护的特定利益，这些利益从广义上讲涵盖了特定的社会关系或秩序，主要依据立法目的来界定。② 例如，《行政处罚法》第1条明确了该法的立法目的，包括维护公共利益、社会秩序及公民、法人或其他组织的合法权益，第2条则界定了行政处罚的对象，这些均可视为违法性利益权衡的总纲。在评估特定行为的实质违法性时，还需细致考量该行为所违背的具体法条之规范目的。另一种情形是，行为不仅形式上符合特定禁止性规范的描述，也确实侵害了受保护利益，但同时维护了更高或更重要的利益。当然，利益的优先次序同样依据制度规定来确定。很明显，正当防卫、紧急避险等传统的违法阻却事由，由于涉及两种利益的冲突与权衡，属于后一种实质判断的范畴。这种阶层性的判断秩序至关重要，它确保了先通过形式判断排除不符合构成要件的行为，再通过基于利益权衡的实质违法性判断进一步筛选，最后才进入责任评价阶段。这一过程不仅遵循了法治原则，还有效限制了行政裁量权，有助于保障行政处罚裁判的确定性和论证的有序性。

在翁某某案中，再审法院的论证显然部分涉及对违法性的前一种实质判断。法院指出，“再审申请人发现另一行人出现在斑马线另一端时，其车辆已

---

① 参见熊樟林：《应受行政处罚行为模型论》，载《法律科学（西北政法大学学报）》2021年第5期。

② 同理，一个行为也可能侵犯了特定禁止性规范保护的利益，但并不符合该条款的形式规定。显然，实践中会存在处罚这类行为的倾向，但这种做法显然违背行政处罚法定的原则。这解释了为什么阶层性的判断次序是重要的，即为什么应当先进行构成要件符合性的形式判断，后进行涉及利益权衡的实质违法性判断，最后再进入责任评价阶段。正是这种阶层性顺序，确保了禁止性规范可以切实发挥限制行政裁量权的法治功能，一开始便排除不符合具体构成要件的行为受到行政处罚的可能性。

完全驶入斑马线。若此时紧急停车，车辆将横亘于斑马线上，反而可能阻碍行人通行”。此论述意味着，尽管再审申请人在发现行人后未停车的行为，从表面上看违反了《道路交通安全法》第47条第1款中关于“机动车行经人行横道时，应当减速行驶；遇行人正在通过人行横道，应当停车让行”的规定，但实际上该行为并未阻碍行人通行，甚至相较于停车而言，更有利于行人的顺畅通过，这恰恰符合了该法律条款的立法目的。从这一角度分析，再审申请人在发现涉案行人之后不停车的行为，并不构成实质违法，进而无须探讨其主观过错。涉及主观过错，属于责任判断范畴的，应当是申请人因“对向车辆左转”而未能提前发现行人这一事实。

在交通法规的执法和司法实践中，涉及此类实质违法性评价的案例并不少见。例如，在沈某诉某交警支队交通行政处罚一案中，[①] 沈某在驾车离开检查站后注意到路面窨井盖损坏，出于对公共安全的高度责任感，他选择返回并报告这一情况。尽管沈某的行为违反了《道路交通安全法》中关于车辆需靠右侧通行的规定，但其目的在于预防和减少可能因窨井盖损坏而引发的交通事故，旨在保护公民、法人及其他组织的安全，这完全符合《道路交通安全法》保障公共安全的总体立法宗旨。因此，沈某的行为虽形式上违法，但实质上因维护了更高的公共利益而减轻了其违法性。然而，需要注意的是，沈某所维护的利益是基于该法律的总体目的得出的，而非直接针对右侧通行规定所保护的具体交通秩序，这在一定程度上减弱了其论证的有效性，使得该案例与翁某某案相比，在实质违法性评价上的说服力略显不足。

形式违法性与实质违法性共同构成了对行为客观违法性的全面评价。这种违法性判断揭示了行为对法律秩序的违背，但仅凭此尚不足以确立处罚的正当性，还必须进一步考量行为人的责任。有责性作为规范罪责论的核心内容，是法律的评价与规范功能的交会点。其中，违法性主要体现了法律的评价功能，而有责性则界定了人的身心能力范围及规范的效力边界。简而言之，一个行为若要受到行政处罚，必须同时满足违法性与有责性两个条件。前者决定了行为本身是否应被否定，而后者则进一步决定了行为人是否应为此受到法的非难与谴责。

由此出发，有责性的判断主要涉及责任能力与责任条件两个方面。正如王贵松指出的，“只有行为人在实施违反行政管理秩序的行为时具有责任能力

① 参见“沈某诉某交警支队交通行政处罚案”二审判决：上海市第一中级人民法院（2021）沪01行终243号行政判决（2021年6月21日）。

和责任条件，行政机关才能予以处罚，这就是行政处罚的责任主义”①。其中，责任能力要求行为人需具备对其行为负责的能力，主要从年龄和精神状态两方面来评价。制度上，《行政处罚法》第30条规定：“不满十四周岁的未成年人有违法行为的，不予行政处罚，责令监护人加以管教；已满十四周岁不满十八周岁的未成年人有违法行为的，应当从轻或者减轻行政处罚”。第31条规定：“精神病人、智力残疾人在不能辨认或者不能控制自己行为时有违法行为的，不予行政处罚……间歇性精神病人在精神正常时有违法行为的，应当给予行政处罚。尚未完全丧失辨认或者控制自己行为能力的精神病人、智力残疾人有违法行为的，可以从轻或者减轻行政处罚”。显然，与刑法领域类似，行政法也将年龄与辨认、控制能力，作为认定行为人负有责任能力的基础。《行政处罚法》第33条第2款关于“主观过错”的规定，则被普遍视为对责任条件的明确承认。在传统理论中，责任条件的核心在于考察行政相对人是否存在故意或过失的心态。粗略来说，故意是指明知自己的行为可能造成对他人或社会的损害结果，却希望或放任这种结果发生；过失则是指应当预见自己的行为可能产生此类结果，但因疏忽大意而未能预见，或虽然预见却轻信能够避免，最终导致结果发生。② 简而言之，若行为主体不具备责任能力，或未能满足上述责任条件，其行为即被认定为不具备有责性，因此不构成应受行政处罚的情形。

尽管随着相关制度的修订，学界现已普遍接受责任主义原则，但在违法与责任的区分问题上仍存分歧。正如翁某某案反映出来的，有观点认为不应严格区分违法的阻却与责任的阻却，而是倾向于将形式违法性之后的所有阻却性判断一概归入责任阶段，并适用由行为人承担举证责任的“过错”条款。然而，这是不合逻辑的。违法性判断本质上是对行为的客观评价，而责任判断则是对行为人在违法基础上的可罚性进行进一步考量。形式违法性仅仅是实质违法性判断的基础，而全面的违法性评估才是责任判断的前提。在判断行为是否应受行政处罚时，违法与责任是两个同等重要且需先后进行的判断维度。有责性的确立，意味着行为人对客观的违法行为具备主观上的可谴责性。因此，无论从规范还是从逻辑的角度出发，在行政处罚领域明确区分违法与责任都是必要的，也是贯彻责任主义的题中应有之义。

① 参见王贵松：《论行政处罚的责任主义》，载《政治与法律》2020年第6期。

② 立足于《行政处罚法》第33条第2款，对于行政处罚中“故意”与“过失”的专门讨论，参见熊樟林：《〈行政处罚法〉主观过错条款适用展开》，载《中国法学》2023年第2期。

四、责任的阻却

通过前文讨论可知，翁某某案中单纯的责任评价问题，仅在于相对人对驶上斑马线前未能及时察觉行人一事是否负有责任。鉴于翁某某显然具备责任能力，因此核心在于评估其是否满足责任条件，即对于这种未能察觉是否存在“主观过错”。

传统理论对于责任条件的探讨，主要聚焦于行政相对人是否存在故意或过失的心态。有观点认为，这种心态正是“主观过错”的全部内涵。[①] 根据这种观点，当个人在（相对）自由意志的驱使下，做出了违背法律义务的选择时，即被视为存在主观过错。主观过错大致可区分为故意与过失，其中故意又可细分为直接故意（即积极追求结果发生）与间接故意（即放任结果发生）；过失则进一步分为过于自信的过失（已预见但轻信能避免结果）与疏忽大意的过失（未预见结果）。“在对待结果的态度上，直接故意表现为积极支持，间接故意则表现为中立态度，而过失则表现为未表态或反对态度。”[②]

这种将责任完全建立在主体与其行为的主观联系上的理论，源于古典时期的“心理责任论”。依据该理论，责任要素仅包括上述心理要素；在行为违法且主体具备责任能力的前提下，若存在这些心理要素，则行为人应受处罚。[③] 在刑法领域，这一理论自19世纪至20世纪初一直占据着主导地位。[④] 例如，西田典之曾指出：“很早便有观点认为，故意这一心理状态，过失（不注意）这一心理状态分别直接是责任形式之一，是进行责任谴责的基础。这称为心理性责任论。即便现在，仍有观点对此表示支持。”[⑤] 大塚仁也进一步阐述，心理责任论主张责任的实体即是一种心理关系，并根据心理关系的不同区分责任的形式，即区分了以认识和意欲为内容的故意的责任形式和以其可能性为依据的过失形式；按照这一理论，只要行为人具备上述心理关系，

① 章剑生、胡敏洁、查云飞主编：《行政法判例百选（第二版）》，法律出版社2024年版，第76~77页。

② 张明楷：《刑法学（第六版）》，法律出版社2021年版，第386页。

③ 许玉秀：《犯罪阶层体系及其方法论》，成阳印刷股份有限公司2000年版，第15页。

④ 曲新久主编：《刑法学》，中国政法大学出版社2022年版，第100页。

⑤ ［日］西田典之：《日本刑法总论》，刘明祥、王昭武译，中国人民大学出版社2007年版，第159页。

刑法便可对其进行科责。[①]

在刑法领域，与行政法语境相似，心理责任论的提出同样是基于反对纯粹客观归罪（即结果归罪）的立场。客观归罪仅因危害结果的发生便允许对行为人施以处罚，完全忽视其主观心理状态。[②] 心理责任论则强调，刑法上的归责不应仅仅依据行为人对禁止性规范的客观违反，还需要求行为人因其不法行为而应受谴责，而这种谴责的正当性植根于行为人内心与其违背的法律准则之间的深层关联。[③] 将责任论的核心诠释为犯罪的确立需蕴含心理层面的要素，这一观点对犯罪理论体系的发展产生了深刻而持久的影响。随着该观点的广泛传播，“违法是客观的，责任是主观的”这一理念逐渐深入人心，不法与有责之间的界限得以清晰划定，有力纠正了早年间客观归罪、结果归责的倾向，具有历史性的进步意义。[④]

然而，将心理状态本身视为非难的依据，这一观点似乎存在一些不合理之处。从翁某某案的一审、二审判决及再审裁定中不难发现，翁某某主张自己未能及时注意到涉案行人，是因为当时车头前方有四辆白色小车交替行驶，而基于交通常识，右转机动车相较于左转或直行车辆更易发生事故（右转车辆存在较大的视角盲区和内轮差），因此按正常的驾驶思维，驾驶员会优先关注车辆右侧的路线情况。某交警大队则辩称，翁某某应当注意，事实上也已经注意到了涉案行人。而法院的再审裁定指出，由于路况始终处于动态变化之中，现场执法存在局限性，警方难以连贯观察整个事件过程，因此“作出被诉处罚决定有所不当”。在此案例中，尽管翁某某是否看到了行人进而具备相关的心理状态仍是一个考量因素，但并非争议的核心；真正的争议点在于，面对复杂多变的路况，凭借驾驶员必备的驾驶常识，翁某某是否应当对行人有所注意。

由此可见，对于特定风险缺乏认识或预见，本身并不足以构成谴责的依据。只有当能够合理主张行为人应当认识或预见该风险时，才能认定其具有

---

① ［日］大塚仁：《刑法概说（总论）》，冯军译，中国人民大学出版社 2003 年版，第 378 页。

② 参见陈兴良：《刑法中的责任：以非难可能性为中心的考察》，载《比较法研究》2018 年第 3 期。

③ ［德］李斯特：《德国刑法教科书》，徐久生译，法律出版社 2006 年版，第 251 页。

④ 参见陈兴良：《刑法中的责任：以非难可能性为中心的考察》，载《比较法研究》2018 年第 3 期。

可谴责性。[①] 同样地，即便两人对侵害结果持有相同的心态，其可谴责性也未必完全相同。例如，在共谋盗窃的情境中，若一人盗窃是为了赌博，而另一人则是为了给病重的家人筹款治病，法律对两人的可谴责性很可能会作出不同的评价，这种差异往往体现在处罚的裁量过程中。[②] 此外，当行为人面临履行义务的特殊困难，[③] 甚至遭遇义务冲突，[④] 那么即便其完全具备对结果的相关心理状态，法律也可能会基于这些特殊情况排除其可谴责性，从而不予处罚。

上述情形的存在，清晰地揭示了法律非难的依据实质上是一种规范性评价，而非单纯的心理状态。正如在违法性判断中，形式上符合构成要件的行为未必具备实质违法性一样，责任判断尽管以故意或过失的心理状态的存在为前提，但这些心理状态本身并非责任的实质依据。因此，仅仅局限于心理现象层面的心理责任论，不足以全面而准确地解决责任问题。鉴于此，责任理论从“心理责任论”演进到了“规范责任论”。在规范责任论中，核心关注点不再是行为人的心理状态，而是能否合理期待行为人实施合法行为，即是否存在“期待可能性”。对于在形式上对侵害结果具备相关心理状态的行为人，如果实质上可以排除其期待可能性，即认定不能合理期待其在特定情境中实施合法行为，那么可以（在某种程度上）否定其可谴责性，从而实现责任的（部分或全部）阻却。

在 2021 年《行政处罚法》修订前后，行政法领域内关于期待可能性及更

---

① 参见毕寓凡：《罪责的实质——修正性格理论的提倡》，中国政法大学 2024 年博士学位论文。

② 同上。

③ 参见文昌盈海清澜水务诉文昌市环境局等行政处罚及行政复议案（2022）最高法行再 329 号。

④ 参见《沪市监总处（2022）322022000127 号行政处罚决定书》及上海市市场监督管理局《关于“巴黎贝甜无证生产被罚”的回应》。从义务冲突的角度对该案例的讨论，参见张怡静：《论行政处罚中的阻却责任事由——以无期待可能性为中心的体系分析》，载《行政法学研究》2025 年第 1 期。

广泛意义上的责任阻却问题的研究文献不断涌现。[①] 学者们对于期待可能性在应受行政处罚性判断体系中的定位持有不同观点，对于如何确定期待可能性的判断标准也存在广泛争议。在体系定位问题上，有些学者倾向于在阻却违法事由的框架内探讨无期待可能性。但是，鉴于期待可能性的判断核心在于对具备实质违法性行为进行可谴责性的考量，逻辑上它更应被归入责任阻却的范畴。另有部分学者虽然承认期待可能性作为责任要素的重要性，却拒绝将其纳入《行政处罚法》第 33 条第 2 款关于“主观过错”的判断。然而，在当前法律框架下，若所有责任条件（除责任能力外）均需依据该条款进行判断，那么将形式上的心理状态与实质上的期待可能性一并纳入“主观过错”的考量范围，便成为一个制度上必要的选择。

关于期待可能性的判断标准，学术界主要存在三种学说。[②] 其一为行为人标准说，该学说主张依据行为人在实施具体行为之时的自身情况来判断，即在当时的情境下，能否合理期待该行为人实施合法行为。其二为平均人标准说，该观点认为，若社会一般人（即“平均人”）在相同情境中能够实施合法行为，则行为人也应被视为具有期待可能性，反之则不具有。其三为国家标准说（或法规范标准说），该学说从国家或其法秩序的具体要求出发，来判断行为人是否具有期待可能性。这三种学说各有其优缺点：行为人标准说充分考虑了行为人的个性，然而，过度的个性化和具体化可能导致缺乏统一标准；平均人标准说以社会一般人为参照，但“平均人”这一概念较为抽象，可能引发标准的任意性，不利于司法实践的统一；国家标准说从国家法秩序的宏观角度出发，但在实际操作中，对于国家期待的具体内容却缺乏明确的限制。

应当认为，一种更为妥当的观点是将上述三种期待可能性的判断标准相结合，即综合考虑国家的行政法秩序对处于行为人具体状态下的社会一般人所持有的合理期待。这种综合考量方式更能体现行政法的普遍适用性和规范

---

① 参见杨利敏：《论我国行政处罚中的责任原则——兼论应受行政处罚的过失违法行为》，载《华东政法大学学报》2020 年第 2 期；王贵松：《论行政处罚的责任主义》，载《政治与法律》2020 年第 6 期；熊樟林：《应受行政处罚行为模型论》，载《法律科学（西北政法大学学报）》2021 年第 5 期；黄先雄、孙学凯：《过错内外：论行政处罚的主观责任与客观责任》，载《中南大学学报（社会科学版）》2022 年第 4 期；章剑生：《行政处罚中的“主观过错”：定位、推定与例外——〈行政处罚法〉第 33 条第 2 款评释》，载《浙江学刊》2023 年第 3 期；张怡静：《论行政处罚中的阻却责任事由——以无期待可能性为中心的体系分析》，载《行政法学研究》2025 年第 1 期。

② 曲新久主编：《刑法学》，中国政法大学出版社 2022 年版，第 102 页。

性，有助于在贯彻责任主义的同时，充分发挥行政法规范在指引公众行为、维护社会秩序方面的作用。以翁某某案为例，再审法院在判断翁某某是否应当注意到涉案行人时，充分考虑了当时动态变化的路况以及正常的驾驶思维。这一判断过程，实际上评估了在我国的道路交通安全法律秩序下，能否合理期待处于与翁某某相同的情境之中的一般驾驶员注意到涉案行人。因此，再审裁定在否定翁某某具有期待可能性，进而阻却其责任时，所采用的期待标准正是上述三种学说融合的结果。

五、责任的证明

关于责任的证明问题，新修订的《行政处罚法》第 33 条第 2 款明确采用了过错推定的归责模式，规定“当事人有证据足以证明没有主观过错的，不予行政处罚。法律、行政法规另有规定的，从其规定”。在翁某某案中，根据这一条款，应由翁某某提供关于交通状况、驾驶思维等方面的证据，证明自己在事发时并未及时注意到涉案行人，并且基于合理标准，法律秩序也不能期待他在那种情境下注意到行人。若他能成功证明这一点，即可否定自己对于这种“不注意”存在主观过错，进而阻却责任。

学者普遍认为，采用过错推定模式确实有助于提高行政管理效率。然而，将过错推定作为责任判断的一般性原则来适用，仍存在诸多不容忽视的问题。[①] 一是举证责任分配不均。过错推定模式导致举证责任倒置，将无过错的证明责任完全转嫁给行为人，这无疑加重了行为人的举证负担，使其在诉讼过程中处于不利地位，难以充分彰显司法公正原则。二是引发人权方面的争议。在行为人难以自证清白的情况下，直接推定其有过错，极易侵犯基本人权。三是可能造成法秩序内部冲突。在行政诉讼领域，传统上证明责任由行政机关承担，而过错推定原则将这一责任转至行为人，可能导致司法实践中证明责任的不连贯，进而引发法律适用的混乱。四是挑战行政效率与个体权利的平衡。过度依赖过错推定原则，可能加剧行政效率与个体权利保护之间的紧张关系，过度牺牲个人利益以换取行政效率的提升。五是证明标准模糊不清。“足以证明”的标准在行政处罚实践中缺乏具体界定，“另有规定”的范围也不明确，这都给行政执法和司法实践带来了不确定性，增加了法律适用的难度。六是增加权力滥用风险。过错推定原则中的不确定法律概念为行政和司法权力的行使提供了较大裁量空间，若缺乏有效规范引导，可能导致

① 参见王敬文：《论受行政处罚当事人无过错之证明——由〈行政处罚法〉第 33 条第 2 款展开》，载《证据科学》2022 年第 2 期。

权力的滥用，损害法律的确定性和公众对法律的信任。

上述问题的存在，引发了一些学者对《行政处罚法》第 33 条第 2 款作为责任条款的质疑。他们质疑该条款是否真正在应受行政处罚行为的成立条件中融入了责任要素，从而标志着行政处罚领域向责任主义的实质性迈进。有观点认为，该条款中的主观过错应被视为一种处罚裁量因素，即在确认个体应受行政处罚的基础上，作为对处罚的裁量依据。[①] 同时，“另有规定”等表述有时也被解读为含有削弱或豁免责任之意。[②] 然而，从翁某某案及类似判例中法院立场的显著转变可以看出，立法的修订无疑标志着我国行政处罚制度正逐步向责任主义靠拢。即便在采用过错推定模式的情况下，责任主义的引入仍能有效影响并改变裁判结果。这些判例的公开，不仅有助于统一行政法理论与实务界对于责任主义的认识，也有助于推动法理论的发展，使之超越单纯的法律条文的解释论范畴，进一步构建起用于认定应受行政处罚行为的一般论证模型。

总而言之，过错推定原则在行政处罚中的应用，体现了立法者对责任主义及主观归责的重视，无疑是法治建设的一大进步。然而，其存在的局限性和面临的挑战同样不容忽视。未来，制度层面上需进一步完善过错的证明规则，明确举证责任的分配及证明标准，并对“另有规定”条款进行细化阐释，以避免法律适用过程中的混乱与不确定性。随着法治建设的持续深化，行政处罚法的归责体系亦将不断完善，以期更好地平衡行政效率与个人权利之间的关系。

六、结语

2021 年修订的《行政处罚法》将主观过错明确纳入应受行政处罚行为的成立条件之中，这一变革标志着我国行政处罚制度稳步迈向责任主义的新阶段。在行政处罚上贯彻责任主义，需从两个方面着手：一是明确区分违法与有责，坚持违法性是对行为的客观评判，关注行为本身是否由于违反禁止性规范而侵犯了法所保护的利益；而有责性则聚焦于行为人的主观状态，评判其是否应对违法行为承担相应的责任。二是正确把握责任阻却的判断标准，即不仅要考虑行为人在实施行为时的心理状态，还需深入考量其是否具备期

---

① 参见熊樟林：《〈行政处罚法〉主观过错条款适用展开》，载《中国法学》2023 年第 2 期。

② 参见熊樟林：《〈行政处罚法〉主观过错条款适用展开》，载《中国法学》2023 年第 2 期。

待可能性，即法秩序能否合理期待行为人在特定情境中选择合法行为。在举证责任分配上，新修订的《行政处罚法》采取了过错推定原则，要求相对人承担证明自身无主观过错的举证责任。这一规定虽然有助于提升行政效率，但也引发了关于举证责任分配合理性的广泛争议。如何精准判断行为人的主观过错，同时兼顾行政效率与个人权利的平衡，成为当前的责任制度实践所面临的重要挑战。

回到翁某某案。对于翁某某的行为是否应受行政处罚的论证，实则跨越了违法性与有责性两个维度：一方面，在翁某某的车辆驶入斑马线之后，法院认定若其即刻停车，反而会妨碍行人通行，表明其不停车的行为非但未阻碍，甚至与停车相比更有利于行人的顺畅通行，因此并未侵害《道路交通安全法》第 47 条第 1 款所保障的行人通行权益，不具备实质违法性；另一方面，针对翁某某在驶入斑马线之前，因前方车辆遮挡而未及时发现涉案行人的情况，需通过援引当时的交通条件、常规驾驶逻辑等因素，来判断法秩序能否合理期待相对人在此情境下及时发现该行人，从而否认其主观过错，实现责任的阻却。在这两个维度中，只有责任维度的举证责任需由翁某某承担。法院则需综合各方面因素，评估道路交通安全法的规范体系下，能否合理期待处于翁某某所处情境的社会一般人注意到涉案行人。翁某某案这类典型案例的公布，对于在行政处罚领域深入贯彻责任主义具有重大意义。它们推动了我国行政处罚的执法与司法实践向违法性与有责性并重的体系化方向迈进，也有力促进了行政处罚制度朝着更加公正、合理的方向持续演进。

案例 15

治安管理处罚应严格遵循处罚法定及公正原则

——朱某某诉某市公安局某分局行政处罚案

刘　颖*

【内容提要】

治安管理处罚行为过程中，公安机关须严格遵循处罚法定原则的要求，正确解读法律规定，依法全面、客观地对违法行为给予认定。同时基于公正原则，应综合考虑相关因素，规范行使已生效的裁量基准，作出正确裁量。

【裁判要旨】

1. 治安管理处罚需严格遵循处罚法定原则，作出处罚需有充足的事实证据，结合主客观因素综合考量，不可以对虽有可能但并未实际发生的违法行为进行处罚。

2. 对于“扰乱公共场所秩序”行为的认定，需综合考虑行为的主体、地点、种类、后果等各种相关因素。

3. 治安管理处罚应遵循公正原则。作为最能够精准有效、成本低廉地实现处罚公正的途径的生效裁量基准，应得到规范行使。

【相关法条】

《中华人民共和国治安管理处罚法》（2012 修正）第二十三条　有下列行为之一的，处警告或者二百元以下罚款；情节较重的，处五日以上十日以下拘留，可以并处五百元以下罚款：（一）扰乱机关、团体、企业、事业单位秩序，致使工作、生产、营业、医疗、教学、科研不能正常进行，尚未造成严重损失的；（二）扰乱车站、港口、码头、机场、商场、公园、展览馆或者其

* 中国人民警察大学公安法学院讲师。

他公共场所秩序的；（三）扰乱公共汽车、电车、火车、船舶、航空器或者其他公共交通工具上的秩序的；（四）非法拦截或者强登、扒乘机动车、船舶、航空器以及其他交通工具，影响交通工具正常行驶的；（五）破坏依法进行的选举秩序的。

聚众实施前款行为的，对首要分子处十日以上十五日以下拘留，可以并处一千元以下罚款。

《中华人民共和国居民身份证法》第十七条　有下列行为之一的，由公安机关处二百元以上一千元以下罚款，或者处十日以下拘留，有违法所得的，没收违法所得：（一）冒用他人居民身份证或者使用骗领的居民身份证的；（二）购买、出售、使用伪造、变造的居民身份证的。

伪造、变造的居民身份证和骗领的居民身份证，由公安机关予以收缴。

《湖南省公安行政处罚裁量权基准（二）》十六、冒用居民身份证的行为处罚依据：《居民身份证法》第十七条第一款第一项：有下列行为之一的，由公安机关处二百元以上一千元以下罚款，或者处十日以下拘留，有违法所得的，没收违法所得：（一）冒用他人居民身份证或者使用骗领的居民身份证的。违法行为情形和处罚基准：1. 情节较轻的违法行为情形：初次冒用他人居民身份证，未造成危害后果的。处罚基准：处二百元以上五百元以下罚款；有违法所得的，没收违法所得。2. 一般情节的违法行为情形：处罚基准：处五百元以上八百元以下罚款，或者处五日以下拘留；有违法所得的，没收违法所得。3. 情节严重的违法行为情形：（1）多次冒用他人居民身份证的；（2）曾因冒用他人居民身份证被处罚的；（3）冒用他人居民身份证，进行违法活动的；（4）其他情节严重的情形。处罚基准：处八百元以上一千元以下罚款，或者处五日以上十日以下拘留；有违法所得的，没收违法所得。

《中华人民共和国行政诉讼法》第六十九条　行政行为证据确凿，适用法律、法规正确，符合法定程序的，或者原告申请被告履行法定职责或者给付义务理由不成立的，人民法院判决驳回原告的诉讼请求。

第七十条　行政行为有下列情形之一的，人民法院判决撤销或者部分撤销，并可以判决被告重新作出行政行为：（一）主要证据不足的；（二）适用法律、法规错误的；（三）违反法定程序的；（四）超越职权的；（五）滥用职权的；（六）明显不当的。

第七十七条　行政处罚明显不当，或者其他行政行为涉及对款额的确定、认定确有错误的，人民法院可以判决变更。

人民法院判决变更，不得加重原告的义务或者减损原告的权益。但利害关系人同为原告，且诉讼请求相反的除外。

【案件索引】

一审：湖南省张家界市永定区人民法院（2018）湘0802行初21号行政判决

二审：湖南省张家界市中级人民法院（2018）湘08行终19号行政判决

再审：湖南省高级人民法院（2019）湘行再15号行政判决

【基本案情】

朱某某因房屋拆迁问题多次到政府部门信访。2017年9月28日，朱某某冒用朱新华的居民身份证购买张家界至北京的火车票准备到北京非访，在进站检票口被工作人员发现后阻止并被劝回。2017年10月12日，朱某某再次携带信访材料，在张家界火车站准备出发去北京非访时，被官黎坪街道办事处工作人员发现并劝回。朱某某在被劝回后当日再次乘坐大巴到长沙，后从长沙搭乘Z37次火车出发并于10月14日到达北京西火车站，在北京西火车站被官黎坪街道办事处工作人员发现并劝回。朱某某被劝回后被传唤至某公安分局。某公安分局的民警依法对朱某某进行了询问，调查了相关人员，依法告知了朱某某在行政处罚前所享有的相关陈述、申辩权利。2017年10月16日，某公安分局作出张定公（官）决字〔2017〕第2394号《公安行政处罚决定书》(以下简称被诉处罚决定)，认为朱某某的行为分别违反了《中华人民共和国治安管理处罚法》(2012修正)（以下简称《治安管理处罚法》）第23条第1款第（2）项、《中华人民共和国居民身份证法》（以下简称《居民身份证法》）第17条第1款第（1）项的规定，决定分别行政拘留10日，合并执行行政拘留20日。朱某某不服，申请行政复议，复议机关于2018年2月5日作出张公复决字〔2018〕0004号《行政复议决定书》（以下简称被诉复议决定)，维持了某公安分局作出的被诉处罚决定。朱某某不服，遂提起行政诉讼，请求撤销某公安分局作出的被诉处罚决定，撤销复议机关作出的被诉复议决定。

一审法院经审理认为，某公安分局在对朱某某作出被诉处罚决定前，进行了调查询问，告知了朱某某享有的陈述、申辩权利，该行政处罚符合法定程序。某公安分局作出的被诉处罚决定，认定事实正确，证据确凿，适用法律准确。复议机关的被诉复议决定符合法定程序。朱某某称自己去北京不是非访而是治病，与客观事实不符，不予采信。依照《中华人民共和国行政诉讼法》（以下简称《行政诉讼法》）第69条的规定，判决驳回朱某某的诉讼请求。一审案件受理费50元，由朱某某负担。

二审法院经审理认为，某公安分局在对朱某某作出被诉处罚决定前，进行了调查询问，告知了朱某某享有的陈述、申辩权利，该行政处罚符合法定程序。某公安分局作出的被诉处罚决定，认定事实正确，证据确凿，适用法律准确。复议机关的被诉复议决定符合法定程序。朱某某称自己去北京不是非访的理由与事实不符，不予采信。综上，一审判决认定事实清楚，证据确实、充分，适用法律正确，依法应予维持。根据《行政诉讼法》第89条第1款第（1）项的规定，判决驳回上诉，维持原判。二审案件受理费50元，由朱某某负担。

朱某某不服，向湖南省高级人民法院申请再审称：1. 朱某某去北京是为了治病不是非访，北京医院的病历及多段录音等证据可以证明。2. 朱某某去北京携带的包里只有病历，没有上访材料。3. 朱某某去北京乘坐的火车是Z36次而不是Z37次，到达北京的时间是13日而不是14日。4. 朱某某借用他人身份证购票是经过他人认可的，且张家界火车站派出所对此事询问后未予追究责任。5. 某公安分局当时没有叫朱某某签文书，朱某某家人也没接到任何文书。请求撤销一、二审判决，改判支持朱某某的一审诉讼请求。

某公安分局答辩称：1. 朱某某称其去北京是为治病的说法不能成立，理由一是其携带了上访材料，二是办事处工作人员多次告诫朱某某党的十九大期间不要去北京，但其偏偏选择这个时间节点去北京，其主观目的显而易见。2. 朱某某去北京乘坐的火车为Z36次，办案民警笔误错写成Z37次，属于轻微瑕疵，不影响案件定性与处罚幅度。3. 朱某某为信访维稳对象，其在党的十九大重大会议期间不顾劝解携带上访材料赴京上访，对张家界及北京的安保工作造成了不良影响，即构成扰乱公共场所秩序。4. 冒用他人身份证，无论出于何种动机或被冒用证件所有人是否同意，均不影响该违法行为的成立。5. 某公安分局作出处罚决定程序合法，因朱某某拒绝签字且拒不提供家属联系方式，故由两名办案人员在决定书上注明情况并附卷，符合相关法律规定。请求驳回再审申请，维持一、二审判决。

复议机关答辩称：1. 某公安分局作出的被诉处罚决定认定事实清楚、证据确凿、程序合法。2. 某市公安局作出的被诉复议决定程序合法。请求驳回再审申请，维持一、二审判决。

【裁判结果】

2019年5月5日，湖南省高级人民法院作出（2019）湘行再15号终审判决，判决：一、撤销湖南省张家界市永定区人民法院（2018）湘0802行初21号行政判决和湖南省张家界市中级人民法院（2018）湘08行终19号行政判决。二、撤销某市公安局某分局于2017年10月16日作出的张定公（官）决字〔2017〕第2394号《公安行政处罚决定书》中关于“根据《治安管理处罚法》第23条第1款（2）项之规定，现决定对朱某某行政拘留十日”的内容。三、撤销复议机关于2018年2月5日作出的张公复决字〔2018〕0004号《行政复议决定书》。四、将某市公安局某分局于2017年10月16日作出的张定公（官）决字〔2017〕第2394号《公安行政处罚决定书》中“根据《居民身份证法》第17条第1款（1）项之规定，现决定对朱某某行政拘留十日”变更为“根据《居民身份证法》第17条第1款（1）项之规定，现决定对朱某某行政拘留五日”。五、一、二审案件受理费各50元，共计100元，由某市公安局某分局、某市公安局共同负担。

【裁判理由】

法院生效裁判认为：被诉处罚决定认为朱某某违反了《治安管理处罚法》第23条第1款第（2）项的规定，即“有下列行为之一的，处警告或者二百元以下罚款；情节较重的，处五日以上十日以下拘留，可以并处五百元以下罚款：（二）扰乱车站、港口、码头、机场、商场、公园、展览馆或者其他公共场所秩序的。”本案中，朱某某于2017年10月13日到达北京西火车站后，由驻京办工作人员接到驻京办，次日由某公安分局民警带至北京西火车站，随后乘火车返回张家界。朱某某从开始进入北京西火车站到其被劝返的整个过程中，均处于驻京办、公安机关的控制之下，未去过除火车站、驻京办以外的其他信访重要敏感地区；其本人亦无张贴、散发材料，呼喊口号，或是言语辱骂、发生肢体冲突，或不听劝阻的缠访、闹访等过激行为，故朱某某没有实施过法律规定的扰乱公共场所秩序的行为。

某公安分局认为朱某某在党的十九大召开前夕携带上访材料到达北京西火车站，即构成扰乱公共场所秩序。对此本院认为，朱某某有意在国家重要会议期间以治病为由携带上访材料赴京，可能会对北京的安保工作造成不良影响，但朱某某经劝阻后即同意返回张家界，既无过激行为，也未造成危害后果。法律没有规定公安机关可以对虽有可能发生但并未实际发生的违法行为进行行政处罚。且朱某某此前及本次赴京，均未受到当地公安机关的教育、训诫，其在本次处罚前也未因上访被行政处罚过。故某公安分局在朱某某未实际实施扰乱公共场所秩序行为的情况下，即以朱某某扰乱公共场所秩序情节严重为由，对其作出行政拘留10日的顶格处罚，事实依据不足，应予以撤销。

被诉处罚决定认为朱某某违反了《居民身份证法》第17条第1款第（1）

项的规定，即“有下列行为之一的，由公安机关处二百元以上一千元以下罚款，或者处十日以下拘留，有违法所得的，没收违法所得：（一）冒用他人居民身份证或者使用骗领的居民身份证的”。而湖南省公安厅湘公发〔2013〕89号《湖南省公安行政处罚裁量权基准（二）》第16条规定：1. 情节较轻的违法行为情形：初次冒用他人居民身份证，未造成危害后果的，处罚基准为处二百元以上五百元以下罚款；有违法所得的，没收违法所得。2. 一般情节的违法行为情形：处罚基准为处五百元以上八百元以下罚款，或者处五日以下拘留；有违法所得的，没收违法所得。3. 情节严重的违法行为情形：多次冒用他人居民身份证的；曾因冒用他人居民身份证被处罚的；冒用他人居民身份证，进行违法活动的；其他情节严重的情形，处罚基准为处八百元以上一千元以下罚款，或者处五日以上十日以下拘留；有违法所得的，没收违法所得。

本案中，根据被诉处罚决定认定的事实，朱某某于2017年9月28日冒用他人身份证购买车票，在进站检票口被发现后阻止并被劝回，故朱某某本次冒用他人身份证的行为未造成危害后果。但朱某某被处以行政拘留十日的处罚，其应当有属于湖南省公安厅湘公发〔2013〕89号《湖南省公安行政处罚裁量权基准（二）》第16条第3点规定的冒用他人身份证违法行为情节严重的情形。而根据本院查明的事实，朱某某是否还存在多次冒用他人居民身份证的行为，或者曾因冒用他人居民身份证被处罚过，或者冒用他人居民身份证进行过违法活动等其他情节严重的情形，某公安分局均未予以查实。在此情形下，朱某某在特殊时期冒用他人居民身份证购买车票拟去往北京的行为具有一定的社会危害性，依法虽可给予处罚，但根据朱某某违法行为的程度，应属于湖南省公安厅湘公发〔2013〕89号《湖南省公安行政处罚裁量权基准（二）》第16条第2点规定的一般情节的违法行为情形，处罚基准为处五百元以上八百元以下罚款，或者处五日以下拘留。综上，被诉处罚决定关于朱某某冒用他人居民身份证行政拘留十日的处罚，适用法律错误并导致处罚结论明显不当。根据《行政诉讼法》第77条第1款之规定，行政处罚明显不当的，人民法院可以判决变更。

【案例评析】

2020年8月26日，习近平总书记向中国人民警察队伍授旗并致训词时强调，我国人民警察是国家重要的治安行政和刑事司法力量，主要任务是维护国家安全，维护社会治安秩序，保护公民人身安全、人身自由、合法财产，保护公共财产，预防、制止、惩治违法犯罪。新的历史条件下，我国人民警察要对党忠诚、服务人民、执法公正、纪律严明，全心全意为增强人民群众获得感、幸福感、安全感而努力工作，坚决完成党和人民赋予的使命任务。本案涉及的关键问题就是公安机关作出的治安管理处罚是否达到了“执法公正”的要求，是否符合“处罚法定”的原则。治安管理处罚行为的主要法律依据是《治安管理处罚法》，这部法律是公安机关日常执法最常用的法律之一，对违反治安管理的各种行为分别规定了处罚措施。除此之外，日常治安管理中，还可适用有关部门及地方的关于治安行政处罚的各类规范性文件，这些法律、法规及其他各类规范性文件构成了我国治安行政处罚的法制体系，是治安行政处罚的依据，应得到严格遵守。除严格遵守法律规定，多数情况下公安机关实施治安管理处罚还需依据实际情况对情节轻重、处罚种类、处罚幅度等予以裁量，裁量的公正与否直接决定着相对人的接受程度，体现执法质量，影响执法形象，所以裁量应公正。

本案中，一审、二审法院在对被处罚人朱某某是否构成扰乱公共场所秩序行为的认定问题上，未能全面考量，导致判决在再审中被撤销。鉴于此，结合再审法院对案件的裁判，对治安管理处罚应遵循的处罚法定及公正原则做如下分析。

一、治安管理处罚行为须严格遵循处罚法定原则

处罚法定原则是行政合法性原则在处罚领域的具体体现。行政合法性原则是行政法的首要、核心原则。坚持依法治国、依法执政、依法行政共同推进，法治国家、法治政府、法治社会一体建设是习近平法治思想的重要内容，法治政府建设是重点任务和主体工程，要用法治给行政权力定规矩、划界限，推进严格规范公正文明执法，提高公信力。公安机关是我国行政机关体系中不可或缺的组成部分，承担着治安管理、交通管理、户籍管理、边防管理等多项重要行政职能，在职能行使过程中，必须严格依法行政，遵循行政合法性原则的各项要求。治安管理处罚行为是公安机关极常实施的执法行为，应严格遵循处罚法定原则。

（一）主客观相统一，准确定性行为的违法性

本案中，治安管理处罚行为经过了行政复议、法院一审和二审的审查，最终被再审法院给予了否定性评价，其最关键的问题在于作出处罚的公安机关错误地定性了相对人“扰乱公共场所秩序”行为，被认为事实依据不足，“对虽有可能发生但并未实际发生的违法行为进行行政处罚”，违背了处罚法定原则的要求，属于违法处罚，所以被撤销。

《治安管理处罚法》对扰乱公共场所秩序行为规定得较为原则，第 23 条规定，“扰乱车站、港口、码头、机场、商场、公园、展览馆或者其他公共场所秩序的”，该条款只对公共场所进行了简单列举，行为的主观要件及其他客观要件均未明确，使实践中准确定性行为违法性存在一定困难。想要准确判断行为是否违法，需对“公共场所”“公共场所秩序”“扰乱”等进行严格把握。

1. 关于“公共场所”。《治安管理处罚法》中提及“公共场所”多达五处(见表 1)，其中多是将其作为构成违法的必要要件，对于公共场所外延和内涵的把握直接决定着行为定性的准确程度。

公共场所的外延，属于行为定性的关键因素之一，值得关注。《治安管理处罚法》并未明确指明其范围，查询相关法律条文，对公共场所有较明确规定的主要有：(1)《中华人民共和国刑法》第 291 条聚众扰乱公共场所秩序、交通秩序罪的规定中，对公共场所进行了“车站、码头、民用航空站、商场、公园、影剧院、展览会、运动场或者其他公共场所”的列举，此条文中的“公共场所”虽规定较为清晰，但由于出现了“其他公共场所”①，所以并不完整。(2) 国务院制定颁布的《公共场所卫生管理条例》第 2 条规定，“本条例适用于下列公共场所：(一) 宾馆、饭馆、旅店、招待所、车马店、咖啡馆、酒吧、茶座；(二) 公共浴室、理发店、美容店；(三) 影剧院、录像厅（室）、游艺厅（室）、舞厅、音乐厅；(四) 体育场（馆）、游泳场（馆）、公园；(五) 展览馆、博物馆、美术馆、图书馆；(六) 商场（店）、书店；(七) 候诊室、候车（机、船）室、公共交通工具。”此条款对于“公共场所”同样进行了列举性规定，且没有类似“等公共场所”或“及其他公共场所”等兜底性表述，但此处表述为“本条例适用于下列公共场所：……”，即该条文仅仅是列明了《公共场所卫生管理条例》的适用范围，即公共场所中的一部分。(3) 将《治安管理处罚法》“扰乱公共秩序的行为和处罚”一节中列举到的公共场所进行总结，主要有车站、港口、码头、机场、商场、公园、展览馆、机关、团体、企业、事业单位、公共汽车、电车、火车、船舶、航空器或者其他公共交通工具，正在举行文化、体育等大型群众性活动的场所。此外，似乎无法在较高等级的全国性法律文件中找到更为完整的相关规定，且公安执法实践具有特殊性，与前两个法条适用的范围明显存在差距，只能参考执行，不宜生搬硬套。所以在公安执法实践中，如何判断公共场所的范围，如何判断是

① 郎胜主编的《中华人民共和国刑法释义》一书中对“其他公共场所”作了“主要是指礼堂、公共食堂、游泳池、浴池、农村集市等”的列举。

否属于公共场所，只能依据对公共场所内涵的理解，结合具体案情进行。

表 1　《治安管理处罚法》中涉“公共场所”的条款汇总

条文序号	所属章节	具体表述
第 23 条第 1 款第（2）项	第三章　第一节　扰乱公共秩序的行为和处罚	有下列行为之一的，处警告或者二百元以下罚款；情节较重的，处五日以上十日以下拘留，可以并处五百元以下罚款：（二）扰乱车站、港口、码头、机场、商场、公园、展览馆或者其他公共场所秩序的。
第 32 条第 2 款	第三章　第二节　妨害公共安全的行为和处罚	非法携带枪支、弹药或者弩、匕首等国家规定的管制器具进入公共场所或者公共交通工具的，处五日以上十日以下拘留，可以并处五百元以下罚款。
第 44 条	第三章　第三节　侵犯人身权利、财产权利的行为和处罚	猥亵他人的，或者在公共场所故意裸露身体，情节恶劣的，处五日以上十日以下拘留；猥亵智力残疾人、精神病人、不满十四周岁的人或者有其他严重情节的，处十日以上十五日以下拘留。
第 65 条第（2）项	第三章　第四节　妨害社会管理的行为和处罚	有下列行为之一的，处五日以上十日以下拘留；情节严重的，处十日以上十五日以下拘留，可以并处一千元以下罚款：（二）在公共场所停放尸体或者因停放尸体影响他人正常生活、工作秩序，不听劝阻的。
第 66 条第 2 款	第三章　第四节　妨害社会管理的行为和处罚	在公共场所拉客招嫖的，处五日以下拘留或者五百元以下罚款。

“公共场所”这一概念在法律规范中并不鲜见，但何谓公共场所，其具体内涵并未有统一说法。有学者认为，“所谓公共场所，是指具有公共性的特点，对公众开放，供不特定的多数人随时出入、停留、使用的场所。”① 也有学者认为，公共场所是构建在公共生活上的一个概念，是指供不特定多数人生活所占用的场所。② 在这些观点的基础上，我们对这一概念进行分析：首

① 郎胜主编：《中华人民共和国刑法释义》，法律出版社 2012 年版，第 520 页。

② 参见李宏杰：《刑法中“公共场所”的规范诠释与实践分析》，华东政法大学 2016 年硕士论文。

先，认定“公共场所”时，“场所”应该没有实际意义因而无须纠结，需要考虑的只有“公共”。其次，查阅现代汉语词典，“公共”一词解释为“社会公有的；公有公用的”。再次，“公共场所”中的“公共”是否与大家普遍认同的、界定为“不特定人或多数人生命财产安全”的“公共安全”中的“公共”类同？如果答案是肯定的，那么公共场所可以认为是不特定人或多数人的场所，明显强调了场所里的人的身份不受限制这一特征，但只符合这一特征明显还有欠缺，如可以由不特定人进入的监狱明显不属于公共场所。最后，公共生活中的公共更贴近公共场所中的“公共”内涵。仔细斟酌相关法律条款，关注的多是公共场所进行公共生活的人们的安全、利益与生活，不管是基于公共管理，还是人们自发组织，都形成了一种公共生活的状态。据此，公共场所应内含供不特定人或多数人活动和出入的场所之义。

以上，是对常规状态的“公共场所”的分析与界定，在实践中，还有许多特殊情况需要具体分析其范围。如，网络空间是否属于公共场所、公共空间①？商场里的试衣间属不属于公共场所②？诸如此类，不一而足。所以，任何对公共场所的界定标准都不是普适的，需在具体执法实践中结合案情辨析。

2. 关于“公共场所秩序”。本案的争议是由公安机关依据《治安管理处

① 2013年9月10日，最高人民法院、最高人民检察院《关于办理利用信息网络实施诽谤等刑事案件适用法律若干问题的解释》中规定，“编造虚假信息，或者明知是编造的虚假信息，在信息网络上散布，或者组织、指使人员在信息网络上散布，起哄闹事，造成公共秩序严重混乱的，依照刑法第二百九十三条第一款第（四）项的规定，以寻衅滋事罪定罪处罚。”这一规定使得《刑法》第293条“寻衅滋事罪”的触手延伸进了网络空间，或者说，“网络空间”正是凭借该规定而在刑法意义上成为“公共场所”的。但对于此问题在理论上仍然存在争议。《最高人民法院、最高人民检察院就〈关于办理利用信息网络实施诽谤等刑事案件适用法律若干问题的解释〉答记者问》中就此争议作出如下回应：该解释是顺应“维护社会公共秩序的需要”，因为“网络空间与现实社会已经融为一体、不可分割。利用信息网络实施的寻衅滋事等犯罪，对社会公共秩序造成了严重的破坏……网络空间属于公共空间，网络秩序也是社会公共秩序的重要组成部分。随着信息技术的快速发展，信息网络与人们的现实生活已经融为一体，密不可分。”反对该解释的学者认为其超越了解释的权限，构成类推解释。

② 2015年7月14日晚发生的“北京三里屯优衣库不雅视频事件”，是否应对当事人按照《治安管理处罚法》第44条的规定，即“猥亵他人的，或者在公共场所故意裸露身体，情节恶劣的，处五日以上十日以下拘留”，进行责任追究，引发了对试衣间是否属于公共场所的争论。有的学者认为，判断公共场所的标准是进出对象的不特定性，商场的试衣间符合这一特征，所以应当属于公共场所。而反对此观点的学者则对此提出“如果试衣间真被论证成公共场所了，并依据第44条处罚，那所有进入试衣间脱衣服试穿的人，是不是都属于‘在公共场所故意裸露身体’呢”的反问。

罚法》作出治安管理处罚引发的，所以可以这样认为，此处出现的“公共场所秩序”是“公共场所治安秩序”的代称。公共场所具有开放性、人流众多、身份复杂、极易出现正常秩序被破坏的情况，但需明确，公共场所秩序有多种，并非都是治安秩序。如，在市场中用非法手段排挤同类商家，达到垄断目的，侵害的是经营秩序，在公共街道随地吐痰侵害的是卫生秩序，这些并不属于治安秩序的范畴，需明确区分。《治安管理处罚法》之外的法律法规等规范性文件中通常只作义务性规定，而并不区分治安秩序与其他秩序，这就需要在执法实践中特别注意。如《中华人民共和国铁路法》第 14 条规定，旅客乘车应持有效车票，但持无效票、证乘车的行为明显并未对公共场所的治安秩序构成威胁，而是侵犯了铁路企业的经济利益，只有当持无效票、证强行入站、上车才有可能构成扰乱公共场所治安秩序。

从社会管理的角度来讲，治安秩序有广义和狭义之分。广义的治安秩序指社会治安秩序，即符合统治阶级的意志和利益，由国家法律法规加以规范的，涉及公民生命财产安全和社会稳定的社会秩序。狭义的治安秩序是指由公安机关治安部门依照法律法规进行管理和维护的特定场所的公共秩序，是保障人民群众正常工作、学习和生活不受影响所应具有的社会秩序。[①] 治安秩序又可以分为没有法律法规强制性规定的自然秩序和法律法规明确保护的管理秩序两类，前者如排队上下公交车，后者如进入特定公共场所不得携带危险物品，无论是侵犯了自然秩序还是管理秩序，都有可能属于扰乱公共场所秩序行为。

《治安管理处罚法》第 2 条规定，扰乱公共秩序，妨害社会管理，具有社会危害性，尚不够刑事处罚的，由公安机关依法给予治安管理处罚。由此可见，扰乱公共场所治安秩序的行为与其他行政违法行为的主要区别在于是否违反了治安管理法律法规，是否侵害了治安管理秩序，依照治安管理法律法规是否应予以处罚。综上，扰乱公共场所治安秩序行为应具备以下特征：首先是行为具有社会危害性，其次是违反了治安管理秩序方面的法律法规，最后是应依据治安管理法律法规受到制裁。其他法律文件中也有大量关于维护公共秩序的规定，但并非只要违反就会构成扰乱公共场所治安秩序。如《港口治安管理规定》（已失效）第 23 条规定：“对违反本规定的行为，情节轻微的，由港口公安机关或所在单位予以批评教育；构成违反治安管理行为的，由港口公安机关根据《治安管理处罚条例》的有关规定给予处罚”，据此行为

① 参见魏学涛、巴永杰：《铁路公安机关办理扰乱公共场所秩序案件的几点思考》，载《铁道警官高等专科学校学报》2012 年第 6 期。

人未违反规定，在港区内钓鱼、捕捞、游泳等，并不一定构成违反治安管理的行为。再如，《铁路运输安全保护条例》第97条中也对违反治安管理行为与行政违法行为作了区分，违反规定实施危害铁路安全行为的，由公安机关对个人或单位处警告，可以并处罚款；对构成违反治安管理行为的，由公安机关依法给予行政处罚。可以看出，由于社会危害性等的不同，一般行政违法行为不同于违反治安管理行为。

3. 关于“扰乱”。“扰乱”是扰乱公共场所秩序行为的客观外在表现，也可以视为行为结果，即不仅要有“扰”的行为，还需有“乱”的结果。结合本案来分析，被处罚人确有多次的信访、上访甚至试图到北京非访的“前科”，并有在特殊时期（党的十九大召开前）冒用他人身份证件、随身携带上访材料赴京的行为，假如任其行为继续下去，根据经验推断极有可能出现“扰乱”公共场所秩序的结果。但情况并未如设想一样，被处罚人朱某某在北京期间都处于政府专门工作人员及公安民警的监督下，并未到过火车站及驻京办之外的敏感地区，亦无张贴、散发材料，呼喊口号，或是言语辱骂、发生肢体冲突，或不听劝阻的缠访、闹访等过激行为，即并未出现“扰”的行为，更未出现“乱”的结果。那么，处罚机关某公安分局认为行为人“在党的十九大召开前夕携带上访材料到达北京火车站，即构成扰乱公共场所秩序”明显错误。

行为客观方面包含行为、时间、空间、结果、因果关系等诸多要素，对行为性质的分析需将这些要素综合起来，割裂、片面地强调某一方面都不足以支撑正确的结论。不仅如此，有时甚至需要更深层次地揣摩立法意图、体会立法精神才能实现合法、公正的目标。对于一些笼统泛泛的法律规定，可能存在不同的理解，导致执法过程中会出现一些混乱。例如，本案中执法者对“扰乱公共场所秩序”是“扰乱了”还是“可能扰乱”的认识出现了错误，且并未深刻理解处罚手段在治安秩序维护中的作用，对有可能但并未真正发生的行为实施了处罚，导致败诉。

（二）可否容许特殊“法外之地”的存在

本案中所涉治安管理处罚行为之所以出现错误的定性，一个需特别关注的因素就是被处罚人的先前行为以及被处罚人行为的时间。被处罚人在之前一段时间内确实有一系列行为表明其有到北京信访的意图，且其中还出现了冒用他人身份证件等不法手段，这都导致被处罚人成为公安机关的重点管控目标，即特殊对象。被处罚人到达北京的时间正值党的十九大召开前夕，即国家重要会议期间，是为特殊时期。在特殊时期，特殊对象是否可以特殊对待？是否存在法外之地？

公安机关治安管理是最日常的行政管理，是保障社会秩序正常运行的必要手段，是行政管理中的重中之重。正如本案中对被处罚人的管理，治安管理处罚是公安机关最常用的管理措施之一，而处罚对相对人权益有损，对可否适用、如何适用需特别慎重，特殊时期、特殊对象出现时尤其应多斟酌。处罚的目的、执法人员个人情绪以及对文本的理解都会对执法质量造成直接影响。执法者必须清晰地认识到，治安管理处罚在社会治安秩序管理中是必不可少的手段，但并不是唯一的手段，也不是目的，执法行为更应当着眼社会秩序的维护而非处罚行为。

（三）完善相关立法、执法，使处罚法定原则得到更好实施

立法中，应明确、细化有关规定，防止对法律的误判。如本案中使用的《治安管理处罚法》关于扰乱公共场所秩序的规定，过于概括，并未明确相关概念的内涵和外延，为处罚扰乱公共场所秩序行为留下了极大的裁量空间，即法律将界定扰乱公共场所秩序行为的权力交给了公安机关一线的实战部门，公安机关执法中能否准确界定公共场所决定了公民的公共场所活动权利的大小。在立法中更加具体、准确的规定，可以防止执法误判，同时为公民提供明确的行为界限，才能更好地依法行政，提升执法认同感。

改进执法理念，完善执法考核指标。参照我国在转型期治理犯罪的“预防为主、以防促打、打防结合”的理念，公安机关在行政执法时也需转变理念，从预防为主的要求出发，依靠能够依靠的所有力量，更细致地了解治安情况，加强事前管控，尽量避免违法行为从可能发生到发生，从小事情发展为大情况。在考评标准上，尽量减少是否完成处罚任务等的类似标准，更多地将政治素养、业务能力、执法态度、办案效果等相关因素纳入考核标准，以更好地激励执法人员依法行政、合理行政的内在热情。

二、公安机关治安管理处罚应遵循公正原则

《中华人民共和国行政处罚法》（以下简称《行政处罚法》）第5条规定，行政处罚遵循公正原则，实施行政处罚必须以事实为依据，与违法行为的事实、性质、情节及社会危害程度相当。《治安管理处罚法》第5条同样规定实施治安管理处罚应公正。公正原则主要针对处罚裁量行为。行政违法行为情况千差万别，处罚中裁量权的行使必不可少，“没有裁量调和，规则本身

无法应对现代政府和现代正义的复杂问题。”① 公安机关在查处治安违法行为、作出处罚决定时实施的、法律赋予的自主确定处罚限度的权力即为治安处罚裁量权。为了实现公正，更好地实施治安管理处罚裁量权，各地通过立法规范、公安机关内部控制、司法及社会监督等手段对其予以控制。这些手段中，制定、推行治安管理处罚裁量基准是最精准有效、成本低廉的一种，得到了普遍认同。《行政处罚法》第 34 条也规定：“行政机关可以依法制定行政处罚裁量基准，规范行使行政处罚裁量权。行政处罚裁量基准应当向社会公布。”

（一）裁量基准的制定和行使能够提升治安管理处罚的公正性

行政裁量基准是指“行政机关根据授权法的旨意，对法定授权范围内的裁量权予以情节的细化和效果的格化而事先以规则的形式设定的一种具体化的判断选择标准……裁量基准在性质上应当定位为一种行政自制规范，或者说是一种自制型的行政规范。”② 《公安部关于实施公安行政处罚裁量基准制度的指导意见》中规定，“本指导意见所指的公安行政处罚裁量权是指公安机关及其所属具有行政处罚权的机构依据法律、法规和规章的规定，在法定权限内，根据违法行为的事实、性质、情节后果以及社会危害程度，决定是否处罚以及对行政处罚的种类、幅度选择适用的权限。”公安机关治安处罚裁量基准可理解为各级公安机关为规范对治安违法处罚自由裁量的建章立制，以各级公安机关规范性文件为载体，统一思量要求成系统地对治安处罚裁量予以确立具体标准，其目的不仅为压缩公安机关治安行政处罚自由裁量空间，同时也应追求个案正义，是行政规则的下游概念，是一种规范公安机关治安处罚裁量的机制，是公安机关根据使用规则确立的实施对治安违法处罚的具体标准。③

治安处罚裁量基准指导公安机关的治安处罚行为，对其具有当然的约束力。治安处罚裁量基准虽然属于一般规范性文件，不具有严格意义上的法律效力，但其制定主体一般为省级公安机关，制定依据是包括《中华人民共和国地方各级人民代表大会和地方各级人民政府组织法》《中华人民共和国人民警察法》《行政处罚法》《治安管理处罚法》等在内的相关法律、法规、规章等，制定目的是辅助执法主体在法律框架内提高执法质量，体现公平正义，

① ［美］肯尼斯·卡尔普·戴维斯：《裁量正义》，毕洪海译，商务印书馆 2009 年版，第 26 页。

② 参见周佑勇：《裁量基准的制度定位——以行政自制为视角》，载《法学家》2011 年第 4 期。

③ 参见罗垚：《治安违法处罚裁量基准研究》，兰州大学 2016 年硕士论文。

是上级公安机关通过事前规制的方式对下级公安机关执法行为的约束。对于被处罚人或其他行政相对人，治安处罚裁量基准并不创设权利义务，而是通过相关法律直接适用于处罚，使基准适用的正当或者基准本身合理与否以处罚决定对外延伸，对其产生效力，影响当事人权利义务。法院在审查治安处罚行为时，参照基准，正是由于基准对相对人的这种间接影响作用。综上所述，治安处罚裁量基准不仅对公安机关的治安处罚行为起到直接指导作用，还可以指引公民认识、判断治安违法行为，更能够通过治安行政执法中的处罚行为具体作用于违法行为人。本案中，再审法院作出变更原处罚行为判决的原因是适用法律错误并导致处罚结论明显不当，即参考适用了湖南省公安厅湘公发〔2013〕89号《湖南省公安行政处罚裁量权基准（二）》这一文件。

（二）对现有治安处罚裁量基准的评价

2006年中共中央办公厅和国务院办公厅联合下发的《关于预防和化解行政争议，健全行政争议解决机制的意见》中提出了构建裁量基准制度，之后2008年的《国务院关于加强市县政府依法行政的决定》、2009年的《关于规范行政裁量权的指导意见》均对这一问题有所涉及。随着我国法治建设进程的推进，我们对裁量基准制度的认识不断加深，对其定位也越来越清晰。2014年，党的十八届四中全会正式提出“坚持严格规范公正文明执法，依法惩处各类违法行为，加大关系群众切身利益的重点领域执法力度，建立健全行政裁量权基准制度，全面落实行政执法责任制”，标志着我国的行政裁量治理模式从规范主义到功能主义的转型。近年，《国务院办公厅关于进一步规范行政裁量权基准制定和管理工作的意见》《公安部关于实施公安行政处罚裁量基准制度的指导意见》等规范性文件出台，治安行政处罚基准相关制度更加完善。

实践中各地纷纷制定、推行行政执法裁量基准制度，治安处罚裁量基准也随之推出。从数量上来看，各级公安机关出台的、正在生效的治安处罚裁量基准有数十部，可谓遍地开花，对我国治安管理工作起到了举足轻重的作用。首先，治安处罚裁量基准规范了治安处罚自由裁量权行使。“行政裁量基准可以弥补立法的模糊性授权，压缩行政裁量权，将立法控制具体化。”[①] 基准在控制治安处罚裁量权方面的作用毋庸置疑，其通过事先制定一般裁量规则的方式，限制个案中的个别裁量，防止可能出现的同情异罚、异情同罚，减少了执法不公正的出现。其次，指导具体执法，为执法行为提供明确、具体的指引。公安民警基于不同的法律素养、执法经验，在执法中往往存在具

① 参见周佑勇：《裁量基准的正当性问题研究》，载《中国法学》2007年第6期。

体案件如何处理的困惑。而治安处罚裁量基准是经验主义的产物，是一个从大量行政案例上升为惯例与专业经验的过程，其制定的过程就是对丰富执法实践经验的总结升华，① 为公安民警处理具体治安案件提供规范性指引，降低了执法难度，一定程度上分散了执法风险。再次，为公民提供判断标准，引导其行为。治安处罚裁量基准一经公布，即成为公民鉴别自己及他人行为的违法性的依据，使公民对行为性质及严重程度的判断更加准确，提升对正确治安处罚行为的认同度，并在基准指引下规范自己的行为。最后，为弥补法律不足、提高立法质量提供参考。治安处罚裁量基准实施过程中，经过实践检验的好的做法可以为立法所吸收，不好的做法则为立法提供反面典型，从而努力实现科学立法的目标。

同时也必须看到，治安处罚裁量基准的正当性及对外效力在理论和实践中仍未达到普遍认同，所以仍有很多地方没有制定、推行治安处罚裁量基准，且现行裁量基准的制定实施多出于功能性考虑，亦存在较多的问题。首先，部分治安处罚裁量基准的制定过程缺乏科学性、民主性。部分公安机关制定基准的过程不够规范，忽略一些必要环节，甚至如公布等主要环节都被略过，从而使基准的合法性、科学性受到质疑。其次，治安处罚裁量基准本身质量不过硬，不能高质量地指导执法活动。有些地方的裁量基准，照抄照搬，不能切合本地实际；有些裁量基准所列幅度跨度较大，层次不清，不能体现公平公正；有些裁量基准言词不清，易造成误解，诸如此类，基准质量有待提高。再次，治安处罚裁量基准一经制定即固化，内容缺乏与时俱进性、开放性。治安处罚裁量基准的诞生很大程度上是为了满足行政执法的现实需要，它无疑是时代发展的产物，但其本身也存在进化、更新的问题。行政裁量基准只有时刻保持自身的活力，才能实现与现实有效对接；只有保持自身对现实的高灵敏度，对实践中不断出现的问题作出及时有效的回应，才能最大限度地发挥自身的效用。现有的部分治安处罚裁量基准恰恰在这方面做得不够到位。最后，治安处罚裁量基准缺乏必要监督。执法过程中，裁量基准的实施情况得不到有效监督，使其名存实亡，不能发挥应有作用。

（三）完善治安处罚裁量基准的制定与行使

为了保证处罚公正，应通过各种措施提高治安处罚裁量基准质量，保证其作用的正常发挥。如充分考虑地方经济、社会因素，结合实际考量基准如何科学、合理地分格等。治安处罚裁量基准制定机关应当保持基准作为行政

① 参见周佑勇、熊樟林：《裁量基准制定权限的划分》，载《法学杂志》2012 年第 11 期。

规则的灵活、开放等特性，即制定时，应当赋予下级行政机关可以依照规则实现基准文件适用的例外，从而使得法律可更为平等、公平又不僵化地适用。对基准应进行定时、不定时的评价，及时修改不符合实际的、落后于实践的条款。此外，裁量基准的制定不同于立法程序，可以说是一个由下而上的过程，正如街头官僚理论的创造者李普斯基曾说过的，“最好不要把公共政策理解为立法机关或最顶层高级行政官员制定的，因为它实际上是在拥挤的办公室、在街头层次工作者日常遭遇到的情境中形成的……是街头官僚的决定，他们所确立的例行程序，所发明的应对不确定性和工作压力的装置，有效地成为了他们所实施的公共政策”①。为了保证成果的质量，须对处罚裁量基准的制定过程予以严格监督。一是要端正制定裁量基准的态度而不是草率应付，需将合法前提下的功能作为制定基准的最主要动因。二是要在技术层面注意任何一个裁量基准都不仅应该是单纯的法律效果格式化，还应包括事实情节的细化，这是裁量基准技术构造的总体面貌，也是其双重属性，情节细化与效果格化是行政机关制定裁量基准的主要任务所在。三是程序方面要加强监督，裁量基准的制定过程是行政权行使的具体体现，在这一过程中考虑加入其他国家机关、社会、公民的监督能够更好地保证其合法、公正，可以引入听证、公开征求意见等程序性环节。

“天下之事，不难于立法，而难于法之必行”，治安管理处罚裁量基准制定后，更重要的是有效行使。公安机关人民警察应提高裁量基准对处罚公正重要性的认知，在作出治安管理处罚行为时充分考量、规范行使裁量基准。此外，还应建立有效的治安处罚基准行使监督制度。除公安机关自身的自我监督外，还应通过制度保证立法机关、司法机关、监察机关以及社会公众等能够发挥监督作用，实现事前、事中、事后监督的合理结合，保证裁量基准的有效行使。

公安机关是维护国家政治安全和社会稳定的专门力量，公安工作事关社会大局稳定和群众切身利益，事关党和政府的形象。每一级公安机关、每一名公安民警都应坚持以习近平法治思想特别是习近平总书记关于新时代公安工作的重要论述为指引，始终把法治公安建设作为推进公安工作现代化的题中应有之义，不断提升公安工作法治化水平和执法公信力，肩扛公正天平、手持正义之剑，努力使人民群众在每一起案件办理、每一件事情处理中感受到公平正义。

---

① M. Lipsky. *Street-Level Bureaucracy: Dilemmas of the Individual in Public Services*, New York: Russell Sage Foundation, 1980.

案例 16

治安管理处罚中"情节较轻"的认定

——倪某某诉某县公安局、某县人民政府治安管理处罚案

边 洁*

【内容提要】

《中华人民共和国治安管理处罚法》（2012 修正）第 43 条第 1 款规定，殴打他人的，或者故意伤害他人身体的，处五日以上十日以下拘留，并处二百元以上五百元以下罚款；情节较轻的，处五日以下拘留或者五百元以下罚款。治安管理处罚中"情节较轻"的认定具有重要的意义，这不仅直接关联到处罚的合理性，更是确保处罚公正性的关键所在。然而实践当中对"情节较轻"的理解存在分歧，我们应聚焦于该条款所涉及的情形和认定标准，详细剖析认定过程中的诸多考量因素，认识到在依据第 43 条进行实践操作时所遭遇的重重挑战，有针对性地提出完善"情节较轻"认定机制的建设性建议，旨在为提升治安管理处罚在该条款运用上的科学性和有效性提供坚实的理论支持与切实可行的实践指导。

【裁判要旨】

《中华人民共和国治安管理处罚法》（2012 修正）第 43 条第 1 款规定中的"情节较轻"在实践当中的理解存在争议，应参考《公安机关对部分违反治安管理行为实施处罚的裁量指导意见》的相关规定，结合违法行为的性质、情节、后果，结合案件起因等，作出合理的解释以正确适用。

【相关法条】

《中华人民共和国治安管理处罚法》（2012 修正）第四十三条第一款　殴

* 中国人民警察大学公安法学院讲师。

打他人的，或者故意伤害他人身体的，处五日以上十日以下拘留，并处二百元以上五百元以下罚款；情节较轻的，处五日以下拘留或者五百元以下罚款。

《公安机关对部分违反治安管理行为实施处罚的裁量指导意见》第一部分第七条　违反治安管理具有下列情形之一的，属于“情节较轻”：（一）实施违反治安管理行为危害较小，且积极配合公安机关查处的；（二）在共同违反治安管理行为中起次要或者辅助作用的。

第十条　对治安管理处罚法规定“处警告或者二百元以下罚款”的违反治安管理行为，具有从轻处罚情节，且无其他法定裁量情节的，依法决定适用警告；具有减轻处罚情节，且无其他法定裁量情节的，依法决定适用警告或者不予处罚。

第十一条　对治安管理处罚法规定“处五日以下拘留或者五百元以下罚款”的违反治安管理行为，行为人系初次违反治安管理且社会危害性不大，同时又无其他法定裁量情节的，一般决定适用五百元以下罚款；对治安管理处罚法规定“情节较轻的，处五日以下拘留或者五百元以下罚款”的违反治安管理行为，同时具有从轻处罚情节或者同时系初次违反治安管理，未造成危害后果和社会影响且无其他法定裁量情节的，一般决定适用五百元以下罚款。

《公安机关对部分违反治安管理行为实施处罚的裁量指导意见》第二部分第四十条　有下列情形之一的，属于“情节较轻”：（一）被侵害方有过错，且伤害后果较轻的；……

【案件索引】

一审：安徽省泗县人民法院（2024）皖1324行初12号行政判决

【基本案情】

被告某县公安局于2023年12月20日对第三人杨某某作出泗公（黑塔）行罚决字〔2023〕2175号行政处罚决定，因第三人杨某某殴打原告倪某某导致其轻微伤，根据《中华人民共和国治安管理处罚法》（2012修正）（以下简称《治安管理处罚法》）第43条第1款的规定，决定对第三人杨某某罚款500元。原告倪某某不服该决定，于2023年12月28日向某县人民政府提出行政复议。某县人民政府于2024年2月6日作出泗府复决〔2023〕194号行政复议决定，维持某县公安局行政处罚决定。

原告倪某某诉称：第三人杨某某系人民教师、共产党员，在此事发生前，杨某某利用自身优势条件用4.4亩土地换走原告5.5亩土地，并强行耕种、霸占土地多年，之后更是利用原告不懂法律，将霸占原告的土地登记到自己名下。原告为了拿回土地，多次找到村委会、派出所等机关来和杨某某沟通，多次协商后，杨某某表示同意换回土地并与原告签订协议书一份。协议签订后，杨某某突然反悔并将原告诉至法院，更是强行收割原告粮食高达500斤。原告前去阻止，遭到杨某某的打骂，造成原告腹部受伤，至今仍未恢复。经鉴定，原告所受伤情为轻微伤。某县公安局（某派出所）未经认真调查，随意作出罚款500元的处罚决定，草率处理此事。某县人民政府不了解真实情况，草率下达维持公安机关处罚决定的决定。原告认为，杨某某霸占土地、长期欺辱原告，在强行收割原告粮食后，还对原告实施殴打，明显处罚过轻，也有违行政法的比例原则。

被告某县公安局辩称：2023年10月8日17时许，在泗县××镇××村××庄大湖地里，第三人杨某某与原告倪某某因收黄豆发生争吵，争吵期间杨某某用脚踹倪某某肚子，导致倪某某肚子等部位受伤。经安徽永泰司法鉴定所鉴定：倪某某人体损伤程度为轻微伤。以上事实有被侵害人陈述、违法行为人陈述和辩解等证据证实。原告系第三人的弟媳妇，本案因原告收割经人民法院判决归属第三人一方使用的土地上的黄豆引发打斗，原告方有过错属于情节较轻的情形，根据违法情节和性质、危害后果，给予第三人罚款的行政处罚，定性准确，适用法律正确，处罚适当，符合法定程序。请求泗县人民法院依据《中华人民共和国行政诉讼法》（以下简称《行政诉讼法》）第69条之规定，依法驳回原告的诉讼请求。

被告某县人民政府辩称：请求驳回原告诉讼请求，维持答辩人行政复议决定书；判决原告承担本案诉讼费用。事实与理由：一、答辩人作出的行政复议决定认定事实清楚。2023年10月8日17时许，在泗县××镇××村××庄，第三人与原告因收割黄豆发生冲突，第三人用脚踹原告腹部。经安徽永泰司法鉴定所鉴定，原告的损伤程度为轻微伤。上述事实有询问笔录、司法鉴定意见书、伤情照片等证据予以证实。二、答辩人作出的行政复议决定程序合法。2023年12月28日，原告不服某县公安局对第三人杨某某作出的行政处罚，向本机关申请行政复议，要求撤销泗公（黑塔）行罚决字〔2023〕2175号行政处罚决定，对第三人作出行政拘留的处罚。答辩人受理后，向某县公安局作出《行政复议答复通知书》。2024年1月4日，某县公安局作出《行政复议答复书》，并提供作出行政处罚决定的证据材料。答辩人于2024年2月6日作出泗府复决〔2023〕194号《行政复议决定书》并送达原告。三、答辩人作出的行政复议决定依据正确。依据《治安管理处罚法》第43条第1款规定、《中华人民共和国行政复议法》（以下简称《行政复议法》）第28

条第1款第（1）项规定，作出复议决定，法律依据正确。某县公安局受理该案后，依法进行调查取证，其认定原告、第三人因收割黄豆引发争吵，争吵过程中第三人踹原告腹部。上述事实有询问笔录、伤情照片等证据予以证实，上述证据能够形成完整证据链。根据《公安机关对部分违反治安管理行为实施处罚的裁量指导意见》第1部分第6条第（1）项规定，实施违反治安管理行为危害较小，且积极配合公安机关查处的，属于“情节较轻”；第1部分第11条规定，对治安管理处罚法规定“情节较轻的，处五日以下拘留或者五百元以下罚款”的违反治安管理行为，同时具有从轻处罚情节或者同时系初次违反治安管理，未造成危害后果和社会影响且无其他法定裁量情节的，一般决定适用五百元以下罚款。本案中，第三人杨某某到案后如实供述自身的违法事实，实施违反治安管理行为危害较小，符合“情节较轻”的情形。且根据某县公安局出具的前科证明载明，第三人系初次违反治安管理。因此，某县公安局综合本案起因、经过及违法行为的情节等因素，根据《治安管理处罚法》第43条第1款规定对第三人杨某某殴打他人予以罚款五百元的处罚认定事实清楚，适用法律正确，处罚内容并无不当。

综上所述，某县公安局作出的泗公（黑塔）行罚决字〔2023〕2175号行政处罚决定并无不当之处。答辩人作出的泗府复决〔2023〕194号行政复议决定认定事实清楚，程序合法，依据正确。恳请泗县人民法院判决驳回原告诉讼请求。

第三人杨某某述称：服从公安机关的处罚，公安机关处罚正确。

经庭审质证，原告倪某某对被告某县公安局所举证据质证认为：对程序性方面证据无异议，对公安机关认定第三人存在违法行为的实体方面证据不持异议。公安机关的两次询问笔录程序不合法，询问笔录没有按照法律规定由两名办案民警在笔录上签字，只有署名没有签字，这两份笔录反映出本案的原告是认可2023年10月8日全部调解内容的，但是根据原告本人陈述，不涉及治安管理处罚的问题，且原告不认识字，对于调解协议什么内容是不知道的，只是由办案人员口述，对原告的两份询问笔录，不能认定2023年10月8日的调解协议全部内容系原告真实意思表示。从公安机关的证据可以认定第三人殴打原告轻微伤的后果，根据《治安管理处罚法》规定，应当根据第43条第1款的一般原则进行处罚，即处5日以上10日以下拘留，并处罚款，不应当减轻处罚。

原告倪某某对被告某县人民政府所举证据质证认为：对事实方面证据的质证意见同对公安机关质证意见。对复议程序方面证据和认定有异议，某县人民政府作出维持某县公安局的行政复议决定，引用《公安机关对部分违反治安管理行为实施处罚的裁量指导意见》法条错误，他们引用的是第1部分第6条第（1）项，但是实际法条内容属于第7条，即便是第7条也不适用本案，实施违反治安管理行为危害较小的，本案后果清楚，造成原告轻微伤，该行为属于造成较重后果，本案不属于危害较小的情形，属于危害较重的情形。复议决定另引用第1部分第11条，该条也不适用本案，其仍然是处5日以下拘留和500元以下罚款，必须是危害性不大，本案已经造成原告轻微伤，属于危害较大。复议机关复议决定适用法条认定公安机关裁量是正确的不适当，违反治安管理处罚法最基本的处罚原则。在明知行政机关无权裁量的情况下，作出复议决定行为，该复议决定错误，应当一并纠正。被告某县公安局在行政复议程序中向复议机关明确之所以从轻处罚原则不是这两条，而是该指导意见第2部分第40条，行政机关应当根据公安机关引用的法条审查是否合理，不能代替公安机关适用法律，也不能代替公安机关认定事实。公安机关引用的4条均不适用本案，适用法律错误，复议机关维持决定也是不当的。

被告某县公安局对原告倪某某所举证据质证认为：对证据真实性、合法性无异议，但是不能证明其目的，第三人实施的行为认定属于情节较轻是考虑案发起因，以及实施违法行为的动机、手段、后果综合认定。且《治安管理处罚法》第43条规定的是5日以下拘留或者500元以下罚款，至于裁量指导意见仅仅是参考，作出的处罚结论，包括决定书引用的处罚依据，也是依据《治安管理处罚法》，作出罚款500元的结论是正当的。

被告某县人民政府对原告倪某某所举证据质证认为：对原告提供证据的真实性无异议，对其证明观点有异议。某县公安局《行政复议答复书》不属于具体行政行为，是对其行政行为进行全面审查。

第三人杨某某对原告倪某某所举证据质证认为：原告说第三人殴打她是不对的，第三人有土地的判决书和确权证，原告强收第三人的黄豆，第三人去阻止，原告用带去的锹砍、抽打第三人，当时派出所拍照了，第三人迎面骨被铲伤，手指甲也受伤了，现在手指甲还和别的指甲不一样。第三人用脚踹原告属于正当防卫，因为原告强收第三人的黄豆，当时签订协议比较合适。

原告倪某某对第三人杨某某所举证据质证认为：对证据三性均有异议，不能作为本案证据使用，本案审查行政行为的合理性和合法性，不涉及其他内容。

被告某县公安局对第三人杨某某所举证据质证认为：对证据三性无异议，可以证明第三人对原告殴打的行为属于情节较轻。

被告某县人民政府对第三人杨某某所举证据质证意见同某县公安局质证意见。

经庭审举证、质证，法院对原、被告及第三人所举证据认定如下：被告某县公安局所举证据客观、真实，证据收集程序合法，能够证明第三人杨某某存在违法行为，予以认定。被告某县人民政府所举证据客观、真实，能够证明其复议程序合法，予以认定。原告倪某某所举证据，被告对其真实性无异议，对证据的真实性予以认定。对第三人杨某某所举证据真实性予以认定，但该证据系第三人在诉讼中提供，并非公安机关在作出行政行为时所依据的证据，不能作为被诉行政行为合法的依据。

法院经审理查明：2023 年 10 月 8 日 17 时许，原告倪某某与第三人杨某某在××镇××村××庄大湖地里因收割黄豆问题发生争吵，在争吵期间杨某某用脚踹倪某某肚子，导致倪某某肚子等部位受伤。当日倪某某向某县公安局报警，某县公安局民警出警后经现场调解，双方签订调解协议书，表示不追究对方法律责任。2023 年 10 月 24 日，倪某某再次向某县公安局报警要求对杨某某进行处理。立案后经某县公安局委托，安徽永泰司法鉴定所于 2023 年 12 月 4 日出具鉴定意见书，鉴定意见为：被鉴定人倪某某的损伤程度为轻微伤。2023 年 12 月 20 日，某县公安局以第三人杨某某殴打他人依据《治安管理处罚法》第 43 条第 1 款规定，对杨某某予以罚款 500 元的行政处罚。

2023 年 12 月 28 日，原告不服某县公安局泗公（黑塔）行罚决字〔2023〕2175 号行政处罚决定，向某县人民政府申请行政复议。某县人民政府审查后于 2024 年 2 月 6 日作出泗府复决〔2023〕194 号行政复议决定，维持了某县公安局的行政处罚决定。原告不服该决定，向本院提起行政诉讼，请求撤销行政处罚决定及复议决定。

另查明，倪某某与杨某某系亲属关系，案外人娄某某与杨某某系夫妻关系。倪某某收割黄豆的地点位于泗县××镇××村××庄的南池地，本院于 2023 年 9 月 19 日作出（2023）皖 1324 民初 5810 号民事判决，判决倪某某于 2023 年 10 月 31 日前将位于泗县××镇××村土地（地块名称南池地，编号为 3413241092142200125，面积为 4.99 亩，东至小路，西至杨彦，南至小路，北至沟渠）恢复原状，并不得妨害娄某某使用。

【裁判结果】

安徽省泗县人民法院于 2024 年 8 月 13 日作出（2024）皖 1324 行初 12 号行政判决，判决：原告诉请撤销某县公安局行政处罚决定及某县人民政府行政复议决定，无事实和法律依据，本院不予支持。依照《行政诉讼法》第 69 条的规定，判决如下：驳回原告倪某某的诉讼请求。案件受理费 50 元，由原告倪某某负担。宣判后，原告未提出上诉。

【裁判理由】

法院生效裁判认为：《治安管理处罚法》第7条第1款规定，国务院公安部门负责全国的治安管理工作。县级以上地方各级人民政府公安机关负责本行政区域内的治安管理工作。第91条规定，治安管理处罚由县级以上人民政府公安机关决定。某县公安局具有作出治安行政处罚的职权。《治安管理处罚法》第43条第1款规定，殴打他人的，或者故意伤害他人身体的，处五日以上十日以下拘留，并处二百元以上五百元以下罚款；情节较轻的，处五日以下拘留或者五百元以下罚款。《公安机关对部分违反治安管理行为实施处罚的裁量指导意见》第2部分第40条规定，有下列情形之一的，属于“情节较轻”：（一）被侵害方有过错，且伤害后果较轻的；（二）亲友、邻里或者同事之间因琐事发生纠纷，双方均有过错，且伤害后果较轻的；……本案中，原告和第三人系亲属关系，双方因位于××镇××村××庄的南池地土地发生纠纷，经本院判决后原告仍然前往该地收割黄豆，从而导致与第三人杨某某发生纠纷，双方在争吵期间，杨某某用脚踹原告腹部一脚，致原告轻微伤，且庭审中原告也认可双方都有过错。公安机关根据第三人杨某某违法行为的性质、情节、后果，结合案件起因等，适用《治安管理处罚法》第43条第1款中规定的“情节较轻”的情形对第三人杨某某作出罚款500元的行政处罚，系在法定处罚种类和幅度范围内作出的行政处罚，处罚适当，适用法律正确。某县公安局受理案件后，依法查明了案件事实，在履行了告知、审批等程序后，作出行政处罚，程序合法。某县人民政府行政复议决定认定事实清楚，程序合法。综上，原告诉请撤销某县公安局行政处罚决定及某县人民政府行政复议决定，无事实和法律依据，本院不予支持。

【案例评析】

一、治安管理处罚中“情节较轻”的法律内涵

“情节较轻”在治安管理处罚的法律语境中具有丰富而特定的内涵。从法律本质上看，它并非一个简单、模糊的概念，而是蕴含着一系列综合且细致的考量因素。

从构成要件层面分析，首先在行为类型维度，“情节较轻”具体表征为法益侵害程度未达立案标准，意味着违法行为的性质相对轻微。以《公安机关办理行政案件程序规定》第178条为参照，当违法行为仅触及禁止性规范的表层，尚未实质动摇社会秩序的基本面时，即可纳入“轻微违法”的评价范

畴。就行为方式而言，“情节较轻”通常指违法行为人采用的手段较为平和、非暴力、非极端，没有使用具有较大危害性或攻击性的工具或方法。在结果要件层面，在“情节较轻”的情境下该违法行为对社会秩序、公共安全、他人合法权益等方面的负面影响有限，所产生的实际损害相对较小，实务中普遍采用比例原则进行检验。

值得注意的是，行为人主观方面的因素在衡量“情节较轻”时也起着至关重要的作用。例如，违法行为人主观上的过错程度如何、行为的动机和目的是否单纯以及其一贯表现和事后态度，都是执法者在认定“情节较轻”时不可忽视的因素。违法行为人是出于一时的疏忽、冲动或者误解，还是故意、恶意或蓄谋已久地实施违法行为；违法行为人的目的相对单纯，还是出于私利或恶意；违法行为人之前有无违法犯罪记录，且在违法行为发生后能否认识到错误，积极采取补救措施，如主动赔偿损失、赔礼道歉、消除不良影响等，也会在认定“情节较轻”时被纳入考量。

综上所述，“情节较轻”的法律内涵是一个多维度、综合性的概念，需要从行为的性质、方式、危害后果、主观过错以及事后表现等多个方面进行全面、深入的分析和判断。

二、“情节较轻”认定的标准

在治安管理处罚的范畴中，准确认定“情节较轻”是确保处罚公正、合理的关键环节。这一认定并非主观臆断，而是基于一系列明确且具体的标准。

（一）行为的性质与方式

行为的平和性、非对抗性特征构成认定“情节较轻”重要的判断标尺。行为性质的轻微体现在其对社会秩序、公共安全和他人合法权益的侵犯程度相对较低。例如，在扰乱公共秩序的行为中，并非有组织、有预谋地蓄意破坏公共秩序，而是因偶发的、非故意的轻微不当言论导致的短暂混乱，通常可被视为“情节较轻”。在打架斗殴行为当中，若行为人仅存在轻微的推搡、拉扯举动，未使用器械或造成明显伤害，相较于激烈的暴力冲突和严重的人身攻击，其行为方式更为温和，应认定为“情节较轻”。

（二）危害后果

行政违法行为需要以造成侵害后果为构成要件之一①。危害后果的轻微程

① 参见熊樟林：《行政违法真的不需要危害结果吗?》，载《行政法学研究》2017年第3期。

度是判断“情节较轻”的核心标准之一。危害后果既包括对人身造成的伤害，也涵盖对财产和社会秩序等方面产生的影响。如果违法行为仅导致受害人轻微伤，如表皮擦伤或短暂的身体不适，未造成严重的伤残或长期的健康隐患；在财产损害方面，仅造成了少量财物的损坏或价值不高的财物损失，能够轻易修复或弥补；对社会秩序的干扰仅在局部、短暂范围内产生了有限的负面影响，未引发广泛的恐慌或混乱，这些情况都可认定为危害后果较轻。本案中，第三人杨某某与原告倪某某因收黄豆发生争吵，争吵期间杨某某用脚踹倪某某肚子，导致倪某某肚子等部位受伤，经安徽永泰司法鉴定所鉴定：倪某某人体损伤程度为轻微伤。符合危害后果轻微的认定标准。

（三）主观过错

《中华人民共和国行政处罚法》（以下简称《行政处罚法》）第 33 条第 2 款将主观过错作为主观构成要件，为我国行政处罚制度确立了责任主义立场。[①] 主观过错的程度在“情节较轻”的认定中同样不容忽视。[②] 主观过错主要包括过失和故意两种形态。对于“情节较轻”的认定，通常更倾向于过失行为或者故意程度较低的情况。过失行为是指行为人由于疏忽大意或者过于自信而未能预见或者未能避免违法行为的发生。例如，在交通违法行为中，因一时疏忽未注意交通信号而导致的轻微违规，可视为主观过错较轻。即使是故意行为，如果其故意的程度不深，例如只是为了一时的逞强或冲动而实施了违法行为，且没有造成严重后果，也可能被认定为“情节较轻”。此外，行为人是否具有违法的动机和目的也是判断主观过错程度的重要因素。如果动机并非出于谋取非法利益、恶意报复或其他不良企图，而是出于误解、情绪失控等较为单纯的原因，那么在认定情节较轻时会予以考虑。本案中，从被告某县公安局的调查情况来看，第三人杨某某的行为即属于在争吵的过程当中情绪失控，不存在上述不良动机。并且，双方冲突的起因是原告倪某某到属于杨某某的土地上收割黄豆（法院判决为证），证明原告亦存在过错。

（四）认错态度

在司法裁量体系中，关于行为人认错态度的评价构成“情节较轻”认定的关键因素。根据最高人民法院《关于常见犯罪的量刑指导意见》确立的审

---

① 江必新主编：《行政处罚法条文精释与实例精解》，人民法院出版社 2021 年版，第 190 页。

② 参见黄先雄、孙学凯：《过错内外：论行政处罚的主观责任与客观责任》，载《中南大学学报（社会科学版）》2022 年第 4 期。

查基准，司法机关通常从三个维度展开实质审查：其一，悔过行为的及时性，即违法行为人是否在案发后第一时间主动投案并如实供述；其二，补救措施的实效性，包括物质赔偿的充分性、精神抚慰的适当性及社会关系的修复程度；其三，程序配合的完整性，具体体现为对执法流程的遵从度及后续矫治的参与度。这三个审查维度共同构成了修复性司法理念在治安管理处罚裁量中的具象化适用。以本案为例，其行为模式呈现典型的“修复路径”：第三人杨某某到案后如实供述自身的违法事实，在案件查处过程中积极履行配合调查义务，且实施违反治安管理行为危害较小，同时系初次违反治安管理，未造成危害后果和社会影响。这种做法不仅降低了执法成本，更实质性地消解了违法行为的社会危害性，因而在复议机关维持处罚决定的裁量说理部分被明确认定为符合“情节较轻”的构成要件。

三、“情节较轻”认定在实践中的挑战

在治安管理处罚的实际操作中，对“情节较轻”的认定由诸多因素相互交织，给执法者带来了诸多困扰和难题。

（一）认定标准的模糊性与不确定性

我国《行政处罚法》第32条与《治安管理处罚法》第19条均将“情节较轻”作为法定减轻或不予处罚的要件，但立法层面始终未建立具有可操作性的认定标准体系。这种规范层面的模糊性导致执法实践中产生双重制度风险：一方面，裁量基准的建构缺乏统一的价值衡量标准；另一方面，个案法律适用的差异化处理可能动摇平等原则的规范效力。

就规范文本分析而言，《行政处罚法》第33条虽提及了不予处罚的情形，但未对“危害后果轻微”等关键术语作出可操作性界定。以公安部制定的《公安机关对部分违反治安管理行为实施处罚的裁量指导意见》为例，虽将“初次违法”“如实供述”等要素纳入情节认定范畴，但未建立要素间的权重分配规则。这种规范构造的缺陷在本案中尤为凸显：公安机关虽援引行为人主观过错程度（倪某某自认过错）、损害结果形态（轻微伤鉴定）及当事人事后态度（杨某某如实供述）等多重因素，但各要素间的逻辑关联及证明标准仍缺乏体系化论证。

值得注意的是，数字经济时代新型违法的出现进一步加剧了规范解释的复杂性。最高人民法院司法大数据显示，2019年至2022年网络犯罪案件量年

均增幅超过 60%，其中涉及新型法益侵害的案件占比持续扩大①，但现行裁量基准仍局限于传统物理空间的危害性评估范式，使得“情节较轻”的认定更加困难。

（二）执法者的自由裁量权

行政裁量基准制度中“情节较轻”条款的规范困境，本质上是法律不确定概念在执法实践中的具象化投射。根据《关于规范行政处罚裁量权的指导意见》确立的基准框架，行政机关在个案判断时需完成“双重校验”：既要确保个案正义的实现，又要维系“同案同判”的法治原则。但实证研究表明，基层执法中普遍存在“两极分化”现象——部分执法人员陷入“裁量怠惰”，简单套用过往案例；另一部分则呈现“裁量亢奋”，过度依赖主观价值判断。这种规范解释的失序状态，极易诱发“弹簧式执法”的治理风险。最高人民法院在 2023 年发布的行政审判典型案例中，已明确将“裁量说理充分性”作为审查重点，这为构建类型化的裁量基准体系提供了司法指引。

《治安管理处罚法》第 43 条第 1 款规定，殴打他人的，或者故意伤害他人身体的，处五日以上十日以下拘留，并处二百元以上五百元以下罚款；情节较轻的，处五日以下拘留或者五百元以下罚款。作出何种处罚，执法人员具有较大的自由裁量权，即便是结合案件具体情形认定为“情节较轻”，也需要在五日以下拘留和五百元以下罚款之间作出裁量。本案中，某县公安局先是依据《公安机关对部分违反治安管理行为实施处罚的裁量指导意见》第 1 部分第 7 条规定和第 2 部分第 40 条规定，认定第三人杨某某的行为属于“情节较轻”；后根据该指导意见第 11 条之规定，裁量结果为对第三人适用五百元罚款的处罚。

（三）证据收集与判断的困难

证据收集与判断的困难也是实践中常见的挑战。要准确认定“情节较轻”，需要充分、可靠的证据来支撑关于行为性质、危害后果、主观过错等方面的判断。根据《治安管理处罚法》第 9 条的规定，对于因民间纠纷引起的打架斗殴或者损毁他人财物等违反治安管理行为，情节较轻的，公安机关可以调解处理。所以在实践当中，公安机关处理此类案件往往会进行治安调解，本案也不例外，在这个过程当中，调查取证的必要性显而易见。原因是充分

---

① 参见《中国法院的互联网司法》白皮书，2023 年［最高人民法院：《中国法院的互联网司法》白皮书，2023 年 12 月发布，第二部分第三章第 3 节，载最高人民法院官网 http：//www. court. gov. cn］。

的调查取证工作不仅会确保调解工作的顺利进行，也会在调解失败后的处罚中起到保驾护航的作用。如果没有进行深入细致的调查取证，公安民警在调解过程中难以有针对性地说服双方当事人达成和解；而且一旦调解工作失败，一些重要的证据不复存在，此时再进行治安管理处罚，会面临事实不清、证据不足的困境，使得案件的办理久拖不决。[①] 因此，即使对可以适用调解的案件，公安机关也必须及时进行调查取证，查清事实真相，收集足够的证据。

值得关注的是，在一些治安案件中，证据的收集和判断并非易事。对于一些瞬间发生的、没有直接目击证人的违法行为，或者需要判断违法行为人的主观心理状态时，执法人员很难获取确凿、直接的证据。不只如此，证人证言的主观性、物证的易变性等都增加了审查判断证据的难度。“情节较轻”的认定工作缺乏确实充分的证据很难展开。

本案中，被告某县公安局在案件办理过程中及时对原告、第三人和几位案外人进行了询问并制作了询问笔录，收集了伤情照片、鉴定意见书和鉴定意见通知书，制作了调解协议，调查了第三人的前科记录、户籍证明、到案经过和法院民事判决书。以上证据证明违法事实清楚，证据充分。

（四）社会公众的认知与接受度

社会公众的认知与接受度也是影响“情节较轻”认定的一个重要因素。公众的法律素养、价值观和生活经验各不相同，对于什么是“情节较轻”往往存在不同的看法。本案中，原告认为被告某县公安局给予第三人杨某某的处罚过轻，理由是杨某某霸占土地、长期欺辱原告，在强行收割原告粮食后，还对原告实施殴打，明显处罚过轻，也有违行政法的比例原则，因此不服该处罚决定提出了复议申请，进而提起了诉讼。很多情况下，执法机关认定的“情节较轻”可能与公众的普遍期望不符，从而引发社会舆论。当公众认知与法律认定之间出现偏差时，不可避免地会影响执法的效果。

综上所述，“情节较轻”的认定在警务实践中面临着诸多挑战，需要从法律法规的更新完善、自由裁量权的规范、证据的收集与判断、公众法律意识的提升等多个方面入手，加强实践当中的探索和创新，以提高“情节较轻”认定的准确性和公正性，从而实现治安管理处罚的教育与惩戒功能，维护社会的和谐稳定。

---

① 参见董少平、李晓东：《治安调解的现实困境与机制优化》，载《中国人民公安大学学报（社会科学版）》2021 年第 4 期。

四、"情节较轻"认定机制的完善考量

为了应对"情节较轻"认定在实践中面临的诸多挑战，建立一个更加科学、合理、公正且具有可操作性的认定机制至关重要。

(一) 明确和细化认定标准

本文认为，破解"情节较轻"认定标准不确定性的制度路径应当包含三个维度：首先，在规范层面建立类型化的裁量基准，根据《治安管理处罚法》第5条[①]的授权性规定，结合公安部《治安管理处罚裁量指导意见》及地方实践经验［参见《浙江省公安机关行政处罚裁量基准实施办法》（2021年）的规定］，根据违法行为客体差异划分不同层级的量化标准；其次，引入比例原则审查机制，通过"适当性-必要性-均衡性"的三阶审查框架约束裁量权行使；最后，构建动态化的案例指导制度，借助最高人民法院指导性案例的拘束效力统一法律适用尺度。唯有通过多维度制度协同，方能在保障执法能动性的同时维护法制统一原则。

司法大数据分析显示，某省公安机关在2021年至2023年适用"情节较轻"条款的行政处罚案件中，采用量化标准的案件复议变更率较经验判断型案件下降超60%[②]。值得注意的是，《治安管理处罚裁量指导意见》虽已确立"负面清单+正向指引"的混合模式，但在要件要素的权重分配上仍存在可改进之处。以盗窃案件为例，现行标准侧重财物价值，却相对忽视行为场所的特殊性（如发生在救灾物资存放点应设置加倍系数）。

(二) 规范执法者的自由裁量权

规范执法者的自由裁量权是保障认定公正的重要环节。应当建立一套严格的自由裁量权行使规则，明确规定在何种情况下执法者可以行使自由裁量权，以及行使的幅度和限制。在《行政处罚法》第34条中，首次确立了行政处罚裁量基准的制度。《国务院办公厅关于进一步规范行政裁量权基准制定和管理工作的意见》（2022年）规定，"对法规中处罚条件只有原则性规定的，根据违法行为的事实、性质、情节以及社会危害程度细化量化。"例如，设定自由裁量权的上限和下限，要求执法者在一定的范围内作出决定，并说明行

---

① 《治安管理处罚法》第五条第一款　治安管理处罚必须以事实为依据，与违反治安管理行为的性质、情节以及社会危害程度相当。

② 江苏省高级人民法院：《江苏法院行政审判白皮书（2023年度）》，江苏高院研究室2024年版。

使自由裁量权的理由和依据。同时，建立监督和审查机制，对执法者行使自由裁量权的情况进行定期检查和评估，对于滥用自由裁量权的行为进行严肃处理。同时，应强化对执法人员的职业道德培养与法律培训，提升其法律修养与公正执法的自觉性，以确保他们能够合理、审慎地行使自由裁量权。

（三）加强证据规则的制定与执行

程序正义维度下治安处罚“情节较轻”认定的证据规则重构，亟须构建递进的证明标准体系，即通过“查证属实”实现从“形式合法”到“实质可信”的审查跃升。根据《公安机关办理行政案件程序规定》第四章之规范要义，证据准入资格的要求为：第一，“依法收集”：要求证据来源符合《行政诉讼法》等的程序规范，审查标准为取证程序合法性；第二，“查证属实”：确立证据真实性审查的法定程序（需经质证、核对原件等），审查标准为证据载体真实性，例如审查视听资料是否附《制作说明》。审查梯度设计体现为：合法性审查：通过“不得以非法方法收集”确立非法证据排除规则；真实性审查：“查证属实”要求建立证据鉴真制度；关联性审查：全面收集隐含证据与待证事实的实质关联要求。此外，还应注意审查证据链的完整性，排除孤证定案（需两个以上相互印证）。针对“情节较轻”的认定，需明确具体的证据类型、收集程序及证明标准，确保认定过程有据可依。应根据不同违法行为的特点和实际情况，设定差异化的证据要求。

（四）建立案例指导制度

为提升执法水平并统一认定标准，上级执法机关应定期筛选并发布具有典型性和指导意义的案例，特别是针对“情节较轻”的认定，基层执法者可从中获得明确的参考依据。类案指导机制呈现出双重制度效能：既承载着法律适用统一的功能期待，又兼具执法经验传承的实践价值。最高人民法院于2020年发布的《关于统一法律适用加强类案检索的指导意见（试行）》为该机制确立了规范依据。上级机关遴选具有示范意义的“情节较轻”案例时，应当着重考量违法行为的构成要件。这些案例需涵盖各类常见治安违法行为，并详细说明认定“情节较轻”的具体理由及法律依据，以便基层执法者在处理类似案件时能够参照执行，从而有效减少认定过程中的随意性和不确定性。与此同时，通过构建治安管理处罚信息平台，利用现代信息技术实现案件信息的共享与高效管理。在技术支撑维度，信息化建设不应局限于案件数据的简单归集，而应引入法律知识图谱技术，构建“数据–知识–决策”的转化闭环。

（五）完善监督和救济机制

在程序正义理论框架下，监督救济机制的建构需遵循“过程控制-结果校正”的复合规制路径。根据《行政复议法》确立的“全面审查”原则，针对“情节较轻”认定的监督体系应当构建“行政机关自我纠偏-检察机关动态监督-司法审查终局裁断”的三重保障机制。

就内部监督而言，层级审查机制的实质化运作至关重要。可通过组建由法制部门、业务专家组成的复合督查组，采用“要件清单对照法”对下级机关认定结论进行校验，降低案件认定偏差率。

在外部监督层面，检察机关的监督与法院的“要件审查”标准形成制度合力：首先检视违法构成要件的完整性，其次评估处罚裁量的适当性，最后验证说理论证的充分性。在诉讼阶段，应当引入“裁量过程审查”标准，通过《行政诉讼法》第70条的扩大解释，将“说理不充分”明确纳入司法审查范围。

未来的制度演进需在价值平衡中寻求突破：既要维系行政效率与个案正义的动态平衡，又要在法律安定性与社会适应性之间保持张力。唯有如此，方能实现治安管理的教育与惩戒功能，维护社会的和谐稳定和公平正义，最终达成法律效果与社会效果的有机统一。

案例 17

举报自认为错误或违法的行为是否属于见义勇为行为

——徐某某诉某市公安局、某市人民政府行政奖励、行政复议案

张 强*

【内容提要】

见义勇为行为是法规、规章肯定和褒扬的行为，也是全社会肯定和提倡的行为。目前，对见义勇为行为确认和奖励的依据是各地关于见义勇为的地方性法规或规章。公民认为自己的行为属于见义勇为的，可以依法向法规、规章规定的有关行政主体提出确认见义勇为行为的申请，有关行政主体应依法作出确认与否及奖励与否的决定。见义勇为行为，一般是指在法定职责、法定义务或者约定义务之外，为保护国家利益、集体利益、社会公共利益或者他人人身、财产安全，制止正在发生的违法犯罪行为或者抢险、救灾、救人等事迹突出的行为。为他人民事诉讼案件提供证据，积极举报自认为错误的行为均不属于法规、规章规定的见义勇为行为。依法确认和对见义勇为行为实施奖励应注意把握"事迹突出"这一确认标准。公安机关或其他有关行政主体依法对申请人的行为是否属于见义勇为行为作出的确认或不予确认行为，以及给予或不给予奖励的行为，是具体行政行为。公民认为有关行政主体对见义勇为行为的确认或奖励决定错误时，依法有权申请行政复议或提起行政诉讼，由法院对该行政确认、行政奖励行为的合法性进行司法审查。

【裁判要旨】

《江苏省奖励和保护见义勇为人员条例》规定了见义勇为人员的内涵、确认条件及申报、确认程序等，是江苏省行政区域内对见义勇为人员进行确认和给予行政奖励的主要依据。能够被确认并给予奖励的见义勇为人员，并非

* 中国人民警察大学广州校区移民管理学院副教授。

一般意义或广义上的“见义勇为人员”，至少需要具备三个方面的条件：一是职责义务方面，应为履行法定职责、法定义务或者约定义务之外的行为。二是行为性质方面，应是挺身而出同违法犯罪行为作斗争或者抢险、救灾、救人的行为，实施该行为时往往面临着即时的、现实的危险或危急情况，否则无所谓“勇为”和“斗争”。三是程度上应达到表现突出，即为保护国家利益、集体利益、社会公共利益或者他人人身、财产安全作出了较大奉献或取得了突出成绩。

【相关法条】

《江苏省奖励和保护见义勇为人员条例》① 第二条第三款　本条例所称见义勇为人员，是指在法定职责、法定义务或者约定义务之外，为保护国家利益、集体利益、社会公共利益或者他人的人身、财产安全，挺身而出，同违法犯罪行为作斗争或者抢险、救灾、救人等见义勇为中表现突出的行为人。

第五条　公安机关承担见义勇为人员奖励和保护工作的下列职责：（一）确认见义勇为人员；（二）协调落实见义勇为人员的奖励和保护；（三）协调处理有关投诉、举报；（四）法律、法规规定的其他职责。

第十条　符合本条例规定，行为人有下列行为之一，且表现突出的，应当确认为见义勇为人员：（一）同危害国家安全、公共安全或者妨害社会管理秩序的违法犯罪行为作斗争的；（二）同侵害国家、集体财产或者他人的人身、财产安全的违法犯罪行为作斗争的；（三）协助追捕犯罪嫌疑人、被告人、罪犯或者协助侦破重大刑事案件的；（四）抢险、救灾、救人的；（五）其他属于见义勇为的行为。

第十一条第一款　行为人及其近亲属可以向见义勇为发生地的县级公安机关申报确认见义勇为人员。

第十二条　申报、举荐见义勇为人员应当自行为发生之日起两年内提出，见义勇为有连续、持续或者继续状态的，自行为终了之日起计算。确有特殊原因逾期申报、举荐的，由县级公安机关报经上一级公安机关决定是否受理。

第十三条　申报、举荐见义勇为人员应当提供有关证明材料和线索。

公安机关应当自收到申报、举荐之日起十五日内作出确认或者不予确认见义勇为人员的决定，并告知申报人、举荐人；情况复杂的，可以延长至六十日。公安机关经调查核实，对事实清楚、符合见义勇为人员条件的，应当

① 2018年11月23日江苏省第十三届人民代表大会常务委员会第六次会议通过，自2019年1月1日起施行。

予以确认。

第十四条 根据见义勇为人员的事迹和贡献，对见义勇为人员应当给予下列单项或者多项奖励：（一）授予见义勇为称号；（二）嘉奖；（三）记功；（四）颁发奖金；（五）其他奖励。

第十九条 对见义勇为人员，由县级以上地方人民政府颁发奖金，奖金标准由本级人民政府确定。

【案件索引】

一审：江苏省南通经济技术开发区人民法院（2019）苏0691行初146号行政裁定

二审：江苏省南通市中级人民法院（2020）苏06行终488号行政裁定

【基本案情】

上诉人（原审原告）徐某某因诉被上诉人某市公安局、某市人民政府行政奖励及行政复议一案，不服江苏省南通经济技术开发区人民法院（2019）苏0691行初146号行政裁定，提起上诉。

上诉人（原审原告）徐某某起诉称：上诉人申请认定为见义勇为的三件事项系公开举报严重违法犯罪行为，事实清楚，证据确凿，符合《江苏省奖励和保护见义勇为人员条例》第2条第3款、第10条的规定。一审裁定认为"原告的申请事项明显缺乏事实根据"违背客观事实，不利于鼓励群众同违法犯罪作斗争。某市公安局对徐某某举报的违法犯罪事项未立案查处即作出不予奖励的决定，认定事实不清。一审法院未经开庭径行作出裁定驳回起诉，违反法定程序。请求二审法院撤销一审裁定，并对本案进行实体审理。

被上诉人（原审被告）某市公安局辩称：经核实上诉人申请的三件事项均不符合见义勇为的认定条件，被上诉人作出的不予确认见义勇为人员决定正确，程序合法。上诉人的诉求没有事实根据，一审裁定正确，请求二审法院驳回上诉，维持原裁定。

被上诉人（原审被告）某市人民政府辩称：某市人民政府作出的行政复议决定程序合法，一审裁定事实清楚，适用法律正确，程序合法，请求二审法院驳回上诉，维持原裁定。

法院经审理查明：2019年3月7日，徐某某向某市公安局提交《见义勇为申请书》，要求认定以下行为为见义勇为：（1）1992年，徐某某为国营零陵地区金洞林场工商公司诉如皋市葛市工业供销经理部一案提供证据，将事实情况主动提供给该公司转交给如皋法院，以争取挽回国家损失。（2）1992

年11月，徐某某向江苏省财政厅举报如皋市葛市工业供销经理部李某某毁灭证据，撕毁盖有葛市乡政府、乡法律服务所公章的借条。（3）1998年，知情人告诉徐某某葛市乡政府公章1995年被偷，新公章被更改成了繁体字，徐某某写信给新华日报社举报。因某市公安局未作出书面答复，徐某某于2019年8月12日向南通市公安局申请行政复议。11月4日，南通市公安局作出（通）公复决字〔2019〕108号《南通市公安局行政复议决定书》，责令某市公安局在收到复议决定书之日起十五日内对徐某某提交的《见义勇为申请书》作出回复。11月15日，某市公安局受理了该申请。经调查核实，11月28日，某市公安局作出编号JABY201901《不予确认见义勇为人员决定书》，认定徐某某不符合见义勇为人员确认条件，根据《江苏省奖励和保护见义勇为人员条例》第10条的规定，决定不予确认为见义勇为人员。徐某某不服，于12月3日向某市人民政府申请行政复议。12月9日，某市人民政府作出《行政复议受理通知书》，受理了徐某某的复议申请。同日，某市人民政府通知某市公安局进行答复。12月18日，某市公安局提交了《行政复议答复书》。2020年1月19日，某市人民政府作出〔2019〕皋行复第85号《行政复议决定书》（以下简称85号复议决定），维持了某市公安局作出的决定书，并于同日邮寄送达徐某某。徐某某不服，遂向一审法院提起诉讼，请求：1. 确认某市公安局未对徐某某见义勇为线索进行调查核实的行为违法，责令某市公安局进行调查核实。2. 撤销某市公安局2019年11月28日作出的《不予确认见义勇为人员决定书》。3. 撤销某市人民政府2020年1月19日作出的85号复议决定。4. 判令某市公安局立即停止侵害行为，公开赔礼道歉，并赔偿徐某某精神损害抚慰金10万元。

【裁判结果】

江苏省南通经济技术开发区人民法院作出（2019）苏0691行初146号行政裁定，认为徐某某的申请认定见义勇为明显缺乏事实根据，提起的诉讼不符合法定起诉条件。依照《中华人民共和国行政诉讼法》（以下简称《行政诉讼法》）第49条第（3）项、《最高人民法院关于适用〈中华人民共和国行政诉讼法〉的解释》第69条第1款第（1）项之规定，裁定驳回徐某某的起诉。

江苏省南通市中级人民法院于2020年11月12日作出（2020）苏06行终488号行政裁定，认为某市公安局作出的《不予确认见义勇为人员决定书》及某市人民政府复议作出的维持决定，认定事实清楚，适用法律正确，程序合法。认为徐某某申请认定见义勇为的行为明显缺乏事实根据，一审法院对徐某某提起的诉讼因不符合法定起诉条件，径行裁定驳回，在认定事实、适用法律和程序上并无不当。上诉人徐某某的上诉请求和理由缺乏事实与法律根据，依照《行政诉讼法》第86条、第89条第1款第（1）项之规定，裁定驳回徐某某的上诉，维持原裁定。

【裁判理由】

法院生效裁判认为：行政奖励是行政机关为了表彰先进、激励后进，依照法定条件和程序，对为国家、人民和社会作出突出贡献的行政相对人，给予的物质或精神奖励。《江苏省奖励和保护见义勇为人员条例》规定了见义勇为人员的内涵、确认条件及申报、确认程序等，是江苏省行政区域内对见义勇为人员进行确认和给予行政奖励的主要依据。从该条例第2条第3款及第10条规定看，能够被确认并给予奖励的见义勇为人员，并非一般意义或广义上的“见义勇为人员”，至少需要具备三个方面的条件。一是职责义务方面，应为履行法定职责、法定义务或者约定义务之外的行为。二是行为性质方面，应是挺身而出同违法犯罪行为作斗争或者抢险、救灾、救人的行为，实施该行为时往往面临着即时的、现实的危险或危急情况，否则无所谓“勇为”和“斗争”。一般意义上的检举揭发他人违法违纪的行为或“热心助人”“乐善好施”“好人好事”，虽然也属于国家和社会所提倡的行为，有时也承担了一定的风险，但不在《江苏省奖励和保护见义勇为人员条例》所奖励的范围之内。三是程度上应达到表现突出，即为保护国家利益、集体利益、社会公共利益或者他人人身、财产安全作出了较大奉献或取得了突出成绩。如果对一般意义或广义上的“见义勇为人员”都给予行政奖励，该奖励就会失去实际的激励作用和意义，也会让“见义勇为”功利化，损害见义勇为的价值导向和发展。当然，此类“见义勇为人员”如果受到了损害，可以依法要求侵权人承担侵权责任或受益人给予补偿。本案中，徐某某申请的三项行为即便属实，无论是为他人民事诉讼提供证据，还是举报李某某撕毁借条和葛市乡政府公章被偷及更换问题，都不属于《江苏省奖励和保护见义勇为人员条例》中规定的行为，都不存在现实的危急情况，并且没有证据证明徐某某表现突出，其不具备上述第二、三方面的条件，也明显不符合《江苏省奖励和保护见义勇为人员条例》第10条所列举的具体情形。某市公安局作出的《不予确认见义勇为人员决定书》及某市人民政府复议作出的维持决定，认定事实清楚，适用法律正确，程序合法。根据《江苏省奖励和保护见义勇为人员条例》第13条规定，公安机关在收到申报见义勇为人员提供的有关证明材料和线索后，应当进行调查核实，并依据条例规定的见义勇为人员条件进行确认。该条规定中公安机关的调查核实职责是对申报人提供的有关证明材料和线索是否存在和真实进行认定，并非对申报所涉及的问题进行查处。徐某某关于某市公安局对其举报的问题未进行立案查处的理由，因不属于某市公安局确认行政奖励的职责和本案审理的范围，本院不予采信。至于徐某某所称的其因举报所带来的风险，并不属于《江苏省奖励和保护见义勇为人员条例》中规定的同违法犯罪行为作斗争所带来的危险，如果其确因举报遭受了损害，应依法另寻救济，而不是申请见义勇为奖励。《最高人民法院关于适用〈中华人民共和国行政诉讼法〉的解释》第69条第3款规定，人民法院经过阅卷、调查或者询问当事人，认为不需要开庭审理的，可以径行裁定驳回起诉。一审法院经审理认为徐某某申请认定见义勇为的行为明显缺乏事实根据，提起的诉讼不符合法定起诉条件，径行裁定驳回徐某某的起诉，在认定事实、适用法律和程序上并无不当，本院依法予以维持。上诉人徐某某的上诉请求和理由缺乏事实和法律根据，本院不予支持。

【案例评析】

一、对见义勇为行为（人员）依法予以确认和奖励行为的性质分析

“行政确认是指行政主体依法对行政相对人的法律地位、特定法律关系或者有关法律事实进行甄别和确证，并以法定方式予以宣告的行政行为。”[①] 行政确认是现代行政管理的重要手段之一，也是行政行为的常见种类之一。公安机关依法对有关人员的行为是否属于见义勇为行为予以确认或不予确认，属于行政确认的范畴。行政确认是依法实施的行政行为，是要式行政行为，是羁束性行政行为，必须严格按照法律法规规定的条件、标准、程序、方式、内容实施。

“行政奖励是指行政主体依照法定条件和程序，对为国家和社会作出重大贡献的单位和个人，给予物质或精神的鼓励的具体行政行为。”[②] 其目的是表彰先进、激励后进，充分调动和激发人们的积极性与创造性。公安机关或其他行政主体依法对经过确认的见义勇为人员给予奖励或不予奖励属于行政奖励的范畴。行政奖励作为一种授益性行政行为，具有法定性的特征，主要体

① 《行政法与行政诉讼法学》编写组：《行政法与行政诉讼法学（第二版）》，高等教育出版社2018年版，第194页。

② 罗豪才主编：《行政法学》（新编本），北京大学出版社1996年版，第245页。

现在奖励主体法定、奖励对象法定、奖励程序法定、奖励内容法定。行政奖励必须遵循依法奖励原则，奖励力度与受奖行为相当原则，公正、民主、平等原则。

目前，全国没有统一的关于见义勇为人员确认、表彰和奖励的法律或行政法规。有多个省、自治区、直辖市、设区的市及深圳和珠海经济特区，制定了关于见义勇为人员奖励和保护的条例（属地方性法规）。[①] 部分地方对此制定了地方政府规章，例如《上海市见义勇为人员奖励和保护办法》《新疆维吾尔自治区见义勇为人员奖励和保护办法》。其中，吉林省、福建省、江苏省、山东省、浙江省、天津市、重庆市、广州市、南京市、南宁市、珠海经济特区的地方性法规规定，由公安机关负责有关见义勇为人员的确认（认定），由县级以上人民政府对见义勇为人员实施奖励。仅《福建省奖励和保护见义勇为人员条例》《重庆市见义勇为人员奖励和保护条例》授权公安机关可以以自己的名义对见义勇为人员实施部分权限的奖励。

二、行政确认和行政奖励行为是否属于行政诉讼的受案范围

学界通常认为，行政确认是行政行为种类之一，且“行政确认行为可能引起行政诉讼和国家赔偿”[②]。行政奖励是行政行为种类之一。[③] 行政确认和行政奖励依法属于行政诉讼的受案范围，可归入《行政诉讼法》第 12 条第 1 款第（12）项之中，即“认为行政机关侵犯其他人身权、财产权等合法权益的”。《最高人民法院关于适用〈中华人民共和国行政诉讼法〉的解释》（法释〔2018〕1 号）第 1 条将“对公民、法人或者其他组织权利义务不产生实际影响的行为”排除在行政诉讼受案范围之外，行政确认和行政奖励显然不属于此类行为。《最高人民法院关于行政案件案由的暂行规定》（法发

① 截至 2024 年 6 月 20 日，陕西省、江苏省、山东省、海南省、河南省、云南省、福建省、湖南省、河北省、江苏省、广东省、贵州省、四川省、甘肃省、安徽省、辽宁省、浙江省、吉林省、山西省、宁夏回族自治区、广西壮族自治区、内蒙古自治区、西藏自治区、北京市、天津市、重庆市、南宁市、武汉市、淮南市、长治市、无锡市、南昌市、广州市、青岛市、太原市、南京市、邯郸市、洛阳市、珠海经济特区、深圳经济特区制定了关于见义勇为人员奖励和保护的条例（属地方性法规）。参见中国人大网，国家法律法规数据库，https：//flk. npc. gov. cn/，最后访问时间：2024 年 6 月 21 日。

② 《行政法与行政诉讼法学》编写组：《行政法与行政诉讼法学（第二版）》，高等教育出版社 2018 年版，第 198 页。

③ 参见姜明安主编：《行政法与行政诉讼法（第七版）》，北京大学出版社、高等教育出版社 2019 年版，第 238 页。张正钊、胡锦光主编：《行政法与行政诉讼法（第七版）》，中国人民大学出版社 2021 年版，第 136 页。

〔2020〕44号）将行政案件的案由分为三级，行政案件的一级案由为“行政行为”，是指行政机关与行政职权相关的所有作为和不作为。该规定明确将行政确认和行政奖励列为行政案件的二级案由。近年来的行政审判司法实践也肯定了行政确认和行政奖励行为依法属于行政诉讼的受案范围。

三、关于见义勇为行为的确认和奖励标准

结合现有的地方性法规、规章，见义勇为行为是指在法定职责、法定义务或者约定义务之外，为保护国家利益、集体利益、社会公共利益或者他人人身、财产安全，制止正在发生的违法犯罪行为或者抢险、救灾、救人等事迹突出的行为。行为人有下列情形之一且事迹突出的，应当认定为见义勇为人员：制止正在实施的危害国家安全、公共安全或者妨害社会管理秩序的违法犯罪行为；制止正在实施的侵害国有财产、集体财产或者他人人身、财产安全的违法犯罪行为；主动抓获或者协助有关机关追捕犯罪嫌疑人、逃犯，侦破重大刑事案件；抢险、救灾、救人；实施其他见义勇为行为。

需要注意的是，法规、规章对见义勇为行为的界定与一般公众对见义勇为的认知并不完全一致。在行政确认中，“见义勇为”是个法律概念，讲究严谨性、准确性，必须严格按照法规、规章规定的条件、标准、具体情形等来确认。而一般意义或广义上的“见义勇为”可以理解为词典中对“见义勇为”一词词义的解释①，以及一般公众观念中对“见义勇为”的认知，此种“见义勇为”是非法律概念，缺少明确的内涵和清晰的界定标准。因此，公安行政执法实践中确认见义勇为行为或确认见义勇为人员应当以现有的地方性法规和规章规定的条件、标准和具体情形为依据，而不是以社会公众认知为依据。正因如此，二审法院在裁定中专门释明了，《江苏省奖励和保护见义勇为人员条例》规定了见义勇为人员的内涵、确认条件及申报、确认程序等，是江苏省行政区域内对见义勇为人员进行确认和给予行政奖励的主要依据。

本案争议焦点之一即徐某某为他人民事诉讼提供证据，积极向有关部门和媒体举报自认为错误的或涉嫌违法的行为是否属于地方性法规规定的“见义勇为”行为。对照《江苏省奖励和保护见义勇为人员条例》第2条第3款及第10条规定来看，结合行政管理实践中对“见义勇为”行为确认和奖励的实践，能够被依法确认并给予奖励的见义勇为人员，应当具备三个方面的条件：一是职责义务方面，行为人应为履行法定职责、法定义务或者约定义务

① 见义勇为，词典解释为：“看到正义的事情奋勇地去做。”参见中国社会科学院语言研究所词典编辑室编：《现代汉语词典（第6版）》，商务印书馆2012年版，第636页。

之外的行为。如果行为人实施的法定职责或法定义务之内的行为，如警察的行为、消防员的行为则不应认定为见义勇为行为。本案中徐某某为他人民事诉讼提供证据的行为属其法定义务行为，[①] 依法不属于“见义勇为”行为。二是行为性质方面，行政法律意义上的“见义勇为”行为应是挺身而出同违法犯罪行为作斗争或者抢险、救灾、救人的行为，实施该行为时往往面临着即时的、现实的危险或危急情况，否则无所谓“勇为”和“斗争”。为他人民事案件作证，以及一般意义上的检举揭发他人违法违纪的行为或“热心助人”“乐善好施”“好人好事”，既是公民的权利，也是国家和社会所提倡的行为，有时也承担了一定的风险，但不在《江苏省奖励和保护见义勇为人员条例》所奖励的范围之内。三是程度上应达到表现突出，即为保护国家利益、集体利益、社会公共利益或者他人人身、财产安全作出了较大奉献或取得了突出成绩。本案中，徐某某申请的20年前自己实施的三项行为未经查证属实，即便属实，也都不属于《江苏省奖励和保护见义勇为人员条例》中规定的行为，故依法不属于见义勇为行为。

此外，从具体行为方式看，徐某某所申请的行为，也明显不符合《江苏省奖励和保护见义勇为人员条例》第10条所列举的具体情形，即行为人有下列行为之一，且表现突出的，应当确认为见义勇为人员：（一）同危害国家安全、公共安全或者妨害社会管理秩序的违法犯罪行为作斗争的；（二）同侵害国家、集体财产或者他人的人身、财产安全的违法犯罪行为作斗争的；（三）协助追捕犯罪嫌疑人、被告人、罪犯或者协助侦破重大刑事案件的。法规中第（一）（二）项，是指行为人为了制止正在发生的危害国家安全、公共安全或者妨害社会管理秩序的违法犯罪行为，或者为了制止正在发生的侵害国家、集体财产或者他人的人身、财产安全的违法犯罪行为，现场同违法犯罪分子英勇斗争，必须具有“见义”而“勇为”情节。而第（三）项规定的情形则应当有相应的行为结果，即通过行为人的行为最终追捕或抓捕到了犯罪嫌疑人、被告人、罪犯或者协助侦破了重大刑事案件的，方可认定为见义勇为和给予奖励。本案中徐某某所申请的三个行为均不符合上述法定情形中任何一种。

四、本案中行政确认申请是否超过法定期限

从权利保护的期限上看，法律一般会对行政相对人申请或主张权利设定

---

① 《中华人民共和国民事诉讼法》第七十五条第一款　凡是知道案件情况的单位和个人，都有义务出庭作证。有关单位的负责人应当支持证人作证。

一定的期限，其目的在于督促行政相对人尽快行使权利，提高行政机关执法效率，维护行政管理秩序的稳定。如果允许行政相对人任何时候都可以对行政行为申请救济，势必使行政行为一直处于被质疑和否定的状态，既影响了行政效率，又将给行政管理秩序带来混乱。行政相对人主张权利应在法律、法规、规章规定的时限内提出，否则其申请将不被有关行政主体受理和保护。《江苏省奖励和保护见义勇为人员条例》第12条规定："申报、举荐见义勇为人员应当自行为发生之日起两年内提出，见义勇为有连续、持续或者继续状态的，自行为终了之日起计算。确有特殊原因逾期申报、举荐的，由县级公安机关报经上一级公安机关决定是否受理。"本案中对徐某某申请确认的20年前其实施的三项行为，某市公安局可以以超过法律规定的申请期限为由不予受理其申请，[①] 如受理其确认申请依法也应报上一级公安机关决定是否受理而不应自己径行受理。

五、结语

公安机关在开展见义勇为行为或见义勇为人员行政确认和行政奖励工作时，首先，要严格按照法规、规章对见义勇为行为的条件、标准和具体情形来开展行政确认和行政奖励工作。其次，公安机关对见义勇为行为的确认要注意从职责义务、行为性质、行为程度三方面进行斟酌把握，做到确认和奖励行为严谨、准确、适当。最后，要注意法规、规章对行政相对人主张权利的期限的规定，以及公安机关自身实施行政确认行为的工作时限，避免因主观因素导致行政行为超过法定时限。

① 1995年6月16日，江苏省第八届人民代表大会常务委员会第十五次会议即通过《江苏省奖励和保护见义勇为人员条例》。2018年11月23日江苏省第十三届人民代表大会常务委员会第六次会议通过了《江苏省奖励和保护见义勇为人员条例》并于2019年1月1日起施行，原条例同时废止。2019年3月7日，徐某某向某市公安局提交《见义勇为申请书》，要求认定其1992年至1998年实施的三项行为为见义勇为行为明显超过了法律规定的申请期限。

专题六

公安行政程序

案例 18

公安机关异地办案未依法履行办案协作手续是否属于程序违法

——唐某诉某县公安局确认行政行为违法案①

刘春玲*

【内容提要】

程序正义是现代法治的核心要义。程序法治，主要是指通过建构、完善和执行科学的程序法律制度来实现国家法治目标的现代治理模式。异地办案协作机制及程序的设立旨在规范公安行政执法行为，防止公安行政权力滥用。唐某诉某县公安局确认行政行为违法案中，某县公安局在未取得上级公安机关书面指定管辖通知的情况下，跨区域对唐某进行强制检测，最终被法院确认程序违法。鉴于此，公安机关及执法人员应进一步强化程序意识，完善异地办案协作机制及相关程序制度，以确保执法行为的合法性与公正性。程序法治是公安依法行政的关键，更是实现中国式警务法治现代化的基础保障。公安机关必须牢固树立程序法治理念，严格遵守法定程序，不断提升执法规范化水平，为实现全面依法治国战略目标作出积极贡献。

【裁判要旨】

1. 公安机关是否有权对涉嫌吸毒人员采取强制检测措施的问题。《中华人民共和国禁毒法》和《公安机关办理行政案件程序规定》规定，公安机关可以对涉嫌吸毒的人员进行必要的检测，被检测人员应当予以配合；对拒绝接受检测的，经县级以上人民政府公安机关或者其派出机构负责人批准，可以强制检测。根据上述规定，警方在涉嫌吸毒的人员不配合检测的情况下，

① 人民法院案例库，入库编号：2024-12-3-007-004。

* 中国人民警察大学公安法学院教授，法学博士。

确有强制传唤、强制检测的权力。

2. 公安机关对异地的涉嫌吸毒案件是否有管辖权，程序是否违法问题。《公安机关办理行政案件程序规定》第 15 条规定，行政案件由违法行为地的公安机关管辖。由违法行为人居住地公安机关管辖更为适宜的，可以由违法行为人居住地公安机关管辖，但是涉及卖淫、嫖娼、赌博、毒品的案件除外。对于重大、复杂的案件，上级公安机关可以直接办理或者指定管辖。上级公安机关直接办理或者指定管辖的，应当书面通知被指定管辖的公安机关和其他有关的公安机关。

【相关法条】

《中华人民共和国禁毒法》第三十二条第一款　公安机关可以对涉嫌吸毒的人员进行必要的检测，被检测人员应当予以配合；对拒绝接受检测的，经县级以上人民政府公安机关或者其派出机构负责人批准，可以强制检测。

《公安机关办理行政案件程序规定》第十条、第十五条、第五十二条第一款、第五十四条、第五十五条第一款、第八十三条、第一百一十七条、第一百一十八条、第一百一十九条、第一百二十二条。①

【案件索引】

一审：河南省汝阳县人民法院（2020）豫 0326 行初 25 号行政判决

二审：河南省洛阳市中级人民法院（2020）豫 03 行终 407 号行政判决

【基本案情】

原告唐某诉称：2019 年 8 月 2 日，河南省洛阳市某县公安局一名协警，还有洛阳市某分局的一名协警来原告家敲门，让其接受检查，因为他们不出示证件，原告拒绝开门。后他们叫来开锁公司把原告家门强行打开，对其家进行非法搜查，并将其强行带到孟津县公安局做非法尿检，经检测未发现任何异常。事发后，原告向洛阳市 110 报案，涉案三方公安局均不承认到其家出过警。后原告申诉至市公安局，在局领导批示下，涉案公安局才不得不承认是他们所为。请求法院确认被告私闯民宅、非法搜查、非法尿检、跨区域办案属于违法行为。

被告某县公安局辩称：1. 原告唐某诉某县公安局民警私闯民宅、非法搜查与事实不符。某县公安局根据情报信息摸排线索，发现住所地在洛阳市某

---

① 由于涉及《公安机关办理行政案件程序规定》条款过多，这里不再枚举。

区的唐某具有多次吸贩毒前科，经了解其存在复吸嫌疑，且近期未核查是否存在吸食毒品情况。2019 年 8 月 2 日，某县公安局两名民警带领两名辅警前往洛阳，请求唐某住所地公安机关洛阳市公安局某分局民警协助配合，抵达唐某住所向其表明身份后要求其配合传唤，进行尿检及毛发检测，唐某及其家属拒绝配合并拨打 110 报警，某分局民警到场出示证件向其家属讲明应配合民警执法，但其仍拒绝开门。在此情况下，某县公安局民警便联系开锁公司人员将门打开，将唐某就近带至孟津县公安局进行尿检及毛发检测，经检测排除其吸毒嫌疑后，将其送回家中，并未有私闯民宅和非法搜查行为。2. 原告唐某诉某县公安局民警非法尿检与事实不符。某县公安局民警对唐某进行尿检及毛发检测属于依法对涉嫌吸毒人员的正常检测行为。3. 原告唐某诉某县公安局民警跨区域非法办案与事实不符。洛阳市公安局开展“雷霆扫毒”专项行动，某县公安局民警也属于洛阳市公安局管辖，某县公安局对全市具有吸毒前科人员进行再次摸排，并非局限于本县范围，发现线索后，传唤唐某核查线索，所有活动均合法合规，并无不当之处，不存在非法跨区域办案一说。综上，请法院驳回原告的诉讼请求。

法院经审理查明：2019 年 8 月 2 日，被告某县公安局通过情报信息研判，决定对原告唐某是否有吸毒嫌疑进行落实，在洛阳市公安局某分局民警协助下，某县公安局民警到洛阳市某区唐某居住地进行例行检查。原告唐某在家但拒不开门，并拨打 110 报警，某分局民警接警后到场说明情况，原告仍拒绝配合，被告遂联系开锁人员将房门打开，把唐某就近带至孟津县公安局进行毛发和尿液检测，检测结果为阴性，排除其吸毒嫌疑。后某县公安局民警将唐某送回。原告唐某不服以上行为向栾川县人民法院提起行政诉讼，后申请追加接处警单位洛阳市公安局某分局及毛发和尿液检测单位孟津县公安局为第三人，栾川县人民法院作出（2020）豫 0324 行初 7 号《行政裁定书》，裁定驳回唐某的追加申请。后因案件审理需要，栾川县人民法院向洛阳市中级人民法院申请指定管辖，洛阳市中级人民法院作出（2020）洛行辖字第 23 号《行政裁定书》，裁定该案由汝阳县人民法院管辖。

【裁判结果】

河南省汝阳县人民法院于 2020 年 11 月 10 日作出（2020）豫 0326 行初 25 号行政判决：确认被告某县公安局对唐某进行检测的行政行为程序违法。宣判后，原告唐某、被告某县公安局均不服一审判决，提起上诉。河南省洛阳市中级人民法院于 2020 年 12 月 23 日作出（2020）豫 03 行终 407 号行政判决：驳回上诉，维持原判。

【裁判理由】

法院生效裁判认为：某县公安局经排查发现唐某有吸毒嫌疑后，依法律规定有权对其传唤并进行吸毒检测，从而排除其吸毒嫌疑。某县公安局的履职行为，并未侵犯其合法权益，故上诉人唐某的上诉理由不足，对其上诉请求不予支持。

根据《公安机关办理行政案件程序规定》第 10 条第 1 款的规定，行政案件由违法行为地的公安机关管辖。第 15 条第 2 款和第 3 款规定，对于重大、复杂的案件，上级公安机关可以指定管辖；上级公安机关指定管辖的，应当书面通知被指定管辖的公安机关和其他有关的公安机关。本案中，某县公安局在没有取得上级公安机关书面指定管辖通知的情况下，虽有权对涉嫌吸毒人员进行传唤和吸毒检测，但唐某不在其管辖区内，其对唐某的行政行为明显存在程序违法。故上诉人某县公安局的上诉理由不足，对其上诉请求二审法院不予支持。一审法院判决认定事实清楚，适用法律正确，依法应予维持。

【案例评析】

在现代法治社会中，包括公安机关在内的国家机关的执法行为必须严格遵循法定程序，以确保公民的合法权益不受侵害，维护法律的尊严与权威。唐某诉某县公安局确认行政行为违法案，作为一起典型的因公安机关异地办案未履行协作手续引发的行政诉讼案件，对于公安机关依法定程序办案具有重要警示意义。

一、公安行政程序概念和特征

行政程序，是指行政主体实施行政行为必须遵守的方式、步骤、空间和时限的总称。[①] 据此，公安行政程序是指公安行政主体实施行政行为所遵循的方式、步骤、空间和时限。公安行政程序反映的是公安行政职权的运行过程和具体形式，也是公安行政行为在空间和时间上的具体表现形式。公安行政程序主要具有以下几个特征：

第一，法定性。公安行政程序的法定性，是指公安行政执法活动必须严格依据法定程序做出；公安机关行政执法活动如果违反程序相关法律规定的，必须依法承担相应的法律责任。公安行政程序法治，是公安依法行政的必然要求。公安行政程序是公安行政权的运转方式，与一般组织和个人的行为程

① 罗豪才、湛中乐：《行政法学》，北京大学出版社 2006 年版，第 302~304 页。

序不同，体现的是国家意志，由公安行政程序法进行规范。公安行政程序的法定性，要求公安行政主体及公安行政相对人在进行相关法律活动时必须严格遵守法定程序，其行为步骤、方式、方法和时限均需符合法律规定的要求，违反法定程序就会有不利法律后果。公安行政程序法定，主要是对于公安行政主体严格、规范依法行政的要求。公安行政主体实施行政行为不仅要符合实体法的要求，而且必须根据法定程序做出，两者相辅相成、不可偏废。

第二，形式性。没有无形式的内容，也没有无内容的形式。行政程序主要是行政行为在空间和时间上的表现形式。公安行政行为反映在空间和时间上的形式，就是公安行政程序。空间形式，是指行政行为外在表现形式，在法律上主要表现为行政行为的方式和方法。例如，是以口头形式，还是以书面形式；是依申请的行政行为，还是依职权的行政行为；是必须先警告，还是可以直接使用武器警械等。时间形式，是指行政行为过程的先后顺序以及所必须履行的每个环节和每种形式的时间限制等，在法律上主要表现为行政行为的步骤、顺序和时限。相对于公安行政主体的实体处理权（如命令、罚款、检查、许可、确认、行政强制等）而言，公安行政程序是将公安行政主体在实施行政行为时必须履行的形式作为义务。通过遵守法定程序，能够最大限度地保证公安行政主体依法、规范、高效履职。

第三，多样性。公安行政任务的复杂性、相对人的广泛性以及公安行政权的应急性需求等特点，决定了公安行政行为方式、方法的多样性及灵活性。所以，公安行政程序除了一般性规定，还有关于如何处罚、如何强制、如何取证等诸多具体行政程序制度。

第四，参与性。参与性是现代行政程序的一个典型特征，是现代民主制度的直接体现。无论是行政处罚等不利性行政行为，还是行政许可等授益性行政行为，都包含告知、听证等保障行政相对人参与权的制度规定。

第五，动态过程性。公安行政主体享有的法定职权，只有通过动态的过程，才能从静态转化为具有法律效果的行政行为。行政权是行政行为存在的基础，行政程序是行政权动态运行的表现形式，是行政权运转的动态过程。行政程序的动态过程，也是行政行为发生预期法律效果的主要保证所在。通过行政程序提供的有序、科学的动态过程，公安机关可以依法、公正、高效地实现公共治理目标，公安行政相对人也可以监督行政权力，保障自己的合法权益。

二、公安行政案件管辖

管辖，是公安机关办理行政案件程序的重要环节，是指公安机关办理行政案件的权限和分工。关于公安机关行政案件管辖权的法律规定，主要是根据案件发生的地域、影响范围和有利于办案等因素作出的合理规定。公安机关要严格按照法律规定，确定行政案件的管辖权限。在管辖过程中，公安机关应当遵循合法、合理、公正、高效等原则，确保管辖权行使的明确性和合理性。管辖从内容上划分，可分为地域管辖、级别管辖、职能管辖和指定管辖等。

（一）地域管辖的一般规定

第一，行政案件原则上由违法行为地的公安机关管辖。由违法行为人居住地公安机关管辖更为适宜的，可以由违法行为人居住地公安机关管辖，但是涉及卖淫、嫖娼、赌博、毒品的案件除外。也就是说，违法行为地公安机关管辖是基本管辖原则，即违法行为原则上由违法行为地公安机关管辖。

如何判定由违法行为人居住地公安机关管辖更为适宜，主要可以从以下两个方面来把握：一是由违法行为人居住地公安机关管辖与由违法行为地公安机关管辖相比，是否更便捷、高效。即由违法行为人居住地公安机关管辖更有利于案件的处理。例如，违法行为地公安机关发现违法行为时，违法行为人已经回到居住地的，违法行为地公安机关可以将违法行为人实施违法行为的证据等移交违法行为人居住地公安机关，由违法行为人居住地公安机关管辖。二是是否应由违法行为人居住地公安机关管辖，由双方协商，协商不成的，由共同上级公安机关决定。也就是说，如果违法行为人居住地公安机关认为由自己管辖更为适宜的，应当与违法行为地公安机关协商，不应该单方决定。相应地，违法行为地公安机关认为由违法行为人居住地公安机关管辖更为适宜的，也应当与违法行为人居住地公安机关进行协商。当然，违法行为地公安机关和违法行为人居住地公安机关的共同上级公安机关也可以认定由违法行为人居住地公安机关管辖是否更为适宜。

第二，违法行为地包括违法行为发生地和违法结果发生地。违法行为发生地，包括违法行为的实施地及开始地、途经地、结束地等与违法行为有关的地点；违法行为有连续、持续或者继续状态的，违法行为连续、持续或者继续实施的地方都属于违法行为发生地。违法结果发生地，包括违法对象被侵害地、违法所得的实际取得地、藏匿地、转移地、使用地、销售地。

第三，居住地包括户籍所在地、经常居住地。经常居住地是指公民离开户籍所在地最后连续居住一年以上的地方，但在医院住院就医的除外。

第四，移交违法行为人居住地公安机关管辖的行政案件，违法行为地公安机关在移交前应当及时收集证据，并配合违法行为人居住地公安机关开展调查取证工作。

（二）网络违法案件的管辖

针对或者利用网络实施的违法行为，用于实施违法行为的网站服务器所在地、网络接入地及网站建立者或者管理者所在地，被侵害的网络及其运营者所在地，违法过程中违法行为人、被侵害人使用的网络及其运营者所在地，被侵害人被侵害时所在地，以及被侵害人财产遭受损失地公安机关可以管辖。

（三）行驶中的客车上发生的案件的管辖

行驶中的客车上发生的行政案件，由案发后客车最初停靠地公安机关管辖；必要时，始发地、途经地、到达地公安机关也可以管辖。

行驶中的客车上发生的案件的管辖，需要注意两个问题：一是是否必要，要从有利于案件的顺利办理和保护当事人合法权益角度综合考量。二是本条规定的客车不包括火车和地铁，火车和地铁上发生的案件的管辖有专门规定。①

（四）级别管辖的一般规定

行政案件由县级公安机关及其公安派出所、依法具有独立执法主体资格的公安机关业务部门以及出入境边防检查站按照法律、行政法规、规章授权和管辖分工办理，但法律、行政法规、规章规定由设区的市级以上公安机关办理的除外。

（五）共同管辖

几个公安机关都有权管辖的行政案件，由最初受理的公安机关管辖。必要时，可以由主要违法行为地公安机关管辖。

也就是说，发生管辖权争议，首先由争议双方协商解决；协商不成的，报请共同的上级公安机关指定管辖。上级公安机关接到下级公安机关请求指定管辖的请示后，应当及时指定管辖。

共同管辖，是指两个或者两个以上的公安机关对同一行政案件都有管辖权的情况。产生共同管辖的情形主要有：（1）违法行为发生地与违法结果发生地不在同一公安机关管辖区域的；（2）违法行为有连续、持续或者继续状态，而连续、持续或者继续状态经过了两个以上公安机关管辖区域的；（3）几个违法行为之间具有牵连关系，而相互牵连的几个违法行为又分别发生在两个以上公安机关管辖区域的；（4）同一违法行为人在不同地区实施同一违

① 《公安机关办理行政案件程序规定》第16条。

法行为的；等等。

（六）指定管辖和直接办理

1. 对管辖权发生争议的，报请共同的上级公安机关指定管辖。

2. 对于重大、复杂的案件，上级公安机关可以直接办理或者指定管辖。

重大案件，是指影响范围超出下级公安机关管辖权限，或者涉案人数众多、影响重大的案件。复杂案件，是指案情复杂，需要在较大范围内调查取证，或者虽然案情简单，但关系复杂，在当地办案存在人为干扰等因素的案件。必要时，包括下级公安机关提出申请，或者上级公安机关发现下级公安机关在办案过程中存在地方保护主义等因素，或者受当地因素的干扰而影响公正办案，或者下级公安机关整体需要回避的。

3. 上级公安机关直接办理或者指定管辖的，应当书面通知被指定管辖的公安机关和其他有关的公安机关。

4. 原受理案件的公安机关自收到上级公安机关书面通知之日起不再行使管辖权，并立即将案卷材料移送被指定管辖的公安机关或者办理的上级公安机关，及时书面通知当事人。

（七）铁路、交通、民航、林业和海关缉私相关公安机关的管辖规定

1. 铁路公安机关管辖的列车上，火车站工作区域内，铁路系统的机关、厂、段、所、队等单位内发生的行政案件，以及在铁路线上放置障碍物或者损毁、移动铁路设施等可能影响铁路运输安全、盗窃铁路设施的行政案件。对倒卖、伪造、变造火车票案件，由最初受理的铁路或者地方公安机关管辖。必要时，可以移送主要违法行为发生地的铁路或者地方公安机关管辖。

2. 交通公安机关管辖港航管理机构管理的轮船上，港口、码头工作区域内和港航系统的机关、厂、所、队等单位内发生的行政案件。

3. 民航公安机关管辖民航管理机构管理的机场工作区域及民航系统的机关、厂、所、队等单位内和民航飞机上发生的行政案件。

4. 国有林区的森林公安机关管辖林区内发生的行政案件。

5. 海关缉私机构管辖阻碍海关缉私警察依法执行职务的治安案件。

三、公安机关对于程序违法问题的认识与把握

程序法治，主要是指通过建构完善和执行科学的程序法律制度来实现国家法治目标的现代治理模式。程序法治作为现代法治国家的重要基石，在公安执法实践中具有特殊价值。随着《中华人民共和国治安管理处罚法》《公安机关办理行政案件程序规定》的修订完善，我国公安机关对程序违法问题的

认知经历了从工具理性向价值理性的范式转换，这种转变既体现了法治中国建设的时代要求，也暴露出转型期程序法治建设的现实困境。

（一）深入理解程序法治的理论基础与实践逻辑

1. 哲学基础与法理建构。程序法治的哲学根基可追溯至罗尔斯的程序正义理论与哈贝马斯的交往理性学说。罗尔斯提出纯粹程序正义的独立价值，强调程序对结果正当性的证成作用。哈贝马斯则通过商谈理论阐明，法律合法性源于主体间通过理性对话形成的共识，而程序正是这种商谈的制度化载体。

我国《宪法》第 5 条确立的法治原则及《公安机关办理行政案件程序规定》第 3 条确立的程序法定原则，为公安权力行使确立了执法程序需遵循的基本准则，要求公安权力运行必须遵循既定法律规范要求。

2. 双重价值目标体系。程序法治具有工具理性与价值理性的双重维度：前者体现为通过程序控制权力滥用、保障实体公正实现；后者则表现为对个体尊严、自由、人身及财产等基本人权的尊重。程序正义的独立价值，主要在于其通过参与性、中立性、公开性等要素，实现“看得见的正义”。

3. 权力制衡机制设计。现代程序法治通过三个层次机制实现权力约束：一是程序启动的法定性，要求公安执法行为必须符合法律规定的启动条件并履行相关执法手续等；二是过程控制的严密性和规范性，包括时限、步骤、文书规范等程序要求；三是救济途径的完备性，无救济则无权利。通过行政复议、行政诉讼等制度纠正执法程序偏差，实现法律预设的公平正义等价值目标。

（二）公安机关程序违法的实践样态与成因分析

当前公安机关执法实践中，程序违法主要表现为三类典型样态：一是形式要件缺失，如法律文书制作不规范、权利义务告知不完整；二是时限规则突破，包括超期询问、超期扣押财物等；三是程序选择失当，如强制措施适用条件把握不严。如某省 2022 年行政复议数据显示，程序类争议占公安执法投诉总量将近一半，其中证据收集程序问题占比约三分之一。

深层成因分析显示，执法理念的偏差与制度设计的张力构成主要矛盾。一方面，“重实体轻程序”的传统思维仍存惯性影响，部分执法人员将程序视为办案障碍；另一方面，现行考核机制中“破案率”等实体指标压力，客观上导致程序规范让位于效率追求。同时，程序规则本身的模糊地带（如“情况紧急”的认定分歧等）也为程序违法提供了制度缝隙。

（三）程序法治的优化路径

推进程序法治建设需构建多维治理体系。在理念层面，应当牢固树立“程序合法”的法治思维，通过典型案例指导制度强化程序意识。制度设计上，建议建立“程序合规审查”机制，将程序规范纳入执法质量考评核心指标。

另外，技术创新为程序规范提供新的可能。例如，区块链存证技术可有效解决证据固定时效性问题，某市公安机关试点应用后，证据瑕疵率下降42%。智能法律文书生成系统已实现87%常见文书的自动化制作，显著降低了形式错误发生率。

程序法治的深化也可考虑构建科学的价值衡平机制。基于正当程序原则的规范性要求，应在恪守程序法定主义的前提下，探索建立分层递进的程序运行体系。具体而言，既要通过明确性规则设定保障程序运行的确定性，又需在紧急状态处置、非重大程序瑕疵等领域预留制度弹性空间，防止程序过度刚性对执法能动性产生不当抑制。未来制度演进应着力于三维度协同创新：其一，推进程序规则的梯度化设计，根据执法行为侵益性强弱建立阶梯式程序要件；其二，完善执法主体的能力养成体系，依托案例推演与情境模拟提升程序适用精准度；其三，创新监督评估范式，构建融合过程性审查与结果导向评价的复合监督模型。通过这种结构性优化，可实现程序正义的实质化转型——既非机械遵循形式要件，亦非片面追求执法效率，而是在法治框架内实现公共安全维护与个体权利保障的辩证统一。这种动态平衡的法治智慧，恰是新时代公安执法范式变革的深层逻辑与演进方向。

四、结语

程序法治是公安依法行政的关键，是实现中国式警务法治现代化的基础保障。公安机关必须牢固树立程序法治理念，严格遵守法定程序，不断提升执法规范化水平，为实现全面依法治国战略目标作出积极贡献。

案例 19

对公安行政行为因程序轻微违法被撤销的理解与判断

——王某雄诉某市公安局某分局、某市某区人民政府行政处罚及行政复议案①

罗正宇* 刘春玲**

【内容提要】

现代法治正义价值的实现，不仅依赖于实体正义的达成，程序正义同样不可或缺。本案系公安机关行政行为因违反法定程序被撤销的典型案例。公安机关在日常大量的执法活动中，容易产生程序轻微违法不属于“违法”的误解，所以理解程序轻微违法的含义、明晓其法律后果十分必要。为纠正1989年《中华人民共和国行政诉讼法》中“违反法定程序一律撤销”的绝对化立场，2014年修正的《中华人民共和国行政诉讼法》引入了新的双重认定标准——“程序轻微违法+对原告权利不产生实际影响”。这一标准体现了主客观认定标准的融合，明确了当行政行为“程序轻微违法”且“对原告权利不产生实际影响”时，人民法院“确认违法但不撤销”。然而，由于法律规定的有限性和执法实务的复杂多样性，司法实践中对“程序轻微违法”的界定一直缺乏统一标准。直到《最高人民法院关于适用〈中华人民共和国行政诉讼法〉的解释》第96条的出台，才明确了“程序轻微违法”的判断标准，即“对重要程序性权利不产生实质性损害”。具体而言，这一标准关注的是行政行为是否影响当事人有效实现行政参与、申辩等相关的重要程序性权利，而可能影响到行政相对人合法权益的保护及实现。

另外，程序瑕疵不属于程序违法，程序瑕疵与程序轻微违法不同。程序瑕疵是指行政机关在实施行政行为时存在轻微的不规范、不严谨之处，但未

① 人民法院案例库，入库编号：2024-12-3-001-027。

* 海口出入境边防检查总站副总站长，二级警监。

** 中国人民警察大学公安法学院教授，法学博士。

达到违法程度，其本质是“技术性缺陷”或“形式不完备”，不构成法律意义上的违法。

【裁判要旨】

人民法院在审理行政案件时，对于行政机关所作出的行政行为存在程序违法的，应当根据违法程度的不同，进行区别对待。对于程序轻微违法且对原告权利不产生实际影响的，根据《中华人民共和国行政诉讼法》第74条的规定，可以判决确认违法，但不撤销行政行为。

【相关法条】

《中华人民共和国治安管理处罚法》（2012修正）第四十三条第一款　殴打他人的，或者故意伤害他人身体的，处五日以上十日以下拘留，并处二百元以上五百元以下罚款；情节较轻的，处五日以下拘留或者五百元以下罚款。

第九十九条　公安机关办理治安案件的期限，自受理之日起不得超过三十日；案情重大、复杂的，经上一级公安机关批准，可以延长三十日。

为了查明案情进行鉴定的期间，不计入办理治安案件的期限。

《中华人民共和国行政诉讼法》第七十四条　行政行为有下列情形之一的，人民法院判决确认违法，但不撤销行政行为：（一）行政行为依法应当撤销，但撤销会给国家利益、社会公共利益造成重大损害的；（二）行政行为程序轻微违法，但对原告权利不产生实际影响的。……

《最高人民法院关于适用〈中华人民共和国行政诉讼法〉的解释》（法释〔2018〕1号）第九十六条　有下列情形之一，且对原告依法享有的听证、陈述、申辩等重要程序性权利不产生实质损害的，属于行政诉讼法第七十四条第一款第二项规定的“程序轻微违法”：（一）处理期限轻微违法；（二）通知、送达等程序轻微违法；（三）其他程序轻微违法的情形。

【案件索引】

一审：贵州省印江土家族苗族自治县人民法院（2023）黔0625行初41号行政判决

二审：贵州省铜仁市中级人民法院（2023）黔06行终68号行政判决

【基本案情】

2022年8月22日0时许，王某雄等人在某夜市摊一起吃夜宵喝酒。后因琐事发生口角，第三人李某朝、李某、李某州在与王某雄抓扯过程中，身体均造成不同程度受伤。某市公安局某分局于2022年8月22日受理该案，2022年9月20日，因案情复杂，延长办案期限30日。后某市公安局某分局根据王某雄的陈述、证人证言、辨认笔录、检查笔录、医院诊断证明等证据，于2022年10月26日作出铜碧公（文）行罚决字〔2022〕895号《行政处罚决定书》，决定给予王某雄行政拘留8日，并处300元罚款的行政处罚。王某雄不服，向某市某区人民政府申请行政复议，该区人民政府作出的碧府行复〔2022〕48号《行政复议决定书》，维持涉案《行政处罚决定书》。王某雄不服该处罚决定及行政复议决定，诉至法院，请求撤销该公安分局作出的铜碧公（文）行罚决字〔2022〕895号《行政处罚决定书》及该区人民政府作出的碧府行复〔2022〕48号《行政复议决定书》。

【裁判结果】

贵州省印江土家族苗族自治县人民法院于2023年9月26日作出（2023）黔0625行初41号行政判决：一、确认某市某区人民政府作出的碧府行复〔2022〕48号《行政复议决定书》违法。二、确认某市公安局某分局作出的铜碧公（文）行罚决字〔2022〕895号《行政处罚决定书》违法。宣判后，王某雄提起上诉。

贵州省铜仁市中级人民法院于2023年12月27日作出（2023）黔06行终68号行政判决：驳回上诉，维持原判。

【裁判理由】

王某雄与第三人李某朝、李某、李某州在抓扯过程中，身体均造成不同程度受伤。某市公安局某分局根据《中华人民共和国治安管理处罚法》（2012修正）（以下简称《治安管理处罚法》）第43条第1款的规定，对王某雄作出行政拘留8日，并处300元罚款的行政处罚，实体处罚符合法律规定。但该分局于2022年8月22日立案受理该案，2022年9月20日，因案情复杂，延长办案期限30日，至2022年10月26日作出涉案行政处罚决定，超过了《治安管理处罚法》第99条规定的办案期限60日，程序存在轻微违法。根据《中华人民共和国行政诉讼法》（以下简称《行政诉讼法》）第74条第1款第（2）项及《最高人民法院关于适用〈中华人民共和国行政诉讼法〉的解释》第96条之规定，确认涉案《行政处罚决定书》违法，但不予撤销。某市某区人民政府作出的复议决定，未考虑该分局作出的处罚决定存在程序轻微违法，即使对王某雄权利不产生实际影响，亦应根据《中华人民共和国行政复议法》第28条的规定提出和指正。由此，该行政复议亦应被确认违法。人民法院遂根据《行政诉讼法》第74条第1款第（2）项、第79条，《最高人民法院关于适用〈中华人民共和国行政诉讼法〉的解释》第96条之规定，判决确认二被告作出的行政行为及复议决定违法。

【案例评析】

现代法治正义价值的实现，不仅依赖于实体正义的达成，程序正义同样不可或缺。程序正义是现代法治的重要基石，它通过规范行政行为的流程和方式，确保行政权力在合法、公正的轨道上运行。因此，一旦行政行为违反法定程序，即使是“轻微违反”，其公正性、合理性也会受到质疑。于是，《行政诉讼法》第74条第1款第（2）项规定了“行政行为程序轻微违法，但对原告权利不产生实际影响的”，法院判决确认行政行为违法，但不撤销行政行为。这一规定的核心功能在于通过设定轻微违反程序的行政行为也要承担不利法律后果的条款，促使行政机关在行政活动中严格遵循法定程序，从而保障行政行为的合法性和公正性。

从法理角度来看，遵守法定程序，是对公平正义和人权的维护，违背程序正义的后果，不仅体现在行政行为的最终结果上，更体现在对当事人合法权益的潜在侵害上。然而，在行政执法实践中，对于程序违法的认识并不一致，其复杂性和多样性不仅影响到行政执法效能及相对人合法权益的实现，也给司法审查带来了挑战。有些行政行为的违法程度较为严重，例如在行政处罚中未经法定程序剥夺当事人陈述、申辩的权利，或者在行政许可中违反法定程序导致程序正义受损。对于这类严重违反法定程序的行为，应当依法受到法律的否定性评价，判决撤销或部分撤销行政行为，以维护法律的尊严和当事人的合法权益。然而，并非所有程序违法都具有严重性，有些行政行为的违法程度较轻。例如，在行政程序中存在轻微的期限延误、通知或送达程序上的问题等。这些行为虽然违反了法定程序，但并未对当事人的陈述、申辩等重要程序性权利造成实质性损害。此时，若简单地撤销行政行为，可能会导致行政资源的浪费，增加不必要的行政成本，甚至可能影响行政效率和公共利益的实现。因此，如何在司法审查中准确区分程序违法的严重程度，并据此作出合理的裁判，成为行政法和行政诉讼法理论与实践中亟待解决的重要问题。

一、程序轻微违法含义的界定

法定原则是行政程序法的首要原则，是公安机关依法行政的基础保证。它要求公安机关在行使职权、作出行政决定的过程中，必须严格依照法律规定的程序进行，不得违反法律规定。如果违反行政程序规定，要依法撤回、宣布无效或承担赔偿等法律责任。法定原则保障了公安行政权力行使的合法性和规范性，防止公安行政权力可能的滥用和专断。它要求公安机关在行使职权、作出行政决定时，不仅要依照法律规定做出正确的行为内容，还要确保行政行为程序的合法性，即在法定时间，以法定方式，按照法定步骤作出法定种类的行政行为，否则需要依法承担相应的法律责任。

行政程序轻微违法，是指行政机关违反法定程序，但违法程度较轻，未对当事人的实体权利或重要程序权利造成实质影响。其法律后果区别于一般程序违法，体现了“比例原则”和“司法谦抑性”。为纠正1989年《行政诉讼法》中“违反法定程序一律撤销”的绝对化立场，2014年修正的《行政诉讼法》引入了新的双重认定标准——“程序轻微违法+对原告权利不产生实际影响”。这一标准体现了主客观认定标准的融合，明确了当行政行为“程序轻微违法”且“对原告权利不产生实际影响”时，人民法院“确认违法但不撤销”。然而，由于法律规定的有限性和执法实务的复杂多样性，司法实践中对“程序轻微违法”的界定一直缺乏统一标准。直到《最高人民法院关于适用〈中华人民共和国行政诉讼法〉的解释》第96条的出台，才明确了“程序轻微违法”的判断标准，即“对重要程序性权利不产生实质性损害”。具体而言，这一标准关注的是行政行为是否影响当事人有效实现行政参与、申辩等相关的重要程序性权利，而可能影响到行政相对人合法权益的保护及实现。

目前，学界和实务界普遍认为，认定程序轻微违法的关键在于判断该行政行为是否对当事人依法享有的重要程序性权利产生了实质性损害。如果未对当事人的陈述、申辩等重要程序性权利造成实质性影响，则可认定为程序轻微违法。在此情形下，人民法院可以判决确认违法，但不撤销行政行为。这种裁判方式既体现了对程序违法的严肃态度，又兼顾了行政效率和公共利益的实现。例如，在本案中，公安机关因在期限上未遵守法律规定被诉，但该期限违法并未影响当事人的实质性权利及重要程序性权利，法院在此情况下确认违法但不撤销行政行为，既维护了法律的权威，又避免了不必要的行政成本浪费。

在具体司法实践中，如何确定程序违法程度的轻微与否，以及如何将不利法律后果与程序违法程度相匹配，仍然是一个复杂且具有挑战性的问题。一方面，需要明确程序违法的认定标准，尤其是对于“实质性损害”的界定，这需要结合具体案件进行细致分析。另一方面，需要在司法裁判中充分考虑行政行为的性质、违法程度以及对当事人权利的影响，以实现司法监督与行政效率的平衡。只有这样，才能在维护程序正义的同时，保障行政行为的合法性和有效性，从而推动法治社会的健康发展。

二、程序轻微违法与程序违法、程序瑕疵的含义辨析

“程序轻微违法”含义的界定，是本案裁判的基础。“程序轻微违法”与程序违法、程序瑕疵两个范畴紧密相关，实务当中混淆误用现象时有发生。

（一）程序轻微违法与程序违法

行政行为程序违法，也称违反法定程序，即行政行为作出时违反了法律设定的程序规定。关于程序违法的法律后果，法律中有明确的规定。例如，《行政诉讼法》第70条第（3）项规定，行政行为违反法定程序的，法院可判决撤销或部分撤销，并可以判决被告重新作出行政行为。《行政处罚法》第38条第2款规定，违反法定程序构成重大且明显违法的，行政处罚无效。程序违法是指行政机关在实施行政行为时，严重违反法定程序要求，导致行政行为缺乏合法性的情形。其核心特征是程序错误对行政行为的正当性、当事人的实体权利或程序权利造成了实质性损害。

显而易见，程序轻微违法与程序违法，是包含关系。

（二）程序轻微违法与程序瑕疵

程序瑕疵不属于程序违法，与程序轻微违法不同。程序瑕疵是指行政机关在实施行政行为时存在轻微的不规范、不严谨之处，但未达到违法程度。其本质是“技术性缺陷”或“形式不完备”，不构成法律意义上的违法。例如，根据《中华人民共和国行政许可法》第72条[①]，允许行政机关对程序瑕疵进行补正。在司法实践中，法院通常要求行政机关说明理由或纠正程序瑕疵，但不否定行政行为效力。

法律后果主要包含两个方面：行政行为效力不受影响，行政机关可通过

---

① 《中华人民共和国行政许可法》第七十二条　行政机关及其工作人员违反本法的规定，有下列情形之一的，由其上级行政机关或者监察机关责令改正；情节严重的，对直接负责的主管人员和其他直接责任人员依法给予行政处分：（一）对符合法定条件的行政许可申请不予受理的；（二）不在办公场所公示依法应当公示的材料的；（三）在受理、审查、决定行政许可过程中，未向申请人、利害关系人履行法定告知义务的；（四）申请人提交的申请材料不齐全、不符合法定形式，不一次告知申请人必须补正的全部内容的；（五）违法披露申请人提交的商业秘密、未披露信息或者保密商务信息的；（六）以转让技术作为取得行政许可的条件，或者在实施行政许可的过程中直接或者间接地要求转让技术的；（七）未依法说明不受理行政许可申请或者不予行政许可的理由的；（八）依法应当举行听证而不举行听证的。

补正（如更正文书错误）消除瑕疵。

程序瑕疵判断标准主要是：非强制性规范的违反，主要涉及裁量性或指导性程序要求；不影响行政行为的合法性、结果公正性及相对人的合法权益；可通过补充说明、更正等方式完善。例如，行政处罚决定书存在笔误（如日期错误），虽已实际送达当事人，但既没有违反强制性规范，也没有影响结果的公正性与当事人的合法权益。

当然，在实践中，不同法院对“轻微违法”与“瑕疵”的划分可能存在裁量差异，需结合具体司法案例具体分析。

程序轻微违法与程序违法、程序瑕疵容易混淆。三者在法律性质、法律后果及认定标准等方面存在差异，具体对比情况见表1：

表1 程序违法、程序轻微违法与程序瑕疵对比

项目	程序违法	程序轻微违法	程序瑕疵
法律性质	违反法定程序，构成违法	违反法定程序但情节轻微	程序不规范，未构成违法
法律后果	撤销、确认无效或要求赔偿	确认违法但维持效力	补正或说明理由
影响程度	损害当事人实体或重要程序权利	未对当事人权利造成实质损害	仅形式缺陷，不影响结果公正性
司法实践	严格审查，否定行政行为效力	审慎宽容，兼顾行政效率与公正	允许事后补正
补正可能性	不可补正	一般无须补正	可通过更正、补充说明消除
主要依据	《行政诉讼法》第70条、《行政处罚法》第41条	《行政诉讼法》第74条、司法解释①	《行政许可法》第72条、司法个案裁量

三、“程序轻微违法”“不撤销”的两个要素

（一）程序轻微违法对原告权利不产生实际影响

《行政诉讼法》第74条第（2）项规定，行政行为程序轻微违法，但对原

① 《最高人民法院关于适用〈中华人民共和国行政诉讼法〉的解释》（法释〔2018〕1号）第96条。

告权利不产生实际影响的，人民法院判决确认违法，但不撤销行政行为。《最高人民法院关于适用〈中华人民共和国行政诉讼法〉的解释》（法释〔2018〕1号）第96条对上述规定做出解释："有下列情形之一，且对原告依法享有的听证、陈述、申辩等重要程序性权利不产生实质损害的，属于行政诉讼法第七十四条第一款第二项规定的'程序轻微违法'：（一）处理期限轻微违法；（二）通知、送达等程序轻微违法；（三）其他程序轻微违法的情形。"

据上可知，在程序轻微违法情况下，只有对原告权利不产生实际影响时，才符合"只确认违法但不撤销"的条件。所以，对"程序轻微违法对原告权利不产生实际影响"的正确理解非常重要。根据司法解释，对原告权利不产生实际影响，主要就是指对原告依法享有的听证、陈述、申辩等程序性权利没有影响。因为听证、陈述、申辩的主要功能是确保行政当事人通过参与行政行为作为过程，保证其意见能够得到充分且有效表达，以便更好地保护自己的合法权益，保障行政权力运行于法治轨道上。

（二）对重要程序性权利的界定

重要程序性权利是程序法治的核心要素，其界定直接关系到公民权利保障与公权力运行的平衡关系。简言之，重要的程序性权利是与有效实现行政参与权相关联的程序性权利。基于权利属性与功能定位的差异，重要程序性权利可划分为基础保障型与救济补救型两大类，其内涵与外延的厘定需结合宪法原则、法律规范及司法实践进行体系化理解。

1. 基础保障型程序权利。知情权，指当事人获取执法司法活动相关信息的权利，涵盖案件性质、法律依据、权利义务等要素。例如，《行政处罚法》第44条①明确规定了行政机关的告知义务。

参与权，包括陈述申辩权、听证申请权等具体形态。《中华人民共和国行政强制法》第18条规定实施前须听取当事人意见，但实务中存在"象征性听证"现象。比较法视野下，《德国联邦行政程序法》② 用大量条款规定了"现在参与"及其具体时间相关内容，其确立的"参与程度与干预强度相称"原则值得借鉴，据此可根据行政行为侵益性建立分级参与机制。

2. 救济补救型程序权利。申请申诉、控告或赔偿等，是行政相对人事后

① 《行政处罚法》第四十四条　行政机关在作出行政处罚决定之前，应当告知当事人拟作出的行政处罚内容及事实、理由、依据，并告知当事人依法享有的陈述、申辩、要求听证等权利。

② 《德国联邦行政程序法》，张博琳译，赵宏校，https：//mp. weixin. qq. com/s/8_WMFFRaDUOPBBNfROoQ3Q，最后访问时间：2024年12月2日。

救济的主要渠道。如果行政处罚等行政行为作出时，没有告知行政相对人救济途径和时限，根据现代法治理念，被认为是实质上损害了相对人的合法权益。

四、结语

程序正义是现代法治的重要组成部分，它通过规范行政行为的流程和方式，确保行政权力的合法行使。在司法审查中，正确处理程序违法问题，不仅需要严格遵循法律规定，还需要在实践中不断探索和总结经验，以实现司法正义与行政效率的有机统一。

另外，程序法治的深化需要平衡多重价值目标。在坚持程序刚性的同时，也可尝试建立适度的容错机制，避免因程序过度严苛影响执法效能。未来改革方向应聚焦于程序规则的精细化设计、执法能力的系统性提升、监督机制的结构性创新，最终实现程序正义与执法效能价值的科学统合。这种平衡艺术也是现代警务法治化进程的重要课题之一。

专题七

公安行政监督与救济

案例 20

派出所出具的《家庭暴力告诫书》是否属于行政复议范围

——焦某某诉某市某区人民政府行政复议案

张　强*

【内容提要】

公安机关依照《中华人民共和国反家庭暴力法》及各地据此制定的地方性法规、规章作出《家庭暴力告诫书》的行为既是公安机关的职权，也是公安机关的职责。《家庭暴力告诫书》系对违法行为人行为的告诫、提醒，该告诫行为属于行政指导，对告诫对象的权利义务不产生实际影响，因此，《家庭暴力告诫书》依法不属于行政复议范围和行政诉讼的受案范围。行政复议机关收到申请人提出的撤销公安机关作出的《家庭暴力告诫书》的行政复议申请后，应以该复议申请“不属于行政复议范围，不符合受理条件”为由，根据《中华人民共和国行政复议法实施条例》第 48 条第 1 款第（2）项的规定，驳回申请人的行政复议申请。此种复议决定不属于《中华人民共和国行政诉讼法》第 26 条第 2 款规定的“复议机关决定维持原行政行为”，对此种复议决定不服提起行政诉讼的，应以行政复议机关县级人民政府为被告，并以此确定级别管理，由县级人民政府所在地的中级人民法院管辖。

【裁判要旨】

原告焦某某与妻子赫某某因家庭琐事发生口角，原告打了赫某某头部两巴掌。某派出所依照《中华人民共和国反家庭暴力法》第 16 条第 1 款规定出具的《家庭暴力告诫书》并非行政处罚，仅系对原告行为的告诫、提醒，对原告权利义务不产生实际影响，故原告针对某派出所作出的《家庭暴力告诫

---

* 中国人民警察大学广州校区移民管理学院副教授。

书》的行政复议申请事项不属于行政复议的范围。被告某市某区人民政府经审查，在法定期限内作出《行政复议决定书》，以原告焦某某的复议请求不属于行政复议受案范围为由驳回原告的申请，并告知原告向人民法院提起行政诉讼的期限，该决定书认定事实清楚，程序合法，适用法律正确。根据《最高人民法院关于适用〈中华人民共和国行政诉讼法〉的解释》第133条的规定，“行政诉讼法第二十六条第二款规定的‘复议机关决定维持原行政行为’，包括复议机关驳回复议申请或者复议请求的情形，但以复议申请不符合受理条件为由驳回的除外。”案涉《行政复议决定书》以原告复议申请“不属于行政复议范围，不符合受理条件”为由驳回原告的申请，不属于“复议机关决定维持原行政行为”的情形，故原告对某市某区人民政府提起的行政诉讼应由中级人民法院管辖，案涉《行政复议决定书》告知原告的管辖法院有误，但并未对原告诉权造成影响，法院予以纠正。

【相关法条】

《中华人民共和国反家庭暴力法》第十六条　家庭暴力情节较轻，依法不给予治安管理处罚的，由公安机关对加害人给予批评教育或者出具告诫书。

告诫书应当包括加害人的身份信息、家庭暴力的事实陈述、禁止加害人实施家庭暴力等内容。

第十七条第一款　公安机关应当将告诫书送交加害人、受害人，并通知居民委员会、村民委员会。

《宁夏回族自治区家庭暴力告诫制度实施办法（试行）》[①] 第二条　本办法所称的“家庭暴力”，是指发生在家庭成员之间，一方以殴打、捆绑、残害、强行限制人身自由或者其他手段，给另一方的身体、精神等方面造成一定伤害后果的行为。

第三条　本办法所称的“告诫”，是指公安机关对违反法律、法规的轻微家庭暴力行为或不宜直接作出行政处罚的家庭暴力行为，督促加害人改正而作出的行政指导。

第五条　对违反法律、法规的下列家庭暴力行为者，应依照本办法作出告诫：（一）情节特别轻微，依法不予行政处罚的；（二）主动消除或减轻违

① 本规定由宁夏回族自治区高级人民法院、宁夏回族自治区人民检察院、宁夏回族自治区公安厅、宁夏回族自治区妇联联合制定并于2013年10月13日发宁夏回族自治区各市、县（区）中级人民法院（人民法院）、人民检察院、公安局（分局）、妇女联合会执行。

法后果，并取得受害人谅解，依法不予行政处罚的；（三）情节较轻，经公安机关调解处理，当事人达成协议，依法不予行政处罚的；（四）其他不宜直接作出行政处罚的家庭暴力行为。

在决定告诫之前，公安机关须依法查明当事人的基本违法事实，查清双方当事人身份关系，并收集保存相应证据。

第七条 家庭暴力告诫由事件发生地公安派出所作出决定并组织实施。承办民警在事实调查清楚、证据收集充分的情况下，制作《呈请家庭暴力告诫报告书》，报请公安派出所领导审批后予以实施。

《中华人民共和国行政复议法》第三十条 行政复议机关收到行政复议申请后，应当在五日内进行审查。对符合下列规定的，行政复议机关应当予以受理：（一）有明确的申请人和符合本法规定的被申请人；（二）申请人与被申请行政复议的行政行为有利害关系；……

对不符合前款规定的行政复议申请，行政复议机关应当在审查期限内决定不予受理并说明理由；不属于本机关管辖的，还应当在不予受理决定中告知申请人有管辖权的行政复议机关。

第三十三条 行政复议机关受理行政复议申请后，发现该行政复议申请不符合本法第三十条第一款规定的，应当决定驳回申请并说明理由。

【案件索引】

一审：宁夏回族自治区银川市中级人民法院（2024）宁01行初2号行政判决

【基本案情】

原告焦某某不服被告某市某区人民政府（以下简称某区政府）行政复议一案，于2024年1月2日向宁夏回族自治区银川市中级人民法院提起行政诉讼。

原告焦某某诉称：一、被告作出的银兴政复决字〔2023〕×号《行政复议决定书》以“《家庭暴力告诫书》系对申请人行为的告诫、提醒，该告诫行为对申请人的权利义务不产生实质性影响”为由，根据《中华人民共和国行政复议法》（以下简称《行政复议法》）第6条的规定驳回原告的行政复议申请，属适用法律错误。该《家庭暴力告诫书》已经对原告名誉权及争取婚生女的抚养权、财产分割等权利产生了侵害，符合《行政复议法》第6条第（11）项“认为行政机关的其他具体行政行为侵犯其合法权益的”的情形，被告应重新作出处理。二、《家庭暴力告诫书》的事实不清，依据不足。

1. 9月18日，原告只是因家庭琐事与妻子发生纠纷，并未实施家庭暴力。某市公安局某分局某派出所（以下简称某派出所）出警处置人员未经允许进入原告家中导致原告情绪激动，打了妻子一巴掌，就被定义为殴打妻子。原告妻子提供的疾病诊断证明书诊断为“头部损伤，左耳听力下降待查”，与“殴打”的定性相去甚远。被告在行政复议期间未依职权查明事实并纠正错误的行政行为。2. 某派出所仅凭原告妻子片面描述，未对周边邻居进行走访调查，未对原告进行询问并听取原告的陈述，也未向原告告知作出告诫书的理由和依据，更未告知原告享有的权利和法律救济途径，也拒绝向原告送达告诫书及其他证据材料，属程序违法。被告在行政复议期间未依职权查明事实。3. 原告与某派出所及行政复议机关工作人员的对话录音里，均收集到某派出所承认家庭暴力认定证据不充分或有错误的说法。三、作出《家庭暴力告诫书》的过程中有多处违法违纪问题，被告在行政复议期间未依职权查明事实。故原告诉至本院，请求依法判令：1. 撤销被告于2023年12月14日作出的银兴政复决字〔2023〕×号《行政复议决定书》，并判令被告限期重新作出处理。2. 诉讼费由被告承担。原告当庭明确第一项诉讼请求为：撤销被告于2023年12月14日作出的银兴政复决字〔2023〕×号《行政复议决定书》，并判令被告限期重新作出处理，撤销某派出所作出的银公（北安）家暴告字〔2023〕×号《家庭暴力告诫书》。

被告某区政府辩称：一、根据被诉《家庭暴力告诫书》载明的内容，该告诫书仅是对原告的告诫、提醒，并未设定当事人的权利义务，对原告的合法权益不产生实际影响，依法不属于行政复议、行政诉讼的受案范围。二、原告向被告申请行政复议后，被告经过补正程序受理原告的申请，分别向原告、被申请人某派出所送达《行政复议受理通知书》《行政复议答复通知书》。根据原告提交的申请书、被告提交的答复意见及相关证据材料进行审查，履行了审查义务，复议程序合法。经审查，因《家庭暴力告诫书》未设定原告的权利义务，对原告的合法权益不产生实际影响，不符合行政复议的受理条件，依据《中华人民共和国行政复议法实施条例》第48条第1款第（2）项的规定，作出驳回原告申请的复议决定，复议审查事实清楚，适用法律正确，复议决定正确。综上，请求本院驳回原告的起诉。

法院经审理查明：2023年9月18日20时许，某派出所接到报警，称原告焦某某与其妻子赫某某发生纠纷。某派出所工作人员遂前往纠纷发生现场出警。同日，赫某某经宁夏回族自治区人民医院疾病诊断：（1）头部损伤；（2）左耳听力下降待查。后原告与赫某某同意调解，某派出所于9月19日出具《现场调解协议书》，载明2023年9月18日20时许，赫某某因为家庭琐事与其丈夫焦某某发生口角，后在兴庆区家中，焦某某往赫某某头部打了两巴掌。因伤情轻微，派出所民警调解处理。双方自愿协商达成如下协议：（1）焦某某向赫某某赔礼道歉，赫某某接受焦某某赔礼道歉；（2）赫某某自行承担所有看病的医疗费用；（3）此协议为一次性协议，双方签字后赫某某不得再追究焦某某的任何法律责任。原告与赫某某均签字“同意调解”并捺印。赫某某出具谅解书，原告出具保证书。后某派出所向原告出具银公（北安）家暴告字〔2023〕×号《家庭暴力告诫书》，载明根据《宁夏回族自治区家庭暴力告诫制度实施办法（试行）》之规定，决定给予告诫，请及时纠正不法行为，严禁对家庭成员再次实施家庭暴力行为，如有违法犯罪行为，公安机关将依法处理。原告拒绝签字。原告不服，于2023年9月27日以某派出所为被申请人向被告某区政府申请行政复议。被告受理后，依照法定程序进行了送达，经过审查，于2023年12月14日作出银兴政复决字〔2023〕×号《行政复议决定书》，并向双方当事人进行了送达。该决定书载明：“根据《中华人民共和国治安管理处罚法》第2条、第7条第1款，被申请人具有对侵犯人身权利、治安管理工作的法定职权。被申请人作出的《家庭暴力告诫书》系对申请人行为的告诫、提醒，该告诫行为对申请人权利义务不产生实际影响，根据《中华人民共和国行政复议法》第6条的规定，申请人提出撤销该《家庭暴力告诫书》的复议请求不符合行政复议受案范围，根据《中华人民共和国行政复议法实施条例》第48条第1款第（2）项的规定，决定驳回申请人的申请。申请人如对本决定不服，可以自接到行政复议决定书之日起15日内向银川铁路运输法院提起行政诉讼。”原告不服行政复议决定，诉至法院。

【裁判结果】

宁夏回族自治区银川市中级人民法院于2024年4月15日作出（2024）宁01行初2号行政判决：原告的诉讼请求无事实及法律依据，本院不予支持。依照《中华人民共和国行政诉讼法》（以下简称《行政诉讼法》）第69条的规定，判决驳回原告焦某某的诉讼请求。案件受理费50元，由原告焦某某负担。如不服本判决，可以在判决书送达之日起十五日内向本院递交上诉状，并按对方当事人的人数提出副本，上诉于宁夏回族自治区高级人民法院。

【裁判理由】

本院认为，《行政复议法》第24条第4款规定：“对县级以上地方各级人民政府工作部门依法设立的派出机构依照法律、法规、规章规定，以派出机构的名义作出的行政行为不服的行政复议案件，由本级人民政府管辖；……”

本案中，原告焦某某不服某派出所作出的《家庭暴力告诫书》，向被告某区政府提出行政复议申请，被告对原告的行政复议申请具有作出处理的法定职责。本案的争议焦点系被告某区政府作出的案涉《行政复议决定书》是否合法。当时有效的《行政复议法》（2017 修正）第 2 条规定："公民、法人或者其他组织认为具体行政行为侵犯其合法权益，向行政机关提出行政复议申请，行政机关受理行政复议申请、作出行政复议决定，适用本法。"第 6 条规定："有下列情形之一的，公民、法人或者其他组织可以依照本法申请行政复议：（一）对行政机关作出的警告、罚款、没收违法所得、没收非法财物、责令停产停业、暂扣或者吊销许可证、暂扣或者吊销执照、行政拘留等行政处罚决定不服的；……（十一）认为行政机关的其他具体行政行为侵犯其合法权益的。"《中华人民共和国行政复议法实施条例》第 28 条规定："行政复议申请符合下列规定的，应当予以受理：……（五）属于行政复议法规定的行政复议范围；……"第 48 条第 1 款第（2）项规定："有下列情形之一的，行政复议机关应当决定驳回行政复议申请：……（二）受理行政复议申请后，发现该行政复议申请不符合行政复议法和本条例规定的受理条件的。"本案中，原告与妻子赫某某因家庭琐事发生口角，原告打了赫某某头部两巴掌。《中华人民共和国反家庭暴力法》第 16 条第 1 款规定："家庭暴力情节较轻，依法不给予治安管理处罚的，由公安机关对加害人给予批评教育或者出具告诫书。"某派出所出具的《家庭暴力告诫书》并非行政处罚，仅系对原告行为的告诫、提醒，对原告权利义务不产生实际影响，故原告的行政复议申请事项不属于当时有效的《行政复议法》（2017 修正）第 6 条规定的行政复议的范围。被告经审查，在法定期限内作出案涉《行政复议决定书》，并告知原告向人民法院提起行政诉讼的期限。该决定书认定事实清楚，程序合法，适用法律正确。需要指出的是，根据《最高人民法院关于适用〈中华人民共和国行政诉讼法〉的解释》第 133 条"行政诉讼法第二十六条第二款规定的'复议机关决定维持原行政行为'，包括复议机关驳回复议申请或者复议请求的情形，但以复议申请不符合受理条件为由驳回的除外"的规定，案涉《行政复议决定书》以原告复议请求不属于行政复议受案范围为由驳回原告的申请，不属于"复议机关决定维持原行政行为"的情形，故应由本院管辖，案涉《行政复议决定书》告知原告的管辖法院有误，但并未对原告诉权造成影响，本院予以纠正。

【案例评析】

一、《家庭暴力告诫书》的法律性质

《家庭暴力告诫书》是公安机关依据《中华人民共和国反家庭暴力法》第16条、第17条所作的行政决定。依法对涉嫌家庭暴力的案件作出处理，既是公安机关的职权，也是公安机关的职责。

本案中，公安机关查明，2023年9月18日20时许，赫某某因为家庭琐事与其丈夫焦某某发生口角，后在兴庆区家中，焦某某往赫某某头部打了两巴掌。因伤情轻微，派出所民警调解处理。双方自愿协商达成《现场调解协议书》并履行了协议，因此，公安机关依法对违反治安管理行为人焦某某不予处罚。后某派出所依法向原告焦某某出具银公（北安）家暴告字〔2023〕×号《家庭暴力告诫书》。某派出所无论是对殴打他人的治安案件的调解处理，还是作出《家庭暴力告诫书》的行为，均合法、适当，程序规范。

《宁夏回族自治区家庭暴力告诫制度实施办法（试行）》第3条规定："本办法所称的'告诫'，是指公安机关对违反法律、法规的轻微家庭暴力行为或不宜直接作出行政处罚的家庭暴力行为，督促加害人改正而作出的行政指导。"2024年12月6日，公安部、中央政法委、最高人民法院、教育部、民政部、司法部、国家卫生健康委、全国妇联、国务院妇儿工委办公室印发的《关于加强家庭暴力告诫制度贯彻实施的意见》第1条规定："本意见所称告诫，是指公安机关对实施家庭暴力情节较轻、依法不给予治安管理处罚的加害人，以书面形式进行警示、劝诫，并会同有关部门和基层组织对其进行监督不再实施家庭暴力的一种行政指导行为。"官方文件将公安机关的"家庭暴力告诫行为"和其作出的《家庭暴力告诫书》归入行政指导之列。

行政指导是行政行为的一种类型，所谓"行政指导"是行政主体基于国家的法律、政策的规定而作出的，旨在引导行政相对人自愿采取一定的作为或者不作为，以实现特定行政管理目的的一种非强制行政行为。2015年12月，中共中央、国务院印发的《法治政府建设实施纲要（2015—2020年）》指出："创新行政执法方式……推广运用说服教育、劝导示范、行政指导、行政奖励等非强制性执法手段。"

公安行政指导是指公安机关为了实现维护社会治安，预防和打击违法犯罪的目的，根据国家法律、政策的规定作出的，旨在引导行政相对人活动，以实现特定行政管理目的的非强制行政行为。公安行政指导的构成要件主要包括：指导主体、指导对象、指导内容、指导方式和指导后果。指导主体是

公安机关或公安机关所属内设机构或派出机构。指导对象是公民、法人或其他组织。指导内容通常有：有关政策、法规的规定；有关违法、犯罪的信息或提示，有关事故、灾害的预防知识和提示，有关安全防范业务知识和防范业务技能，有关的信息、方法等。指导方式多种多样，常见的有：预警、提示、建议、警示、告诫、宣传、教育、培训、意见等。指导后果即公安行政指导行为是否发挥其预期的积极的作用和功能抑或产生了与预期相反的效果。

公安行政指导具有非强制性的典型特征。公安行政指导旨在引导行政相对人的行为，或为相对人做出某种决定或行为提供借鉴和参考，并不给行政相对人增加义务，也不减损行政相对人的权益，不对指导对象的权利义务产生实际影响。

二、《家庭暴力告诫书》是否属于行政复议的范围

行政复议的范围，是行政复议机关依法对行政机关的行为拥有复议审查权的范围，对行政相对人来说，是行政相对人不服行政行为，可以通过行政复议途径维护自己的合法权益的范围。《行政复议法》通过概括式和列举式的方式对行政复议范围进行了规定。《行政复议法》第 2 条对行政复议范围进行了概括式表述，第 11 条对行政复议范围进行了肯定式列举，第 12 条对行政复议范围进行了否定式列举。根据《行政复议法》的规定，属于行政复议范围的行政行为应当是对申请人的权利义务有实际影响的行政行为，即申请人与具体行政行为有利害关系①。

本案中，被申请人作出的《家庭暴力告诫书》系对申请人行为的告诫、提醒，该告诫行为属行政指导，对申请人权利义务不产生实际影响，因此，该《家庭暴力告诫书》依法不属于行政复议范围。焦某某不服《家庭暴力告诫书》，以某派出所为被申请人向被告某区政府申请行政复议。某区政府受理后，经过审查，于 2023 年 12 月 14 日作出银兴政复决字〔2023〕×号《行政复议决定书》，以申请人焦某某提出撤销该《家庭暴力告诫书》的复议请求不属于行政复议受案范围，不符合受理条件为由，根据《中华人民共和国行政复议法实施条例》第 48 条第 1 款第（2）项的规定②，决定驳回申请人的申请正确。

---

① 《中华人民共和国行政复议法实施条例》第 28 条第（2）项。《中华人民共和国行政复议法》（2023 修订）第 30 条第 1 款第（1）项。

② 《中华人民共和国行政复议法实施条例》第四十八条第一款第（二）项　受理行政复议申请后，发现该行政复议申请不符合行政复议法和本条例规定的受理条件的，应当决定驳回行政复议申请。

三、驳回的行政复议决定是否属于行政诉讼的受案范围

《行政诉讼法》第44条规定："对属于人民法院受案范围的行政案件，公民、法人或者其他组织可以先向行政机关申请复议，对复议决定不服的，再向人民法院提起诉讼；也可以直接向人民法院提起诉讼。法律、法规规定应当先向行政机关申请复议，对复议决定不服再向人民法院提起诉讼的，依照法律、法规的规定。"第45条规定："公民、法人或者其他组织不服复议决定的，可以在收到复议决定书之日起十五日内向人民法院提起诉讼。复议机关逾期不作决定的，申请人可以在复议期满之日起十五日内向人民法院提起诉讼。法律另有规定的除外。"本案中某区政府所作的驳回申请人焦某某的行政复议申请的复议决定，依法属于行政诉讼的受案范围。也因此，某区政府所作银兴政复决字〔2023〕×号《行政复议决定书》上载明：申请人如对本决定不服，可以自接到行政复议决定书之日起15日内向银川铁路运输法院提起行政诉讼。

四、复议案件行政诉讼级别管辖

根据《行政诉讼法》的规定，基层人民法院管辖第一审行政案件。[①] 对县级以上地方人民政府所作的行政行为提起诉讼的案件由中级人民法院管辖。[②] 公民、法人或者其他组织直接向人民法院提起诉讼的，作出行政行为的行政机关是被告。经复议的案件，复议机关决定维持原行政行为的，作出原行政行为的行政机关和复议机关是共同被告；复议机关改变原行政行为的，复议机关是被告。[③] 根据《最高人民法院关于适用〈中华人民共和国行政诉讼法〉的解释》的规定，复议机关决定维持原行政行为的，作出原行政行为的行政机关和复议机关是共同被告。原告只起诉作出原行政行为的行政机关或者复议机关的，人民法院应当告知原告追加被告。原告不同意追加的，人民法院应当将另一机关列为共同被告。复议机关作共同被告的案件，以作出原行政行为的行政机关确定案件的级别管辖。[④] 本案中，某区政府所作的驳回申请人焦某某的行政复议申请的复议决定，是否属于行政复议机关维持原行政行为的决定？如果属于，则本案行政诉讼共同被告是某派出所和某区政府，

---

① 《行政诉讼法》第14条。

② 《行政诉讼法》第15条。

③ 《行政诉讼法》第26条。

④ 《最高人民法院关于适用〈中华人民共和国行政诉讼法〉的解释》第134条。

且应以某派出所所作行政行为确定级别管辖。本案的行政复议机关某区政府即错误地将驳回申请人焦某某的行政复议申请的复议决定视为维持决定，因而，在《行政复议决定书》上载明：申请人如对本决定不服，可以自接到行政复议决定书之日起 15 日内向银川铁路运输法院提起行政诉讼。

《最高人民法院关于适用〈中华人民共和国行政诉讼法〉的解释》第 133 条规定："行政诉讼法第二十六条第二款规定的'复议机关决定维持原行政行为'，包括复议机关驳回复议申请或者复议请求的情形，但以复议申请不符合受理条件为由驳回的除外。"本案中，某区政府于 2023 年 12 月 14 日作出银兴政复决字〔2023〕×号《行政复议决定书》，该行政复议决定不属于《行政诉讼法》第 26 条第 2 款规定的"复议机关决定维持原行政行为"，故本案非共同被告案件，本案原告焦某某明确以某区政府为被告提起行政诉讼，应以某区政府为被告确定级别管理，应由某区政府所在地的中级人民法院即宁夏回族自治区银川市中级人民法院管辖。

本案行政诉讼中被告某区政府所作《行政复议决定书》中告知原告的行政诉讼管辖法院有误，但因并未对原告诉权造成影响，宁夏回族自治区银川市中级人民法院在判决中明确予以了纠正。

五、结语

判断申请行政复议的事项是否属于行政复议的范围，依据是《行政复议法》，关键是被申请的行政行为对申请人的权利义务是否产生实际影响。公安机关依法作出的《家庭暴力告诫书》系对违法行为人行为的告诫、提醒，该告诫行为属于行政指导，对告诫对象的权利义务不产生实际影响，因此，《家庭暴力告诫书》依法不属于行政复议范围和行政诉讼的受案范围。行政复议机关收到申请人提出的撤销公安机关作出的《家庭暴力告诫书》的行政复议申请后，应以该复议申请"不属于行政复议范围，不符合受理条件"为由，驳回申请人的行政复议申请。此种复议决定不属于《行政诉讼法》第 26 条第 2 款规定的"复议机关决定维持原行政行为"，对此种复议决定不服提起行政诉讼的，应以行政复议机关县级人民政府为被告，并以此确定级别管理，由县级人民政府所在地的中级人民法院管辖。

案例 21

公安行政复议的合法性审查和适当性审查

——曾某某诉某东市公安局、某阳市公安局行政处罚、行政复议案

张　强*

【内容提要】

行政复议合法性审查和适当性审查的依据是法律、法规、规章。行政复议的合法性审查是审查被申请复议的行政行为是否符合法律的规定，适当性审查是指审查行政行为是否符合法律目的，是否符合比例原则和平等对待要求，是否符合公平、公正原则，是否符合裁量基准以及是否合情合理。合法性审查和适当性审查的主要内容包括：主要事实是否清楚，证据是否确凿充分；适用依据是否正确；是否违反法定程序；是否超越职权；是否滥用职权；内容是否适当。本案中，公安机关未经全面调查，在与违法行为有关的事实、情节尚未完全查清的情况下即作出行政处罚属于《中华人民共和国行政复议法》规定的“主要事实不清、证据不足”，违反平等对待要求，选择性执法，同等情况不同对待，搞差异化执法属于“行政行为明显不当”。

【裁判要旨】

行政行为的合法性有广义和狭义之分，如果作狭义理解，不与法律明文规定明显冲突即为合法；如果作广义理解，只有全面符合法律精神、法律原则和法律规则，才是合法且正当的。行政行为的正当性要求行政行为在程序上和实体上、在结果上和感受上都是正当的，应当符合平等原则和程序正义标准。公安机关实施行政处罚应当遵循平等原则，公平对待相对人，不得选择性执法。行政机关发现公民、法人或者其他组织有依法应当给予行政处罚的行为的，必须全面、客观、公正地调查。人民法院基于履行司法审查监督

* 中国人民警察大学广州校区移民管理学院副教授。

职责的需要，有权在审理案件必要时知悉包括举报人基本信息在内的报案详情，公安机关在诉讼中应当应人民法院的要求向审判人员如实提供。

【相关法条】

《中华人民共和国行政复议法》（2017 修正）第一条　为了防止和纠正违法的或者不当的具体行政行为……制定本法。

第三条　依照本法履行行政复议职责的行政机关是行政复议机关。行政复议机关负责法制工作的机构具体办理行政复议事项，履行下列职责：……（三）审查申请行政复议的具体行政行为是否合法与适当，拟订行政复议决定；……

第二十八条第一款　行政复议机关负责法制工作的机构应当对被申请人作出的具体行政行为进行审查，提出意见，经行政复议机关的负责人同意或者集体讨论通过后，按照下列规定作出行政复议决定：（一）具体行政行为认定事实清楚，证据确凿，适用依据正确，程序合法，内容适当的，决定维持；……（三）具体行政行为有下列情形之一的，决定撤销、变更或者确认该具体行政行为违法；决定撤销或者确认该具体行政行为违法的，可以责令被申请人在一定期限内重新作出具体行政行为：1. 主要事实不清、证据不足的；2. 适用依据错误的；……5. 具体行政行为明显不当的。……

【案件索引】

一审：湖南省邵阳市北塔区人民法院（2019）湘 0511 行初 271 号行政判决

二审：湖南省邵阳市中级人民法院（2020）湘 05 行终 66 号行政判决

【基本案情】

上诉人（一审原告）曾某某因诉被上诉人（原审被告）某东市公安局、某阳市公安局行政处罚及行政复议一案，不服湖南省邵阳市北塔区人民法院（2019）湘 0511 行初 271 号行政判决，提出上诉。

上诉人曾某某起诉称：2019 年 6 月 23 日 19 时左右，其按照事前与一自称系邵东盛航烟花爆竹批发公司“赵姓”业务员（实为金某某）的约定，运送一车烟花爆竹到邵东黄陂桥乡铁路桥下，金某某开了盛航烟花公司的一辆小型货车前来接货。金某某要求在路边直接将烟花爆竹卸到金某某车上，其未同意，就由金某某独自开送货车去卸货，之后见金某某迟迟未返回又联系不上，其向派出所报案称被诈骗。盛航烟花公司诈骗不到后选择了举报，金某某把装有烟花的车停放在路边，让某东县公安局治安大队把车开走了。某东县公安局未对盛航烟花公司、金某某作出任何处理，决定对其拘留 7 日，盛航烟花公司与公安局存在合伙钓鱼执法嫌疑，某东县公安局的处罚决定和某阳市公安局的复议决定认定的事实与实际不符、裁决结果与法律相悖。原审法院认为其违法事实存在，某东市公安局对其的行政处罚适当，某阳市公安局的行政复议程序合法，驳回其诉讼请求的判决错误。请求二审法院：撤销原审判决；撤销被上诉人（原审被告）某东市公安局邵东公（治）决字〔2019〕第 1496 号行政处罚决定；撤销被上诉人（原审被告）某阳市公安局邵公复决字〔2019〕0058 号行政复议决定；责令被上诉人某东市公安局返还上诉人被扣押的烟花爆竹 446 件，赔偿上诉人误工费、生活费、交通费 3000 元和精神损失费 2000 元，赔偿上诉人车上香烟和现金损失 3500 元。理由：烟花爆竹交易系上诉人所属醴陵市泉塘出口花炮厂与邵东盛航烟花公司之间的合法买卖，未向某东市公安局申领运输许可证的责任应由两个公司承担，上诉人仅系运输烟花爆竹的车主，被上诉人某东市公安局认定上诉人系非法运输烟花爆竹定性错误，认定主体错误，对上诉人行政拘留 7 日缺乏事实和法律依据，没收烟花爆竹没有法律依据；上诉人报警在前，邵东盛航烟花公司报案在后，涉嫌钓鱼执法，原审判决审查事实不清，定性错误，主体认定错误，显失公平公正，应当依法撤销。

被上诉人（原审被告）某东市公安局于 2019 年 12 月 10 日向原审法院递交行政答辩状，请求依法维持该局作出的邵东公（治）决字〔2019〕第 1496 号《公安行政处罚决定书》。理由：1. 处罚决定认定曾某某的违法事实清楚，证据确实充分。2019 年 6 月 23 日 20 时许，曾某某驾驶一辆装有烟花爆竹的厢式货车（湘 K×××××）从浏阳到邵东城区为他人配送烟花爆竹，后在××地段被查获，当场扣押烟花爆竹 446 件。曾某某未办理烟花爆竹道路运输许可证，系非法运输烟花爆竹。2. 处罚决定合法、得当。2019 年 6 月 24 日，该局以非法运输危险物质定性，依据《烟花爆竹安全管理条例》第 36 条，适用《中华人民共和国治安管理处罚法》（2012 修正）（以下简称《治安管理处罚法》）第 30 条，决定对曾某某行政拘留七日。二审中，被上诉人某东市公安局未提出新的答辩意见。

被上诉人（原审被告）某阳市公安局先后向原审和二审法院递交答辩状，请求依法驳回曾某某的诉讼请求。理由：1. 行政复议决定程序合法。该局于 2019 年 7 月 31 日受理曾某某的复议申请，在法定期限内审结，于同年 9 月 11 日作出邵公复决字〔2019〕0058 号行政复议决定。2. 行政复议决定事实清楚、证据充分、适用法律正确。曾某某无从事危险货物运输的资格，驾驶的车辆无危险货物道路运输证明，违反了国务院《烟花爆竹安全管理条例》关于运输安全的规定，其行为侵犯了公共安全和国家有关危险物质的管理规定，具有治安管理违法性，依法应当予以行政处罚。某东县公安局对曾某某作出的行政处罚决定事实清楚、证据充分、程序合法、适用法律正确，根据《中华人民共和国行政复议法》（以下简称《行政复议法》）第28条第1款第（1）项之规定，该局作出维持原处罚决定的复议决定。被上诉人某阳市公安局答辩请求二审法院维持原审判决。

法院经审理查明：上诉人曾某某从事从浏阳市运送烟花爆竹到邵东销售已多年，金某某系邵东县人，之前二人并不相识，金某某通过朋友获取了曾某某的联系方式，便联系曾某某买卖烟花爆竹。2019年6月23日下午，曾某某按照事前双方的约定，驾驶自有湘K×××××号白色厢式货车装载价值2.9万余元的烟花爆竹（446件）从浏阳市出发，于当日傍晚到达邵东县黄陂桥乡铁路桥下路段，金某某驾驶他人的红色厢式货车与曾某某会面后，双方商议曾某某留在原地，由金某某自行驾驶湘K×××××号白色厢式货车前往卸货，金某某驾驶该车行至××处，后弃车离开。当日19时许，某东县公安局治安管理大队民警刘某某接一相识人电话举报，随即带领办案民警宁某某前往举报地，并按举报人电话指引的路线和车牌号追踪，在邵东县找到装载烟花爆竹的湘K×××××白色厢式货车，刘某某、宁某某到达时，该车上无人、驾驶室门打开、货厢未上锁，二人查验、拍照后将该车扣押至邵东县流泽镇一家烟花爆竹公司的储藏仓库。曾某某见金某某迟迟未返回，又联系不上金某某，便于当日22时以被骗为由向某东县公安局黄陂桥派出所报警。该所当即进行视频查询，并对曾某某进行了询问。次日下午，曾某某接黄陂桥派出所电话通知前往某东县公安局治安大队。

2019年6月24日，某东县公安局以非法运输烟花爆竹对曾某某行政立案。同日，经询问曾某某和处罚告知，某东县公安局以曾某某的陈述和扣押的烟花爆竹为依据，对曾某某作出邵东公（治）决字〔2019〕第1496号《公安行政处罚决定书》，认定：2019年6月23日20时许曾某某驾驶一辆装有烟花爆竹的厢式货车（车牌号为湘K×××××），从浏阳经潭邵高速到邵东廉桥高速收费站，途经流泽进入邵东城区为他人配送烟花爆竹时，被查获，曾某某属非法运输烟花爆竹。根据《治安管理处罚法》第30条之规定，决定对曾某某行政拘留7日。该决定书附邵东公（治）缴〔2019〕1496号《收缴物品清单》1份，依据《治安管理处罚法》第11条第1款，对曾某某的446件烟花爆竹予以收缴。

曾某某不服某东县公安局的上述处罚决定，以“钓鱼执法，邵东县盛航烟花公司诈骗违法，涂改车号后用于骗货的车扣押在派出所被无故放行，车上 4 条和天下香烟和 800 元现金无影无踪”为由，于 2019 年 7 月 31 日向某阳市公安局申请行政复议。某阳市公安局于 2019 年 9 月 11 日作出邵公复决字〔2019〕0058 号《行政复议决定书》，认定：金某某在邵东汽车西站附近开了一家“万福灵屋”，但没有办理经营烟花爆竹的许可证，无法通过正规渠道进货，案发前半个月金某某通过朋友联系上在浏阳市无证经营烟花爆竹的曾某某，双方约定后，2019 年 6 月 23 日下午曾某某驾驶自己的湘 K×××××厢式货车装载了 446 件烟花爆竹，从浏阳市出发经高速公路到达邵东县黄陂桥乡。金某某事先借了一辆湘 E××F××红色厢式货车，将前后车牌取掉，用白色油漆将车后厢上的车牌改为湘 E××E××。双方见面后，金某某驾驶曾某某的货车去黄陂桥乡三星村附近的仓库卸货，金某某停车后发现一辆小车停在货车旁边，便害怕逃跑了，后该车烟花爆竹被某东县公安局治安大队民警查获。而等待的曾某某发现金某某联系不上后以为自己被骗了，就向黄陂桥派出所报了案。某阳市公安局认为，曾某某无从事危险货物运输的资格，驾驶的车辆无危险货物道路运输证明，违反了国务院《烟花爆竹安全管理条例》关于运输安全的规定，其行为具有治安管理违法性，依法应当予以行政处罚；某东县公安局对曾某某作出的行政处罚决定事实清楚、证据充分、程序合法、适用法律正确。该局根据《行政复议法》第 28 条第 1 款第（1）项的规定，决定维持某东县公安局作出的邵东公（治）决字〔2019〕第 1496 号《公安行政处罚决定书》。据查，2019 年 7 月 12 日，经国务院批准，民政部批复同意撤销某东县，设立县级某东市。

【裁判结果】

湖南省邵阳市北塔区人民法院于 2019 年 12 月 23 日作出（2019）湘 0511 行初 271 号行政判决，判决：驳回曾某某的诉讼请求。

湖南省邵阳市中级人民法院于 2020 年 5 月 6 日作出（2020）湘 05 行终 66 号行政判决，判决：一、撤销湖南省邵阳市北塔区人民法院（2019）湘 0511 行初 271 号《行政判决书》。二、撤销被上诉人某东市公安局邵东公（治）决字〔2019〕第 1496 号《公安行政处罚决定书》。三、撤销被上诉人某阳市公安局邵公复决字〔2019〕0058 号《行政复议决定书》。

【裁判理由】

法院生效裁判认为：涉案 446 件烟花爆竹经道路非法运输至邵东市是本案不争的事实。本案争议焦点可以归纳为 3 个方面：1. 本案非法运输烟花爆竹行为的实施人是谁？某东县公安局行政处罚决定书认定曾某某为非法运输烟花爆竹的责任主体是否成立？2. 某东县公安局对曾某某行政拘留的行政处罚决定是否正当？3. 某东县公安局决定对涉案烟花爆竹附加予以收缴，适用法律是否正确？针对上述争议焦点，二审法院分别进行了评判。

（一）关于运输烟花爆竹的责任主体认定。某东县公安局在查处本案时，于2019年6月23日当晚现场扣押了装载有烟花爆竹的厢式货车，经查证车主系曾某某，次日在接受该局询问时曾某某对此予以确认；曾某某同时陈述，烟花爆竹是其从浏阳市荣玉烟花销售公司购买，由其一人驾车送货到邵东，送货用的厢式货车无危险物品运输许可证，亦未向公安机关提出危险物质运输申请；在某东县公安局履行行政处罚告知程序中，曾某某就其驾驶涉案车辆运输烟花爆竹并未提出异议、申辩。在诉讼中，曾某某改变在行政程序中所作的陈述，称此次烟花爆竹交易系醴陵市泉塘出口花炮厂与邵东盛航烟花公司之间的合法买卖、运载烟花爆竹的车辆由一刘姓司机驾驶，主张违法运输烟花爆竹的主体不是其本人，并提交了醴陵市泉塘出口花炮厂的营业执照和任职证明，但未提供涉案烟花爆竹来源于该厂、买卖运输烟花爆竹系受公司委派所为的直接证据，亦未提供刘姓司机的具体信息和驾车运输本案烟花爆竹的相关证据。在曾某某未能提供充分证据反证其在行政处罚程序中所作陈述不实的情况下，依证据规则，应当采信曾某某在行政程序中所作的陈述，认定此次买卖、运输烟花爆竹系曾某某的个人行为，某东市公安局所作行政处罚决定认定曾某某系本案运输烟花爆竹的责任主体有事实依据。对曾某某提出的某东县公安局行政处罚决定认定主体错误的上诉主张，本院不予采信。

（二）关于本案行政处罚的正当性认定。上诉人曾某某的起诉和上诉均主张处罚决定对其治安拘留7日缺乏法律依据，除了上述运输烟花爆竹行为主体之事实申辩外，主要理由为：金某某作为非法买卖烟花爆竹的另一方，某东县公安局接受其报警后对金某某未作任何处理，进而认为某东县公安局涉嫌钓鱼执法、对其处以拘留的处罚不公。被上诉人某东市公安局、某阳市公安局均辩称对曾某某非法运输烟花爆竹所作行政处罚决定适用《治安管理处罚法》正确，程序合法、处罚得当。双方的争议虽系行政处罚决定合法性之争议，但不仅仅是行政处罚是否合乎法律规定之争议，争议的实质是某东县公安局所作行政处罚是否正当。

行政行为的合法性有广义和狭义之分，如果作狭义理解，不与法律明文规定明显冲突即为合法；如果作广义理解，只有全面符合法律精神、法律原则和法律规则，才是合法且正当的。基于合法性司法审查之公平正义标准，人民法院对行政行为的合法性审查，应当取广义的理解，即明显不合乎法律明文规定的当然认定为不合法，虽然与法律规定不冲突、但明显不正当的，亦应认定为不合法。本案中，曾某某非法运输烟花爆竹事实成立，某东县公安局决定对曾某某拘留7日符合《治安管理处罚法》第30条的规定，鉴于双方的实质争议非仅限于行政处罚是否合乎法律规定，故不仅应当，而且有必要对某东县公安局所作行政处罚决定的正当性予以审查认定。行政行为的正当性要求行政行为在程序上和实体上、在结果上和感受上都是正当的，应当符合比例原则、平等原则和程序正义标准，行政行为违反其中之一，则可以认定为“明显不当”。其中，比例原则是指行政处罚的结果与行政目的具有一致性，不存在违背行政目的的情形；平等原则是指平等对待行政相对人，即“一视同仁”；程序正义标准是指不仅不违反法定程序，而且行政行为实施的全过程合乎情理，让相对人感受正当。综观本案某东县公安局实施行政处罚的过程和结果，虽然总体上并无明显违反《治安管理处罚法》和《中华人民共和国行政处罚法》（以下简称《行政处罚法》）的情形，但用平等原则和程序正义标准来衡量，尚存在以下“明显不当”：

其一，未全面调查核实违法事实即处罚。《治安管理处罚法》第5条第1款规定：“治安管理处罚必须以事实为依据，与违反治安管理行为的性质、情节以及社会危害程度相当。”公安部《公安机关办理行政案件程序规定》第27条第1款规定：“公安机关必须依照法定程序，收集能够证实违法嫌疑人是否违法、违法情节轻重的证据。”第159条规定：“违法行为人有下列情形之一的，应当从轻、减轻处罚或者不予行政处罚：……（二）受他人胁迫或者诱骗的……”上述规定要求，公安机关在办理治安行政案件时，应当坚持以事实为依据、以法律为准绳，全面调查包括对违法行为人有利的证据在内的案件事实，审慎把握包括对违法行为人从宽处理在内的量罚尺度，确保事实清楚、量罚适当。在曾某某以为被骗已报警的情况下，某东县公安局治安大队应当对此进行调查核实，而某东县公安局治安大队既未对涉案金某某进行询问，也未作进一步的调查核实，不仅违反上述法律精神，而且可能对曾某某的处罚结果带来不利影响，明显不当。

其二，实施行政处罚的过程正当性不足。《治安管理处罚法》第77条规定，公安机关对报案应当及时受理，并进行登记。公安部《公安机关办理行政案件程序规定》第63条规定，报案人不愿意公开自己的姓名和报案行为的，公安机关应当在受案登记时注明，并为其保密。据此，公安机关在接受举报时，应当及时、如实、准确将举报人基本信息、举报内容等登记在案，举报人要求保密的，应当在受案登记时注明，作为判断行政处罚程序启动正当性的重要依据。其中保密的范围应仅限于包括被举报人在内的社会公众，人民法院基于履行司法审查监督职责的需要，有权在审理案件必要时知悉包括举报人基本信息在内的报案详情，公安机关在诉讼中应当应人民法院的要求向审判人员如实提供，借口保密拒不提供实情的，表现为对人民法院独立审判权的不尊重，客观上妨害人民法院对行政行为正当性的全面审查判断，即使出自对保密规则的误读，亦应当承担由此带来的不利诉讼后果。本案《受案登记表》填写于 2019 年 6 月 24 日，属于事实上的办案在前、登记在后，且登记的案件来源不清、举报人信息不明，报案内容的记载有将处罚决定认定的事实“粘贴”的痕迹，不能反映举报的真实情况，不符合上述法律规定的要求。上诉人曾某某在诉讼中陈述称本案来源于“金某某诈骗不成后举报”、上诉主张被上诉人某东市公安局涉嫌“钓鱼执法”，某东市公安局并未就此提出抗辩。在本院询问该局主办民警刘某某时，刘某某陈述与举报人相识，但未如实提供举报人的基本信息和收缴烟花爆竹后的处理情况供本院审查，结合该局现场跟踪查获涉案烟花爆竹的过程，本院难以就曾某某的主张作出否定性评价，无从确信某东市公安局行政处罚过程的正当性，应当作为行政处罚程序不正当认定。

其三，有悖平等原则。《治安管理处罚法》第 5 条第 2 款规定，实施治安管理处罚，应当公开、公正，尊重和保障人权，保护公民的人格尊严。这要求公安机关实施行政处罚不仅必须严格执行法律的规定，而且应当遵循平等原则，公平对待相对人，不得选择执法，不得因人而异、厚此薄彼。国务院《烟花爆竹安全管理条例》第 3 条第 2 款规定，未经许可，任何单位或者个人不得生产、经营、运输烟花爆竹。该条例第 36 条第 2、3 款规定，对未经许可经由道路运输烟花爆竹的，由公安部门责令停止非法运输活动，处 1 万元以上 5 万元以下的罚款，并没收非法运输的物品及违法所得；非法生产、经营、运输烟花爆竹，构成违反治安管理行为的，依法给予治安管理处罚。《治安管理处罚法》第 30 条规定，违反国家规定，买卖、运输爆炸性等危险物质的，处 10 日以上 15 日以下拘留；情节较轻的，处 5 日以上 10 日以下拘留。《行政处罚法》第 36 条[①]规定，行政机关发现公民、法人或者其他组织有依法应当给予行政处罚的行为的，必须全面、客观、公正地调查。从查证的事实看，曾某某作为卖方、金某某作为买方，二人共同实施了非法买卖、运输烟花爆竹的行为，公安机关应当依照上述法律规定对二人立案查处，并给予相应处罚。至于公安机关对二人的行为是定性为非法买卖还是非法运输或者非

① 现为《中华人民共和国行政处罚法》（2021 年 1 月 22 日第十三届全国人民代表大会常务委员会第二十五次会议修订）第 54 条。

法买卖、运输，是适用《治安管理处罚法》还是适用《烟花爆竹安全管理条例》决定对二人给予何种处罚或者同时适用《治安管理处罚法》《烟花爆竹安全管理条例》予以并罚，只要不违反公平正义的法律原则，就属于公安机关行使行政处罚自由裁量权的范围，人民法院应当予以尊重。某东县公安局以非法运输烟花爆竹对本行政案件定性，仅对曾某某给予处罚，对同案非法行为人金某某既未立案查处，亦未说明任何正当理由，不能排除选择性、差别执法的合理怀疑。曾某某提出的关于金某某未受到任何处理、对其处罚不公的主张源自普通人的感受，合乎情理，本院予以采纳。故可以认定某东县公安局对曾某某所作行政处罚决定有违行政处罚的平等原则，存在明显不当。

（三）关于附加收缴涉案烟花爆竹的法律适用评价。某东县公安局作出的《行政处罚决定书》主文并未载明对涉案烟花爆竹的处理内容，但以附件形式对涉案烟花爆竹予以收缴。上诉人曾某某就此上诉主张涉案烟花爆竹系合法生产，不属于非法财物，收缴缺乏法律依据。据《行政处罚决定书》所附《收缴物品清单》，某东县公安局收缴涉案烟花爆竹适用的是《治安管理处罚法》第 11 条第 1 款。该条款规定为："办理治安案件所查获的毒品、淫秽物品等违禁品，赌具、赌资，吸食、注射毒品的用具以及直接用于实施违反治安管理行为的本人所有的工具，应当收缴，按照规定处理。"从上述文义上不难理解，公安机关在办理治安行政案件中收缴的财物限于违禁品、用具、工具三类；根据该条文对违禁品的列举，这里规定的违禁品应当理解为"法律禁止制造、买卖、储存、运输的物品"。烟花爆竹属于特许生产、运输、经营的民用商品，显然与毒品、淫秽物品不可等同，依法应当不在治安行政处罚随案收缴之列；对非法运输的烟花爆竹，公安机关应当适用前述国务院《烟花爆竹安全管理条例》第 36 条第 2 款的规定予以没收。某东县公安局适用《治安管理处罚法》第 11 条第 1 款的规定对涉案烟花爆竹予以收缴，属于适用法律错误。同时应当指出，根据《行政处罚法》第 8 条、《治安管理处罚法》第 10 条的规定，收缴不属于法定的行政处罚种类，不能单独作为行政处罚适用，公安机关办理治安行政处罚案件需要收缴涉案财物的，可以依照公安部《公安机关办理行政案件程序规定》第 175 条、第 193 条、第 194 条的规定，在作出行政处罚决定时对查获的涉案物品一并作出处理，并在行政处罚决定书中直接载明收缴涉案物品情况。就收缴适用技术而言，某东县公安局未将收缴财物在处罚决定主文中载明，仅以附清单形式实施收缴，既不符合现行法律规定，也不可取。

【案例评析】

纠正违法的或者不当的行政行为是行政复议的主要功能之一。[①] 被申请人对其作出的行政行为的合法性、适当性负有举证责任。[②] 根据《行政复议法》，行政复议机关审查被申请行政复议的行政行为，既要审查其合法性，也要审查其适当性。[③]

一、行政复议合法性审查的概念、依据和主要内容

（一）合法性审查的概念、依据

根据依法行政原则，"行政机关和其他行政公务组织必须依法行使行政权或者从事行政管理活动。"[④] 行政行为必须于法有据，依法而为，符合法律规范。

"合法性审查指审查一个被提起行政复议的具体行政行为是不是符合法律的规定，或说是不是有违反法律规定的情形。"[⑤]

根据《行政复议法》（2023 修订）第 37 条规定："行政复议机关依照法律、法规、规章审理行政复议案件。行政复议机关审理民族自治地方的行政复议案件，同时依照该民族自治地方的自治条例和单行条例。"可见，行政复议机关审理行政复议案件的依据是法律、法规、规章以及自治条例和单行条例，"法律、法规、规章"是行政复议合法性审查的"法"的范围，也是行

---

① 《行政复议法》（2023 修订）第 1 条。

② 《行政复议法》（2023 修订）第 44 条第 1 款。

③ 《行政诉讼法》（2017 修正）第 6 条规定："人民法院审理行政案件，对行政行为是否合法进行审查。"第 70 条规定："行政行为有下列情形之一的，人民法院判决撤销或者部分撤销，并可以判决被告重新作出行政行为：……（五）滥用职权的；（六）明显不当的。"故通常认为，行政诉讼原则上只审查行政行为的合法性，不审查行政行为的合理性（适当性），但如果行政行为存在滥用职权或明显不当的，人民法院应当审查后予以救济。

④ 《行政法与行政诉讼法学》编写组：《行政法与行政诉讼法学（第二版）》，高等教育出版社 2018 年版，第 28 页。

⑤ 马怀德编著：《行政法与行政诉讼法学案例教程》，知识产权出版社 2014 年版，第 156 页。

政复议合法性审查的依据。[①]

合法性审查中的"合法"有两种观点，一种是形式合法的观点，认为行政行为只要符合法律、法规、规章的规定，与之不相违背就算合法。[②] 另一种是实质合法的观点，认为合法的行政行为除了符合法律、法规、规章的规定，还要符合行政法的一般原则和其他渊源所表述的法律准则。[③]

（二）合法性审查的主要内容

根据《行政复议法》（2023 修订）第 68 条，从行政复议法对行政行为予以肯定的视角来看，如果经过行政复议审查，确定"行政行为认定事实清楚，证据确凿，适用依据正确，程序合法，内容适当的"，则这一行政行为是合法的、适当的，这也是复议机关对被申请的行政行为作出维持决定的前提条件。因此，对行政行为进行合法性审查的主要内容包括：主要事实是否清楚，证据是否确凿充分；适用依据是否正确；是否违反法定程序；是否超越职权；是否滥用职权。

主要事实清楚，证据确实充分，是指已有的证据是合法取得的，是真实可信的，是与行政机关作出行政行为的事实有关联性的，已有的证据能够推理、证明行政机关所认定的事实。适用依据是否正确，主要是审查是否存在以下情况：一是应适用此法而适用了彼法；二是在正确的法律中援引了错误的条款；三是援引了失效的法律；四是违反法律冲突适用规则，应该适用高位阶法却适用了低位阶法；五是有明确的适用依据却未予适用。是否违反法定程序，主要是审查行政行为有没有违反法律规定的方法、步骤、时间、顺序或其他程序要求，如果有就应认定为违法的行政行为。[④] 是否超越职权，主

---

① 由于法律规范具有滞后性和局限性，在缺乏具体、明确的法律规范作为依据的情况下，国内已有判例将法律原则作为合法性审查的依据。例如，田某诉北京科技大学拒绝颁发毕业证、学位证案，见最高人民法院指导案例 38 号（2014 年），法院引用了"充分保障当事人权益原则"作为合法性审查的依据；又如，于某某诉北京大学违法撤销博士学位案，见北京市第一中级人民法院（2017）京 01 行终 277 号行政判决，法院引用了"正当程序原则"作为合法性审查的依据。这些案件公布后，得到了行政法学界的认可，也取得了较好的社会效果。鉴于目前行政复议决定公开的不多，鲜有在行政复议中仅依据法原则对行政行为合法性进行判断的案例。

② 何海波：《行政诉讼法（第三版）》，法律出版社 2022 年版，第 104 页。

③ 何海波：《实质法治：寻求行政判决的合法性（第二版）》，法律出版社 2020 年版，第 3 章"实质法治下的法与合法性"。

④ 马怀德编著：《行政法与行政诉讼法学案例教程》，知识产权出版社 2014 年版，第 156 页。

要审查是否具有以下情况：一是超越了不同行政机关的分工，二是超越了相同行政机关不同层级的分工，三是超越了职权的地域范围。是否滥用职权，主要是审查是否具有以下情况：一是作出行政行为时考虑了不应当考虑的因素或未考虑应当考虑的因素，二是故意迟延或不作为，三是不一致的解释或反复无常；四是不当授权和委托。①

行政复议中的合法性审查除审查行政行为的合法性外，在公民、法人或者其他组织认为行政机关的行政行为所依据的规范性文件不合法，在对行政行为申请行政复议时，可以一并向行政复议机关提出对该规范性文件的附带审查申请。② 行政复议机关应对此依法作出处理。③

二、行政复议适当性审查的依据和方法

如前所述，行政复议机关审理行政复议案件的依据是法律、法规、规章。“法律、法规、规章”既是行政复议合法性审查的依据，也是行政复议适当性审查的依据。《行政复议法》（2023 修订）第 63 条第 1 款第（1）项规定，对事实清楚，证据确凿，适用依据正确，程序合法，但是内容不适当的行政行为，行政复议机关有权决定变更该行政行为。在行政复议中，“如何判断行政行为适当，需要行政复议机关作出裁量。”④ 在复议实践中，如何判断行政行为的适当性显得尤为关键。

“适当性审查指行政复议机关审查被申请的具体行政行为在行为的幅度、方式等方面在一般情况下是不是被人们认为是合理的。”⑤ 行政行为不适当主要有以下几种表现形式：一是同等情况不同对待；二是不同情况相同对等；三是行政处罚畸轻畸重；四是行政行为没有必要的节制，超越了应有的限度；

---

① 孙春增主编：《行政法案例研究》，法律出版社 2011 年版，第 111 页。

② 《行政复议法》（2023 修订）第十三条　公民、法人或者其他组织认为行政机关的行政行为所依据的下列规范性文件不合法，在对行政行为申请行政复议时，可以一并向行政复议机关提出对该规范性文件的附带审查申请：（一）国务院部门的规范性文件；（二）县级以上地方各级人民政府及其工作部门的规范性文件；（三）乡、镇人民政府的规范性文件；（四）法律、法规、规章授权的组织的规范性文件。前款所列规范性文件不含规章。规章的审查依照法律、行政法规办理。

③ 《行政复议法》（2023 修订）第 56~60 条。

④ 江必新主编：《中华人民共和国行政复议法条文解读与法律适用》，中国法制出版社 2023 年版，第 227 页。

⑤ 马怀德编著：《行政法与行政诉讼法学案例教程》，知识产权出版社 2014 年版，第 157 页。

五是行政行为反复无常。[①] 章剑生教授认为："行政复议机关可以从（1）合目的性（合目的性为适当性审查的第一个标准，要求行政行为的内容不得偏离法目的）；（2）可接受性（可接受性表现为社会一般人的认同状态，行政行为的内容为相对人所接受，同时也为社会一般人所认可）；（3）利益权衡（行政行为内容适当要求行政机关必须权衡申请人、第三人和公共利益三者关系，使三者利益处于一种相对平衡的状态）三个方面对行政行为作实质合法性的适当性审查。"[②]

一般认为，行政行为的"合理性"与行政行为"适当性"具有同一含义，是一个问题的两种表述方式，意思并无不同。行政合理性原则是行政法的基本原则之一，其主要目的是规范和控制行政裁量权，其内涵主要表现为比例原则和平等对待两个方面。比例原则讲求适当性、必要性和衡量性。适当性是指行政行为要适合于行政目的的实现。必要性是指行政行为不能超越实现行政目的的必要程度。衡量性要求在行政目的和行政手段之间保持比例。平等对待要求行政主体在行使行政职权过程中，平等地对待当事人，非有正当理由不得区别对待。[③] 行政复议中对行政行为的适当性审查，应审查行政行为是否符合行政合理性原则，是否符合比例原则和平等对待的要求，如符合则为适当，如不符合则为不适当。

"一个合理的行政行为要做到：遵循公平、公正的原则，平等对待行政管理相对人，不偏私、不歧视；行使自由裁量权符合法律目的，排除不相关因素的干扰；所采取的措施和手段必要、适当；可以采用多种方式实现行政目的的应尽可能避免采用损害当事人权益的方式，或采用损害最小的方式。"[④] 杜仪方教授认为："《行政复议法》中的'内容不适当'，通常表现为如违反比例原则、不合理差别对待、违反立法目的或者结果畸轻畸重，等等。不当行政行为包含以下三种类型。第一种是裁量不当。第二种是合规则但不合原则，即处罚虽然在法律具体规则范围内，但可能会违反法律原则。第三种是既符合规则也符合原则，但是不合情理。复议制度中应增加审查合规则不合

① 孙春增主编：《行政法案例研究》，法律出版社2011年版，第111页。

② 参见章剑生：《论行政复议的适当性审查》，载《浙江社会科学》2024年第2期。

③ 《行政法与行政诉讼法学》编写组：《行政法与行政诉讼法学（第二版）》，高等教育出版社2018年版，第31~33页。

④ 江必新主编：《中华人民共和国行政复议法条文解读与法律适用》，中国法制出版社2023年版，第4页。

原则和合规则合原则但不合情理这两种情形。”①

“裁量基准是指行政机关制定的规范行政裁量权行使的规范性文件。从法律属性来看，行政裁量基准均属于行政规范性文件。作为对外公布的行政规范性文件，行政裁量基准对行政权的行使具有明显的约束。因此行政复议机关在审理行政复议案件时，也应当将行政裁量基准纳入考量。行政裁量基准是行政复议机关判断行政行为合理性的重要标准。”②

根据《行政复议法》相关规定结合相关理论研究成果，适当性审查是指审查行政行为是否符合法律目的、是否符合比例原则和平等对待要求，是否符合公平、公正原则，是否符合裁量基准，是否合情合理。

对内容不适当的行政行为如何救济，《行政复议法》（2023 修订）第 63 条明确规定：“事实清楚，证据确凿，适用依据正确，程序合法，但是内容不适当的，行政复议机关决定变更该行政行为。”③ 注意，这里是“应当”决定变更该行政行为而不是“可以”，立法作这一规定可以提高行政效率，更好地发挥行政复议实质化解行政争议的主渠道作用。但变更决定有个前提，即需满足“事实清楚，证据确凿，适用依据正确，程序合法”。

三、对本案行政行为合法性、适当性的分析

本案历经行政复议、一审、二审，行政复议机关和两级法院基于对行政行为合法性审查、适当性审查的不同理解，作出了前后截然相反的决定（判决），过程可谓一波三折。

本案中行政复议机关和一审法院将曾某某非法运输烟花爆竹的违法行为简单地从全案事实中抽离出来单独进行考察，仅根据全案中部分事实和证据，基于“形式合法”的观点即主体合法、职权合法、程序合法、内容合法，从形式上看，行政处罚并不违反有关的法律规定，对公安机关作出的行政处罚作出了合法且适当的片面判断。

二审法院基于“实质合法”的观点，对本案行政行为构成《行政诉讼法》规定的“明显不当”和“适用法律错误”进行了详细、充分的说理，在此不再赘述。下面从行政复议视角对本案行政行为的合法性和适当性进行分析。

---

① 胡建淼：《一般不当行政行为的行政法问题》，https://mp.weixin.qq.com/s/1c1_-OOrwhpoT-EE6MaxIg，最后访问时间：2025 年 5 月 9 日。

② 胡建淼主编：《行政复议法教程》，人民出版社 2024 年版，第 192 页。

③ 《行政复议法》（2023 修订）第 63 条第 1 款第 1 项。

（一）对本案行政行为合法性的分析

如前所述，行政行为合法性审查的依据是与行政行为有关的法律、法规、规章。

《行政处罚法》第 5 条和《治安管理处罚法》第 5 条规定了行政处罚（含治安管理处罚）必须以事实为依据，与违法行为的事实、性质、情节以及社会危害程度相当。《行政处罚法》第 54 条规定："……行政机关发现公民、法人或者其他组织有依法应当给予行政处罚的行为的，必须全面、客观、公正地调查，收集有关证据；……"第 40 条规定："公民、法人或者其他组织违反行政管理秩序的行为，依法应当给予行政处罚的，行政机关必须查明事实；违法事实不清、证据不足的，不得给予行政处罚。"

综观全案，根据《烟花爆竹安全管理条例》的规定，个人购买烟花爆竹无须审批，但经道路运输烟花爆竹应取得公安机关的书面许可。根据上诉人曾某某的陈述和法院业已查明的事实，本案中另一人金某某也涉嫌非法运输危险物质（烟花爆竹），依法也应予以处罚。根据上诉人曾某某的报案事实，金某某还涉嫌诈骗行为，至于金某某是否以购买烟花爆竹之名行诈骗之实，还是诈骗不成后举报有待调查核实。另外，在公安机关以保密为由拒绝向法院提供举报人信息，对金某某涉嫌的违法行为不予调查、核实和处理，且不说明理由的情况下，对本案是否存在公安机关与金某某合谋"钓鱼执法"也持合理怀疑，公安机关应公开有关信息，消除行政相对人和公众的合理怀疑，否则，无法证明自己的执法目的和执法过程的正当性。这些有待查证的事实和未经公开的信息直接关系到上诉人（被处罚人）曾某某是否存在"出于他人诈骗而实施违反治安管理行为"① 这一法定的减轻处罚或者不予处罚的情形。虽然上诉人曾某某非法运输危险物质（烟花爆竹）的违法行为客观存在，但就全案事实和情节来看，还有上述诸多事实、情节尚不清楚。在此情况下对上诉人曾某某实施行政处罚违反了《行政处罚法》第 5 条、第 40 条、第 54 条的规定，违反了《治安管理处罚法》第 5 条的规定，据此，公安机关在事实不清的情况下，即对上诉人曾某某作出的治安处罚应认定为违法。本案行政行为属于《行政复议法》规定的"主要事实不清、证据不足"这种违法行政行为的类型，因此，行政复议机关应依据《行政复议法》（2017 修正）第 28 条第 1 款第（3）项的规定，对此行政行为予以撤销，并可以责令被申请人某东市公安局在一定期限内重新作出行政行为。

---

① 《治安管理处罚法》第 19 条第（3）项。

根据依法行政原则，合法的行政行为应当于法有据，且适用正确的依据。在对涉案烟花爆竹的处理上，在查清全案事实、确定曾某某的违法事实后，对涉案的烟花爆竹应依据国务院《烟花爆竹安全管理条例》第36条第2款的规定予以没收。某东县公安局适用《治安管理处罚法》第11条第1款的规定对涉案烟花爆竹予以收缴，属于适用法律错误。从行政复议角度看，这属于《行政复议法》（2017修正）第28条第1款第（3）项规定的“适用依据错误的”这种违法行政行为的类型。由于本案事实不清，行政复议机关无法依据《行政复议法》（2017修正）第28条第1款第（3）项的规定对“适用依据错误的”收缴行为直接变更法律依据，故行政复议机关应认定收缴烟花爆竹的行为违法并依法予以撤销。

（二）对本案行政行为适当性的分析

如前所述，适当性审查是指审查行政行为是否符合法律目的，是否符合比例原则和平等对待要求，是否符合公平、公正原则，是否符合裁量基准，是否合情合理。从行政行为适当性审查来看，《行政处罚法》和《治安管理处罚法》规定了行政处罚（含治安管理处罚）应遵循公正、公开和处罚与行为相适应的原则。实施行政处罚（含治安管理处罚）必须与违法行为的事实、性质、情节以及社会危害程度相当。本案涉及2名违法嫌疑人，金某某也涉嫌非法运输烟花爆竹，还涉嫌诈骗行为，且2人的违法行为相互关联，某东市公安局仅对曾某某进行调查，进行处罚，却不对金某某作任何调查和进行相应处理，明显违反了行政合理性原则平等对待的要求和行政处罚应遵循的公开、公正原则，且在实施行政处罚时，由于未经全面调查取证，忽略了被处罚人曾某某可能存在的“出于他人诈骗而违法”这一减轻处罚和不予处罚的情形，违反了行政处罚的过罚相当原则，违反了《行政处罚法》第5条和《治安管理处罚法》第5条的规定。行政处罚对曾某某而言，明显不公平、不公正、不适当，因此，可以认定某东市公安局对曾某某的行政处罚“内容不适当”，但因本案事实尚未查清，所以行政复议机关无法作出变更决定。

另外，从行政行为过程的正当性看，本案中，曾某某提出的金某某涉嫌诈骗，且属诈骗不成后举报，公安机关涉嫌“钓鱼执法”，对此合理怀疑，公安机关无论是对行政相对人、行政复议机关，还是人民法院，都未予以任何说明，且在二审法院要求提供举报人信息时，公安机关以保密为由拒绝提供，从常理上，难以避免让人怀疑公安机关的执法目的正当性，也违反了行政处罚的公正、公开原则，让人对执法过程正当性产生合理怀疑。在公安机关未能举证证明其执法过程具有正当性的情况下，故应认定其行政处罚过程不正当，亦属于行政行为不当之列。如本案发生在2024年1月1日后，行政复议机关可根据《行政复议法》（2023修订）第76条的规定，向某东市公安局制发《行政复议意见书》，指明其不当行政行为并要求改正。

四、结语

本案二审法院的判决纠正了一审法院和行政复议机关的错误，具有积极意义。一是对一案多人违法特别是关联违法的行政案件，行政机关不主动查清全案事实，只对部分违法嫌疑人进行调查和处罚，对涉案其他违法嫌疑人既不调查，也不处罚，且不说明正当理由，此举明显违背平等原则，搞差异化对待，有选择性执法之嫌，对被处罚的行政相对人明显不公平、不公正，应构成《行政复议法》（2017修正）规定的“具体行政行为明显不当”。二是对一案多人违法特别是关联违法的行政案件，事实是否清楚，证据是否充分应从全案宏观考量和判断，不能在未经全面调查，特别是忽略、缺少对行政相对人有利证据的调查的情况下，以片面证据认定部分行政相对人违法和给予处罚。此举构成《行政复议法》规定的“事实不清”。

案例22

对国家移民管理局等部委管理的国家局的行政行为如何确定行政复议管辖

——陈某诉中华人民共和国某部行政复议案

张 强*

【内容提要】

国务院部委管理的国家局主管特定业务，在行使具体的行政管理职权，履行相应行政管理职能时，是行政主体。依照《国务院法制办关于国务院部委管理的国家局的具体行政行为行政复议机关问题的复函》（国法函〔2001〕245号），对部委管理的国家局的具体行政行为不服提起的行政复议申请，应当由该国家局受理。行政相对人对国家移民管理局作出的行政行为不服，申请行政复议的，应当向国家移民管理局提出并由其管辖。

【裁判要旨】

行政机关具有相应的法定职责是当事人请求行政机关履行法定职责，进而提起履行法定职责之诉的前提条件之一。行政机关明显不具有法定职责的，对履责申请是否予以处理及如何处理均不会对当事人的权利义务产生实际影响，其不属于人民法院行政诉讼的受案范围。原告对国家移民管理局作出的涉案答复书不服，应当向国家移民管理局申请行政复议，原告向被告某部提出行政复议申请，明显不属于被告履行行政复议职责权限范围，被告某部作出的《不予受理行政复议决定书》对原告的权利义务不产生实际影响，由此引发之争议不属于人民法院行政诉讼的受案范围。

【相关法条】

《中华人民共和国行政复议法》第二十五条　国务院部门管辖下列行政复

* 中国人民警察大学广州校区移民管理学院副教授。

议案件：（一）对本部门作出的行政行为不服的；（二）对本部门依法设立的派出机构依照法律、行政法规、部门规章规定，以派出机构的名义作出的行政行为不服的；（三）对本部门管理的法律、行政法规、部门规章授权的组织作出的行政行为不服的。

第二十七条　对海关、金融、外汇管理等实行垂直领导的行政机关、税务和国家安全机关的行政行为不服的，向上一级主管部门申请行政复议。

《国务院法制办关于国务院部委管理的国家局的具体行政行为行政复议机关问题的复函》（国法函〔2001〕245号）

国土资源部：

你部2001年6月14日《关于请明确对部管国家局的行政复议申请受理机关的函》（国土资函〔2001〕282号）收悉。经研究并征求全国人大常委会法工委的意见，现答复如下：

关于国务院部委管理的国家局的具体行政行为行政复议机关问题，按照《中华人民共和国行政复议法》第十四条[①]的规定办理，即对部委管理的国家局的具体行政行为不服提起的行政复议申请，应当由该国家局受理。

2001年10月24日

【案件索引】

一审：北京市第二中级人民法院（2024）京02行初70号行政裁定

【基本案情】

原告陈某诉被告中华人民共和国某部（以下简称某部）不予受理行政复议申请决定一案，由北京市第二中级人民法院受理后，依法组成合议庭进行了审理。

原告陈某诉称：2024年1月其向被告提出行政复议申请。1月30日，被告作出被诉决定书。被诉决定书错误地援引了法律条款，应予撤销。理由如下：1. 根据国发〔2023〕5号、国发〔2023〕6号等文件，国家移民管理局

① 这里指的是：《中华人民共和国行政复议法》（1999年）第十四条　对国务院部门或者省、自治区、直辖市人民政府的具体行政行为不服的，向作出该具体行政行为的国务院部门或者省、自治区、直辖市人民政府申请行政复议。对行政复议决定不服的，可以向人民法院提起行政诉讼；也可以向国务院申请裁决，国务院依照本法的规定作出最终裁决。

不是国务院部门，属于国务院部委管理的国家局。根据《中华人民共和国行政复议法》（以下简称《行政复议法》）第25条第（3）项之规定，国务院部门管辖对本部门管理的法律、行政法规、部门规章授权的组织作出的行政行为不服的行政复议案件。所以，某部应当管辖对国家移民管理局作出的行政行为不服的行政复议案件。2. 国家移民管理局并非国务院部门，故其不能依据《行政复议法》第25条第（1）项管辖对本部门作出的行政行为不服的复议案件。涉案答复书中，国家移民管理局认为自己是国务院部门，而告知向国家移民管理局申请复议，属于主体地位认识不清，告知复议管辖错误，不能成为被告拒绝履行法定职责的根据。综上，原告认为，被告的被诉决定书没有分清国务院部门、国务院部委管理的国家局二者的法律地位，错误适用《行政复议法》第25条的规定，规避法定职责。因此请求法院：1. 撤销被诉决定书。2. 责令被告履行行政复议职责，并依据法律，正确作出复议决定。3. 本案诉讼费由被告承担。

被告某部辩称：《行政复议法》第25条第（1）项规定，国务院部门管辖对本部门作出的行政行为不服的行政复议案件。《国务院法制办关于国务院部委管理的国家局的具体行政行为行政复议机关问题的复函》（国法函〔2001〕245号）明确，关于国务院部委管理的国家局的具体行政行为行政复议机关问题，按照行政复议法关于不服国务院部门的具体行政行为申请行政复议的有关规定办理，即对国务院部委管理的国家局的具体行政行为不服申请行政复议的，应当由该国家局受理。根据上述规定，原告不服国家移民管理局的行政行为，应当依法向国家移民管理局申请行政复议，其行政复议申请不属于被告行政复议管辖范围。被告收到原告的行政复议申请后，依法审查决定不予受理并告知原告有管辖权的行政复议机关，认定事实清楚，证据确实充分，符合法定程序，适用依据正确，符合《行政复议法》第30条第2款的规定。综上，请求人民法院依法驳回原告的诉讼请求。

法院经审理查明：2024年1月28日，被告某部收到原告陈某提交的《行政复议申请书》，被申请人为：国家移民管理局。复议请求为：1. 撤销国家移民管理局作出的涉案答复书。2. 责令国家移民管理局对原告所申请的政府信息予以全部完整地公开，特别是对审批受理条件、审核流程等应公开的信息全面完整准确公开。3. 外国人入境后不同住宿地址会有不同住宿登记信息，即一个人会有多个住宿登记，审核流程中的“核查外国人住宿登记信息”，请明确核查是何时何地的住宿登记信息，是核查住宿登记信息的有无，还是核查登记地址与实际住宿是否相符，以澄清不同理解，保证公开信息的准确性、具体性。2024年1月30日，被告作出被诉决定书，主要内容为：根据《行政复议法》第25条第（1）项的规定，不服国家移民管理局的行政行为，请依法向国家移民管理局申请行政复议。该申请不属于被告行政复议管辖范围，根据《中华人民共和国行政复议法》第30条第2款的规定，决定不予受理。原告不服，提起本案诉讼。

【裁判结果】

北京市第二中级人民法院于2024年4月29日作出（2024）京02行初70号行政裁定，裁定：驳回原告陈某的起诉。

【裁判理由】

法院生效裁判认为：根据《中华人民共和国行政诉讼法》第49条第（4）项、《最高人民法院关于适用〈中华人民共和国行政诉讼法〉的解释》第69条第1款第（1）项的规定，公民、法人或者其他组织提起行政诉讼，应当属于人民法院行政诉讼受案范围；不属于受案范围的，人民法院应当裁定不予受理；已经受理的，裁定驳回起诉。《最高人民法院关于适用〈中华人民共和国行政诉讼法〉的解释》第69条第1款第（8）项规定，行政行为对其合法权益明显不产生实际影响的，已经立案的，应当裁定驳回起诉。第93条第2款规定，人民法院经审理认为原告所请求履行的法定职责或者给付义务明显不属于行政机关权限范围的，可以裁定驳回起诉。行政机关具有相应的法定职责是当事人请求行政机关履行法定职责，进而提起履行法定职责之诉的前提条件之一。行政机关明显不具有法定职责的，对履责申请是否予以处理及如何处理均不会对当事人的权利义务产生实际影响，其不属于人民法院行政诉讼的受案范围。《国务院法制办关于国务院部委管理的国家局的具体行政行为行政复议机关问题的复函》（国法函〔2001〕245号）载明，对国务院部委管理的国家局的具体行政行为不服申请行政复议的，应当由该国家局受理。

【案例评析】

一、行政复议管辖及其体制调整

行政复议管辖，指不同层级、不同职能的行政机关之间受理复议案件的分工。[1] 它是行政复议制度的一项重要内容，旨在确定审理具体复议案件的行政复议机关。“行政复议管辖的确立，一般应遵循三项原则，即符合行政机关

① 胡建淼：《行政法学（第五版）》，法律出版社2023年版，第1069页。

内部的领导体制原则、便民原则和稳定性与灵活性相结合的原则。”[①] 符合行政机关内部的领导体制原则是指行政复议的管辖应以领导隶属关系为基础，有领导关系才可能有行政复议管辖权，行政系统的领导隶属关系可见于《中华人民共和国宪法》[②] 和《中华人民共和国地方各级人民代表大会和地方各级人民政府组织法》[③]。便民原则是指行政复议管辖应当尽可能方便申请人申请和参加行政复议。稳定性与灵活性相结合的原则是指一般情况下，行政复议机关应当确定且唯一，仅对一些特殊的行政复议案件，法律赋予申请人一定的管辖选择权。

（一）《行政复议法》（2017 修正）的管辖体制

《行政复议法》（2017 修正）确立了“条条管辖”与“块块管辖”相结合，有条件地选择管辖体制。“块块管辖”体现在对县级以上地方各级人民政府工作部门的具体行政行为不服的，申请人可以选择向该部门的本级人民政府申请行政复议。[④]“条条管辖”体现在三个方面：第一，对县级以上地方各级人民政府工作部门的具体行政行为不服的，申请人可以选择向上一级行业主管部门申请行政复议。[⑤] 第二，对海关、金融、国税、外汇管理等实行垂直领导的行政机关和国家安全机关的具体行政行为不服的，向上一级主管部门申请行政复议。[⑥] 第三，对地方各级人民政府的具体行政行为不服的，向上一级地方人民政府申请行政复议。[⑦]

---

① 胡建淼主编：《行政复议法教程》，人民出版社 2024 年版，第 131~132 页。

② 《中华人民共和国宪法》（2018 修正）第 108 条规定：“县级以上的地方各级人民政府领导所属各工作部门和下级人民政府的工作，有权改变或者撤销所属各工作部门和下级人民政府的不适当的决定。”

③ 《中华人民共和国地方各级人民代表大会和地方各级人民政府组织法》（2022 修正）第 73 条规定：“县级以上的地方各级人民政府行使下列职权：……（二）领导所属各工作部门和下级人民政府的工作；（三）改变或者撤销所属各工作部门的不适当的命令、指示和下级人民政府的不适当的决定、命令；……”第 83 条规定：“省、自治区、直辖市的人民政府的各工作部门受人民政府统一领导，并且依照法律或者行政法规的规定受国务院主管部门的业务指导或者领导。自治州、县、自治县、市、市辖区的人民政府的各工作部门受人民政府统一领导，并且依照法律或者行政法规的规定受上级人民政府主管部门的业务指导或者领导。”

④ 《行政复议法》（2017 修正）第 12 条第 1 款。

⑤ 《行政复议法》（2017 修正）第 12 条第 1 款。

⑥ 《行政复议法》（2017 修正）第 12 条第 2 款。

⑦ 《行政复议法》（2017 修正）第 13 条第 1 款。

（二）《行政复议法》（2023 修订）的管辖体制

现行《行政复议法》将过去“条条管辖”与“块块管辖”相结合的分散管辖体制修改调整为“块块管辖”为主、“条条管辖”为补充的相对集中管辖体制。“块块管辖”为主即除垂直领导等特殊情形外，申请人对县级以上地方各级人民政府工作部门、派出机关、下一级人民政府、县级以上地方各级人民政府或其工作部门管理的授权组织、县级以上地方各级人民政府工作部门依法设立的派出机构依法以派出机构名义作出的行政行为不服的，统一向本级人民政府申请行政复议。[①]“条条管辖”为补充体现在对海关、金融、外汇管理等实行垂直领导的行政机关、税务和国家安全机关的行政行为不服的，向上一级主管部门申请行政复议。[②] 根据现行《行政复议法》，对于省、自治区、直辖市人民政府与国务院部门作出的行政行为，实行原级管辖。[③] 此外，现行《行政复议法》针对个别情况设置了灵活管辖规则，主要体现在两个方面：一方面，对直辖市、设区的市人民政府工作部门按照行政区划设立的派出机构作出的行政行为不服的，也可以由其所在地的人民政府管辖。[④] 即相对人对直辖市、设区的市人民政府工作部门按照行政区划设立的派出机构作出的行政行为不服的，既可以向直辖市、设区的市人民政府申请行政复议，也可以选择向派出机构所在地的人民政府提出行政复议申请。另一方面，对履行行政复议机构职责的地方人民政府司法行政部门的行政行为不服的，可以向本级人民政府申请行政复议，也可以向上一级司法行政部门申请行政复议。[⑤]

二、现行《行政复议法》复议管辖体制下公安行政复议管辖的新变化

《行政复议法》（2023 修订）自 2024 年 1 月 1 日起施行后，对公安行政行为不服引发的行政复议案件的管辖有较大的变化。最主要的变化是县级以上（含县级）、省、自治区、直辖市级（含省级）以下人民政府公安机关不再享有行业行政复议管辖权。这些公安机关原有的行业行政复议管辖权全部收归至本级公安机关所属的同级人民政府。目前依法享有行政复议管辖权的

① 《行政复议法》（2023 修订）第 24 条。
② 《行政复议法》（2023 修订）第 27 条。
③ 《行政复议法》（2023 修订）第 24 条第 2 款，第 25 条。
④ 《行政复议法》（2023 修订）第 24 条第 4 款。
⑤ 《行政复议法》（2023 修订）第 28 条。

单位仅剩公安部、国家移民管理局、国家移民管理机构中部分单位（包括边境管理大队、边境管理支队、边境管理总队，省、自治区、直辖市和深圳、珠海出入境边防检查总站）。

依照《行政复议法》第 25 条的规定，公安部管辖下列行政复议案件：（一）对公安部作出的行政行为不服的；（二）对公安部依法设立的派出机构依照法律、行政法规、部门规章规定，以派出机构的名义作出的行政行为不服的；（三）对公安部管理的法律、行政法规、部门规章授权的组织作出的行政行为不服的。

国家移民管理机构实行垂直领导且履行中央事权，依照《行政复议法》第 27 条的规定："对海关、金融、外汇管理等实行垂直领导的行政机关、税务和国家安全机关的行政行为不服的，向上一级主管部门申请行政复议。"对国家移民管理机构实施的有关移民、边防和出入境管理事务作出的行政行为不服的，依法向该移民管理机构的上一级主管部门即上一级移民管理机构申请行政复议。例如，对边境派出所作出的有关边境管理的行政行为不服而申请行政复议的，由上一级主管部门边境管理大队管辖；对边境管理大队作出的有关边境管理的行政行为不服而申请行政复议的，由上一级主管部门边境管理支队管辖；对边境管理支队作出的有关边境管理的行政行为不服而申请行政复议的，由上一级主管部门省、自治区边境管理总队管辖；对省、自治区边境管理总队作出的有关边境管理的行政行为不服而申请行政复议的，由上一级主管部门国家移民管理局管辖；对各对外开放口岸的出入境边防检查站作出的有关出入境管理的行政行为不服而申请行政复议的，由其上一级主管部门即出入境边防检查站所属的省、自治区、直辖市或深圳、珠海出入境边防检查总站管辖。

需要特别说明的是，隶属于国家移民管理机构的边境派出所，行使着双重行政管理职权，一是作为国家移民管理机构依法履行边境管理的国家事权，二是作为当地县级人民政府公安机关的派出所机构，依法履行着治安管理的行政职权。对边境派出所的行政行为不服，如该行为属履行边境管理职权，则应向边境派出所的上一级主管部门即边境管理大队申请行政复议，并由其管辖；如该行为属履行治安管理职权的，则应向边境派出所所在地的县级人民政府申请行政复议，并由其管辖。

三、对国家移民管理局行政行为不服，如何确定行政复议管辖

国务院组成部门（各部、中国人民银行、审计署）主管国务院的某一方面行政事务，依法具有独立的行政管理职能，在行使行政管理职权时是行政

主体，具有规章制定权。国务院组成部门管理的国家局即部委管理的国家局如国家移民管理局等，主管特定业务，在行使行政管理职权，履行行政管理职能时是行政主体，但无规章制定权。依照《国务院法制办关于国务院部委管理的国家局的具体行政行为行政复议机关问题的复函》（国法函〔2001〕245号），对部委管理的国家局的具体行政行为不服提起的行政复议申请，应当由该国家局管辖和受理。本案中，原告对国家移民管理局所作涉案答复书不服，向某部提出了行政复议申请，而某部依法不是本案法定的行政复议机关，故原告的复议申请依法不属于某部履行行政复议职责权限范围。某部作出《不予受理行政复议决定书》正确，且该决定书对行政相对人的权利义务不产生实际影响，由此引发之争议不属于人民法院行政诉讼的受案范围。

本案争议本质上是一个行政复议管辖争议，争议既缘于行政系统的复杂性，即我国行政系统中种类众多、数量繁多的行政机关、行政机构、派出机构、授权的组织等在行政法上的行政主体属性、法律地位的不同，也缘于公民对行政复议法具体规定的个人认识和理解不同。本案原告提起行政诉讼，被告不具有原告诉称的法定职责，且被告被诉行为对原告的权利义务不产生实际影响，法院依法有两种处理方式，其一，经过立案审查后裁定不予受理；其二，法院受理后裁定驳回起诉。本案法院受理后裁定驳回起诉的处理符合法律规定。

四、结语

个案行政复议管辖的确定，基本依据是《行政复议法》，当《行政复议法》的有关规定含义不明确或有争议时，需要依照全国人民代表大会或其常务委员会制定的有关立法解释，国务院制定的有关行政解释，国务院关于行政复议的指导意见或有关具体问题的复函来确定。正因为如此，解决本案行政复议管辖争议和依法进行裁判的关键是国务院的复函（国法函〔2001〕245号），其要义是：对部委管理的国家局的行政行为不服确定复议管辖时，将国家局的行政行为视同部委的行政行为对待，依照《行政复议法》的规定来确定行政复议管辖。

2023年《行政复议法》修订后，行政复议管辖由原来分散管辖体制调整为相对集中管辖体制，涉及公安机关行政行为的行政复议案件、行政复议管辖与修订前有较大变化，值得关注。这种变化主要是：除公安部外，对县级以上（含县级）人民政府公安机关及其工作部门、内设机构、派出机构的行政行为不服申请行政复议的，均由公安机关所属的同级人民政府管辖。例外情况是，国家移民管理机构实行垂直领导体制且履行中央事权，依照《行政复议法》第27条的规定，对国家移民管理机构针对有关移民、边防和出入境事务的行政行为不服的，应依法向该移民管理机构的上一级主管部门即上一级移民管理机构申请行政复议。

案例 23

对仅超过法定办案期限，无其他违法和不当的公安行政处罚，行政复议机关应如何处理

——王某某诉某县公安局交通警察大队、某县人民政府行政处罚、行政复议案

张　强*

【内容提要】

行政处罚仅超过法定办案期限，无其他违法和不当，属于行政行为程序轻微违法，对行政相对人的权利不产生实际影响，行政复议机关应依法确认超期的行政处罚违法，但不撤销；并应依法向办案超期的公安机关制发《行政复议意见书》，要求其查明办案超期的原因并依法作出处理。公安行政处罚超过法定期限如系客观原因所致，则应查明原因，向行政复议申请人、行政复议机关说明情况；如系主观原因所致，办案人员构成执法过错的，应当依照《公安机关人民警察执法过错责任追究规定》追究办案人员的责任。

【裁判要旨】

某县交警大队存在处理期限超期的行为，该行为对王某某的权利不产生实际影响，属于行政行为程序轻微违法，故对某县交警大队作出的处罚决定确认违法，但不撤销。某县人民政府复议程序合法，作出的行政复议决定维持某县交警大队行政行为结果正确，但其未指出某县交警大队超期办案问题，处理结果错误。

【相关法条】

《中华人民共和国行政处罚法》第六十条　行政机关应当自行政处罚案件

* 中国人民警察大学广州校区移民管理学院副教授。

立案之日起九十日内作出行政处罚决定。法律、法规、规章另有规定的，从其规定。

《中华人民共和国治安管理处罚法》（2012 修正）第九十九条　公安机关办理治安案件的期限，自受理之日起不得超过三十日；案情重大、复杂的，经上一级公安机关批准，可以延长三十日。为了查明案情进行鉴定的期间，不计入办理治安案件的期限。

《中华人民共和国行政复议法》第六十五条　行政行为有下列情形之一的，行政复议机关不撤销该行政行为，但是确认该行政行为违法：……（二）程序轻微违法，但是对申请人权利不产生实际影响。

【案件索引】

一审：宁夏回族自治区固原市原州区人民法院（2024）宁 0402 行初 83 号行政判决

【基本案情】

原告王某某不服被告某县公安局交通警察大队（以下简称某县交警大队）作出的行政罚款决定和某县人民政府作出的行政复议决定，于 2024 年 8 月 6 日向宁夏回族自治区固原市原州区人民法院提起行政诉讼。

原告王某某诉称：一、依法撤销被告某县交警大队作出的彭公（交）行罚决字〔2024〕××号《公安交通管理行政处罚决定书》、撤销被告某县人民政府作出的彭复决字〔2024〕××号《行政复议决定书》，对原告王某某不予处罚。二、本案的诉讼费用由二被告负担。

被告某县交警大队辩称：一、处罚决定书认定的违法事实清楚，证据确凿充分、程序合法。交警大队对本案相关证人进行调查取证，无法证实对向车道有车辆强行超车的事实存在。交警大队聘请的甘肃某司法鉴定所及相关鉴定人员具备相应的鉴定资质，其出具的司法鉴定意见书的鉴定方法综合考虑了碰撞后车辆移动距离、车辆塑性变形量、车辆滑动附着系数、重力加速度等因素，符合车速鉴定要求，检验鉴定程序合法合规。交警大队认为本起事故是王某某驾驶的车辆失控后驶入对向车道发生的碰撞，现场勘查记录、现场图、现场照片能够予以佐证。母某某虽然无有效机动车驾驶证驾驶机动车，但车辆行驶路线正常，其违法行为在交通事故中所起的作用较小。对母某某无有效机动车驾驶证驾驶机动车的违法行为彭阳县公安局已作出行政处罚。交管部门根据《中华人民共和国道路交通安全法》《中华人民共和国道路交通安全法实施条例》《宁夏回族自治区道路交通安全条例》等相关法律法规，依法作出道路交通事故认定，当事人对道路交通事故认定书有异议的，可以自送达之日起三日内提出书面复核申请，但截至法定期限届满，王某某未提出书面复核申请。二、作出行政处罚决定的法律依据准确。1. 王某某的行为构成驾驶校车、中型以上载客载货汽车、危险物品运输车辆以外的机动车在高速公路、城市快速路以外的道路上行驶超过规定时速百分之五十以上不满百分之七十的，其行为违反了《中华人民共和国道路交通安全法》第 42 条第 1 款“机动车上道路行驶，不得超过限速标志标明的最高时速。在没有限速标志的路段，应当保持安全车速”之规定，根据《中华人民共和国道路交通安全法》第 99 条第 1 款第（4）项“有下列行为之一的，由公安机关交通管理部门处二百元以上二千元以下罚款：……（四）机动车行驶超过规定时速百分之五十的”以及《宁夏回族自治区道路交通安全条例》第 97 条第（3）项“驾驶机动车违反限速规定的，对驾驶人按下列规定处罚：……（三）超过规定时速百分之五十以上不满百分之七十的，处一千元罚款”的规定，予以行政处罚。2. 事发路段限速 70 千米/小时的法律依据：根据《宁夏回族自治区道路交通安全条例》第 40 条：“机动车上道路行驶，应当遵守下列规定：……（二）同方向只有一条机动车道的道路，城市道路时速不得超过五十公里，公路时速不得超过七十公里。”三、事故认定及相关鉴定程序合法。1. 根据《公安机关办理行政案件程序规定》第 87 条第 1 款：“为了查明案情，需要对专门性技术问题进行鉴定的，应当指派或者聘请具有专门知识的人员进行。”交警大队聘请的甘肃某司法鉴定所及相关鉴定人员具备相应的鉴定资质和条件。2. 根据《公安机关办理行政案件程序规定》第 97 条第 2 款：“对经审查作为证据使用的鉴定意见，公安机关应当在收到鉴定意见之日起五日内将鉴定意见复印件送达违法嫌疑人和被侵害人。”交警大队于 2023 年 10 月 30 日收到甘肃某司法鉴定所作出的甘浩司〔2023〕（痕）鉴字第××号《司法鉴定意见书》、甘浩司〔2023〕（痕）鉴字第×××号《司法鉴定意见书》，并于 2023 年 10 月 31 日 13 时 46 分将上述两份司法鉴定意见书以及彭阳县公安局彭公（交）行鉴通字〔2023〕××号《鉴定意见通知书》当面送达给原告王某某本人。3. 根据《公安机关办理行政案件程序规定》第 97 条第 4 款：“违法嫌疑人或者被侵害人对鉴定意见有异议的，可以在收到鉴定意见复印件之日起三日内提出重新鉴定的申请，经县级以上公安机关批准后，进行重新鉴定。”2023 年 10 月 31 日，王某某收到《司法鉴定意见书》后在法定期限内未申请重新鉴定。4. 根据《道路交通事故处理程序规定》第 71 条第 1 款：“当事人对道路交通事故认定或者出具道路交通事故证明有异议的，可以自道路交通事故认定书或者道路交通事故证明送达之日起三日内提出书面复核申请。当事人逾期提交复核申请的，不予受理，并书面通知申请人。”事故认定书送达后，原告王某某未在法定期限内向上一级公安机关交通管理部门提出复核申请。综上所述，王某某的诉讼请求不能成立，请求依法予以驳回。

被告某县人民政府辩称：《行政复议决定书》认定事实清楚，程序合法、适用法律正确，依法应予维持。一、某县人民政府复议查明的事实，与某县交警大队作出的《行政处罚决定书》认定的事实一致。二、案涉《行政处罚决定书》程序合法，适用法律正确。某县交警大队在2023年10月14日接到交通事故报警后，立即出警前往事故现场，依法对当事人进行了传唤、询问并制作询问笔录，后委托有鉴定资质的鉴定机构对双方车辆的时速进行鉴定，将鉴定意见送达王某某并告知了其救济途径。2024年1月23日，某县交警大队向王某某作出罚款1000元的行政处罚告知，王某某于1月25日提出陈述、申辩，某县交警大队经复核，对王某某的部分陈述申辩不予采纳，并于2月19日作出《行政处罚陈述申辩复核意见书》。3月22日，某县交警大队针对王某某的违法行为作出《行政处罚决定书》并予以送达。三、某县人民政府作出的《行政复议决定书》，程序合法，适用法律正确。王某某于2024年5月8日向我处申请行政复议，经审核后认为符合行政复议条件，决定立案受理。后按照法定程序，在法定期限内依法作出了《行政复议决定书》。综上，王某某的诉讼请求不能成立，请求依法予以驳回。

第三人母某某缺席，未提出答辩意见，亦未提交证据。

法院经审理查明：2023年10月14日10时40分许，王某某驾驶×××号小型轿车由东向西行驶至连固线1636公里22米时，因车辆失控与对向行驶的×××号小型轿车发生碰撞事故。某县交警大队于当日受理案件。10月17日，某县交警大队聘请甘肃某司法鉴定所对事故车辆发生事故时的行驶速度进行鉴定。10月30日甘肃某司法鉴定所出具的《司法鉴定意见书》显示，王某某驾驶的车辆发生事故时车辆行驶速度为109千米/小时，母某某车辆发生事故时车辆行驶速度为28千米/小时。某县交警大队向王某某送达了《鉴定意见通知书》，告知了鉴定结果及救济途径，王某某在期限内未提出异议。11月2日，某县交警大队作出《道路交通事故认定书》，认定本起交通事故中，王某某超速行驶承担事故主要责任，并向王某某送达且告知有异议的可在三日内提出复核申请，王某某在期限内未提出复核申请。11月15日，针对母某某无证驾驶的违法行为，彭阳县公安局及某县交警大队分别对其作出行政拘留15日、罚款1500元的行政处罚。2024年1月23日，某县交警大队以王某某存在超过规定时速（70千米/小时）百分之五十以上不满百分之七十的违法行为，拟作出罚款1000元的行政处罚，并向王某某进行了处罚前的告知。

王某某于1月25日提出陈述、申辩，某县交警大队经复核，对王某某的部分陈述申辩不予采纳，并于2月19日作出《行政处罚陈述申辩复核意见书》。2024年3月22日，某县交警大队作出彭公（交）行罚决字〔2024〕××号《公安交通管理行政处罚决定书》，依据《中华人民共和国道路交通安全法》第99条第1款第（4）项、《宁夏回族自治区道路交通安全条例》第97条第（3）项的规定，决定给予王某某罚款1000元的处罚。王某某不服该处罚决定，向某县人民政府申请行政复议。某县人民政府于2024年7月2日作出彭复决字〔2024〕××号《行政复议决定书》，维持了案涉行政处罚决定。

【裁判结果】

宁夏回族自治区固原市原州区人民法院于2024年10月31日作出（2024）宁0402行初83号行政判决，判决：一、确认被告某县公安局交通警察大队作出的彭公（交）行罚决字〔2024〕××号《公安交通管理行政处罚决定书》违法，但不予撤销。二、确认被告某县人民政府作出的彭复决字〔2024〕××号《行政复议决定书》违法，但不予撤销。案件受理费50元，由被告某县公安局交通警察大队负担。

【裁判理由】

法院生效裁判认为：《中华人民共和国道路交通安全法》第42条第1款规定："机动车上道路行驶，不得超过限速标志标明的最高时速。在没有限速标志的路段，应当保持安全车速。"第99条第1款第（4）项规定，"有下列行为之一的，由公安机关交通管理部门处二百元以上二千元以下罚款：……（四）机动车行驶超过规定时速百分之五十的……"《宁夏回族自治区道路交通安全条例》第97条第（3）项规定："驾驶机动车违反限速规定的，对驾驶人按下列规定处罚：……（三）超过规定时速百分之五十以上不满百分之七十的，处一千元罚款"。本案中，王某某驾驶车辆失控导致交通事故发生，某县交警大队聘请资质合格的第三方鉴定机构对事故车辆时速作出鉴定，将鉴定结果向王某某予以送达并告知其救济权利。王某某在法定期限内未提出异议，该鉴定结论能够作为行政处罚的依据。某县交警大队依据该鉴定结论，认定王某某驾驶的车辆行驶速度明显超出事故路段限定时速百分之五十以上不满百分之七十，对王某某作出1000元罚款的行政处罚，认定事实清楚，证据确凿，法律适用准确。某县交警大队在作出行政处罚前，告知了王某某拟作出的行政处罚内容及事实、理由、依据，以及依法享有的陈述、申辩等权利；在作出行政处罚后，依法向王某某予以送达并告知了其享有的权利救济途径，符合法定程序。但某县交警大队存在处理期限超期的行为，该行为对王某某的权利不产生实际影响，属于行政行为程序轻微违法。某县人民政府复议程序合法，作出的行政复议决定书维持某县交警大队行政行为结果正确，但其未指出某县交警大队超期办案问题，处理结果错误。

【案例评析】

一、行政复议中违法或不当的行政行为类型及救济方式

（一）行政复议中违法或不当的行政行为的类型

纠正违法的或者不当的行政行为，是行政复议的目的之一。[①] 归纳《中华人民共和国行政复议法》（以下简称《行政复议法》）第5章的具体规定，违法或不当行政行为的类型主要有：（1）主要事实不清、证据不足；（2）违反法定程序；（3）适用的依据不合法；（4）超越职权或者滥用职权；[②]（5）未正确适用依据；[③]（6）程序轻微违法，但是对申请人权利不产生实际影响；[④]（7）被申请人不履行法定职责的；[⑤]（8）行政行为的实施主体不具有行政主体资格；（9）行政行为没有依据；（10）行政行为具有重大且明显违法情形；[⑥]（11）被申请人不依法订立、不依法履行、未按照约定履行或者违法变更、解除行政协议的；[⑦]（12）被申请人变更、解除行政协议合法，但是未依法给予补偿或者补偿不合理的[⑧]；（13）内容不适当。

（二）行政复议对违法或不当的行政行为的救济方式

根据《行政复议法》，行政复议中发现违法或不当的行政行为，应区分情形分别作以下处理：

1. 行政行为有下列情形之一的，行政复议机关决定变更该行政行为：（1）事实清楚，证据确凿，适用依据正确，程序合法，但是内容不适当；（2）事实清楚，证据确凿，程序合法，但是未正确适用依据；（3）事实不

① 《行政复议法》第1条。
② 《行政复议法》第64条。
③ 《行政复议法》第63条第（2）项。
④ 《行政复议法》第65条第1款第（2）项。
⑤ 《行政复议法》第66条。
⑥ 《行政复议法》第67条。
⑦ 《行政复议法》第71条第1款。
⑧ 《行政复议法》第71条第2款。

清、证据不足，经行政复议机关查清事实和证据。行政复议机关不得作出对申请人更为不利的变更决定，但是第三人提出相反请求的除外。[①]

2. 行政行为有下列情形之一的，行政复议机关决定撤销或者部分撤销该行政行为，并可以责令被申请人在一定期限内重新作出行政行为：（1）主要事实不清、证据不足；（2）违反法定程序；（3）适用的依据不合法；（4）超越职权或者滥用职权。行政复议机关责令被申请人重新作出行政行为的，被申请人不得以同一事实和理由作出与被申请行政复议的行政行为相同或者基本相同的行政行为，但是行政复议机关以违反法定程序为由决定撤销或者部分撤销的除外。[②]

3. 行政行为有下列情形之一的，行政复议机关不撤销该行政行为，但是确认该行政行为违法：（1）依法应予撤销，但是撤销会给国家利益、社会公共利益造成重大损害；（2）程序轻微违法，但是对申请人权利不产生实际影响。[③]

行政行为有下列情形之一，不需要撤销或者责令履行的，行政复议机关确认该行政行为违法：（1）行政行为违法，但是不具有可撤销内容；（2）被申请人改变原违法行政行为，申请人仍要求撤销或者确认该行政行为违法；（3）被申请人不履行或者拖延履行法定职责，责令履行没有意义。[④]

4. 被申请人不履行法定职责的，行政复议机关决定被申请人在一定期限内履行。[⑤]

5. 行政行为有实施主体不具有行政主体资格或者没有依据等重大且明显违法情形，申请人申请确认行政行为无效的，行政复议机关确认该行政行为无效。[⑥]

6. 被申请人不依法订立、不依法履行、未按照约定履行或者违法变更、解除行政协议的，行政复议机关决定被申请人承担依法订立、继续履行、采取补救措施或者赔偿损失等责任。被申请人变更、解除行政协议合法，但是未依法给予补偿或者补偿不合理的，行政复议机关决定被申请人依法给予合理补偿。[⑦]

---

① 《行政复议法》第 63 条。

② 《行政复议法》第 64 条。

③ 《行政复议法》第 65 条第 1 款。

④ 《行政复议法》第 65 条第 2 款。

⑤ 《行政复议法》第 66 条。

⑥ 《行政复议法》第 67 条。

⑦ 《行政复议法》第 71 条。

7. 对符合《中华人民共和国国家赔偿法》的有关规定应当给予赔偿的，在决定撤销或者部分撤销、变更行政行为或者确认行政行为违法、无效时，应当同时决定被申请人依法给予赔偿；确认行政行为违法的，还可以同时责令被申请人采取补救措施。①

8. 申请人在申请行政复议时没有提出行政赔偿请求的，行政复议机关在依法决定撤销或者部分撤销、变更罚款，撤销或者部分撤销违法集资、没收财物、征收征用、摊派费用以及对财产的查封、扣押、冻结等行政行为时，应当同时责令被申请人返还财产，解除对财产的查封、扣押、冻结措施，或者赔偿相应的价款。②

9. 行政复议机关在办理行政复议案件过程中，发现被申请人或者其他下级行政机关的有关行政行为违法或者不当的，可以向其制发行政复议意见书。有关机关应当自收到行政复议意见书之日起六十日内，将纠正相关违法或者不当行政行为的情况报送行政复议机关。③

二、公安行政案件的办理期限及计算方法

关于公安行政案件的办理期限，目前《中华人民共和国行政处罚法》和《中华人民共和国治安管理处罚法》有明确的规定，即公安机关办理治安案件的期限，自受理之日起不得超过三十日；案情重大、复杂的，经上一级公安机关批准，可以延长三十日。除治安案件以外的其他公安行政案件应当自立案之日起九十日内作出行政处罚决定。法律、法规、规章另有规定的，从其规定。公安机关应当在法定办理期限内作出处罚或不予处罚的处理决定，否则视为办案超期。

公安行政案件的办理期限的计算方法是，从行政案件立案之日起计算，并以日为单位计算，办理期限期间的节假日不扣除④。需要注意的是，为了查明案情进行鉴定的期间，不计入行政案件的办案期限。⑤ 根据办案实践，鉴定的期间自公安机关向案件当事人或鉴定机构开具《鉴定委托书》之日起，至公安机关收到《鉴定意见书》之日止。鉴定期间应以《鉴定委托书》及有关

---

① 《行政复议法》第72条第1款。

② 《行政复议法》第72条第2款。

③ 《行政复议法》第76条。

④ 根据《中华人民共和国行政处罚法》第85条的规定："本法中'二日''三日''五日''七日'的规定是指工作日，不含法定节假日。"

⑤ 《中华人民共和国治安管理处罚法》(2012修正) 99条第2款。《公安机关办理行政案件程序规定》(2020修正) 第165条第2款。

当事人或鉴定机构的签收证明，《鉴定意见书》及公安机关办案人员的签收证明等相应的书面证据证明。

三、行政处罚超过法定期限的原因及行政处罚复议机关的处理

法律对行政案件规定办理期限的目的在于督促公安机关对已经发现、立案的行政案件，及时进行调查取证和依法作出相应的行政处理，这既是行政效率的要求，也是维护被侵害人合法权益的要求，是依法行政应有之义。

执法实践中，行政案件办理超过法定期限的现象时有发生，究其原因，有主观原因和客观原因两方面。主观原因方面，主要是由于办案人员工作作风懒散、拖沓，出于故意或放任的主观过错，怠于履行职责，办案效率低下导致办理期限超期。客观原因方面，主要是由于一些客观情况或因素，导致即使办案人员主观上积极、努力、及时办理，仍不能在法定期限内办理完毕。这些客观情况或客观因素有：违法嫌疑人不明，或违法嫌疑人逃避调查取证，主要证人一时难以找到或因病、因事等无法完成调查取证工作，自然灾害、突发公共卫生事件导致的区域性封控等。对于因违法嫌疑人不明或者逃跑等客观原因造成案件在法定期限内无法作出行政处理决定的，公安机关应当继续进行调查取证，并向被侵害人说明情况，及时依法作出处理决定。①

综观本案，根据法院查明的事实，2023 年 10 月 14 日某县交警大队受理了案件。10 月 17 日，某县交警大队聘请甘肃某司法鉴定所对事故车辆发生事故时的行驶速度进行鉴定。10 月 30 日，甘肃某司法鉴定所出具了《司法鉴定意见书》。2024 年 3 月 22 日，某县交警大队针对王某某的违法行为作出《行政处罚决定书》并予以送达。为查明本案进行鉴定的期间为 10 月 17 日至 10 月 30 日，共计 14 天，应从本案办理期限中扣除。扣除鉴定的期间后，本案的实际办理期限为 146 日，明显超过《中华人民共和国行政处罚法》第 60 条规定的 90 日的办理期限，超期 56 日。故法院认定某县交警大队超期办案正确。某县人民政府作为本案的复议机关，未发现某县交警大队超期办案的违法行为，在《行政复议决定书》中亦未对此超期办案问题依法作出处理，而是作出了维持被申请人某县交警大队的行政处罚的复议决定，其复议决定错误。

本案中，行政复议被申请人某县交警大队对王某某的违法行为作出的行政处罚，认定事实清楚，证据确凿，法律适用准确。某县交警大队在作出行政处罚前，依法履行了告知程序。在作出行政处罚后，依法向王某某予以送

① 《公安机关办理行政案件程序规定》（2020 修正）第 165 条第 3 款。

达并告知了其享有的权利救济途径，符合法定程序。某县交警大队虽存在处理期限超期的情况，但由于办案超期对王某某的权利不产生实际影响，属于行政行为程序轻微违法。因此，本案行政复议机关某县人民政府应当依照《行政复议法》第65条第1款第（2）项之规定，对某县交警大队作出的行政处罚决定确认违法，但不撤销。

四、对超过法定期限的行政处罚的执法过错责任追究

依照《行政复议法》第76条的规定："行政复议机关在办理行政复议案件过程中，发现被申请人或者其他下级行政机关的有关行政行为违法或者不当的，可以向其制发行政复议意见书。有关机关应当自收到行政复议意见书之日起六十日内，将纠正相关违法或者不当行政行为的情况报送行政复议机关。"本案行政复议机关某县人民政府对被申请人某县交警大队行政处罚超过法定期限的问题，应依法向其制发《行政复议意见书》，要求其查明办案超期的原因并依法作出处理。

某县交警大队所作行政处罚超过法定期限的问题如系客观原因所致，则应查明原因，向行政复议申请人、行政复议机关说明情况。如系主观原因所致，其办案人员构成执法过错，应当依照《公安机关人民警察执法过错责任追究规定》（2016年修订，公安部令第138号发布实施）追究办案人员的责任。①

五、"程序轻微违法，但是对申请人权利不产生实际影响"的判定标准

行政行为违法既包括处理决定的内容违法，也包括程序违法。学理上，程序违法可区分为程序严重违法、一般程序违法、程序轻微违法。《行政复议法》明确规定了"程序轻微违法，但是对申请人权利不产生实际影响"②"违反法定程序"③和"重大且明显违法"④并规定了相应的救济方式。何谓"程

① 《公安机关人民警察执法过错责任追究规定》（2016修订）第2条第1款："本规定所称执法过错是指公安机关人民警察在执法办案中，故意或者过失造成的认定事实错误、适用法律错误、违反法定程序、作出违法处理决定等执法错误。"第12条："对执法过错责任人员，应当根据其违法事实、情节、后果和责任程度分别追究刑事责任、行政纪律责任或者作出其他处理。"

② 《行政复议法》第65条第（2）项。

③ 《行政复议法》第64条第1款第（2）项。

④ 《行政复议法》第67条。

序轻微违法，但是对申请人（或原告）权利不产生实际影响”，《行政复议法》中没有明确，可借鉴行政诉讼法中对此问题的司法解释①。“程序轻微违法，但是对申请人（或原告）权利不产生实际影响”是指：“有下列情形之一：（一）处理期限轻微违法；（二）通知、送达等程序轻微违法；（三）其他程序轻微违法的情形。且对原告依法享有的听证、陈述、申辩等重要程序性权利不产生实质损害的。”本案中的办案期限超期，但申请人的实体权利和其他重要的程序权利均在案件办理中得到了保障，因此，认定仅办案超期的问题未对申请人权利产生实际影响。

六、结语

违反法定程序属于行政行为违法的一种类型。法律关于行政案件办理程序的规定，公安机关应主动、严格遵守，提高办案效率，全面落实依法行政的各项要求。违反法定程序的程度有轻重，造成的后果有不同。行政复议机关审理公安机关违反法定程序的案件，应注意区分违反法定程序的程度轻重，造成的实际后果，依个案实际情况的不同，依法审慎作出相应的处理决定，既不应该对违反法定程序的行政行为一撤了之，也不能对程序轻微违法的行政行为视而不见，忽视行政相对人的正当诉求。要切实发挥好行政复议的监督和救济功能，监督公安机关依法履职，切实保障行政相对人的合法权益，回应公众对严格、公正、规范执法的期待。

---

① 《最高人民法院关于适用〈中华人民共和国行政诉讼法〉的解释》（法释〔2018〕1号）第96条。

案例 24

未确定具体征用场地的函件是否属于行政诉讼受案范围

——湖南某清障救援有限公司诉某县公安局公安行政征用及行政赔偿案

张　强*

【内容提要】

行政征用决定及其补偿决定依法属于行政诉讼的受案范围。公民、法人或者其他组织对公安机关作出的行政征用决定及其补偿决定不服的，可以依法向人民法院提起行政诉讼。公安机关为实施行政征用向有关单位发出的未指明具体场地的函，该函（即函询行为）是为实施行政征用行为而开展的咨询过程性行为，其本身既不是行政征用决定，也不是行政征用行为，对行政相对人的权利义务不产生实际影响，此种函（即函询行为）依法不属于行政诉讼的受案范围。

【裁判要旨】

某公司诉请确认某县公安局向宜连高速公司作出的《关于要求提供存放涉案物品场地的函》违法，该函并未指定存放场所，系某县公安局以垂询形式发函给宜连高速公司请求支持，不是以通知或决定等强制方式作出的行政征用行为，是为公安机关行政征用而实施垂询性的过程行为，对某公司、宜连高速公司不产生实际影响。宜连高速公司的回函系对某县公安局行政征用的认可和承担，致使行政征用行为实际发生。根据《最高人民法院关于适用〈中华人民共和国行政诉讼法〉的解释》第 1 条第 2 款第（6）项、第（10）项的规定，该函即某县公安局发出《关于要求提供存放涉案物品场地的函》

* 中国人民警察大学广州校区移民管理学院副教授。

的行为不属于人民法院行政诉讼的受案范围。

【相关法条】

《中华人民共和国人民警察法》第十三条第二款 公安机关因侦查犯罪的需要，必要时，按照国家有关规定，可以优先使用机关、团体、企业事业组织和个人的交通工具、通信工具、场地和建筑物，用后应当及时归还，并支付适当费用；造成损失的，应当赔偿。

《中华人民共和国行政诉讼法》第十二条第一款 人民法院受理公民、法人或者其他组织提起的下列诉讼：……（五）对征收、征用决定及其补偿决定不服的；……

第四十九条 提起诉讼应当符合下列条件：……（四）属于人民法院受案范围和受诉人民法院管辖。

《最高人民法院关于适用〈中华人民共和国行政诉讼法〉的解释》（法释〔2018〕1号）第一条第二款 下列行为不属于人民法院行政诉讼的受案范围：……（六）行政机关为作出行政行为而实施的准备、论证、研究、层报、咨询等过程性行为；……（十）对公民、法人或者其他组织权利义务不产生实际影响的行为。

【案件索引】

一审：湖南省桂阳县人民法院（2017）湘1021行初235号行政裁定

二审：湖南省郴州市中级人民法院（2018）湘10行终59号行政裁定

再审：湖南省高级人民法院（2019）湘行申147号行政裁定

【基本案情】

再审申请人（一审原告、二审上诉人）湖南某清障救援有限公司（以下简称某公司）。

再审被申请人（一审被告、二审被上诉人）某县公安局。

原审第三人湖南宜连高速公路发展有限公司（以下简称宜连高速公司）。

某公司一审诉请：确认某县公安局于2014年6月24日向宜连高速公司发出的《关于要求提供存放涉案物品场地的函》违法并提出赔偿请求。

某公司二审上诉称：一、一审法院认定事实错误。某县公安局向宜连高速公司发出《关于要求提供存放涉案物品场地的函》的行为具有强制性，不是垂询性的过程行为，而是行政征用行为。二、被诉行政征用行为程序违法，一审法院法律适用错误。（1）被诉行政征用行为不属于“紧急情况”，不符合行政征用的基本前提条件；（2）被诉行政征用行为的启动程序和调查程序违法，没有履行告知义务，剥夺了某公司的听证权，且决定程序、文书形式和送达程序均违法。请求：1. 撤销一审裁定，发回一审法院实体审理。2. 诉讼费由某县公安局负担。

某公司申请再审称：一、二审裁定驳回起诉确有错误，一、二审裁定认定的主要事实证据不足，而且在法律适用上也存在严重错误。被申请人某县公安局发出的《关于要求提供存放涉案物品场地的函》，属于行政诉讼受案范围，并且该函违法，请求再审。

法院经审理查明：2011 年 8 月 16 日，宜连高速公司与某公司签订《宜凤高速公路清障救援委托合同》，合同约定将宜凤高速公路全线的故障车辆清障、交通事故救援业务全权委托给某公司，某公司在宜凤高速公路范围内清障施救，委托年限十年，从 2011 年 9 月 25 日至 2021 年 9 月 24 日。宜连高速公司将位于梅田收费站内的住房十间、厨房餐厅及前后空地租给某公司作为停车场、维修厂用地，租金为每年 15 万元。某公司如需对场地进行改造，改造费用由某公司自行承担。

2014 年 6 月 24 日，某县公安局侦查涉嫌假冒注册商标犯罪案件时，在宜凤高速公路堡城收费站扣押的大货车一辆及该车装载的汽车挡风玻璃需要场地存放，某县公安局经济犯罪侦查大队向其局领导报告，拟请求宜连高速公司提供存放涉案物品的合适场地。经审批同意后，2014 年 6 月 24 日，某县公安局向宜连高速公司发出《关于要求提供存放涉案物品场地的函》，主要内容为："由于我局没有停放和保管涉案的湘 D72×大货车及汽车玻璃的场地，因办案需要，依据《中华人民共和国人民警察法》（以下简称《人民警察法》）第 13 条第 2 款的规定：公安机关因侦查犯罪的需要，必要时，按照国家有关规定，可以优先使用机关、团体、企业事业组织和个人的交通工具、通信工具、场地和建筑物……特要求贵公司提供存放涉案车辆及汽车挡风玻璃等物品的场地。请予以支持！"

2014 年 6 月 25 日，宜连高速公司向某县公安局回复《关于同意提供存放涉案物品场地的函》，内容为："贵局《关于要求提供存放涉案物品场地的函》已收悉，我公司愿遵照《中华人民共和国人民警察法》的有关规定，结合我公司实际情况，同意贵局将查获的湘 D72×大货车及汽车玻璃存放至宜凤高速公路梅田收费站站内。专此函复。"

2014 年 6 月 27 日，某县公安局将涉案物品存放至梅田收费站内。2014 年 12 月 16 日，某县公安局将涉案挡风玻璃制作磨具扣押，存放至梅田收费站闲置的办公房内。因某公司将终止与宜连高速公司的场地租赁，某公司于 2015

年5月19日将上述涉案物品移交某县公安局接收。

某公司分别于2016年1月12日、2016年11月14日向某县公安局书面去函，请求按《湖南省高速公路救援服务收费标准》（湘价商〔2011〕179号）支付涉案物品保管费、停车费等费用。

2016年5月20日，因某公司经营严重亏损与宜连高速公司签订《补充协议》，协议约定某公司不再租赁梅田收费站内的场地，于一个月内将存放在宜连高速公司场地内的物品，包括违法车辆、事故车辆，以及某公司的其他设施设备全部搬离，搬迁费用自负。场地租金等费用计算截至2015年6月30日。

某公司向某县公安局请求支付涉案物品保管费、停车费等费用无果后，以某县公安局、宜连高速公司为被告，向宜章县人民法院提起民事诉讼，请求支付保管费647282.2元、违约金30745.9元。宜章县人民法院经审理认为，某公司的起诉不属于人民法院民事诉讼案件受理范围，于2017年10月26日裁定驳回某公司的起诉。在该民事案件诉讼过程中，某县公安局向宜章县人民法院提交《关于要求提供存放涉案物品场地的函》和《关于同意提供存放涉案物品场地的函》，某公司才知道某县公安局作出的该行政行为。

2017年11月22日，某公司向湖南省桂阳县人民法院提起行政诉讼，请求确认某县公安局于2014年6月24日向宜连高速公司发出的《关于要求提供存放涉案物品场地的函》违法并提出赔偿请求。

【裁判结果】

湖南省桂阳县人民法院（2017）湘1021行初235号行政裁定，裁定：驳回原告湖南某清障救援有限公司的起诉。

湖南省郴州市中级人民法院于2018年7月24日作出（2018）湘10行终59号行政裁定，裁定：驳回上诉，维持原裁定。

湖南省高级人民法院于2019年6月28日作出（2019）湘行申147号行政裁定，裁定：驳回湖南某清障救援有限公司的再审申请。

【裁判理由】

一审法院裁判认为：行政征用是行政主体为了公共利益目的，按照法定的形式和公平补偿原则以强制方式取得行政相对人财产权、使用权或劳务并给予合理经济补偿的一种行政行为。《中华人民共和国宪法》第13条第3款规定："国家为了公共利益的需要，可以依照法律规定对公民的私有财产实行征收或者征用并给予补偿。"《人民警察法》第13条第2款规定："公安机关因侦查犯罪的需要，必要时，按照国家有关规定，可以优先使用机关、团体、企业事业组织和个人的交通工具、通信工具、场地和建筑物，用后应当及时归还，并支付适当费用；造成损失的，应当赔偿。”本案中，某县公安局因侦查犯罪需要，其侦查部门经济犯罪侦查大队于2014年6月24日向其局领导报告，并经审批同意，应视为该行政行为的启动审批程序。随后，某县公安局向宜连高速公司发出《关于要求提供存放涉案物品场地的函》，该函并未指定存放场所，系某县公安局以垂询形式发函给宜连高速公司请求支持，不是以通知或决定等强制方式作出的行政征用行为，是为公安机关行政征用而实施垂询性的过程行为，对某公司、宜连高速公司不产生实际影响。宜连高速公司的回函系对某县公安局行政征用的认可和承担，致使行政征用行为实际发生。因此，根据《最高人民法院关于适用〈中华人民共和国行政诉讼法〉的解释》第1条第2款第（6）项、第（10）项的规定，某县公安局发出《关于要求提供存放涉案物品场地的函》的行为不属于人民法院行政诉讼的受案范围。

二审法院裁判认为：本案的争议焦点是被诉行政行为是否属于人民法院的受案范围。《最高人民法院关于适用〈中华人民共和国行政诉讼法〉的解释》第1条第2款第（6）项规定，行政机关为作出行政行为而实施的准备、论证、研究、层报、咨询等过程性行为，不属于人民法院行政诉讼的受案范围。本案中，某公司诉请确认某县公安局向宜连高速公司作出的《关于要求提供存放涉案物品场地的函》违法。从该函的内容来看，某县公安局因办案需要请求宜连高速公司提供存放涉案物品的场地。该请求是咨询行为，不具有强制性，宜连高速公司可以选择拒绝或同意提供场地。同时，该函并非发给某公司，某县公安局亦未对某公司要求提供存放场地。故该函对某公司、宜连高速公司的权利义务不产生实际影响，该函性质上属于行政机关的咨询过程性行为，不属于行政诉讼受案范围。

再审法院裁判认为：（此段说理内容与上述“二审法院裁判认为”的内容完全一致，此处不重复展示）原审认定事实清楚，适用法律正确，审判程序合法。

【案例评析】

行政征用是指行政主体根据法律规定，出于公共利益的需要，强制性地使用相对人的财产并给予相应补偿的行政行为。公安行政征用是行政征用中的一类。作为一种依职权的具体行政行为，同其他行政机关实施的行政征用行为一样，公安行政征用具有法定性、强制性、应急性、补偿性和非处分性的特征。[1] 公安行政征用必须严格依法实施，[2] 且公安机关依法实施行政征用无须征得行政相对人同意。根据《中华人民共和国行政诉讼法》（以下简称《行政诉讼法》）第12条的规定，公民、法人或者其他组织对行政机关作出的征用决定及其补偿决定不服的，可以依法提起行政诉讼。

一、对法律规定的“征用决定”的理解

《行政诉讼法》第12条明确规定了“征用决定及其补偿决定”依法属于行政诉讼的受案范围。这里的“征用”是指行政征用，这里的“征用决定”包括书面征用决定和口头征用决定两类。

目前法律对公安机关行政征用决定的形式没有明确规定。行政征用决定既可以用书面方式作出，也可以用口头方式作出，行政征用不是行政强制，目前法律关于公安机关行政征用的程序不明确，[3] 但行政征用的实施应当遵循程序正当原则。一个对外产生法律效力，对行政相对人的权利义务产生实际影响的行政征用决定（征用行为）首先应该是成立且生效的。

对公安机关依法实施的行政征用，从行政行为成立和生效的视角审视，书面的行政征用决定，通常需载明：(1) 行政征用的实施主体；(2) 行政征用的法律依据和理由；(3) 明确具体的征用对象和征用时间；(4) 落款、时间及加盖实施征用行为的行政机关印章。行政机关工作人员持书面行政征用决定实施征用行为的一般步骤是：(1) 出示证件，表明行政主体及工作人员身份；(2) 宣读并送达书面的行政征用决定；(3) 立即或择期实施征用行为；(4) 征用结束，清点征用场地、设施、设备等情况，包括消耗、使用的数量、使用时长等，记录在册；(5) 计算征用行为应支付的合理费用或依法估算损毁物品的价值；(6) 向被征用人支付合理费用，赔偿造成的实际损失；(7) 将有关征用行为的全部文件进行整理、归档、备存。

紧急情况下的行政征用无须书面形式，可以采取口头形式。口头形式的行政征用决定及实施的一般步骤是：(1) 出示证件，表明行政主体及工作人

---

① 《行政法与行政诉讼法学》编写组：《行政法与行政诉讼法学（第二版）》，高等教育出版社2018年版，第158页。

② 注：目前，公安机关实施行政征用的法律依据主要有《人民警察法》第13条第2款、《中华人民共和国戒严法》第17条、《中华人民共和国反恐怖主义法》第78条、《中华人民共和国突发事件应对法》第12条和第52条。

③ 关于征用的程序仅《中华人民共和国戒严法》第17条规定了“实施征用应当开具征用单据”。《人民警察法》《中华人民共和国反恐怖主义法》《中华人民共和国突发事件应对法》虽规定了公安机关的行政征用权，但对征用程序均未予以明确。

员身份；（2）口头告知行政征用的法律依据和理由，拟征用的明确的对象和征用时间；（3）立即实施征用行为；（4）征用结束，清点征用场地、设施、设备等情况，包括消耗、使用的数量、使用时长等，记录在册；（5）计算征用行为应支付的合理费用，依法估算损毁物品的价值；（6）向被征用人支付合理费用或赔偿造成的实际损失；（7）将有关征用行为的全部文件进行整理、归档、备存。

《行政诉讼法》第12条第1款第（5）项关于行政诉讼受案范围的表述中，没有区分征用决定和征用行为，依常理，其是将征用行为包含在了征用决定中。学理上有时将行政决定与行政行为等同使用，如此理解，征用决定即征用行为，二者是指一件事。但在现实视角中，征用决定与征用行为有可能合体，也有可能分离。例如，公安机关依法作出了书面或口头征用决定，这个征用决定具备了行政行为要件而成立并生效，且公安机关根据生效的征用决定的内容，实施了具体的征用行为（活动），在一定时间内，征用了场地或设施、设备，此时，既有征用决定，也有征用行为（活动），二者合体，法律上应判定为一个行政决定，或一个行政行为，而且应当是可诉讼的。

又如，公安机关依法作出了书面或口头征用决定，这个征用决定具备了行政行为要件而成立并生效，但可能由于客观情况变化或公安机关综合考虑后，决定放弃即没有按照生效的征用决定的内容，实施具体的征用行为（活动），此种情况下，只有征用决定（书面或口头），没有征用行为（活动），二者分离，征用决定（书面或口头）是否可诉要看征用决定是否对行政相对人的权利义务产生实际影响而定，即如果征用决定对行政相对人的权利义务产生了实际影响，则应可诉讼，反之则不可。举例说明：某日，Z公安局因侦查犯罪的需要，找到A酒店值班人员，送达了书面的要件完备、加盖印章的《行政征用决定书》，《行政征用决定书》载明为侦查犯罪需要，Z公安局从第二天起征用A酒店1108房作为观察和视频取证点对有关犯罪活动进行拍照和录像，A酒店遂将已预约入住该房间的旅客做了退订处理（如该房间空置待订，酒店则将其退出可预订范围）。第二天Z公安局来电，取消之前的征用计划。此时，行政征用行为（活动）虽未按照《行政征用决定书》实施，但Z公安局作出的生效的《行政征用决定书》对A酒店的权利义务产生了实际影响，造成了实际损失，此种情况下Z公安局的行政征用决定，依法应属行政诉讼的受案范围。

行政征用具有应急性、强制性，不以被征用人同意为前提。实践中，许多公安机关出于柔性执法、文明执法考虑，在不是十分紧急的情况下，通过口头或发函形式提前与被征用单位或被征用人主动沟通，争取理解和支持，此种口头或书面的函询行为、征询意见行为本身既不是征用决定，也不是征用行为，是公安机关为实施征用行为而做的准备，是一种咨询过程性行为，这种行为不会对被征用人的权利义务产生实际影响。

二、《关于要求提供存放涉案物品场地的函》的性质

本案中，某县公安局因办案需要向宜连高速公司发函表明征用场地的打算，请求宜连高速公司提供存放涉案物品的场地支持，但在该函件中未明确是什么场地以及具体地点。该函既没有明确的征用内容，也没有表明要立即实施征用具体场地的意图（某县公安局的征用行为发生在回函数日之后即可证明），该函不具备行政征用决定的成立要件。该函（函询请求行为）是某县公安局为实施征用行为而开展的准备，是一种咨询行为，不具有强制性。且就该函而言，无论对原告某公司，还是对第三人宜连高速公司的权利义务都不产生实际影响。根据《最高人民法院关于适用〈中华人民共和国行政诉讼法〉的解释》第 1 条第 2 款第（6）项规定，行政机关为作出行政行为而实施的准备、论证、研究、层报、咨询等过程性行为，不属于人民法院行政诉讼的受案范围。因此，三级法院一致认定该函性质上属于行政机关的咨询过程性行为，不对原告的权利义务产生实际影响，因此不属于行政诉讼受案范围。

三、本案行政征用是否存在及其可诉性分析

本案中，某县公安局向宜连高速公司作出了《关于要求提供存放涉案物品场地的函》，2014 年 6 月 25 日，宜连高速公司回函某县公安局同意将涉案物品存放至该公司所属的梅田收费站内。2014 年 6 月 27 日和 2014 年 12 月 16 日，某县公安局先后将有关的涉案物品存放至梅田收费站闲置的办公房内。此时，根据某公司与宜连高速公司签订的《宜凤高速公路清障救援委托合同》及《补充协议》，2015 年 6 月 30 日前，梅田收费站内住房十间、厨房餐厅及前后空地的使用权当属某公司所有。综观本案，是某县公安局向宜连高速公司提出征用场地请求（行政征用前的咨询过程性行为），后者回函表示同意并指定了存放场地（指定的存放场地和房间的使用权当时属某公司所有），宜连高速公司的回函系对某县公安局行政征用的认可和承担，之后，某县公安局将涉案物品存放至梅田收费站内，致使行政征用行为实际发生。本案中的行政征用行为看似是在某县公安局与宜连高速公司之间进行，双方进行了咨询、回复、实施，与某公司无关，但某县公安局事实上征用的场地、房间的使用权在整个征用期间依法属于某公司所有，且某县公安局的行政征用行为对原告某公司的民事权利已产生了实际的影响。本案中行政征用行为已然存在，

一审法院在裁判中对行政征用行为的存在亦进行了确认，而且事实上的征用对象是某公司，某公司如对公安机关的征用行为及其不予补偿的决定不服，提起行政诉讼，依法当属行政诉讼的受案范围。

四、从“利害关系”角度看本案的诉讼请求

根据《行政诉讼法》第25条第1款，行政行为的相对人以及其他与行政行为有利害关系的公民、法人或者其他组织，有权提起诉讼。“在行政法上，利害关系是提起行政诉讼资格的法定标准。”① “判断构成利害关系的要素有两点：一是申请人的权益受到损害或有受到损害的现实可能性；二是权益损害与具体行政行为具有因果关系，即行政行为是因，权益损害是果。”② 本案中真正对行政诉讼原告某公司享有的场地使用权造成影响的是宜连高速公司回函后某县公安局已实施的征用行为，而非《关于要求提供存放涉案物品场地的函》本身，原告与征用行为有利害关系，但原告与《关于要求提供存放涉案物品场地的函》没有利害关系。从有利于获得法院支持自己诉求的角度看，原告（申请人）表达的诉讼请求是不准确的，这是造成其败诉的主要原因。如果本案原告某公司不是起诉请求确认《关于要求提供存放涉案物品场地的函》违法，而是起诉请求确认某县公安局对自己享有使用权的场地、房屋实施的行政征用行为违法，不支付适当费用违法，并要求支付适当费用，则法院应当受理这一诉讼请求并依法进行审理。③

五、本案行政征用的合法性分析

（一）是否符合行政征用条件

公安行政征用具有法定性、强制性、应急性、补偿性和非处分性的特征。法定性即公安行政征用必须遵循行政合法性原则，必须有明确的法律依据，必须严格依法实施。强制性即公安机关依法实施行政征用无须以取得行政相

① 章剑生、胡敏洁、查云飞主编：《行政法判例百选》，法律出版社2020年版，第196页。

② 章剑生、胡敏洁、查云飞主编：《行政法判例百选》，法律出版社2020年版，第195~196页。

③ 某公司在提起行政诉讼前，曾以某县公安局、宜连高速公司为被告，向宜章县人民法院提起民事诉讼，请求支付保管费647282.2元、违约金30745.9元。在该民事案件诉讼过程中，某县公安局向宜章县人民法院提交《关于要求提供存放涉案物品场地的函》和《关于同意提供存放涉案物品场地的函》，宜章县人民法院经审理认为，某公司的起诉不属于人民法院民事诉讼案件受理范围，于2017年10月26日裁定驳回某公司的起诉。

对人同意为前提，只要符合法律规定，公安机关可依职权单方面实施。应急性既来自法律的明文规定，也是行政征用遵循行政合理性原则的要求，法律规定，只有在紧急情况下且有必要时才可以采取公安行政征用。这里的紧急情况且有必要时一般包括：因抢险救灾、疫情防控等紧急需要时；公安机关因侦查犯罪的需要时；执行戒严任务的需要时；因履行反恐怖主义职责的紧急需要时；为应对突发事件时。① 除上述情况外，其他时机和场合则不得采取公安行政征用。补偿性体现在，虽然公安行政征用是出于公共利益的需要而实施的行政行为，但因其会影响到物权所有人或使用人自身对其物权的使用和处分，使私益受损，因此，法律规定公安机关实施行政征用后，应当向被征用人支付适当费用，造成损失的，应当给予赔偿。非处分性指根据法律规定，公安行政征用只涉及被征用之物的使用权，征用行为并不会导致被征用之物的所有权发生变化，即公安行政征用不对被征用财物的所有权进行处分。

《人民警察法》第 13 条第 2 款规定："公安机关因侦查犯罪的需要，必要时……可以优先使用……场地和建筑物，……应当赔偿。"这里的"必要时"如何理解，目前尚没有明确的法律解释。一般认为，在公安机关凭借自身场地、工具、设施、设备条件不能保证实现自身行政职责承担的行政目的时，方可以实施行政征用行为。例如，如果不征用社会车辆继续追击将会使重要的犯罪嫌疑人逃离；如果不征用现场群众的手机与单位进行通信将会使刑事案件办理中的行动指挥、协调中断；如果不征用有关场地、设施、设备将会使依法行使行政职权的行动无法进行，使法定职责无法有效完成；如果不征用有关场地、设施、设备将会使行政成本大幅增加，或增加不必要的额外的行政成本（如运输、保管费用）；等等。

本案中某县公安局事实上征用了宜凤高速公路梅田收费站内的场地和房间用于存放有关刑事案件的涉案物品。征用原因正如某县公安局向宜连高速公司发出的《关于要求提供存放涉案物品场地的函》中所述。在公安机关办公场所完全不具备或暂时不具备存放涉案大型车辆、设备或较多涉案物品的情况下，征用行政相对人的场地对有关证据依法进行保全，当属必要。当然，在涉及行政征用的行政诉讼中，应由作为被告的公安机关就其实施行政征用的"必要性"承担举证责任，以证明其征用行为合法。

---

① 参见《人民警察法》第 13 条第 2 款、《中华人民共和国戒严法》第 17 条、《中华人民共和国反恐怖主义法》第 78 条、《中华人民共和国突发事件应对法》第 12 条和第 52 条。

（二）行政征用程序是否合法

关于行政征用是否必须履行审批手续，目前法律的规定不明确，现实中需要根据情况的紧急程度而定，紧急情况下公安民警个人即可决定实施，无须内部报请审批。与行政处罚、行政强制、行政许可的程序已由法律明确规定不同，关于行政征用的程序法律并未作出明确规定。尽管如此，行政征用也应遵循程序正当原则。行政征用实施的一般步骤在本文第一部分已有论述，在此不作重复。

综观全案，某县公安局征用场地的行为履行了事前公安机关内部的审批程序，对外，先后经历了发函请求，回函同意、明确用地，实际征用场地、房屋三个步骤。经过上述步骤，征用行为实施前，被征用场所的所有权人宜连高速公司知晓了行政征用的主体，征用依据、原因，征用场地和用途。但征用场地的实际使用权人某公司①对行政征用一无所知，虽有征用前的函询行为，但函询对象是宜连高速公司，某公司直到民事诉讼时才知晓行政征用行为的存在。某县公安局实施的行政征用虽无明显、重大违法之处，但细节上尚存在瑕疵。

法律意义上的公正，包括实体公正和程序公正两个方面。程序正当原则是现代行政法的基本原则之一②，“行政机关作出影响行政相对人权益的行政行为时，应事先告知行政相对人，向相对人说明行为的根据、理由，听取相对人的陈述、申辩，事后为相对人提供相应的救济途径。”③ 本案中行政征用的实施主体某县公安局事实上征用了使用权属于某公司所有的位于宜凤高速公路梅田收费站内的场地和房间，其向错误的对象实施了征用前的表明身份、说明理由和依据，实施咨询行为，并没有向被征用场地的实际使用权人某公司表明身份、说明理由和依据，实施咨询行为，导致其行政征用行为程序上确实存在瑕疵，但因行政征用行为无须以征得行政相对人同意为前提，此程序上的轻微瑕疵不足以影响征用行为的合法性。公安行政征用决定并非必须以书面形式作出和送达，故本案原告某公司提出的公安机关的文书形式和送达程序均违法的诉讼请求不成立。

---

① 根据宜连高速公司和某公司之间签订的民事合同，征用期间，被征用场地的使用权归某公司。

② 《行政法与行政诉讼法学》编写组：《行政法与行政诉讼法学（第二版）》，高等教育出版社 2018 年版，第 33 页。

③ 姜明安主编：《行政法与行政诉讼法（第七版）》，北京大学出版社、高等教育出版社 2019 年版，第 77 页。

本案也给公安机关以启示，在今后的行政征用中，公安机关应注意甄别被征用人，将行政征用过程中实施的程序性行为特别是征用前或征用时的告知行为向正确的行政相对人予以正确表达，避免程序瑕疵。

（三）本案行政征用是否应支付费用

关于公安机关实施行政征用后是否应当支付费用，需依照法律的规定确定。《人民警察法》第 13 条第 2 款明确规定："公安机关因侦查犯罪的需要，必要时，按照国家有关规定，可以优先使用机关、团体、企业事业组织和个人的交通工具、通信工具、场地和建筑物，用后应当及时归还，并支付适当费用；造成损失的，应当赔偿。"《中华人民共和国反恐怖主义法》第 78 条第 1 款也明确规定了："公安机关……因履行反恐怖主义职责的紧急需要，根据国家有关规定，可以征用单位和个人的财产。任务完成后应当及时归还或者恢复原状，并依照规定支付相应费用；造成损失的，应当补偿。"① 本案某县公安局是依据《人民警察法》第 13 条的规定，对使用权属于原告某公司的场地和房屋进行了征用，用来存放刑事案件涉案物品，依照该条规定，应当向征用的场地、房屋的使用权人某公司支付适当费用。

六、结语

法院的裁判，依据司法解释阐明了"行政机关为作出行政行为而实施的准备、论证、研究、层报、咨询等过程性行为，不属于人民法院行政诉讼的受案范围"。但这种过程性行为不属于人民法院行政诉讼的受案范围还需要同时满足"对公民、法人或者其他组织权利义务不产生实际影响"。

对本案争议问题进行讨论和分析，积极意义有三：一是明确了为实施行政征用而开展的函询、咨询行为本身不是行政征用决定，也不是行政征用行为。值得注意的是，在司法实践中需要注意区分行政行为本身和为作出行政行为而实施的过程性行为。二是虽然公安机关依法实施行政征用无须征得行

① 根据《中华人民共和国戒严法》第 17 条规定，在非常紧急的情况下，执行戒严任务的人民警察、人民武装警察、人民解放军的现场指挥员可以直接决定临时征用，地方人民政府应当给予协助。实施征用应当开具征用单据。临时征用物在使用完毕或者戒严解除后应当及时归还；因征用造成损坏的，由县级以上人民政府按照国家有关规定给予相应补偿。根据《中华人民共和国突发事件应对法》的规定，有关人民政府及其部门为应对突发事件，可以征用单位和个人的财产。被征用的财产在使用完毕或者突发事件应急处置工作结束后，应当及时返还。财产被征用或者征用后毁损、灭失的，应当给予补偿。上述 2 部法律没有规定公安机关实施行政征用后，应当支付费用。但规定了"因征用造成损坏、毁损、灭失的，应当给予补偿"。

政相对人同意，但在具体实施时仍应遵循程序正当原则的要求，注意准确甄别征用场地、设施、设备的所有权人和使用权人，主动表明身份，告知行政相对人行政征用的法律依据、理由，事后应主动支付适当费用，避免争议发生。三是本案告诉我们，一个行政诉讼案件，诉讼请求错误可能导致合法权益不能得到法律的维护。本案原告的诉讼请求是确认某县公安局于 2014 年 6 月 24 日向宜连高速公司发出的《关于要求提供存放涉案物品场地的函》违法并提出赔偿请求。实际上原告是想对业已发生的行政征用行为未支付合理费用而提起行政诉讼。这种情况下，法院是否应指导原告变更诉讼请求，化解真实存在的行政争议值得探讨。

案例 25

道路交通事故认定的可诉性分析

——胡某某诉某市公安局交通警察支队某大队确认道路交通事故认定书无效案①

刘春玲**

【内容提要】

全国人民代表大会常务委员会法制工作委员会在《关于交通事故责任认定行为是否属于具体行政行为，可否纳入行政诉讼受案范围的意见》（法工办复字〔2005〕1号）中答复，根据道路交通安全法第73条的规定，公安机关交通管理部门制作的交通事故认定书，作为处理交通事故案件的证据使用，不能向人民法院提起行政诉讼。关于交通事故认定不可诉的这一现实制度设计，是基本契合行政权与司法权职能分工原理的。也就是说，交通事故认定不可诉制度逻辑的正当性主要源于以下三重维度：交警专业判断的权威性保障交通事故处理的科学性、交通治理效率的优先性要求快速稳定法律关系以及司法资源的有限性防范滥诉风险。但学界和审判机关对交通事故认定的法律属性及可诉讼问题始终存在分歧，呈现出是否为行政行为和是否可诉的多重交叉争议。因此，公安交通管理部门应该依法切实加强交通事故认定的科学性和准确性，自觉接受监督，以便能够更好地保障当事人的合法权益。

【裁判要旨】

本案两级法院认为交通事故责任认定行为不属于具体行政行为，不属于

① 人民法院案例库，入库编号：2024-01-3-015-001。

** 中国人民警察大学公安法学院教授，法学博士。

人民法院行政诉讼受案范围。根据《道路交通事故处理程序规定》第71条[①]，当事人对道路交通事故认定有异议的，可以提出复核申请。如果当事人对交通事故认定书牵连的民事赔偿不服的，可以向人民法院提起民事诉讼。因为，公安机关交通管理部门所出具的交通事故认定书，记录的是交通事故的基本事实、发生原因及涉事人员的责任划分，该认定书在处理与交通事故相关的民事等争议中，作为一项重要证据存在。其合法性、真实性、关联性可以在人民法院审理案件过程中进行审查，确有错误的，人民法院可以不予采纳。

【相关法条】

《中华人民共和国行政诉讼法》第十二条　人民法院受理公民、法人或者其他组织提起的下列诉讼：（一）对行政拘留、暂扣或者吊销许可证和执照、责令停产停业、没收违法所得、没收非法财物、罚款、警告等行政处罚不服的；（二）对限制人身自由或者对财产的查封、扣押、冻结等行政强制措施和行政强制执行不服的；（三）申请行政许可，行政机关拒绝或者在法定期限内不予答复，或者对行政机关作出的有关行政许可的其他决定不服的；（四）对行政机关作出的关于确认土地、矿藏、水流、森林、山岭、草原、荒地、滩涂、海域等自然资源的所有权或者使用权的决定不服的；（五）对征收、征用决定及其补偿决定不服的；（六）申请行政机关履行保护人身权、财产权等合法权益的法定职责，行政机关拒绝履行或者不予答复的；（七）认为行政机关侵犯其经营自主权或者农村土地承包经营权、农村土地经营权的；（八）认为行政机关滥用行政权力排除或者限制竞争的；（九）认为行政机关违法集资、摊派费用或者违法要求履行其他义务的；（十）认为行政机关没有依法支付抚恤金、最低生活保障待遇或者社会保险待遇的；（十一）认为行政机关不依法履行、未按照约定履行或者违法变更、解除政府特许经营协议、土地房屋征收补偿协议等协议的；（十二）认为行政机关侵犯其他人身权、财产权等合法权益的。除前款规定外，人民法院受理法律、法规规定可以提起诉讼的其他行政案件。

第四十九条　提起诉讼应当符合下列条件：（一）原告是符合本法第二十五条规定的公民、法人或者其他组织；（二）有明确的被告；（三）有具体的

---

① 《道路交通事故处理程序规定》第七十一条　当事人对道路交通事故认定或者出具道路交通事故证明有异议的，可以自道路交通事故认定书或者道路交通事故证明送达之日起三日内提出书面复核申请。当事人逾期提交复核申请的，不予受理，并书面通知申请人。复核申请应当载明复核请求及其理由和主要证据。同一事故的复核以一次为限。

诉讼请求和事实根据；（四）属于人民法院受案范围和受诉人民法院管辖。

【案件索引】

一审：陕西省西安铁路运输法院（2021）陕 7102 行初 1955 号行政裁定
二审：陕西省西安铁路运输中级法院（2021）陕 71 行终 959 号行政裁定

【基本案情】

胡某某起诉称，2018 年 6 月 17 日，其与王某发生交通事故纠纷，某市公安局交通警察支队某大队（以下简称交警某大队）对此作出《道路交通事故认定书》。胡某某不认可该《道路交通事故认定书》，未在该《道路交通事故认定书》上签字，但交警某大队并未注明该情况，故起诉请求确认交警某大队作出的案涉《道路交通事故认定书》无效。

【裁判结果】

西安铁路运输法院于 2021 年 6 月 1 日作出（2021）陕 7102 行初 1955 号行政裁定：对胡某某的起诉不予立案。胡某某不服，提起上诉。西安铁路运输中级法院于 2021 年 6 月 30 日作出（2021）陕 71 行终 959 号行政裁定：驳回上诉，维持原裁定。

【裁判理由】

当事人向人民法院提起行政诉讼，应当符合行政案件受案范围。对于交通事故责任认定行为是否可纳入行政诉讼受案范围的问题，全国人民代表大会常务委员会法制工作委员会在《关于交通事故责任认定行为是否属于具体行政行为，可否纳入行政诉讼受案范围的意见》（法工办复字〔2005〕1 号）中答复："根据道路交通安全法第七十三条的规定，公安机关交通管理部门制作的交通事故认定书，作为处理交通事故案件的证据使用。因此，交通事故责任认定行为不属于具体行政行为，不能向人民法院提起行政诉讼。如果当事人对交通事故认定书牵连的民事赔偿不服的，可以向人民法院提起民事诉讼。"据此规定，交通事故责任认定行为不属于具体行政行为，不能向人民法院提起行政诉讼。胡某某的起诉不属于《中华人民共和国行政诉讼法》第 12 条规定的行政诉讼受案范围，不符合《中华人民共和国行政诉讼法》第 49 条规定的提起行政诉讼条件。

【案例评析】

本案交通事故认定的不可诉性[①]，作为行政救济制度的实然呈现，勾画出司法权谦抑与行政权能动交织的复杂图景。这种实然法治样态的呈现，既植根于技术性行政行为的特殊性，也暴露出行政相对人权利救济机制的深层矛盾。

一、交通事故认定不可诉的制度逻辑

2004年5月，《中华人民共和国道路交通安全法》第73条[②]将道路交通事故认定书定位为“证据”，这一变化淡化了其行政属性，强化了其在诉讼中的证据功能。全国人民代表大会常务委员会法制工作委员会在《关于交通事故责任认定行为是否属于具体行政行为，可否纳入行政诉讼受案范围的意见》（法工办复字〔2005〕1号）中也明确排除其行政可诉性。以上法律规定及全国人民代表大会常务委员会法制工作委员会的上述意见，主要鉴于交通事故认定本质上属于专业技术判断而非行政处分权力的行使，认为其不具备具体行政行为所具有的创设权利义务关系的法律效果，因此将交通事故认定明确排除在行政诉讼受案范围之外。关于交通事故认定不可诉的这一现实性制度构成，是基本契合行政权与司法权职能分工原理的。也就是说，交通事故认定不可诉制度逻辑的正当性主要源于以下三重维度：交警专业判断的权威性保障交通事故处理的科学性、交通治理效率的优先性要求快速稳定法律关系以及司法资源的有限性防范滥诉风险。

二、交通事故认定司法审查有限介入的法治逻辑与制度平衡

交通事故认定司法审查的有限介入制度，体现了现代法治国家对行政专业性与司法终局性的双重尊重。这种制度设计在行政权与司法权的动态平衡中，构建起具有中国特色的法治实践样本。

交通事故认定的技术特性构成有限介入的客观基础。交警部门运用痕迹

① 我国交通事故责任认定制度自1992年《道路交通事故处理办法》正式确立以来，关于交通事故责任认定行为属性、救济途径及可诉性等方面均发生了显著演变。具体表现为：法律定性经历了由具体行政行为向证据属性的转型，权利救济程序从最初的重新认定申请机制转变为现行的复核申请制度，司法审查资格则呈现出从可诉到不可诉的转向。

② 除了《道路交通安全法》，《道路交通安全法实施条例》《道路交通事故处理程序规定》《道路交通事故处理工作规范》《最高人民法院关于审理道路交通事故损害赔偿案件适用法律若干问题的解释》（2020修正），都对道路交通事故认定作出了相关规定。

鉴定、速度测算等专业技术手段还原事故过程，这种专业判断具有不可替代性。全国人民代表大会常务委员会法制工作委员会在《关于交通事故责任认定行为是否属于具体行政行为，可否纳入行政诉讼受案范围的意见》（法工办复字〔2005〕1号）中明确指出，交通事故责任认定不属于具体行政行为，但允许法院在民事诉讼中对其证据效力进行审查。这种制度安排既避免了司法权对专业领域的过度干预，又为当事人保留了必要的救济渠道。

司法审查的有限性体现为“程序审查为主、实体审查为辅”的双层结构。法院重点审查事故认定程序是否违反《道路交通事故处理程序规定》，如回避制度执行、证据收集规范等程序要件。在实体审查层面，只有当责任认定明显违背生活经验法则或存在相反证据优势时，法院方可推翻原有结论。这种有限介入机制在制度效能层面实现了多重价值平衡，既维护了交警部门专业判断的公信力，避免司法资源过度消耗在技术争议中，又通过证据审查规则保障了当事人诉权。2020年修正的《最高人民法院关于审理道路交通事故损害赔偿案件适用法律若干问题的解释》第24条①，进一步细化了法院对事故认定书的审查标准，推动制度向更精细化方向发展。

交通事故认定司法审查的有限介入模式，本质上是法治框架下国家权力分工与监督的体现。它既非司法消极不作为，也非全面替代行政判断，而是在尊重专业与保障权利之间寻求最佳平衡点，为处理类似专业行政行为的司法审查提供了可资借鉴的法治样本。该认定书在民事等诉讼中属于证据材料范畴，其证明力需接受三性审查：人民法院应对文书形成程序的合法性（是否违反法定调查程序）、记载内容的真实性（是否客观反映事故全貌）、责任认定的关联性（因果关系是否具有逻辑自洽性）进行司法判断。经审查存在根本性错误的，可否定其证据资格。

三、司法权于行政权力介入及其深度的探讨

值得注意的是，学界对交通事故认定的法律属性及可诉性问题始终存在分歧，呈现出是否为行政行为和是否可诉的多重交叉争议。② 甚至，有法院确

---

① 《最高人民法院关于审理道路交通事故损害赔偿案件适用法律若干问题的解释》第24条规定，公安机关交通管理部门制作的交通事故认定书，人民法院应依法审查并确认其相应的证明力，但有相反证据推翻的除外。

② 关于是否是行政行为，有非行政行为说、非具体行政行为说、技术文书说等。关于是否可诉，可分为不可诉、可诉和部分可诉等观点。

认被告因未按规定作出交通事故认定而构成程序违法①。同时，道路交通事故认定的执法困境也是存在的，某地交警大队 2019 年数据显示，仅 7.3%的复核申请获得支持，行政系统自我纠错能力难免遭受质疑。交通事故认定不可诉状态的现实矛盾集中体现为专业壁垒与公众知情权的冲突、证据效力预决与诉讼对抗原则的抵牾以及行政终局性与司法最终性的价值碰撞，值得探讨。

（一）行政权与司法权的原初及能动关系

法院对于行政机关专业性来讲，其背后隐藏的逻辑是“法院只能量力而行，管它能管的事”，这似乎更符合司法权与行政权各自的权限要求。法院作为一个中立的裁判者，具体解决社会纷争——主要是民事和刑事纠纷，行政纠纷则不同。从法院发展史来看，民事审判权和刑事审判权一开始就由法院享有，行政审判权的出现则是在西方宪法及分权理论建立以后。因此，行政诉讼制度只是国家权衡及解决行政效率与公民权益之间的矛盾所作出的制度选择。这种选择构成了一国宪法制度的重要组成，体现出司法权和行政权不同的目标模式及运作理念。行政权以如何更好地管理社会事务为目标，追求效能最大化是其根本使命；审判权则是通过个案保护实现社会整体的公平正义。当然，法院审判活动有时由于过于追求规范逻辑的严密性和程序的完整性，对于审理结果可能造成的社会效果和成本便无暇顾及。这就往往与行政权所秉承的目标使命存在矛盾，这也是现实中审判权与行政权可能产生矛盾的重要根源之所在。行政权与司法权的不同目标理念，决定了行政诉讼制度的内容只能取决于宪政体制对司法权和行政权关系的理解程度，直接体现就是在一个国家的法制体系中，法律文本对于行政权与司法权的严格的规范划分。这种划分会因该国法治文化及政治体制等综合社会因素不同而呈现不同的法律风貌。在现代法治国家，都承认司法权对行政权的界限的客观存在，即法院应该尊重行政机关对事实的判断，而不是代替行政机关对事实进行判断。在德国行政法中，对技术性较强的行政行为的司法审查有“判断余地”理论。巴霍夫将行政机关在使用不确定的法律概念过程中享有的不受法院审查的涵摄自由称为“判断余地”②。以巴霍夫提出的判断余地理论为根据，司法界承认行政机关在针对特定的案件事实和情形适用不确定的法律概念时享有判断的特殊权力——行政官员的职业专长优于法官的职业专长。也就是说，

① 湖南省桂阳县人民法院（2016）湘 1021 行初 163 号《黄某某与某市公安局交通警察支队一大队道路交通管理行政强制一审行政判决书》

② ［德］汉斯·J. 沃尔夫、奥托·巴霍夫等：《行政法（第一卷）》，高家伟译，商务印书馆 2002 年版，第 351~352 页。

虽然法院可以审查该类行为，但在一般情况下，法院只能够对其进行认定的职权状况予以合法性审查，对其所履行的程序进行合法性审查。

（二）法律主义标尺下的题解

明晓行政权与司法权的原初及能动关系是前置理论，分析交通事故认定的可诉性等具体问题，进而划定行政权与司法权的疆界，必须以法律主义为唯一标尺。

首先，法律规范是判断法院能否审查公安机关交通管理部门的交通事故责任认定行为的唯一依据。前文已经明晓，行政权与司法权的关系是一个国家宪法制度的重要组成，其各自疆域要严格遵从于法律文本的规范划分。在我国，行政权接受司法权的监督已经成为一个原则性规定，而接受的深度和广度取决于法律文件的明确规定。我国《行政诉讼法》立法明确，受案条件满足两个即可：一是属于具体行政行为，二是不属于法律明确排除的范围。也就是说，在正反两方面条件都符合的情况下，公民如果不服行政主体的决定或结论，就可以向法院起诉，法院应依法审查并作出裁判。我们来看第一个条件。根据行政法学理论，有学者认为似乎很难否认交通事故责任认定具体行政行为的性质是行政行为，因为其是行政主体针对特定对象作出，满足“行政”及“具体”的要求。我们再看第二个条件。关于行政诉讼受案的排除范围，《行政诉讼法》第13条有明确的列举性规定，其中与交通事故认定相关的仅有第13条的“法律规定由行政机关最终裁决的具体行政行为”。这里规定得很清楚，只有“法律”（由全国人民代表大会及其常委会制定）才有权力规定行政机关的最终裁决权。可以确定，关于交通事故认定，迄今没有任何“法律”规定了交通事故认定的最终裁决性，而其他位阶的法律文件，包括法规和规章，都无权作出某行为“行政终局裁决而排除诉讼”的规定。这也是我国《立法法》的要求，其第12条明确规定，司法制度属于法律的绝对保留事项。另外，关于行政诉讼受案范围的排除，《最高人民法院关于适用

〈中华人民共和国行政诉讼法〉的解释》第1条规定给出10种情况。[①] 与之相关，交通事故认定是否属于第10种的“对公民、法人或者其他组织权利义务不产生实际影响的行为”呢？对于这个问题，素有争议。在我国法律体系中，关于交通事故责任认定等行政行为有没有实际影响的判断，实际上交给了法院，行政部门则不得以任何形式越俎代庖。由于交通事故认定本身结论具有复杂性，“没有实际影响”的情形确实客观存在。这种情形既然对相对人“没有实际影响”，当然也就没有提起诉讼的价值。但交通事故认定责任划分明确的情形的确是对相对人权利和义务有实际影响的。分析至此，交通事故认定的可诉性，似乎应该水到渠成了。可是，还有一个重要的法律规定必须要讨论，那就是2004年《中华人民共和国道路交通安全法》关于“交通事故认定”的“证据性”新规定。这一法律规定一出台，持有交通事故认定“证据说”的人似乎找到了最有力的法律支持：既然国家法律都认定交通事故认定为“证据”了，那么，交通事故认定就仅仅是个行政处理的证据，就不能对其提起行政诉讼了。于是，学者和实务界人士纷纷身体力行，或撰文，或实际操作，使得交通事故认定的可诉性问题几乎呈一边倒态势，交通事故认定的不可诉性似乎已成定论。对于这一结论，笔者实在倍感困惑。仅凭这一条款的规定，真的就可以抛法弃理、确信无疑地认为交通事故认定仅仅是消防部门的“执法证据”或将来可能之司法审判的“司法证据”？而因为其仅仅是个“执法证据”或将来的“司法证据”，就将交通事故认定的可诉性抹杀殆尽？本文以为，这里可能存在着法律逻辑问题，“执法证据”性或将来司法审判的“司法证据”性，依法依理，无论如何与行政行为的可诉性之间都难以成就因果或推论关系。行政处罚决定书也可以作为“执法证据”（如行政处罚中关于“多次”违法的认定）或“司法证据”。按照这样的逻辑，既然行

---

① 《最高人民法院关于适用〈中华人民共和国行政诉讼法〉的解释》第一条　公民、法人或者其他组织对行政机关及其工作人员的行政行为不服，依法提起诉讼的，属于人民法院行政诉讼的受案范围。

下列行为不属于人民法院行政诉讼的受案范围：（一）公安、国家安全等机关依照刑事诉讼法的明确授权实施的行为；（二）调解行为以及法律规定的仲裁行为；（三）行政指导行为；（四）驳回当事人对行政行为提起申诉的重复处理行为；（五）行政机关作出的不产生外部法律效力的行为；（六）行政机关为作出行政行为而实施的准备、论证、研究、层报、咨询等过程性行为；（七）行政机关根据人民法院的生效裁判、协助执行通知书作出的执行行为，但行政机关扩大执行范围或者采取违法方式实施的除外；（八）上级行政机关基于内部层级监督关系对下级行政机关作出的听取报告、执法检查、督促履责等行为；（九）行政机关针对信访事项作出的登记、受理、交办、转送、复查、复核意见等行为；（十）对公民、法人或者其他组织权利义务不产生实际影响的行为。

政处罚决定书是“证据”，是不是行政处罚也可以被排除司法监督而具有了不可诉性呢？这当然是一个谬论。判断一个行为是否具有可诉性，必须严格遵从法律主义。既然交通事故责任认定具体行政行为的性质难以否认，交通事故认定的“实际影响”客观存在，法律也没有以其他方式将其排除在行政诉讼的受案范围之外，那就应该毫不迟疑地认定交通事故认定的可诉性。

其次，如果法院能审查公安机关交通管理部门的交通事故认定行为，法院的介入深度如何考量？交通事故认定行为的可诉性，要求公安交通管理部门要按照国家法律制度的设计，接受法院的司法监督；而法院在行使司法审查权时当然也要尊重公安交通管理部门的交通事故认定行为。与一般的行政行为不同，交通事故认定行为的高度专业性，决定了法院对该类行为的审查存在一定限度。所以，只要公安机关交通管理部门按照法定程序履行了职责，基于严格的现场询问和现场勘查作出了有关事故认定的结论，法院就应该予以充分的尊重。如果违反这一原则，越过必要的限度，势必导致各部门互不信任，从根本上背离行政诉讼制度所追求的目标。也就是说，对法律问题作出判断是法官的专长，但交通事故认定行为却基本上属于事实问题。法院的司法审查能力面临诸多制约，司法审查深度的把握要依法掌握在一定的限度之内。这个限度即为司法权与行政权能动关系的啮合节点。例如，交通事故认定的司法审查主要把握以下方面：审查公安交通管理部门关于交通事故认定是否存在法律上的不履行或怠于履行职责的情形，是否有证据，是否符合法定程序作出，适用法律、法规是否正确，认定过程中有无“明显的”超越职权和滥用职权的情形等。至于涉及到公安交通管理部门专业性事实认定的问题，比如现有的证据是否足够充分到可以得出该交通事故认定结论等这样的问题，法院则不应涉及。一方面，法院的“不涉及”要主动；另一方面，公安交通管理部门对于法院的审查也不该有任何形式的“抵触”或“排斥”，除非现有法律制度设计本身有所改变。

综上，交通事故认定是否可诉的制度架构，本质上应该是行政法治原则在交通管理领域的全面投射。在“行政复核+证据审查①”的双轨制基础上，可尝试法院行政诉讼部分介入，在维持公安交通管理部门专业性权威判断的同时，也能更好地实现对当事人权利的保障。

---

① 这里的“证据审查”包括司法证据审查与行政证据审查。

案例 26

公安机关不履行法定职责的认定及判决类型

——韩某超诉某县公安局不履行法定职责案

赵春晓*

【内容提要】

关于公安机关履行法定职责的范围和程度问题，一、二审认为某县公安局已履行了法定职责。再审认为公安机关履行法定职责的范围和程度应当是“恢复正常秩序”。公安机关在处置治安纠纷中不介入民事纠纷，是指对民事争议不作出认定和裁决，但因民事纠纷引发的侵权行为、扰乱正常秩序的行为，则属于治安管理的范畴，应当以恢复秩序、引导当事人通过合法途径解决争议为原则，适当并有效地作出处置行为。某县公安局仅履行了程序性职责，实体未予处置，致使堵门违法行为造成的状态并没有消除，属于没有全面、适当、有效地履行法定职责的情形，原审认定某县公安局已经履行了法定职责，属认定事实错误。再审以“治安管理职权的法定主体是公安机关，由公安机关独立根据法律授权而实施，对该行政处罚权的行使，不属于行政诉讼裁判范畴”为由，没有支持韩某超关于判令某县公安机关对韩某昌进行治安行政处罚的诉讼请求。即司法权的审查中并不能对行政管理权范围内的处理结果或行政裁量权直接作出裁判结论。

【裁判要旨】

公安机关履行法定职责的范围和程度应当是“恢复正常秩序”。公安机关在处置治安纠纷中不介入民事纠纷，是指对民事争议不作出认定和裁决，但因民事纠纷引发的侵权行为、扰乱正常秩序的行为，则属于治安管理的范畴，应当以恢复秩序、引导当事人通过合法途径解决争议为原则，适当并有效地

* 最高人民法院行政审判庭一级高级法官助理，法学博士。

作出处置行为。对于要求依职权履行判决，司法权的审查不能对行政管理权范围内的处理结果或行政裁量权直接作出裁判结论。

【相关法条】

《中华人民共和国行政诉讼法》第二条　公民、法人或者其他组织认为行政机关和行政机关工作人员的行政行为侵犯其合法权益，有权依照本法向人民法院提起诉讼。

前款所称行政行为，包括法律、法规、规章授权的组织作出的行政行为。

第二十五条第一款　行政行为的相对人以及其他与行政行为有利害关系的公民、法人或者其他组织，有权提起诉讼。

第三十八条　在起诉被告不履行法定职责的案件中，原告应当提供其向被告提出申请的证据。但有下列情形之一的除外：（一）被告应当依职权主动履行法定职责的；（二）原告因正当理由不能提供证据的。

在行政赔偿、补偿的案件中，原告应当对行政行为造成的损害提供证据。因被告的原因导致原告无法举证的，由被告承担举证责任。

第四十七条　公民、法人或者其他组织申请行政机关履行保护其人身权、财产权等合法权益的法定职责，行政机关在接到申请之日起两个月内不履行的，公民、法人或者其他组织可以向人民法院提起诉讼。法律、法规对行政机关履行职责的期限另有规定的，从其规定。

公民、法人或者其他组织在紧急情况下请求行政机关履行保护其人身权、财产权等合法权益的法定职责，行政机关不履行的，提起诉讼不受前款规定期限的限制。

第七十二条　人民法院经过审理，查明被告不履行法定职责的，判决被告在一定期限内履行。

《最高人民法院关于适用〈中华人民共和国行政诉讼法〉的解释》第十二条　有下列情形之一的，属于行政诉讼法第二十五条第一款规定的“与行政行为有利害关系”：（一）被诉的行政行为涉及其相邻权或者公平竞争权的；（二）在行政复议等行政程序中被追加为第三人的；（三）要求行政机关依法追究加害人法律责任的；（四）撤销或者变更行政行为涉及其合法权益的；（五）为维护自身合法权益向行政机关投诉，具有处理投诉职责的行政机关作出或者未作出处理的；（六）其他与行政行为有利害关系的情形。

第六十六条　公民、法人或者其他组织依照行政诉讼法第四十七条第一款的规定，对行政机关不履行法定职责提起诉讼的，应当在行政机关履行法定职责期限届满之日起六个月内提出。

第九十一条　原告请求被告履行法定职责的理由成立，被告违法拒绝履行或者无正当理由逾期不予答复的，人民法院可以根据行政诉讼法第七十二条的规定，判决被告在一定期限内依法履行原告请求的法定职责；尚需被告调查或者裁量的，应当判决被告针对原告的请求重新作出处理。

《中华人民共和国治安管理处罚法》（2012 修正）第九条　对于因民间纠纷引起的打架斗殴或者损毁他人财物等违反治安管理行为，情节较轻的，公安机关可以调解处理。经公安机关调解，当事人达成协议的，不予处罚。经调解未达成协议或者达成协议后不履行的，公安机关应当依照本法的规定对违反治安管理行为人给予处罚，并告知当事人可以就民事争议依法向人民法院提起民事诉讼。

第二十三条第一款　有下列行为之一的，处警告或者二百元以下罚款；情节较重的，处五日以上十日以下拘留，可以并处五百元以下罚款：（一）扰乱机关、团体、企业、事业单位秩序，致使工作、生产、营业、医疗、教学、科研不能正常进行，尚未造成严重损失的；……

第七十七条　公安机关对报案、控告、举报或者违反治安管理行为人主动投案，以及其他行政主管部门、司法机关移送的违反治安管理案件，应当及时受理，并进行登记。

【案件索引】

一审：河南省新郑市人民法院（2019）豫 0184 行初 73 号行政判决

二审：河南省郑州市中级人民法院（2019）豫 01 行终 751 号行政判决

再审：河南省高级人民法院（2020）豫行再 89 号行政判决

【基本案情】

2019 年 5 月 12 日 10 时 28 分，韩某超报警称韩某昌开面包车堵在自家超市门口。某县公安局某派出所出警后进行了调查询问，但以双方系因土地归属权发生纠纷，不属于公安机关管辖为由未予处置堵门车辆。2019 年 5 月 16 日，韩某超亲属韩某富以超市门被铁皮围挡围堵报警，某县公安局某派出所出警后进行了调查询问。2019 年 5 月 20 日，某县公安局某派出所作出《不予调查处理告知书》一份，主要内容为该报警事项属于民事纠纷，不属于公安机关管辖范围，不予调查处理。韩某超认为其构成不履行法定职责，提起本案诉讼，请求判令履行法定职责。庭审时韩某超明确要求某县公安局履行的法定职责是：依据《中华人民共和国治安管理处罚法》（2012 修正）（以下简称《治安管理处罚法》）第 23 条第 1 款第（1）项的规定，制止韩某昌的非法围堵行为，并对韩某昌进行治安行政处罚。

河南省新郑市人民法院一审查明：2019年5月12日10时28分，某县公安局某派出所接110指令，在中牟县刁家乡韩家村有人求助。接警后，该所民警立即出警。经调查，报警人韩某超称2019年5月12日10时许，韩某昌开面包车堵在自家超市门口。该所于2019年5月13日分别对韩某富、韩某昌进行了询问，于2019年5月15日对中牟县刁家乡韩家村小学负责人韩某学进行了询问；后某县公安局某派出所以双方系因土地归属权发生纠纷，不属于公安机关管辖为由作出处理意见。2019年5月16日，某县公安局某派出所接110指令，报案人韩某富以中牟县刁家乡韩家村超市门被堵同一事实报警，该所作出牟公（41012278）受案字〔2019〕2443号《受案登记表》，受案意见为属本单位管辖的行政案件，建议及时调查处理。随后，该所分别于2019年5月17日、2019年5月18日对案件相关人韩某立、韩某志（治）进行了询问。韩某昌向某县公安局某派出所提交了村委证明及借条等证据。2019年5月20日，某县公安局某派出所作出《不予调查处理告知书》一份，内容为："韩某富：你于2019年5月16日向某县公安局某派出所报称的韩某昌堵韩某富超市门口一案，不属于公安机关管辖范围。公安机关依法不予调查处理，请向其他有关主管机关报案、投诉或投案。特此告知。某县公安局某派出所二〇一九年五月二十日。"当日，某县公安局将上述通知书送达。韩某超不服，提起本案行政诉讼。另查明，中牟县刁家乡韩家万福源超市经营者系韩某超，韩某超与韩某富系父子关系。

郑州市中级人民法院二审查明的事实与一审一致。

韩某超再审称：一、本案中韩某昌、张某某用车及铁皮栅栏围挡申请人合法经营的超市，造成超市无法经营至今，给申请人造成严重的损失，完全符合《治安管理处罚法》第23条的规定，公安机关应当立案调查，并对韩某昌和张某某予以行政处罚或刑事处罚。虽然申请人与韩某昌、张某某存在房屋使用权属的争议，但其应当通过有关行政机关或人民法院进行确权、维权，而不是违法采用车及铁皮栅栏围挡申请人超市的非法行为。韩某昌、张某某的行为超出了法律规定的合法范围，韩某昌、张某某的违法行为应当被制止，并追究行政责任和刑事责任。公安机关却以不属于公安机关管辖范围为由，不予调查处理，系定性错误，应当对韩某昌、张某某进行立案处罚。二、原审对案件性质定性错误，认定公安机关已经作为的认定错误，某县公安局应予立案而不立案，没有真正履行其法定职责，原审判决认定错误，应予纠正。请求撤销原判，改判支持其诉讼请求。

某县公安局答辩称：在接到韩某超报警后，某派出所民警及时出警，并且对相关人员进行询问。从受案到调查，直到2019年5月20日作出不予调查处理告知，公安机关依法履行了职责，不构成未履行法定职责的情形。原审认定事实清楚，适用法律正确，请驳回再审申请，维持原判。

本院再审查明的事实与原审一致，另查明，韩某超以韩某昌、张某某用车辆和铁皮围挡围堵其经营的超市构成侵权为由，提起民事诉讼。中牟县人民法院作出（2019）豫0122民初6745号民事判决，判令韩某昌、张某某停止侵权并拆除围挡，驳回韩某超其他诉讼请求。双方上诉后，郑州市中级人民法院作出（2019）豫01民终23076号二审判决，驳回上诉，维持原判。现涉案围堵物已经拆除。

【裁判结果】

河南省新郑市人民法院作出（2019）豫0184行初73号行政判决，驳回韩某超的诉讼请求。案件受理费50元，由韩某超负担。郑州市中级人民法院作出（2019）豫01行终751号行政判决，判决：驳回上诉，维持原判。河南省高级人民法院于2020年9月24日作出（2020）豫行再89号行政判决，判决：维持郑州市中级人民法院作出的（2019）豫01行终751号行政判决。

【裁判理由】

河南省新郑市人民法院一审认为，《治安管理处罚法》第77条规定："公安机关对报案、控告、举报或者违反治安管理行为人主动投案，以及其他行政主管部门、司法机关移送的违反治安管理案件，应当及时受理，并进行登记。"根据某县公安局某派出所《接处警登记表》《受案登记表》以及对韩某昌、韩某学、韩某立、韩某志（治）等人的询问笔录等证据材料，可以证明某县公安局对韩某超及其亲属韩某富的报警已经及时作出相应的处置，已履行了法定职责，韩某超主张某县公安局未履行法定职责的理由不能成立。关于韩某超主张某县公安局对韩某昌进行行政处罚的问题，是某县公安局行使行政职权的范围，不属于本案行政诉讼的审查范围。综上所述，依照《中华人民共和国行政诉讼法》（以下简称《行政诉讼法》）第69条之规定，判决驳回韩某超的诉讼请求。案件受理费50元，由韩某超负担。

郑州市中级人民法院二审认为，某县公安局提交的某县公安局某派出所《接处警登记表》《受案登记表》以及对韩某昌、韩某学、韩某立、韩某志（治）等人的询问笔录等证据材料，可以证明某县公安局在接到韩某超及其亲属韩某富的报警后，及时出警，依法进行了调查，作出了相应的处置，韩某超关于某县公安局未履行法定职责的理由不能成立。韩某超在本案中直接诉请法院判令某县公安局对韩某昌、张某某进行行政处罚，没有法律依据；其在二审中提出的要求某县公安局追究韩某昌、张某某刑事责任的主张，超出原诉讼请求的范围，且不属于人民法院行政诉讼的受案范围。依照《行政诉讼法》第 89 条第 1 款第（1）项之规定，判决驳回上诉，维持原判。二审案件受理费 50 元，由韩某超承担。

河南省高级人民法院再审认为，本案争议的焦点是：一、民事纠纷引起的侵权行为，公安机关应当履行职责的范围和方式。二、韩某超的诉讼请求是否成立。

一、某县公安局接警后的处置行为构成不适当履行法定职责的情形。《治安管理处罚法》第 9 条规定，对于因民间纠纷引起的违反治安管理行为，情节较轻的，公安机关可以调解处理。经调解当事人达成协议的，不予处罚。经调解未达成协议或达成协议后不履行的，公安机关应当依照本法的规定对违反治安管理行为人给予处罚，并告知当事人可以就民事争议依法向人民法院提起民事诉讼。根据该法律规定，民事纠纷的起因并不属于违反治安管理行为的免责事由，如行为人实施了违反治安管理的行为，即使是因民事纠纷而引发，但行为具有违法性，也应当给予处罚；情节较轻，经调解、和解履行的情形，才属于不予处罚的法定条件。

本案中，公安机关履行法定职责的范围和程度应当是"恢复正常秩序"。公安机关在处置治安纠纷中不介入民事纠纷，是指对民事争议不作出认定和裁决，但因民事纠纷引发的侵权行为、扰乱正常秩序的行为，则属于治安管理的范畴，应当以恢复秩序、引导当事人通过合法途径解决争议为原则，适当并有效地作出处置行为。韩某昌实施堵门的行为，对韩某超的超市正常经营产生影响，虽然双方纠纷的起因是民事腾房纠纷，但堵门行为超出了权利自救的范围，已经涉及治安管理的范畴。某派出所出警后，虽然依法作出了《接处警登记表》《受案登记表》以及对涉案当事人进行了调查询问，但以起因属于民事权属纠纷为由而未予处置堵门行为，其仅履行了程序性职责，实体未予处置，致使堵门违法行为造成的状态并没有消除，属于没有全面、适当、有效地履行法定职责的情形，原审认定某县公安局已经履行了法定职责，属认定事实错误，本院予以纠正。

关于公安机关在处置因民事纠纷引发的治安案件中，对民事纠纷中权利自救的认定问题。民事纠纷中的权利自救，亦称自力救济，是指合法权利人为保护自身合法权利，在情况紧急而又不能及时请求国家机关救助的条件下，依靠自身力量而实施、保障自身合法权利的实现、免受不法侵害行为造成损失的自力行为。该自力行为应当为法律和社会公德所认可，并且应当与侵害行为的严重程度、紧迫性相一致和对应。根据某县公安局调查的情况和生效的民事判决可以认定，韩某超超市经营占用的房屋，系村委因拆迁而指定其临时周转占用，属于合法事由占用；韩某昌对涉案房屋并没有取得权属登记，其主张的村委因欠案外人韩某立款项以该房屋抵债，故采取堵门的形式达到腾退房屋的目的，该行为经生效的民事判决已认定为构成侵权。某县公安局在处置过程中，对于韩某昌因民事纠纷而实施的堵门行为是否属于自力救济的性质，应当作出识别和认定。对于没有侵权的紧迫性和人身、财产的重大损害不可逆转性，完全可以通过协商或民事诉讼途径救济的纠纷，应当引导其通过合法途径解决争议；但对实施的行为超出合法、合理的范围而不属于自力救济的，如构成违反治安管理情形的，应当采取有效的处置措施，以恢复正常秩序。

二、关于韩某超的诉讼请求是否成立的问题。庭审时，韩某超明确要求某县公安局履行的法定职责是：依据《治安管理处罚法》第 23 条第 1 款第（1）项的规定，制止韩某昌的非法围堵行为，并对韩某昌进行治安行政处罚。经审查，1. 关于制止韩某昌的非法围堵行为的诉讼请求。因涉案围堵物在本次诉讼前已经拆除，故韩某超要求某县公安局制止韩某昌的围堵行为的诉讼请求已经不具有现实可执行条件，故该项诉讼请求不具有可执行性，本院不再予以裁判。2. 关于判令某县公安机关对韩某昌进行治安行政处罚的诉讼请求。治安管理职权的法定主体是公安机关，由公安机关独立根据法律授权而实施，对该行政处罚权的行使，不属于行政诉讼裁判范畴。即司法权的审查中并不能对行政管理权范围内的处理结果或行政裁量权直接作出裁判结论，故韩某超通过诉讼主张判令某县公安局对韩某昌作出处罚的事项，没有法律依据，本院不予支持。如韩某超认为行为人对其造成损害的，可依据《治安管理处罚法》的规定向某县公安局申请处理，但不属于本案审查事项。

综上，原审裁判理由不当，本院予以纠正，但韩某超的诉讼请求不成立，依法应予驳回，裁判结果仍是驳回其诉讼请求，根据实质性解决争议及减少当事人诉累的原则，本院对原审裁判结果予以维持。

【案例评析】

不履行法定职责类行政案件的范围很广。《行政诉讼法》第 12 条规定了“申请行政许可，行政机关拒绝或者在法定期限内不予答复，或者对行政机关作出的有关行政许可的其他决定不服的”“申请行政机关履行保护人身权、财产权等合法权益的法定职责，行政机关拒绝履行或者不予答复的”“认为行政机关没有依法支付抚恤金、最低生活保障待遇或者社会保险待遇的”“认为行政机关不依法履行、未按照约定履行或者违法变更、解除政府特许经营协议、土地房屋征收补偿协议等协议的”，公民、法人或者其他组织不服提起诉讼的，人民法院应当受理。这里涉及的就是不履行职责类行政案件。

一、不履行法定职责认定标准

关于不履行法定职责的认定，有学者认为，不履行法定职责是行政机关在收到行政相对人要求其履行法定职责的请求后，行政机关表示拒绝履行或迟延履行的行政行为。[①] 行政机关的法定职责指的是行政机关有义务依法保护行政相对人的生命、健康、平等、自由等人身权以及财产权等合法权益，这里的“法定”一词是指“法律所规定的、确定并且认可的”，即“职责”是指由行政职权所派生出来的一种行政责任，无行政职权则无行政职责。这里的“拒绝履行”是指明显表现出不想履行的意思。这里的“在法定期限内不予答复”是一种表面和实质上的都不作为。即认定不履行法定职责，须适用“四阶递进要件”：申请行为要件、职权基础要件、不作为形态要件、因果关系要件。即行政机关有无不履行法定职责，须对申请行为、法定职责、完全履行、履职期限等进行认定。

（一）申请行为

根据《行政诉讼法》第38条规定，原告在特定情况下也应提供相应的证据。其一是证明对象的限定性，即原告仅证明申请行为的存在，不必证明申请行为是否合法。这一规定符合《最高人民法院关于行政诉讼证据若干问题的规定》第4条所确立的“初步证明责任”尺度。其二是证明种类的缓和性，可以采用《中华人民共和国民事诉讼法》第63条中的各种证据种类，如书面申请、视听资料、证人证言等。其三是时空上的要件的特定性，即证明申请行为系向具有管辖权的行政机关提出以及提出的时间处在行政程序之中。

（二）法定职责

法定原则是行政法的首要原则，行政相对人向行政机关申请履行其职权而行政机关行使该职权，须以法定职责为根基。根据《行政诉讼法》第2条之规定，公民、法人或者其他组织认为行政行为侵犯其合法权益的，有权依照本法向人民法院提起诉讼。

---

① 参见曹福春、刘鹤：《行政不作为与行政不履行法定职责界定》，载《延边大学学报（社会科学版）》2008年第1期。

此处的“行政行为”包括由法律、法规、规章授权的组织作出的行政行为。根据《行政诉讼法》第 72 条规定，人民法院经过审理，查明被告不履行法定职责的，判决被告在一定期限内履行。法定职责的范围包括：（1）法律、法规以及合法规章、规范性文件规定的职责义务；（2）根据上级行政机关指令产生的义务；（3）先前行为引起的附随义务；（4）行政协议约定的义务。[①]

（三）完全履行

行政机关要适当履行职权并不容易，原因在于行政机关要做到适当履行，就需要使行政职权处于一种特定的行政环境当中，使得其每一个职权都不能存在或轻或重的不适当状态。[②] 一是程序意义上的不完全履责审查。程序意义上的部分履责表现为行政机关履行法定职责时未依照法律规定的程序实施的行政行为，在行政机关作出的行政行为中存在瑕疵行为，导致被管理者不能完全获得利益，如《政府信息公开条例》第 21 条的告知义务、《行政处罚法》第 44 条的听证程序等。二是实体意义上的充分性审查。采用“结果的合法性标准”，要求实现《行政诉讼法》第 1 条“实质解决行政争议”之目的的同时达到《国家赔偿法》第 2 条的“恢复原状”之程度。

具体到本案例中，某派出所出警后，虽然依法作出了《接处警登记表》《受案登记表》以及对涉案当事人进行了调查询问，但以起因属于民事权属纠纷为由而未予处置堵门行为，其仅履行了程序性职责，实体上的法定职责并未完全履行，致使堵门违法行为造成的状态并没有消除，申请人的合法权益未能实现，法院认定单纯程序性处置未消除违法状态构成实体未履行。

（四）履职期限

通过《行政诉讼法》第 72 条与《最高人民法院关于适用〈中华人民共和国行政诉讼法〉的解释》（以下简称《适用解释》）第 91 条的联动适用，构建“程序督促-实体矫正”的双层救济机制，既维护行政首次判断权，又实现《宪法》第 41 条赋予公民的监督权。履职期限的认定需遵循：（1）明示期限优先，如《行政许可法》第 42 条规定的 20 日一般期限；（2）合理期限补充，依据《行政程序法》第 47 条，结合事务之复杂性与不可抗力等因素，作综合判定；（3）期限延长限制，为达到可履行之目的，根据《行政复议法》第 31

---

① 最高人民法院行政审判庭编著：《最高人民法院行政诉讼法司法解释理解与适用》，人民法院出版社 2018 年版，第 425 页。

② 参见关保英：《行政主体拖延履行法定职责研究——以政府法治为视角》，载《山东大学学报（哲学社会科学版）》2017 年第 3 期。

条的“正当理由+书面告知”要件，且延长期限不得违反《立法法》第 82 条的法律保留原则。

二、不履行法定职责的判决类型及在本案中的应用

本案例中，韩某超诉请法院判决某县公安局履行的法定职责，具体有两项，一是制止韩某昌的非法围堵行为，二是对韩某昌进行治安行政处罚。对此，再审法院在认为某县公安局确实存在不履行法定职责的事实后，对韩某超的两项具体诉讼请求并未予以支持。关于制止韩某昌的非法围堵行为的诉讼请求，再审法院认为，因涉案围堵物在本次诉讼前已经拆除，故韩某超要求某县公安局制止韩某昌的围堵行为的诉讼请求已经不具有现实可执行条件，故该项诉讼请求不具有可执行性，所以对此项诉请不再予以裁判。关于判令某县公安机关对韩某昌进行治安行政处罚的诉讼请求，再审法院认为，治安管理职权的法定主体是公安机关，由公安机关独立根据法律授权而实施，对该行政处罚权的行使，不属于行政诉讼裁判范畴。即司法权的审查中并不能对行政管理权范围内的处理结果或行政裁量权直接作出裁判结论，故韩某超通过诉讼主张判令某县公安局对韩某昌作出处罚的事项，没有法律依据，对此项诉求再审法院不予支持。

当事人要求法院在行政机关负有履行义务时作出履行判决，根据当事人的诉讼请求，可进一步将履行判决划分为未答复型履行判决、同意申请型履行判决和要求行政机关作出依职权行政行为的履行判决三类。具体而言：

（一）未答复型履行判决

所谓未答复型履行判决，是指在行政诉讼中针对行政机关不作为尤其是不答复等行政履职瑕疵而对行政机关课予义务之诉。此类诉讼的原告是依法向被诉行政主体提出行政申请的行政相对人，被告则是负有法定答复义务的行政主体。该类履行判决是司法机关基于《行政诉讼法》第 72 条的规范意旨，对行政机关逾期未作程序性处置的不作为状态予以司法矫正的裁判形式，其要旨乃以司法权的监督性介入为路径实现对行政不作为状态的矫正，恢复对公民私益的确认保护。此种履行判决的作出要求遵循双重审查标准：若行政机关仅存在程序性怠惰而实体裁量权尚未收缩至零，法院通常作出程序性履行判决；若案件基础事实已明确且行政机关的答复义务属羁束性义务，司法审查得突破程序性裁判界限，直接作出具有实体义务确定效力的裁判。这样的一种裁判制度，既顾及司法权对行政程序初始判断的合宪性与合理性尊重，也暗合了现代行政法“有效的权利救济”的理念。

1. 适用要件。

首先，在原告资格的“适格要件”方面，《行政诉讼法》第25条确立的“行政行为的相对人以及其他与行政行为有利害关系的公民、法人或者其他组织”标准表明，只有基于权利保护法规条文明确赋权的请求权行使者（行政程序中法定申请人），方能成为行政诉讼适格原告。就原告资格的法规范基础而言，该规范基础应当是实体法规范中权利保护条文的行政程序“请求权作用点”。公民、法人或者其他组织仅仅提供线索履行申请，或是基于公共利益的诉求提出的不具适格性主体。适格原告的此项要件使得原告资格的基础画上了事实与程序双重的法的“框框”。规范上要具备请求权的存在是展开履行判决的必要条件，但是程序上的一般参与权或事实上的利害关联性并不是适格原告的必要条件。

其次，需要当事人在合理期限内提起诉讼。《行政诉讼法》第47条规定，公民、法人或者其他组织申请行政机关履行保护其人身权、财产权等合法权益的法定职责，行政机关在接到申请之日起两个月内不履行的，公民、法人或者其他组织可以向人民法院提起诉讼。法律、法规对行政机关履行职责的期限另有规定的，从其规定。公民、法人或者其他组织在紧急情况下请求行政机关履行保护其人身权、财产权等合法权益的法定职责，行政机关不履行的，提起诉讼不受前款规定期限的限制。《适用解释》第66条规定，公民、法人或者其他组织依照行政诉讼法第47条第1款的规定，对行政机关不履行法定职责提起诉讼的，应当在行政机关履行法定职责期限届满之日起六个月内提出。有学者认为，虽然规定了六个月的限制，但是这一规定的实际意义并不大，因为行政机关在法定期限内不答复公民申请的，公民可以向行政机关再次提出申请，重新启动行政程序，行政机关不履行的，公民仍可依法提起诉讼。①

再次，在此种类型履行判决可资援用场域当中，行政机关不作为形态还应严格限定在《行政诉讼法》第72条所涉“未履行法定答复义务”这一类型中。这种不作为具体表现为两种程序性瑕疵样态：一种是行政机关完全不启动行政程序审查机制，实质上是对申请人的程序参与权构成根本性剥夺；另一种是行政机关已经启动程序审查但超过法定履职期限未能作出终局性行政行为，形成程序空转的异化状态。

上述这两种不当样态，均可以使人民法院主动作出责令履行答复义务的履行判决。然而需要强调的是，如果行政主体已经在法定期限内作出了具有

① 何海波：《行政诉讼法》，法律出版社2022年版，第255页。

终局力的程序性结束性终局行政行为（无论其内容属于授益性抑或负担性），则不能再在上述事实存在时适用履行答复义务之程序性判决。所谓“法定期限”也应结合《行政诉讼法》第47条及《适用解释》第91条进行体系解释，由法定期间、承诺期间以及合理期间三个层面组成。“法定期间”又应就行政机关非因正当中止审查、反复补正告知等“程序圈套”规避实体判断而“故意”的义务不作为进行警惕，此种规避是依法院在司法审查中对程序外形式要件予以穿透，即认定其属实质不作为的必要。

最后，在课予义务诉裁判之履行判决之审查要件结构里，法院对所请事由之实体合法性的审查首先便采取了“程序性裁判优先”的标准。基于《行政许可法》第32条提出的行政程序中被诉方之义务，对任一申请作出形式审查并作出程序性之处置的羁束义务，在此类案件中，行政程序主体不对申请实质要件之瑕疵予以认可，从而应“受其约束”。基于此，司法审查又可区分为以下三个梯度：第一，确认申请人享有规范保护意义上的申请权基础（即被保护的“实体法上请求权能”之存在）。第二，对原告诉讼请求是否符合法定起诉期限进行审查。第三，对行政机关是否违反《行政诉讼法》第47条有关履职期限的强制性规定进行审查。只要具备了这些要件，即应当作出履行判决。其法律依据是行政程序法定义务的履行具有独立的价值，行政机关不得以申请内容不合法为由不履行程序上的应答义务。包括对申请明显不符合实体要件的情形，行政机关也要通过“不予受理决定”等程序性行政行为完成形式审查义务，否则即是基本违反了《行政许可法》第32条设定的“全申请应答制度”。该制度设计既符合对行政程序正当的原则，也通过“程序倒逼实体”强化对行政自由裁量权的司法监督。

2. 判决方式。

《行政诉讼法》第72条规定，人民法院经过审理，查明被告不履行法定职责的，判决被告在一定期限内履行。《适用解释》第91条规定，原告请求被告履行法定职责的理由成立，被告违法拒绝履行或者无正当理由逾期不予答复的，人民法院可以根据行政诉讼法第72条的规定，判决被告在一定期限内依法履行原告请求的法定职责；尚需被告调查或者裁量的，应当判决被告针对原告的请求重新作出处理。目前，学界有观点主张增加实体性判决的适用，因为“行政机关在不履行法定职责时，本身就构成了对于权力行使的放弃，既然相对人寻求司法权救济，就可认为其权限已转移给司法机关，法院确定其应履行义务的内容”。[①] 也有学者从实质解决行政争议的角度，主张法院应根据案件情况确定责令行政机关履职的具体内容，作出实体性裁判。[②] 同时也有学者认为，因为行政机关尚未对当事人的申请作出任何形式的首次裁量，而法院并不具备比行政机关更加专业的行政专业知识，法院无从知晓行政机关的观点因而难以进行司法判断。[③]

在行政诉讼中涉及履行法定职责之诉的司法审查领域，基于对行政机关首次判断权的尊重以及司法权谦抑性之考量，当被诉行政机关尚未作出具有终局效力的行政决定时，法院通常应当采取程序性裁判方式。然而值得注意的是，在此时案情事实可以达到司法确信程度，并且现行法律规范中，行政机关的义务设定已经产生了明确具体的非裁量性的羁束性规范要件（如羁束性行政职权等），即此种规范要件完备的例外情形，此时就应当从诉讼经济和实质正义的考虑出发，允许司法对程序性裁判进行裁量，并基于实质公正的考量，进行不局限于程序的具有实体上权利义务的可诉性决定。此种行使司法裁量权的事项应当做到“例外从严”的衡量，以平衡行政与司法的关系。

（二）同意申请型履行判决

在课予义务诉讼的履行判决范畴内，作为救济行政机关对相对人合法申请作出违法否定性处置的裁判方式，此类判决实质上构成对行政不作为之司法矫正。其制度功能聚焦于强制行政机关对适格申请作出授益性回应，关于课予义务诉讼的判决类型中，申请型判决是救济行政机关对相对人的合法申请作出了违法否定性评价而作出的，其实质是司法对行政不作为的一种介入和矫正，功能重点在于使行政机关对符合资格的申请作出授益性的回应，故在规范层面上关键性的考量有二。其一，在行政机关已作出否定性行政决定情形下，司法机关应选择课予义务判决抑或撤销并责令重作判决作为适格裁判方式，此涉及诉讼类型与判决形态的规范适配性判断；其二，当课予义务判决适用要件成就时，裁判机关应采用实体性履行判决抑或程序性履行判决，此本质上指向司法审查强度与行政自主空间的衡平问题，需依循《行政诉讼法》第72条之规范意旨，结合行政机关裁量权限缩程度及案件事实查明状态

① 参见温泽彬、曹高鹏：《论行政诉讼履行判决的重构》，载《政治与法律》2018年第9期。

② 参见刘群：《实质解决行政争议视角下的行政履行判决适用研究》，载《行政法学研究》2019年第2期。

③ 参见黄先雄：《行政首次判断权理论及其适用》，载《行政法学研究》2017年第5期。

进行类型化裁量。

1. 适用条件。

当面对行政机关以积极作为形式违法拒绝合法申请之情形，《行政诉讼法》第 70 条规定的撤销判决与第 72 条规定的履行判决构成规范竞合。学术界对此形成三种具有代表性的理论观点：

其一，“撤销重作优先说”。该学说立基于行政行为存续力的法理，主张对于已作出的否定性行政决定，应严格遵循《行政诉讼法》第 70 条的规范构造，通过撤销判决消除违法行政行为的效力，并借由重作判决实现程序重置。“由于它存在着一个行政行为，所以宜适用撤销判决并附带重作判决”。[①] 其核心论据在于：拒绝履行行为作为具有外部效力的行政行为，已形成独立的法律评价客体，若径行适用履行判决将导致对行政行为效力理论的解构。

其二，“独立履行说”。此说注重履行判令的效果，认为第 72 条的立法目的在于实现“结果除去请求权”，当行政机关的拒绝行为构成违法，履行判决本身即蕴含着对原行政行为的否定性评价，没必要另作撤销宣告。“履行判决则能够判决被告履行特定行政行为，实现行政行为的给付，本身即含有撤销被告作出‘拒绝履行’之意义”[②]。

其三，“混合裁判说”。该学说采取折中立场，主张履行判令时应附带宣告原行政行为的撤销。其规范依据可追溯至《最高人民法院关于适用〈中华人民共和国行政诉讼法〉的解释》第 91 条，通过“撤销+履行”的复合裁判方式，既确保程序瑕疵的彻底消除，又避免行政机关以程序空转规避实质义务。法院可以作出“撤销并履行判决”，在适用履行判决时一并撤销原行政行为。[③]

司法实务中，法官应当综合考虑行政行为的成熟性、救济的实效性及权力分立原则的平衡。借助“实质判断标准”构建裁量基准，即若行政机关裁量权已收缩至零，则采用履行判决；若裁量空间仍有余裕，则适用撤销重作判决。此种裁判逻辑暗合德国法上的“裁判时机成熟理论”，体现了司法审查强度与行政自主性内在尺度的动态平衡机制。

对撤销并重作判决与履行判决的类型化适用范围，应当结合司法解释与

---

① 参见章剑生：《行政诉讼履行法定职责判决论——基于〈行政诉讼法〉第 54 条第 3 项规定之展开》，载《中国法学》2011 年第 1 期。

② 参见李傲、胡煜：《我国行政履行判决的省思及完善》，载《河北法学》2018 年第 5 期。

③ 参见梁君瑜：《行政诉讼履行判决的构造与边界》，载《北方法学》2021 年第 4 期。

司法政策作进一步的释明。基于《最高人民法院关于审理行政许可案件若干问题的规定》第11条规定的“裁量权收缩至零”标准，当行政机关对行政许可申请已无裁量空间且原告请求具有正当性基础时，法院即可以作出撤销不予许可行为的判决，同时在判决说理上对重新作出行政处理提出要求。此种裁判方式的法律效果在于：既以判决否定该行政行为，又因其拘束力条款（参见《行政诉讼法》第70条）禁止行政机关以同种事实及理由作出相同或基本相同的行政处理（参见《行政诉讼法》第71条）。司法实践中形成的“判决理由羁束力”理论，实质上将重作判决转化为附条件的行为命令，行政机关必须遵循法院的判决，在判决确定的规范框架内行使裁量权。因为撤销判决对行政机关具有拘束力，行政机关应当尊重法院判决，按照判决意旨采取行动，而不能在同一事实和理由之下，作出与原行政行为基本相同的行政行为。[①] 司法实践中，法院在作出撤销并重作判决的同时，一并为行政机关指出行动方向的案例并不少见。[②]

至于履行判决类型化的适用，则来源于司法审查强度理论。程序性履行判决的实质是“程序重启令”，法院只是让行政机关重新启动行政程序，并没有对行为的实体结论作出决定。实体性履行判决的实质却有不同。根据《适用解释》第91条第2款规定，当案件事实明确且行政机关裁量权经“三重收缩”（法律羁束、事实明确、裁量缩减）之后，法院可以直接课予作出行政行为的义务。

若案件符合《行政诉讼法》第72条但书条款的适用要件（即存在羁束性行政义务），则优先适用实体性履行判决；若仅存在程序性违法且裁量空间尚未完全收缩，则应适用撤销并重作判决。理由在于，实体履行判决可以直接实现《行政诉讼法》第1条立法宗旨，实现“解决行政争议”目标，而撤销重作判决易陷于“循环启动诉讼程序”的困境。

关于诉讼时效的规范适用，要求同意申请的履行判决遵循《行政诉讼法》第47条之规定采用“行为终局化”标准。当行政机关作出终局性拒绝决定时，即构成“应履行而不履行”的违法状态，诉讼时效从拒绝决定作出之日起计算。此解释规则与《适用解释》第66条的6个月起诉期限形成体系衔接，防止相对人因行政机关的程序拖延而失去诉权救济的机会。

---

① 参见王贵松：《行政诉讼判决对行政机关的拘束力——以撤销判决为中心》，载《清华法学》2017年第4期。

② 参见《王某某诉盱眙县劳动和社会保障局工伤行政确认案》，载《中华人民共和国最高人民法院公报》2011年第9期。

2. 判决方式。

在行政诉讼履行判决的规范构造中，《适用解释》第91条确立了“分层级司法审查强度理论”。该条款通过“事实-裁量”两个层级，将履行判决区分为程序性履行判决与实体性履行判决：当行政机关履职需进一步事实调查或存在裁量空间时，法院只得作出程序性履行判决；当案件事实已清晰明确且裁量权收缩至零时，才可以作出实体性履行判决。此规则实质与德国法上的“裁判时机成熟（Spruchreife）理论”相契合，体现了司法权对行政首次判断权的谦抑态度。

所谓“无须被告裁量”的规范要件，在法教义学层面可类型化为两种情形：其一为羁束性行政行为，即法律规范已对构成要件与法律后果作出完全确定之规定，行政机关的认定过程不存在解释余地（如《行政许可法》第34条规定的形式审查义务）；其二为裁量收缩至零，此系基于“基本权利保护义务”衍生的裁量权行使规则。根据行政法上的“危险防御请求权”理论，当公民重要法益面临具体的、现时的、确然的、能够预见的危险时，行政机关的裁量空间将因宪法层面的基本权保障义务而完全闭合。

就规范适用而言，羁束性行政行为的司法审查遵循严格法定主义，而裁量收缩至零则需结合个案进行“动态体系论”分析，通过权衡法益位阶、危险程度及防御成本等因素确定裁量收缩的临界点。行政裁量收缩至零是指行政机关虽然对行政法规范的适用具有一般意义上的裁量权，但是在个案中裁量空间被压缩，只有一个结果可以选择。[①] 其法理基础在于公民的行政介入请求权和国家的基本权利保护义务，当公民的人身和财产等重要法益遭受具体而迫切的危险，并且行政机关能够预见危险、回避危险时，行政机关的裁量权必须收缩。[②] 值得注意的是，即便属于裁量性行政行为，当行政机关因特殊情境负有无可选择的作为义务时，司法机关仍可突破传统审查界限作出实体性判决。此种裁判规则的宪法根基在于《宪法》第33条第3款确立的“国家尊重和保障人权”原则，其本质是以司法权的能动行使获得基本权利的有效保护和救济。

（三）要求行政机关作出依职权行政行为的履行判决

在课予义务诉讼的裁判类型体系中，要求行政机关作出依职权行政行为

---

① 参见王锴：《行政诉讼中变更判决的适用条件——基于理论和案例的考察》，载《政治与法律》2018年第9期。

② 参见王贵松：《行政裁量权收缩之要件分析——以危险防止型行政为中心》，载《法学评论》2009年第3期。

的履行判决呈现出独特的规范构造。此类判决以“行政主体-履职请求人-第三人”三元法律关系为规范场域，其法理基础植根于风险行政法范式下“国家保护义务”的扩张。与传统自由防御型行政法不同，现代行政法赋予行政机关主动介入私法秩序的规制权能。此类判决的典型特征表现为：（1）民事纠纷的行政化嵌入，即通过行政权的介入实现民事争议进行间接规制（如相邻关系纠纷中的违法建设制止）；（2）诉权主体的第三人化，履职请求人实为行政行为的间接相对人，其请求权基础源于《行政诉讼法》第25条扩展的“利害关系人”标准；（3）行政行为的复效性，行政机关的作为行为通过履行职能于履职请求人和第三人之间就其法益结构上形成“对峙关系”。

1. 适用条件。

此类判决的宪法基础是《宪法》第33条第3款“国家尊重和保障人权”衍生的“客观价值秩序”。当第三人的行为对履职请求人构成具体、紧迫、确定的利益之紧迫危险时，行政机关的裁量空间为基本权保障义务所限缩，司法机关可依据《适用解释》第91条规定作出实体性履行判决。行政权不再局限于守卫者的角色，而是更加积极地介入社会生活，参与利害分配。传统的自由防御型的行政法开始向利害关系调整型行政法转变。[①] 在“行政主体-履职请求人-第三人”的三元行政关系之中，防止行政机关的干预不足成为重要的任务。[②] 当行政机关怠于行使行政权力，对违法行为置之不理从而导致其他公民的合法权益受到侵害时，公民可以请求行政机关积极作为，履行危险管理义务。[③]

但需特别强调的是，行政介入请求权的行使必须受制于“比例原则”与“法律保留原则”：（1）根据《行政强制法》第5条确立的“最小侵害原则”，行政机关的介入行为必须与危险程度保持合理比例；（2）依《立法法》第82条，对第三人基本权利的限制须有法律明确授权。司法机关在审查时需遵循“双重适当性审查标准”：既要审查行政机关的不作为是否违反《行政诉讼法》第72条的履职义务，亦要审查介入行为是否符合《宪法》第13条“财产权保障”与第38条“人格尊严”条款的合宪性要求。

具体到本案例中，某县公安局（行政主体）、韩某超（履职请求人）、韩某昌（第三人）建构了一个三元行政关系，在行政诉讼背后有一个民事纠纷，即履职请求人韩某超与第三人韩某昌双方因土地归属权发生纠纷。韩某超要

① 参见王贵松：《作为利害调整法的行政法》，载《中国法学》2019年第2期。

② 大橋洋一：《行政法Ⅰ現代行政過程論》，有斐閣2013年版，第13页。

③ 塩野宏：《行政法Ⅰ行政法総論》，有斐閣2015年版，第398页。

求某县公安局履行职责是希望通过行政机关介入其与第三人韩某昌的民事纠纷干预韩某昌围堵其超市的行为，保护其权利。法院需在韩某超的经营自由权与韩某昌的土地使用权之间进行“法益权衡”，并通过《治安管理处罚法》第2条的“公共秩序维护”确定公安机关的作为义务边界。

该判决类型的制度价值在于构建“公私法协同救济”机制：当民事救济存在实效性缺陷时，通过行政权的及时介入实现权利保护的前置化。但为防止司法权过度侵入行政裁量领域，就需要严格贯彻《最高人民法院关于审理行政协议案件若干问题的规定》第24条确立的“明显不当”审查标准，从而保证行政机关在应对复杂社会风险时保有必要的政策裁断空间。

2. 判决方式。

在课予义务诉讼中，该判决形式要求行政机关作出依职权行政行为的履行判决，该判决的适用需要具备严格层级要件体系。首先在第一阶上对诉权主体适格性进行审查。对于原告资格的确立依据《行政诉讼法》第25条“利害关系人”要件标准进行形式上的规范判断。首要阶是诉权构成要素——“行政行为第三人”的职能履行诉求的正当性审查，具体就是对“规范保护说”的支撑，也就是履职诉求人所主张的法律利益是否“落入行政行为的‘保护规范’之内”。此要件审查需结合《适用解释》第12条第5项“相邻权人、公平竞争权人”等列举情形，以“实际影响说”来适用该构成要件进行解释。第二阶是实体构成要素之“起诉时效”的审查，这一部分应当严格依据《行政诉讼法》第47条确立的“客观诉讼”时效规则。起诉期限的起算应当符合“双要件”标准，行政机关已明确拒绝履职或逾期不作为达到《适用解释》第66条规定的“视为拒绝”标准。对于持续性不作为的时效认定，应参照《适用解释》第64条“知道或应当知道不作为之日”的特殊规则。第三阶是对实体要件进行分层审查。一是事实-裁量要件。依据《适用解释》第91条确立的“裁判时机成熟理论”，案件事实须达到司法认知确信标准，且行政机关裁量权须经“三重收缩”检验：法律羁束（如《行政处罚法》第30条规定的羁束性职权）、事实明确（无须补充调查）、裁量缩减（符合裁量收缩至零的法理）。二是重大性要件。通过“法益位阶-损害程度”二元标准进行实质审查。在法益位阶方面，受侵害权益应属《宪法》第13条、第38条保障的基本权利范畴，如人身自由、财产权等；在损害程度方面，须达到《国家赔偿法》第3条“重大损害”标准，结合损害不可逆性（如环境公害中的生态破坏）、扩散可能性（如食品安全风险）等要素综合判定。该要件本质是比例原则中的“适当性审查”在履行判决中的具体化。三是补充性要件。为体现“最后手段原则”（Ultima-Ratio-Prinzip），要求行政救济具有不可替代性。在此特别提醒的是，民事救济途径的存在并不当然阻却此要件成立。根据“独立价值说”（《最高人民法院关于审理政府信息公开行政案件若干问题的规定》第 8 条），行政履职请求权之行使具有预防性权利保护功能，可与民事救济形成“公私法协同保障”机制。此裁判规则在“环境公益诉讼与行政监管之诉并行”的司法实践中已获普遍承认。

具体到本案例中，韩某昌堵门的行为，对韩某超的超市正常经营产生影响。虽然双方纠纷的起因是民事纠纷，但堵门行为已经涉及治安管理的范畴。某县公安局某派出所对该行为进行处理，恢复正常秩序，具有独立的价值和功能。对于韩某超关于制止韩某昌的非法围堵行为并对韩某昌进行治安行政处罚的诉讼请求，因为韩某昌的围堵行为已不存在，不再具有履行的客观条件，所以法院对此诉讼请求没有予以支持；对韩某昌进行治安行政处罚，涉及行政机关对具体事实的调查及在调查事实基础上的法律适用，且不具有重大性、紧急性，所以法院对此项诉讼请求没有予以支持。

案例 27

公安行政赔偿构成要件中“行政违法性”认定

——王某某诉某市公安局交通警察支队某大队行政赔偿案

刘红岩*　李文心**

【内容提要】

参照《中华人民共和国国家赔偿法》，公安行政赔偿构成要件之一是行为要件，那么需要确认公安机关的“致害行为”是否具有“行政违法性”。《最高人民法院关于审理行政赔偿案件若干问题的规定》（法发〔1997〕10 号）第 34 条规定，人民法院应对赔偿义务机关的致害行为是否违法作出确认，实践中对于行为要件“行政违法性”存在争议。其界定、适用等过程应回归法理进行“核心语义”解释，然后经综合考量认定后适用。

【裁判要旨】

《最高人民法院关于审理行政赔偿案件若干问题的规定》（法发〔1997〕10 号）第 34 条规定，赔偿请求人未经确认程序而直接提起行政赔偿诉讼的案件的，人民法院应当在判决时，对赔偿义务机关的致害行为是否违法作出确认。该规定中提及的致害行为违法性语义不明，即致害行为超过明显不合理限度才构成行政违法行为。可参照《最高人民法院关于审理行政赔偿案件若干问题的规定》中，致害行为违法性未确认的情况下赔偿请求人的请求没有事实根据或者法律依据的规定，结合公安机关客观上采取排除妨碍措施时是否符合逻辑以及是否存在不可抗力等因素，作出合理的语义具体化解释。

---

* 中国人民警察大学公安法学院教授。

** 中国人民警察大学研究生院硕士研究生。

【相关法条】

《最高人民法院关于审理行政赔偿案件若干问题的规定》（法发〔1997〕10号）第三十三条　被告的具体行政行为违法但尚未对原告合法权益造成损害的，或者原告的请求没有事实根据或法律根据的，人民法院应当判决驳回原告的赔偿请求。

第三十四条　人民法院对赔偿请求人未经确认程序而直接提起行政赔偿诉讼的案件，在判决时应当对赔偿义务机关致害行为是否违法予以确认。

【案件索引】

一审：广东省深圳市盐田区人民法院（2020）粤0308行赔初59号行政赔偿判决

【基本案情】

原告王某某起诉称：2018年12月29日22时许，原告在深圳市福田区某地铁站出口处向执勤交警问路时，遭到暴力执法。其中一名民警采取粗暴手段将原告右上手臂直接掰断，造成原告右肱骨下段粉碎性骨折并桡神经损伤。原告当场被送往医院就诊，并于次日住院治疗，进行了手术。2019年10月17日，原告在深圳市第二人民医院法医临床司法鉴定所申请伤残鉴定，鉴定意见为原告构成十级伤残。2020年1月2日，原告再次申请鉴定，估算固定物取出费用约为人民币1万元。原告认为，公安民警滥用职权，采取暴力手段导致其身体和精神受到严重损害，故向被告申请国家赔偿。2020年8月14日，原告向被告提出国家赔偿申请，被告于2020年9月24日作出《不予国家赔偿决定书》，认为执法行为合法正当，决定不予赔偿。原告不服，遂向法院提起行政诉讼，请求判令被告支付医疗费、误工费、护理费、伤残赔偿金、精神损失费等共计人民币232211.73元。

被告某市公安局交通警察支队某大队辩称：原告在酒后以问路未得到回应为由，主动向执勤民警寻事，实施威吓、辱骂行为，严重干扰正常执法。执法人员劝导其离开，但原告拒不离去，并在被警告后仍拒不离开执法现场。执法人员为维护执法秩序，对原告采取控制措施，排除其对执法的妨碍。执法记录仪视频显示，执法人员动作以控制为目的，不具有攻击性。原告受伤系其被采取控制措施时意图挣扎、醉酒后重心不稳、骨质疏松等多方面因素综合导致的结果，不能因原告受伤而认定执法人员行为违法。此外，原告对损害结果负有主要责任，其阻碍执法、醉酒等行为是导致损害发生的最主要因素。综上，被告请求法院驳回原告诉讼请求。

法院经审理查明：2018年12月29日23时许，原告在深圳市福田区某地铁站出口处有较为明显的阻碍执勤交警执行职务和滋事的言行。被告执法人员对原告采取了“反转手臂”的排除妨碍措施。原告于2018年12月30日至2019年1月7日在深圳平乐骨伤科医院住院治疗，入院病史记载“2018年12月29日23时30分许，行走时不慎摔伤右上臂”，诊断为右肱骨下段粉碎性骨折并桡神经损伤。2019年3月1日，某市公安局某分局作出《行政处罚决定书》，认定原告阻碍执勤交警执行职务，决定给予警告的行政处罚。2019年10月29日，深圳市第二人民医院法医临床司法鉴定所出具《司法鉴定意见书》，评定原告为十级伤残。2020年1月9日，该鉴定所出具另一份《司法鉴定意见书》，估算固定物取出费用约为人民币1万元。截至庭审辩论终结，该固定物尚未取出。2020年8月14日，原告向被告申请国家赔偿，认为被告民警在执法过程中执法粗暴造成其人身损害。2020年9月24日，被告作出《不予国家赔偿决定书》，认为执法行为合法正当，决定不予赔偿。

【裁判结果】

广东省深圳市盐田区人民法院于2021年1月19日作出（2020）粤0308行赔初59号行政赔偿判决，判决：驳回原告王某某的诉讼请求。如不服本判决，可在判决书送达之日起十五日内向本院递交上诉状，并按对方当事人人数提出副本，上诉于广东省深圳市中级人民法院。

【裁判理由】

法院生效裁判认为：根据《最高人民法院关于审理行政赔偿案件若干问题的规定》第34条，人民法院对赔偿请求人未经确认程序而直接提起行政赔偿诉讼的案件，在判决时应当对赔偿义务机关致害行为是否违法予以确认。本案中，被告的执法人员在现场对原告采取的排除妨碍措施客观上对原告造成人身伤害，但该致害行为并未超出明显不合理的限度，故不构成行政违法行为。

第一，关于致害行为违法性的认定。法院认为执法人员的行为是否构成行政违法行为，需结合“违法性”进行审查。其中裁判文书中提到的“未超过明显不合理的限度”可以理解为“比例原则”的具体化。“比例原则”要求行政行为的手段与目的之间保持均衡比例，也正是公平正义这一核心价值在行政实践中的具体展现和深化。[①] 法院认为，执法记录仪视频显示，执法人员是在警告无果后，以控制为目的采取的动作，不具有攻击性，原告受伤系其挣扎、醉酒及骨质疏松等多方面因素综合导致的结果。因此，执法人员的行为未超出明显不合理的限度，不构成行政违法行为。本案中，原告有阻碍执法的言行，执法人员采取"反转手臂"的排除妨碍措施，虽客观上造成原告骨折，但综合考量执法目的与损害结果之间的平衡，该执法人员的致害行为未达到"违法性"程度。

第二，关于因果关系与责任划分。法院认为，原告的阻碍执法、醉酒等行为是导致损害发生的最主要因素。根据《最高人民法院关于适用〈中华人民共和国行政诉讼法〉的解释》第97条，原告的损失系由其自身过错和行政机关的行政行为共同造成的，法院应依据各方行为与损害结果之间的因果关系及作用力大小，确定行政机关的赔偿责任。本案中，原告的过错行为是损害发生的主要原因，执法人员的行为与损害结果之间的直接因果关系不成立。因此，法院认定，原告的赔偿请求缺乏事实和法律依据。

【案例评析】

面对公安机关行政赔偿案件时，仍遵循行政赔偿构成要件的四要件分析。根据《中华人民共和国国家赔偿法》（以下简称《国家赔偿法》）的规定[②]，行政赔偿需满足四个要件[③]"行政主体行为违法""损害事实""因果关系""行政主体过错"之一，也即本案争议焦点，"行政违法行为"中的"违法性"认定。尤其是围绕公安这一执法主体在采取强制措施时的违法性问题，以更好地对公安行政赔偿案件中的"致害行为"进行认定。

---

① 参见张坤世：《比例原则及其在行政诉讼中的适用——由一个具体案例引发的思考》，载《行政法学研究》2002年第2期。

② 《国家赔偿法》第三条 行政机关及其工作人员在行使行政职权时有下列侵犯人身权情形之一的，受害人有取得赔偿的权利：（一）违法拘留或者违法采取限制公民人身自由的行政强制措施的；（二）非法拘禁或者以其他方法非法剥夺公民人身自由的；（三）以殴打、虐待等行为或者唆使、放纵他人以殴打、虐待等行为造成公民身体伤害或者死亡的；（四）违法使用武器、警械造成公民身体伤害或者死亡的；（五）造成公民身体伤害或者死亡的其他违法行为。

③ 公安行政赔偿的构成要件通常包括以下几个方面：（1）赔偿主体：赔偿的主体是国家，具体由公安机关代表国家进行赔偿。（2）违法行为：公安机关及其警察在行政管理过程中违法行使职权，侵犯公民、法人或其他组织的合法权益。（3）损害结果：违法行为必须导致公民、法人或其他组织的合法权益受到实际损害。（4）因果关系：损害结果必须与违法行为之间存在因果关系。

一、公安行政赔偿中四大构成要件分析

（一）主体要件：行政侵权主体

实施违法行为的公安机关应作为赔偿义务机关，承担相应的赔偿责任。[①]本案中由于法院认定被告的执法行为并未构成“行政违法行为”，因此赔偿义务机关的问题也就不复存在。但是，在假设被告行为构成“行政违法行为”的情况下，实施违法行为的某市公安局交通警察支队某大队将作为赔偿义务机关承担相应的赔偿责任。因为某市公安局交通警察支队某大队是某市公安局交通警察局下属的一个分支机构，负责处理福田区的道路交通管理、事故处理和车驾管业务办理等工作。具体来说，其一，根据《中华人民共和国人民警察法》[②] 等法律法规，某市公安局及其下属行政区分局、专业分局、治安分局、交通警察局等，在各自职责权限内依法实施行政执法。某市公安局交通警察支队某大队是交通警察局的下属机构，在道路交通管理等领域具有行政执法权，其执法人员持人民警察证进行执法，那么其行政执法主体资格合法。其二，行政赔偿义务机关的认定可以依据《国家赔偿法》[③]，行政机关及其工作人员在行使行政职权时侵犯公民、法人和其他组织的合法权益造成损害的，该行政机关为赔偿义务机关。某市公安局交通警察支队某大队的民警作出的行政行为可能侵犯了公民的合法权益并造成损害，那么某大队有可能成为行政赔偿的义务机关。其三，某大队作为某市公安局交通警察局的下属机构，在法律上可能具有一定的独立性，但在财务和人事管理等方面通常仍受某市公安局交通警察局的指导和监督，赔偿责任可能最后也由上级机关来承担或协助承担，但这并不意味着某大队不能作为赔偿义务机关出现在法律程序中。

（二）行为要件：行政违法行为

这是公安行政赔偿的前提条件，即公安机关及其工作人员在行使职权过程中存在违法行为。

---

① 参见齐向芳、王尽辉：《论公安机关及其工作人员的行政赔偿责任》，载《公安论坛》1990年第3期。

② 《中华人民共和国人民警察法》第二十四条 国家根据人民警察的工作性质、任务和特点，规定组织机构设置和职务序列。

③ 《国家赔偿法》第二条 国家机关和国家机关工作人员行使职权，有本法规定的侵犯公民、法人和其他组织合法权益的情形，造成损害的，受害人有依照本法取得国家赔偿的权利。本法规定的赔偿义务机关，应当依照本法及时履行赔偿义务。

在分析“行政违法行为”之前，需要首先厘清“行政违法行为”的界定与认定标准。根据《国家赔偿法》第2条的规定，国家机关和国家机关工作人员违法行使职权侵犯公民、法人和其他组织的合法权益造成损害的，受害人有依照本法取得国家赔偿的权利。这里的“违法行使职权”可以对“行政违法行为”进行界定。从几个维度出发，比如“行为是否违反法律、法规的规定”，如果公安机关及其工作人员在行使职权过程中违反了法律、法规的明确规定，那么其行为即可被认定为“行政违法行为”。[①] 再如“行为是否存在主观过错”，虽然《国家赔偿法》并未将主观过错作为认定“行政违法行为”的必要条件，但主观过错往往是判断行为是否违法的重要参考因素之一。如果公安机关及其工作人员在行使职权过程中存在故意或重大过失，也很容易被认定为“行政违法行为”。或者“行为是否超出合理限度”，即使公安机关的行为没有直接违反法律、法规的规定，但如果其行为明显超出了合理限度，对公民、法人或其他组织的合法权益造成了不必要的损害，那么同样可能被认定为“行政违法行为”。[②] 原告王某某正是基于这一理由提出赔偿请求的。

法院经过仔细审理调查，发现原告的所作所为确实是妨碍了正在执勤的交警执行任务，属于故意滋事。在这种情况下，执法人员在现场为了把妨碍给排除掉，采取了一些措施。不过这些措施并没有超出明显不合理的限度。所以，法院综合考虑并认定不存在违法的情况。虽然法院的判决书里，没有把这个判决理由详细地说清楚，但是我们可以自己试着分析。首先，执法人员的行为是合法的。当他们在处理原告的时候，采取了一些必要的措施来排除妨碍。这些措施，并没有违反任何法律法规的明确规定，都是有依据的。其次，他们的行为也没有超出合理的限度。虽然说原告在跟执法人员争执的过程中受了伤，但是法院认为，原告受伤不是执法人员的行为直接造成的。再加上原告处于醉酒状态，还有本身可能骨质疏松这些多方面的原因，综合起来才导致其受伤的。从主观上来说，公安民警没有过错。他们在处理原告滋事行为的时候，出发点是好的，是为了维护执法的正常秩序，也是为了制止原告妨碍执行职务；且并不是故意要让原告受伤，也没有因为重大的过失导致原告受伤。

---

① 参见项金发：《界定公安执法行为性质的法律价值及其方法》，载《行政与法（吉林省行政学院学报）》2000年第5期。

② 参见吕世平、薛宗兰：《论公安行政赔偿构成要件及其范围的确定》，载《中国刑警学院学报》2001年第1期。

（三）损害后果要件：损害事实

违法行为必须导致公民、法人或其他组织遭受实际损害，这是赔偿请求的基础。在这个案例中，原告王某某确实是因为受伤遭受了实际的损害。按照道理来说，法院应该根据行政违法行为在损害发生和结果中起到的作用大小，来确定行政机关到底要承担多少行政赔偿责任。[①] 可是，因为法院已经认定被告的执法行为并不属于“行政违法行为”，所以原告受到的这些损害，难以符合公安行政赔偿的一个重要构成要件，损害事实和违法行为之间得有因果关系，现在这个因果关系不存在了。

（四）因果关系要件：因果关系

损害事实和违法行为之间的因果关系，是判断赔偿请求能不能成立的一个关键因素。也就是说，损害事实和违法行为之间必须得有直接的联系，得是违法行为直接导致了损害的发生。[②] 要是无法证明它们之间有这种直接的因果关系，那原告提出的赔偿请求，法院难以支持。本案因为这种因果关系难以成立，所以原告的赔偿请求无法实现。

二、“行政违法行为”的广义与狭义解释

对于“行政违法行为”的界定存在广义与狭义两种解释。[③] 狭义解释认为，“行政违法行为”仅指违反法律、法规明确规定的行为；大陆法系的国家普遍采纳所谓的一般解释的“违法行为”，不仅严重到一定的程度，而且其违法性是显而易见的，以至于一般公众都能合理地识别出来。[④] 而广义解释认为，“行政违法行为”还应包括违反法律原则、超越合理限度等行为。比如，黄某某、保亭黎族苗族自治县公安局交通管理大队行政赔偿一案中[⑤]，保亭交警大队在执法过程中确认不存在违法行为，驳回黄某某的诉讼请求。根据《国家赔偿法》第 2 条第 1 款、第 3 条第（5）项规定，黄某某取得赔偿的前

① 参见日照市行政审批服务局、日照市政务服务管理办公室：《审批服务工作简报》（日简 62 号）。

② 参见马泽红：《论公安行政损害赔偿范围的立法缺陷及完善》，载《辽宁警专学报》2007 年第 4 期。

③ 参见王丽英：《公安行政失职国家赔偿构成要件研究》，中国政法大学 2010 年博士论文。

④ 参见陆凤满：《行政行为“重大且明显违法”的司法认定》，广西民族大学 2024 年硕士论文。

⑤ 参见（2022）琼 96 行赔终 67 号。

提条件是行政行为违法且该行为侵犯其人身权。也就是说，“公安行政赔偿构成的行为要件”强调既要侵犯到人身权，又要行政行为违法。就算事实上侵犯到人身权，但行政行为并未违法，也不构成行政赔偿。

在本案中，法院采用了广义解释来认定“行政违法行为”。即只要被告的执法行为未直接违反法律、法规的明确规定，就不构成“行政违法行为”。[①] 然而，从广义解释的角度来看，如果被告的执法行为虽然未直接违反法律、法规，但明显超出了合理限度并对原告造成了不必要的损害，那么该行为同样可能构成“行政违法行为”。因为《中华人民共和国行政诉讼法》相关法律规范中，法条仅表述为“没有依据”，并未明确阐明包含的情形，而司法解释则明确具体为“减损权力或者增加义务的行政行为”“没有法律规范依据”，由于该项条文之下尚存有兜底性条款，对于是否包含没有事实根据、适用的法律错误的情形需在个案以及理论研究中继续考查。[②] 不过，需要注意的是，广义解释在实践中往往存在较大的主观性和不确定性。因为“合理限度”是一个相对模糊的概念，难以准确界定。因此，在司法实践中，认定往往比较困难。

三、行为要件中“行政违法性”认定

（一）“行政违法性”的规范边界

我国《国家赔偿法》设立之初的违法归责原则的理论探讨，就包括要件层面，摒弃故意、过失要件，仅仅要求违法性要件成立。也可以说明，基于违法责任主义（违法归责原则）的单一违法性为要件的赔偿责任理论体系，不同于日本《国家赔偿法》明确将公共营造物设置管理瑕疵纳入赔偿范围[③]，

---

① 参见吕建波：《试析一起公安行政赔偿案件——兼议不作为致害的公安行政赔偿责任》，载《法制与经济（上旬刊）》2013年第9期。

② 参见崔欣欣、苏志权：《无效行政行为“重大且明显违法”标准的适用困境与应对》，载《公民与法（审判版）》2024年第10期。

③ 参见何峻：《日本国家赔偿法研究》，载《华侨大学学报（哲学社会科学版）》1998年第3期。

德国《国家基本法》第 34 条[①]确立了过失归责原则。毋庸置疑的是，我国《国家赔偿法》在立法当时完全摒弃了过失归责原则而采用了违法归责原则。[②] 但此种原则存在明显的制度性局限。

具体来说，《国家赔偿法》第 3 条、第 4 条[③]中对行政赔偿范围构建的行政违法性认定体系具有显著的类型化特征。在人身权保护方面，立法者聚焦于限制人身自由类强制措施与暴力执法行为的规制；在财产权保护层面，则重点规范行政处罚、行政强制及征收征用行为的合法性边界。这种选择体现了将典型的违法行为优先规制的立法技术，通过对高频违法行为的重点列举，构建起对“行政违法性”认定的基本框架。

（二）“行政违法性”认定中的价值平衡机制

“权利救济”与“行政效能”的价值博弈应贯穿违法性认定全过程。事实上，法院大多通过“法律错误”与“事实错误”的区分，构建了差异化的审查强度。如本案就是承认了事实上造成的人身伤害，还认为不具有“行政违法性”。因此，我国需要在个案审查中建立动态平衡机制，既要防止“司法万能主义”侵蚀行政自主性，也要避免“行政专断”损害公民合法权益，保持司法的能动性与谦抑性之协调。

---

① Basic Law for the Federal Republic of Germany Article 34：［Liability for violation of official duty］If any person，in the exercise of a public office entrusted to him，violates his official duty to a third party，liability shall rest principally with the state or public body that employs him. In the event of intentional wrongdoing or gross negligence，the right of recourse against the individual officer shall be preserved. The ordinary courts shall not be closed to claims for compensation or indemnity.

② 参见杨逊舟：《国家赔偿法上行政赔偿“违法性”的模型——日本法上的“违法性同一说”与“违法性相对说”之再检讨》，载《日本法研究》2019 年第 1 期。

③ 《国家赔偿法》第四条　行政机关及其工作人员在行使行政职权时有下列侵犯财产权情形之一的，受害人有取得赔偿的权利：（一）违法实施罚款、吊销许可证和执照、责令停产停业、没收财物等行政处罚的；（二）违法对财产采取查封、扣押、冻结等行政强制措施的；（三）违法征收、征用财产的；（四）造成财产损害的其他违法行为。

案例 28

公安行政赔偿责任构成要件中“因果关系”的认定

——陈某庆等诉某县公安局行政赔偿案

刘春玲* 汪文娟**

【内容提要】

根据《中华人民共和国国家赔偿法》第 3 条规定，行政机关及其工作人员在违法行使行政职权时造成公民身体伤害或者死亡的违法行为的，受害人有取得赔偿的权利。根据本条款规定，公安行政违法行为与公民身体伤害或者死亡结果之间具有因果关系，是公安机关承担行政赔偿责任的必要条件。本案中某县公安局某派出所民警传唤陈某（已故）到派出所，违法采取强制措施，并且未尽到必要的保护和救助义务，某县公安局某派出所民警以上违法行为与陈某之后的死亡结果之间成立一定的因果关系，应承担相应的赔偿责任。公安行政赔偿因果关系的认定，直接关系到行政相对人合法权益的有效救济与行政权力的合理规制，是平衡二者关系的重要环节。因此，在公安行政赔偿因果关系认定过程中，应秉持公平正义理念，综合运用“相当因果关系说”“条件说”“原因说”等理论学说，对行政违法行为与损害结果间的因果关系进行全面分析。同时，需注意遵循权利救济优先原则，以保障行政相对人受损权益及时得到弥补；坚持社会风险公平分担原则，合理界定公安行政机关的赔偿责任。通过科学、严谨的因果关系认定，推动公安行政赔偿制度实现实质正义，既维护行政相对人的合法权益，又确保公安行政机关依法履行职责。

【裁判要旨】

因公安机关及其工作人员违法使用警械或未履行必要的保护和救助义务，

* 中国人民警察大学公安法学院教授，法学博士。
** 廊坊市人民检察院副检察长。

与公民死亡的结果存在一定因果关系的，应依法承担相应的行政赔偿责任。

【相关法条】

《中华人民共和国国家赔偿法》第三条　行政机关及其工作人员在行使行政职权时有下列侵犯人身权情形之一的，受害人有取得赔偿的权利：（一）违法拘留或者违法采取限制公民人身自由的行政强制措施的；（二）非法拘禁或者以其他方法非法剥夺公民人身自由的；（三）以殴打、虐待等行为或者唆使、放纵他人以殴打、虐待等行为造成公民身体伤害或者死亡的；（四）违法使用武器、警械造成公民身体伤害或者死亡的；（五）造成公民身体伤害或者死亡的其他违法行为。

【案件索引】

一审：贵州省铜仁市中级人民法院（2018）黔 06 行赔初 17 号行政赔偿判决

二审：贵州省高级人民法院（2019）黔行赔终 118 号行政赔偿判决

再审：最高人民法院（2020）最高法行赔申 189 号行政裁定

【基本案情】

贵州省铜仁市中级人民法院一审查明：2017 年 4 月 8 日 12 时许，陈某（已故）酒后驾驶三轮摩托车到王某容和杨某某卖煤处，与王某容产生口角并发生抓打。后王某某报警，某县公安局某派出所民警到达现场，传唤陈某及王某容至该所接受调查。陈某到达某派出所后，处警人员将陈某带到派出所大厅椅子上坐，民警见陈某喝了酒，便将其带到候问室采取约束性醒酒措施。当日 17 时 40 分，某派出所民警见陈某还趴在约束椅上，认为其醉酒还未醒，便将其送至家中。当时陈某家中无人，遂将陈某抬到其家中堂屋的床上，并吩咐邻居通知其家属。邻居熊某于当日 18 时 16 分打电话通知陈某弟媳王某花，王某花接到电话后回到家中，见陈某在床上没有反应，因为陈某平时爱喝酒，认为其是喝酒醉了，便没有太在意。当日 20 时许，陈某父亲陈某庆回家后，见陈某在床上睡，就喊陈某，其还是没有反应。在此期间，王某花拿水给陈某喝并询问陈某，陈某称被王某容打了，因陈某平时经常醉酒，其家人也未及时将其送医院救治。后陈某亲属打电话通知其在外地务工的兄弟陈某顺、陈某财和姐姐陈某 1，三姐弟于 2017 年 4 月 11 日凌晨赶回家中，后将陈某送往印江县人民医院救治。经检查，陈某系颅内出血，医生建议立即做开颅手术，陈某亲人未同意。后医生多次与家属沟通，其家属均不同意手术，陈某财在医患沟通协议书上签署了暂时不手术。2017年4月16日3时，陈某死亡。其家属对陈某的死亡原因提出质疑，经征求家属意见，某县公安局当日委托贵州医科大学法医司法鉴定中心对陈某尸体进行解剖检验，同时邀请某市公安局法医及侦技专家、印江县人民检察院提前介入调查。同年5月16日，某县公安局收到贵州医科大学法医司法鉴定中心对陈某尸体检验的法医病理鉴定意见书，该鉴定意见为：陈某符合严重颅脑损伤并继发脑疝形成导致死亡。经印江县人民检察院、某县公安局集体议案，认定王某容在控制陈某携带菜刀行凶过程中，致陈某严重颅脑损伤死亡，王某容行为属于正当防卫，不负刑事责任。陈某庆等人不服，向一审法院起诉，请求某县公安局赔偿陈某庆等人各项损失共计人民币1854647元。

贵州省高级人民法院二审查明的事实，与一审判决认定的事实基本一致，予以确认。二审另查明以下事实：

1. 据某县公安局提交的监控视频显示：2017年4月8日12时41分，陈某被民警拉进询问室。进入询问室后，陈某不配合民警上警械，被其中一民警扇左边头部。12时43分，民警给陈某扣上凳子前面的盖板，戴上手铐；12时45分，陈某趴在盖板上，一名民警看守陈某；13时26分许，民警走出询问室；13时26分至17时5分，不时有民警进入询问室；17时6分许，某县公安局两民警进入询问室，拍陈某肩膀和凳前盖板；17时8分许，民警解开陈某手铐；17时10分许，三民警进入询问室，其中一人用手试陈某呼吸；17时11分许，另有民警用手试陈某呼吸；17时35分至39分，民警摇陈某、踢陈某脚等；17时40分许，陈某被民警带离询问室，后被送至家中。

2. 印江县人民医院2017年4月11日的CT检查报告单记载：诊断意见考虑左额颞枕顶硬膜下出血（亚急性?），蛛血，脑疝形成，左顶头皮稍肿胀等。4月16日《疾病诊断证明书》诊断：左额颞枕顶部硬膜下血肿伴脑疝形成；蛛网膜下腔出血；左顶部头皮血肿；全身多处皮肤擦伤；吸入性肺炎；急性呼吸窘迫综合征；双侧多发性陈旧性肋骨骨折，诊断情况是患者因上述疾病，于2017年4月11日至16日住院治疗，于2017年4月16日3时6分经抢救无效死亡。

3. 2017年5月9日的贵州医科大学法医司法鉴定中心《法医病理鉴定意见书》内容主要为：委托鉴定事项为死亡原因。解剖头颅：双侧额顶部见范围为25cm×15cm头皮下出血并血肿形成，左耳至乳突区见范围为7cm×5cm头皮下出血并血肿形成，双侧颞肌无出血；颅骨未见骨折。硬膜完整，左侧额颞顶枕头部硬膜下巨大血肿形成，以颞部为重，血肿部分液化，出血量约200ml，局部脑组织受压、下陷明显，脑中线右偏。主要病理诊断：左侧额颞顶枕头部硬膜下巨大血肿、左侧额顶部蛛网膜下腔出血、小脑扁桃体疝；双侧额顶部、左侧耳后至乳突区头皮下血肿；全身多处皮肤软组织擦挫伤；多脏器组织淤血、水肿。分析说明：……尸检及组织病理学检测发现：双侧额顶部、左侧耳后至乳突区头皮下血肿；左侧额颞顶枕头部硬膜下巨大血肿（200ml），对应部位脑受压明显、脑中线右偏；左侧角回至额上回后部片状蛛网膜下腔出血；小脑扁桃体疝形成。所见上述颅脑损伤符合钝性外力致伤特征，其损失程度较重，可导致中枢神经系统功能严重障碍并继发脑疝形成而压迫生命中枢，足以构成本例死亡原因。另见腰背部、肢体等多处皮肤软组织擦挫伤，其损伤程度轻微，不足以构成死亡；尸检未发现其他致死性外伤。鉴定意见：陈某符合严重颅脑损伤继发脑疝形成导致死亡。

4. 2017 年 5 月 9 日的陈某死亡案专家会诊意见记载：陈某符合严重颅脑损伤继发脑疝形成导致死亡。陈某头部所受损伤在左额颞顶部及右顶部，头皮无挫裂创，无颅骨骨折，无斧、锤、砖石等较大质量工具痕迹特征，质地较轻平面钝器、拳头等反复多次击打可形成，此外打斗过程中的摔跌碰撞因素也不能排除。陈某主要死亡原因为外伤性硬膜下出血，直接死亡原因为继发性脑疝形成。伤后数天内未得到及时有效治疗与继发性脑疝形成有直接因果关系。某县公安局某派出所一名辅警拍击陈某一下的部位为左颈枕部，部位、作用力及损伤程度与陈某头部损伤不符，与死亡原因无因果关系。

陈某庆等人认为：一审判决某县公安局承担 10%的赔偿责任与事实不符，其应承担全部的赔偿责任。理由如下：1. 一审判决认定陈某饮酒、醉酒并被公安机关约束醒酒的事实不存在。所谓陈某醉酒的证据仅为某县公安局提供的证明陈某喜欢饮酒的证言笔录，包括尸检报告在内并无陈某在该案中饮酒、醉酒的任何证据。2. 陈某庆等人提出，公安机关从事发现场带陈某到某派出所的半个小时内对陈某实施了加害行为，该主张未得到认定和裁判。公安机关应当举证证明在该时间段未对陈某实施加害行为，但其以各种理由拒不向法院提交执法记录，应当承担举证不能的后果。3. 一审判决认定陈某庆等人对陈某未尽及时救治职责的事实不成立。某县公安局将陈某打伤后，本应主动及时送医，其不仅不送医反而趁陈某家人不在家之际将陈某家门撬开，将伤得不省人事的陈某独自放在屋内后离开。退一步说，就算陈某醉酒，公安机关要么通知家属到场，要么将陈某直接送医院，陈某救治迟延的责任不在陈某庆等人。

【裁判结果】

贵州省铜仁市中级人民法院一审判决：一、某县公安局赔偿陈某庆、陈某1、陈某顺、陈某财损失150880.85元（被告承担10%的赔偿责任）。二、驳回陈某庆、陈某1、陈某顺、陈某财的其他诉讼请求。

贵州省高级人民法院二审判决：一、撤销贵州省铜仁市中级人民法院（2018）黔06行赔初17号行政赔偿判决。二、上诉人某县公安局赔偿上诉人陈某庆、陈某1、陈某顺、陈某财各项损失309761.7元[①]。三、驳回上诉人某县公安局的上诉请求，驳回上诉人陈某庆、陈某1、陈某顺、陈某财的其他上诉请求。

最高人民法院裁定驳回陈某庆、陈某1、陈某顺、陈某财的再审申请。认为二审法院结合陈某庆等四人的赔偿请求和查明的事实，酌定某县公安局承担死亡赔偿金、丧葬费、被扶养人生活费总额20%的赔偿责任299761.7元以及精神损害抚慰金10000元，合计309761.7元，并无明显不当。陈某庆等四人提出某县公安局应当承担全部赔偿责任的理由不能成立，不予支持。

【裁判理由】

一审法院裁判理由：根据《中华人民共和国国家赔偿法》（以下简称《国家赔偿法》）第3条、《中华人民共和国行政强制法》第8条第1款、《最高人民法院关于适用〈中华人民共和国行政诉讼法〉的解释》第97条的规定，某县公安局于2017年4月8日对陈某实施约束性醒酒的强制措施违法，且经认定该行政行为对本案损害结果的发生具有一定影响，对陈某庆等人的赔偿请求，应根据某县公安局违法行政行为与损害结果之间的因果关系以及其在损害发生和结果中作用力的大小，确定其相应的赔偿责任。结合陈某与王某容在公安机关处警前发生抓打，王某容亦供述在抓打过程中曾打过陈某耳光及将陈某推倒在地的事实，并不能排除陈某所受颅脑损伤是在与王某容抓打过程中形成的可能。同时，陈某被送回家后未能及时送医治疗和及时进行手术救治，也是造成其死亡的重要原因。某县公安局的约束性醒酒措施虽存在违法，但对陈某的受伤死亡仅有轻微影响，并不是导致陈某受伤死亡的主要原因，故某县公安局承担的赔偿责任应为次要责任，综合行政行为对本案损害发生及对损害结果的影响，确定承担10%的赔偿责任。根据《国家赔偿法》第34条、第35条规定，对陈某庆等人诉请赔偿的死亡赔偿金、丧葬费、被扶养人生活费、精神损害抚慰金等赔偿项目予以支持。对具体赔偿数额认定如下：（1）死亡赔偿金、丧葬费，总额为国家上年度职工年平均工资

---

① （死亡赔偿金及丧葬费1486360元+被扶养人生活费12448.5元）×20%+精神损害抚慰金10000元=309761.7元。

的二十倍，本案以赔偿时的上一年度即 2017 年职工年平均工资计算，数额为 1486360 元（74318 元×20 年）；（2）被扶养人生活费，本案仅陈某之父陈某庆需其扶养，可参照最高人民法院关于审理人身损害赔偿案件的司法解释，按照上一年度农村人均生活消费支出标准计算，因陈某庆已年满六十周岁且其应由陈某等四姐弟扶养，故该项数额为 12448. 5 元（8299 元×6 年/4 人）；（3）精神损害抚慰金，本院酌情确定 10000 元。上述费用总计 1508808. 5 元，由被告承担上述费用的 10%的赔偿责任，即 150880. 85 元。关于陈某庆等人提出赔偿医疗费、误工费、交通费等诉讼请求，无事实及法律依据，不予支持。综上，陈某庆等人的诉讼请求部分成立，予以支持。

二审法院裁判理由：1. 关于某县公安局有无赔偿责任的问题。根据《中华人民共和国行政强制法》第 8 条第 1 款规定，因行政机关违法实施行政强制受到损害的，有权依法要求赔偿。某县公安局对陈某实施约束性醒酒措施，已被一审法院（2018）黔 06 行初 139 号行政判决确认违法，本院（2019）黔行终 847 号予以维持，某县公安局违法使用警械、未履行必要的保护和救助义务，对陈某死亡的结果造成一定影响，应依法承担行政赔偿责任。某县公安局上诉称其不承担行政赔偿责任，但未提供充分的证据证明，本院对其上诉理由不予采信，对其上诉请求不予支持。2. 关于某县公安局赔偿项目及金额的问题。根据《国家赔偿法》第 34 条、第 35 条的规定，陈某庆等人诉请赔偿死亡赔偿金、丧葬费、被扶养人生活费、精神损害抚慰金的赔偿项目于法有据，一审对前述项目确定的赔偿数额并无明显不当，本院应予维持。陈某庆等人主张交通费、误工费、医药费，未提供证据证实，一审判决驳回并无不当。需要指出的是，陈某庆等人主张精神损害抚慰金，系因陈某死亡后近亲属因此遭受的精神痛苦所请求的赔偿精神损害，虽一审判决酌定精神损害抚慰金 1 万元并无不妥，但不宜与其他赔偿项目计入总赔偿金额后按责任大小予以计算。3. 关于某县公安局赔偿责任大小的问题。首先，陈某死亡是由多种原因导致，有主要原因、直接原因，有次要原因、间接原因。经贵州医科大学法医司法鉴定中心鉴定，陈某符合严重颅脑损伤继发脑疝形成导致死亡，颅脑损伤符合钝性外力致伤特征，可导致中枢神经系统功能严重障碍并继发脑疝形成而压迫生命中枢，足以构成本例死亡原因；专家会诊意见书对陈某死亡原因进行会诊，认为陈某头部所受损伤在左额颞顶部及右顶部，质地较轻平面钝器、拳头等反复多次击打可形成，陈某主要死亡原因是外伤性硬膜下出血，直接死亡原因为继发性脑疝形成，伤后数天内未得到及时有效治疗与继发性脑疝形成有直接因果关系，某县公安局某派出所一名辅警拍击一下，与陈某死亡无因果关系。其次，某县公安局对陈某实施约束性醒酒措施被确认违法，系其违法使用警械、未履行必要的保护和救助义务。综上所述，某县公安局在实施约束性醒酒措施时，违法使用警械、未履行必要的保护和救助义务，在案证据不足以证明此系导致陈某死亡的直接原因、主要原因，但一审判决某县公安局承担的赔偿责任比例亦有不当。本院酌定某县公安局承担20%的赔偿责任，更为符合本案事实和全案证据。鉴此，某县公安局应赔偿陈某庆等人各项损失为：（死亡赔偿金及丧葬费1486360元+被扶养人生活费12448.5元）×20%+精神损害抚慰金10000元=309761.7元。综上所述，上诉人陈某庆等人上诉理由部分成立，本院予以支持。某县公安局上诉理由不能成立，本院不予支持。

再审裁定理由：最高人民法院认为，本案审查的重点为二审行政赔偿判决认定的赔偿责任及赔偿项目是否符合法律规定。根据《国家赔偿法》第3条、第6条第2款的规定，行政机关及其工作人员在行使行政职权时侵犯人身权的，受害人有取得赔偿的权利。本案系陈某庆等四人因受害人陈某死亡而起诉某县公安局行政行为违法的同时提起的行政赔偿诉讼。在确认违法案件中，生效行政判决已确认某县公安局对陈某实施约束性醒酒的强制措施违法，并认定某县公安局违法使用警械、未履行必要的保护和救助义务。因该行为与本案损害结果有一定因果关系，故某县公安局应当承担相应赔偿责任。本案中，根据原审查明的事实，经贵州医科大学法医司法鉴定中心鉴定，陈某符合严重颅脑损伤继发脑疝形成导致死亡。根据陈某死亡案专家会诊意见记载：陈某主要死亡原因为外伤性硬膜下出血，直接死亡原因为继发性脑疝形成；伤后数天内未得到及时有效治疗与继发性脑疝形成有直接因果关系；某县公安局某派出所辅警拍击陈某一下的部位为左颈枕部，部位、作用力及损伤程度与陈某头部损伤不符，与死亡原因无直接因果关系。经印江县人民检察院、某县公安局集体议案，认定是王某容在控制陈某携带菜刀行凶过程中，致陈某严重颅脑损伤死亡，王某容的行为属于正当防卫，不负刑事责任。因此，尽管某县公安局在实施约束性醒酒措施时存在违法使用警械、未履行必要的保护和救助义务，但在案证据并不足以证明该行为系导致陈某死亡的直接原因或主要原因，故二审法院结合陈某庆等四人的赔偿请求和查明的事实，酌定某县公安局承担死亡赔偿金、丧葬费、被扶养人生活费总额20%的赔偿责任299761.7元以及精神损害抚慰金10000元，合计309761.7元，并无明显不当。陈某庆等四人提出某县公安局应当承担全部赔偿责任的理由不能成立，本院不予支持。

【案例评析】

一、公安行政赔偿因果关系的含义

（一）公安行政赔偿因果关系的含义

公安行政赔偿责任构成要件中的“因果关系”，可简称公安行政赔偿因果关系，是指公安机关及其工作人员在行使行政职权过程中实施的侵权行为与公民、法人或其他组织所遭受的损害结果之间存在引起与被引起的关系。公安行政赔偿因果关系是公安行政赔偿责任的构成要件之一，也是较难把握的要件，总结来看，可以从以下几个方面对其含义加深理解，以便准确判断是否构成行政赔偿。

1. 法定性。因果关系最初是一个哲学概念，之后才成为法律概念。行政赔偿因果关系与刑事赔偿因果关系、民事侵权因果关系，均属于法律上的因果关系范畴。行政赔偿因果关系的认定首先需基于法律规定，不能源于道德等其他社会规范或主观臆断。也就是说，公安行政赔偿因果关系须符合《国家赔偿法》规定的法定情形，才能够成立。例如，职务行为，就是公安行政赔偿因果关系成立的前提性要素，而个人行为则没有形成行政赔偿因果关系的可能。

2. 客观性。公安行政赔偿中的因果关系必须基于客观存在的法律事实，而非主观臆断或推定。认定因果关系需依据客观证据和事实，也需要排除非公安行政行为介入等偶然性因素，确保损害事实与违法行政职权行为之间具有真实、可证明的客观联系。

3. 特定性。公安行政赔偿的因果关系发生在公安机关的行政职权行使过程中，与公安机关的行政行为紧密相连，既不能由公安刑事执法行为引起，也不同于一般民事侵权的因果关系。

4. 复杂性。公安行政行为及相对人的多样性和复杂性，决定了公安行政赔偿因果关系的复杂性。

公安机关的行政行为包括行政处罚、行政强制措施、行政许可、行政确认等多种形式，这些行为既可以表现为行政作为，也可以表现为行政不作为，与损害结果之间的因果关系表现形式各异。尤其是行政不作为，其因果关系更是复杂，认定比较困难。① 另外，公安行政违法行为可能与其他因素相互交织，如民事侵权行为、犯罪行为等，进一步增加了因果关系认定的难度。公安行政相对人的多样性和复杂性也是显而易见，也可以造成公安行政赔偿因果关系的复杂性。例如，被违法行政拘留人员患有多种疾病，其死亡事实与违法拘留行为之间的因果关系就具有复杂性。

（二）因果关系在公安行政赔偿中的重要地位

因果关系是公安行政赔偿责任构成的必要条件，是公安行政违法行为与损害结果之间的核心连结点，直接决定了公安机关是否承担行政赔偿责任以及承担行政赔偿责任的范围和程度。如果公安机关的行政行为与损害结果之间不存在因果关系，那么即使该行政行为违法，也存在行政相对人的损害事实，公安机关也无须承担行政赔偿责任。只有在确认公安行政侵权行为与损害结果之间存在因果关系的前提下，才能进一步探讨公安机关的责任范围、损害赔偿数额等问题。因此，准确认定因果关系是保障公民、法人和其他组织合法权益，促进国家行政机关依法行使行政职权，实现公安行政赔偿制度功能的关键环节。②

二、公安行政赔偿因果关系的“因”与“果”

因果关系作为哲学概念，是唯物辩证法上的一对基本范畴。因果关系是“因”和“果”的关系，引起某一现象产生的现象称为原因，而被某些现象所引起的现象称为结果。辩证唯物论认为，自然界、人类社会都处在普遍联系之中，一种现象的出现，是由某种或某些现象引起，而这种或这些现象的出现，又会进一步引起另一种或另一些现象的产生，客观现象之间的这种引起和被引起的关系就是事物的因果关系。

行政赔偿责任构成要件是判定国家承担行政赔偿责任的条件，包括主体要件、行为要件、结果要件以及因果关系要件四个方面。因果关系作为连接行政主体行为与损害结果的纽带，在责任认定中具有关键作用。其中，行为

---

① 例如，陈某庆等人认为，某县公安局工作人员违法使用警械将陈某打伤后，本应主动及时送医，其不仅不送医反而趁陈某家人不在家之际将陈某家门撬开，将伤得不省人事的陈某独自放在屋内后离开。退一步说，就算陈某醉酒，公安机关要么应该通知家属到场，要么应该将陈某直接送医院，陈某救治迟延的责任不在陈某庆等人，而应该在于该公安机关不作为。

② 《国家赔偿法》第一条　为保障公民、法人和其他组织享有依法取得国家赔偿的权利，促进国家机关依法行使职权，根据宪法，制定本法。

要件构成因果关系中的“因”，而结果要件则构成因果关系中的“果”。因此，要准确理解公安行政赔偿中的因果关系，必须首先明确公安行政赔偿责任构成中的行为要件与结果要件。因果关系作为行政赔偿责任的核心要素之一，其本质就在于揭示行政行为与损害结果之间的逻辑联系。

（一）公安行政赔偿因果关系的“因”

公安行政赔偿因果关系中的“因”，是指公安机关及其工作人员实施的违法行政职务行为。该行为具有以下特性：其一，行为主体的特定性。即必须是公安机关及其工作人员，只有特定主体的行为才可能引发公安行政赔偿责任。其二，行为的职务关联性。即属于公安机关行使行政职权的行为。职务行为不仅包括法律明确授权的行为，还涵盖“表面上与职务相关的行为”，如警察在执行巡逻任务时违法使用警械致人伤害，即便超出合法职权范围，仍属于职务关联行为。其三，行政行为的违法性。值得注意的是，2010 年修正的《国家赔偿法》在第 2 条①中删除了“违法”表述，标志着我国国家赔偿制度开始采用多元归责体系，但这一调整主要适用于刑事赔偿领域。根据该法第 3 条和第 4 条的规定，行政赔偿仍然坚持违法归责原则。这种制度安排与法治原则、依法行政原则相契合，② 体现了对行政机关依法履职、遵守法定程序的严格要求，符合现代行政法治理念中关于职权法定和程序正义的基本要求。例如，公安机关违法实施行政拘留，或在执法过程中违反法定程序使用行政强制措施，均属于可引发行政赔偿的“因”。

（二）公安行政赔偿因果关系的“果”

公安行政赔偿因果关系中的“果”，是指公民、法人或其他组织所遭受的合法权益的损害。公安行政赔偿因果关系中的“果”，分解开来，一是必须为合法权益的损害。这里公民、法人或其他组织所遭损害，必须是对其合法权益造成的损害，非法权益（如赌资、走私所得等）因缺乏合法性基础，不属于法律保护的范畴，不产生赔偿责任。易言之，受害人要求公安机关行政赔偿的，遭受损害的必须是其合法权益，违法所得、非法财物等非法权益并不受法律保护。二是包括人身权益和财产权益。从范围来看，依据《国家赔偿法》第 3、4 条规定，损害既包括人身权益损害，如非法拘禁、暴力殴打导致

---

① 《国家赔偿法》第二条　国家机关和国家机关工作人员行使职权，有本法规定的侵犯公民、法人和其他组织合法权益的情形，造成损害的，受害人有依照本法取得国家赔偿的权利。

② 石佑启、刘嗣元等：《国家赔偿法新论》，武汉大学出版社 2010 年版，第 70 页。

的身体伤害，也包括财产权损害，如违法扣押、查封财物造成的损失。三是现实的、确定的损害。在损害性质上，需为现实的、确定的损害，不包含理论上的可能损害或尚未实际发生的损害。因此，在认定损害结果时，需注意直接损害与间接损害的区分，通常只有直接损害属于赔偿范围。值得注意的是，精神损害在公民人身权益受违法行政行为侵害的法定情形下，被依法纳入行政赔偿范围。例如，因违法行政拘留造成精神损害的，受害人依法可获得精神损害抚慰金。

三、因果关系判断的主要学说

目前，我国对于行政赔偿因果关系的判断，尚未形成统一或者通行的观点，所以了解因果关系判断的主要学说，十分必要。

（一）条件说

条件说认为，任何为损害结果的发生提供条件的因素，均应被视为损害的原因。在法学因果关系理论中，条件说主张将所有对损害结果的发生具有条件作用的因素，均纳入法律因果关系的考量范畴。该学说以其“全条件等值”的判断标准，突破了传统因果关系理论对“原因”要素的严格限定，构建起一种宽泛且包容的因果关系认定框架。

对于行政赔偿因果关系的判定，条件说展现出鲜明的制度价值，其通过“条件”“扩张”因果关系的涵摄范围，进而对行政权力的行使形成严格的法律约束，为行政相对人的合法权益构筑起全面的保护屏障。公安行政赔偿因果关系的判断，如果采用条件说，其突出优势在于其对以强制力为主要特征的公安行政权力的行使能够给予严格约束，以实现对行政相对人合法权益的强力保护。

然而，条件说在司法实践中亦暴露出较为明显的理论困境及现实冲突。其不加区分地将所有条件因素均视为法律上的原因，导致因果关系认定标准容易呈现过度泛化的特征。这种宽泛的判定模式极易引发行政赔偿责任的不当扩张，可能造成行政机关责任承担与损害事实结果之间的严重失衡。例如，某公安机关在处理一起交通事故案件时，因工作人员的疏忽大意，造成执法程序上的轻微违法，导致案件处理时间稍有延迟，而当事人恰在延迟期间因自身疾病突发死亡。依据条件说的逻辑，公安机关的程序轻微违法行为为当事人损害结果的发生也创造了条件，需承担赔偿责任。但这样的认定显然有些苛刻，亦不符合公平正义原则。此种判定结果不仅容易与法律中“过错与责任相适应”的基础性归责原则相悖，也可能对行政机关正常履职的积极性造成不当抑制，引发行政赔偿责任分配体系的结构性失衡，亦折射出条件说在实践应用中对法律公平与效率价值平衡功能的缺失。

（二）原因说

在法学理论的因果关系研究中，原因说主张对引发损害结果的诸多关联因素进行严格区分，将其划分为“原因”与“条件”两类。该学说认为，仅“原因”要素与损害结果之间存在法律意义上的因果关系，而“条件”要素则不具备此种关联性。关于“原因”要素的判定标准，学界存在多元理论争鸣，其中较具代表性的包括直接原因说、必要原因说及最后原因说等诸多学说。这些学说分别从不同维度对因果关系进行分析，为行政赔偿的判定提供了理论指引。根据原因说的逻辑，只有当公安机关的违法行为是损害结果发生的直接、必要或决定性原因时，才构成行政赔偿的因果关系。其强调行为与结果之间的必然联系，排除间接或偶然因素。

从制度功能视角审视，原因说的主要功能在于试图通过明确因果关系的核心要素及认定边界，为行政权的合法、合理行使提供必要保障，进而更好地维护公共利益、社会秩序及行政相对人的合法权益。尤其是紧急情况下或者风险社会情境下，原因说可以较好地解决对警察权力等公权力行使的过度限制，进而科学、高效地行使行政职权。

然而，原因说在实践应用中亦暴露出明显的局限性。其过于严苛的因果关系判定标准，可能导致行政机关规避应尽的法律责任，进而损害行政相对人的合法权益。

（三）相当因果关系说

相当因果关系说，又称适当条件说，该学说认为，根据生活上的经验，如果通常情况下某种行为被认为是可以产生某种结果的，就认为该行为与该结果之间具有因果关系。相当因果关系说可以解析为：“如果损害产生于某一行为，而该行为根据事物的一般发展过程，在客观上提高了损害发生的可能性，那么损害与行为之间就具有相当因果关系”①。

相当因果关系说与条件说、原因说相比而言，似乎更符合兼顾相对人权益保护和保障公共行政权力行使的需要。然而，相当因果关系说的缺点主要在于主观性较强，实际操作中缺乏客观标准，容易导致不同人对同一案件的因果关系认定可能存在较大差异。

---

① 江必新、梁凤云、梁清：《国家赔偿法理论与实务（上卷）》，中国社会科学出版社 2010 年版，第 335 页。

四、公平正义理念下公安行政赔偿因果关系的认定

行政赔偿因果关系的认定长期存在“条件说”“原因说”“相当因果关系说”等不同学说的争论，体现为实践中判定标准的不一。公安行政赔偿因果关系的认定，直接关涉相对人权利救济与行政权力约束的平衡，应该基于公平正义理念，综合考量“相当因果关系说”“条件说”“原因说”等学说，遵循权利救济优先、社会风险公平分担原则，以促进公安行政赔偿制度的实质正义的实现。

（一）公平正义作为认定的理念指引

公平正义是中国特色社会主义的内在要求，也是公安行政赔偿因果关系认定的理念指引。在认定因果关系时，必须以公平正义为出发点和落脚点，确保公安机关和相对人的权益得到公平对待。具体而言，在确定因果关系链接点时，要充分考虑公安机关的行政职权、行为性质和后果、相对人的合法权益保护等因素，使因果关系的认定既能够保障相对人的合法权益，又不至于过度限制公安机关的行政职权行使。例如，在公安机关工作人员主观过错明显的行政侵权案件中，为了惩戒和制止恶意违法行为，应适当放宽因果关系的认定标准，如此更能体现对相对人合法权益的优先保护；而在公安机关依法行使自由裁量权的案件中，则应合理界定因果关系的范围，保障公安机关行政职权的合理行使，实现公权与私权的平衡。

（二）综合说的场景式运用

综合说的场景式运用，是指要根据公安行政权力行使的具体情形，科学选择“相当因果关系说”“条件说”“原因说”中的一种或几种，综合衡量，确保既能保障公安行政相对人的合法权益，又能促进公安行政职权合法、合理地行使。例如，在本案中，对于公安行政赔偿因果关系的认定，主要依据的是“相当因果关系说”。也就是说，一审法院、二审法院和再审法院，都认定在某县公安局执行约束性醒酒措施的过程中，存在违法使用警械以及未充分履行必要的保护与救助职责的情形。尽管现有证据未能直接且确凿地表明这些行为是导致陈某死亡的直接或主要原因，但一审法院、二审法院及再审法院都认为某县公安局应该承担相应的赔偿责任，至于承担赔偿责任的比例应以多少为宜，应该结合具体情形和相关证据予以确定。综合考虑本案的具体事实及全部证据，经过审慎评估，认为判定某县公安局承担20%的赔偿责任更为合理，这更符合案件实际情况及证据链的完整性。

（三）权利救济优先原则

行政赔偿因果关系认定，究其本质是事实判断、规则（法律）判断与价值判断的结合体，因此，须以公平正义作为理念，指引行政赔偿因果关系的事实判断与规则（法律）判断。公平正义的法律制度应使每个主体都能从社会基本结构中获取正当利益，尤其是相对处于弱势地位的公安行政相对人。因此，在公安行政赔偿因果关系的认定过程中，应注意遵循权利救济的优先原则。我国《国家赔偿法》第1条规定的“为保障公民、法人和其他组织享有依法取得国家赔偿的权利”之立法目的排序是先于“促进国家机关依法行使职权”的，正体现了这一价值取向。即当公民权利因公权力违法行使而受损时，法律应适当倾向于提供有效救济。如公安机关违法征用导致公民财产损失，即使存在其他间接因素，亦应优先保障受害人获赔权利。在本案例中，二审法院将一审法院判决的10%的赔偿责任提高至20%，这在一定程度上体现了权利救济优先原则。

（四）社会风险公平负担原则

公安行政赔偿因果关系认定中的社会风险公平负担原则，强调在特定情境下，将因公安行政行为引发的损害风险在社会层面进行合理分配，以实现公平正义的价值目标。从理论基础来看，社会成员相互依存，当公安行政行为与损害结果较难判断因果关系时，应基于社会整体利益考量，在政府、行政相对人及社会其他主体间公平分担风险。此原则也是对公平正义理念的深化，体现了法律对实质公平的追求，避免因个体无力承受损失而导致权利救济乃至社会系统性失衡。在实践层面，该原则主要体现在因果关系认定时，应综合考虑公安行政行为的公共性、行为目的性及损害发生的客观背景等。

五、结论

公安行政赔偿因果关系的认定是一个复杂的问题，关系到公民合法权益的保护和公安机关行政职权的合法、合理行使。在认定因果关系时，须以公平正义为理念指引，根据公安行政行为的性质、主观状态和具体情境等，合理选择适用“相当因果关系说”“条件说”或“原因说”等不同的理论学说，构建科学合理的因果关系认定模式。通过科学认定因果关系，实现公权与私权的平衡，确保公安行政赔偿制度能够真正发挥保障公民权益、监督公安机关依法行政的作用。